U0857508

天津市优秀法学理论和司法实践研究文库

（2016年卷）

天津市法学会　主编

目　录

深化以审判为中心诉讼制度改革 积极构建新型检律关系

于世平*

依法保障律师执业权利，构建新型检律关系是贯彻党的十八届四中全会精神，落实《中共中央关于全面推进依法治国若干重大问题的决定》的重要内容，也是深化以审判为中心诉讼制度改革的内在要求。要按照党的十八届四中全会部署的改革目标和方向，加强检察机关与律师的沟通协作，推动构建彼此尊重、平等相待、相互促进、良性互动的新型检律关系，确保公正司法，提高司法公信力。

一、充分认识律师工作的特殊重要性

理念和认识是做好工作的重要前提。律师作为社会主义法治建设的一支重要力量，在保障法律正确实施、维护当事人合法权益、促进社会公平正义中发挥着十分重要的作用。

（一）从法治建设主体看，律师是国家法律职业共同体中重要的成员之一。律师制度的建立和完善是现代法治国家司法文明的重要标志和成果，直接体现出一个国家法治建设发展的程度。在一个国家的法律职业共同体中，不能缺少法官、检察官和警察，也不能缺少律师。尽管检察官与律师角色定位和具体的职责分工不同，但都是社会法治工作队伍中重要的组成部分。当前，全国律师近 30 万人，天津律师共 5000 多人，他们在我国和我市的经济发展、社会稳定以及法治建设中发挥了不可替代的重要作用。

（二）从履行职能方面看，律师队伍是依法治国的一支重要力量。党的十八届四中全会通过的《中共中央关于全面推进依法治国若干重大问题的决定》，对依法治国进行了全面部署。但徒法不足以自行，法律的实施既需要广大人民群众的自

* 于世平，原天津市人民检察院检察长。

觉遵守，也需要一支法律专业队伍来推动落实。从当前律师履行职能看，律师已从单纯的代理诉讼案件逐步扩展到担任政府法律顾问、企业法律顾问、提供法律咨询、办理非诉和涉外法律事务等领域，广大律师通过自己的工作，把国家立法的原则、精神和规定贯彻落实到社会生活的方方面面，切实发挥着不可替代的重要作用，已经成为促进法治中国和法治天津建设、促进经济社会发展的重要力量。

（三）从发挥作用方面看，律师是促进严格执法、公正司法不可替代的重要力量。多年来，特别是改革开放以来，广大律师以深厚的法学理论功底、深厚的法律职业素养，通过代理诉讼、履行辩护职能等方式依法办理各类案件。2015年，天津市共有律师事务所633家，共代理刑事案件2500多件，民事案件25737件，行政案件1083件，非诉案件4664件。通过办理案件，有力促进了严格执法和公正司法，特别是近几年在防止纠正冤假错案方面，律师都发挥了非常特殊重要的作用。

（四）从具有的法律素养看，律师是检察机关办理案件中重要的法律职业伙伴。在法庭开庭审理中，检察官和律师虽席位相对、唇枪舌剑，看似对手，但从执业的动机、履职的作用和取得效果看又实属朋友。从具体的工作方式看，检察官和法官往往是以公诉团队和合议庭的方式出现，多是集体作战，而律师则大多是个体作战。多年的职业素养训练，律师往往具有更强的综合素质和应对能力，许多律师具有丰富的办案经验，良好的法律素养，对法律的条文有独到深刻的理解，有的时候比检察官考虑的更加全面、细致和具体。特别是在严格执行程序、判定真假事实和鉴别伪证、防止冤假错案等方面体现出更加专业的能力和素质，有些出色的律师也是检察官学习的榜样。

二、积极构建良性互动的新型检律关系

多年以来，我市检察机关对律师的地位、作用和重要性的认识不断发生转变，依法保障律师执业权利的工作机制不断健全，保障律师依法履行职责的硬件条件也在不断改善，所有这些都为今后进一步建立良性互动的新型检律关系奠定了很好的基础和条件。面对新的形势，我们要按照孟建柱书记在全国律师工作会议上的讲话精神，认真贯彻最高人民检察院《关于依法保障律师执业权利的规定》，准确把握好新型检律关系的基本原则，依法保障律师各项执业权利，实现检律关系的良性互动。

（一）努力把握好新型检律关系的基本原则

一是彼此尊重。这是构建新型检律关系的重要前提，更是建设社会主义法治文明的重要标志。只有彼此尊重，才能确保司法文明和公正；没有尊重，其他问题则无从谈起。二是平等相待。这是构建新型检律关系的重要遵循。法律职业共同体没有谁高谁低,更不可能谁凌驾于谁之上,盛气凌人。三是相互支持。这是建立新型检律关系的基本工作要求。要相互支持、相互补充,不能相互刁难、相互诋毁。四是相互监督。这是确保新型检律关系健康发展的有力保障。要不断完善检律关系的保障和监督机制,在执业中相互监督,共同促进司法文明和公正。

(二)依法保障律师的执业权利

律师制度是一个国家法律制度的重要组成部分,充分体现出一个国家法治建设的文明程度和现代化程度。依法保障律师的各项执业权利,是提高司法文明程度、确保司法公平公正的重要途径和方式。一要保障律师知情权,依法保障律师在检察机关办理案件过程中及时获知案件的相关情况和程序性信息的权利;二要保障律师会见权,依法保障律师同在押或者监视居住的犯罪嫌疑人会见的权利;三要保障律师阅卷权,依法保障律师到检察机关查阅摘抄复制案卷材料的权利;四要保障律师提出意见权,依法保障律师提出意见的权利,与此同时应当主动听取律师意见;五要保障律师收集证据权,依法保障辩护律师申请检察机关收集证据、调取已收集但未提交的证据以及向被害方收集证据的权利;六要保障律师申请权,依法保障律师申请检察人员回避、变更或者解除强制措施、排除非法证据以及申请听证的权利。

(三)努力实现检察官与律师的正当交往、良性互动

检察官和律师都是我国法治建设的参与者、推动者,是法律职业共同体的重要组成部分。但两个群体中的极个别人员将正常的配合关系变成了勾结关系,将正常的业务关系变成了利益关系,将正常的职业关系变成了个人关系,损害了司法公信力,影响了社会公平正义。正反两方面的例证都在说明,如何处理好检察官和律师的关系至关重要:“只分不合”既不必要也难以做到物理隔绝,“只合不分”混同一体既不合规矩也易出问题。实践告诉我们,正确的方法是要有分有合。在今后的工作中,要堵住旁门、堵住后门、堵住暗门;打开正门、打开前门、打开亮门。要按照这个思路,强调努力搞好“三个交往”,即公开交往,不搞秘密交往;集体交往,不搞个体交往;会议交往,不搞饭桌交往。这是天津在探索处理检律关系的实践体会,应倍加珍惜,不断丰富发展。

三、采取有效措施把新型检律关系落到实处

在今后的工作中,要将构建新型检律关系作为一项新任务,从制度建设、机制完善等方面与各项检察工作同部署、同推动、同落实,努力为律师执业提供便利,切实把构建新型检律关系落到实处,取得实际效果。

(一)强化规范化制度建设。制度建设是做好工作的基础,2012 年,我市检察机

关与市司法局联合制定了《关于在审查起诉工作中辩护律师依法行使诉讼权利若干问题的规定(试行)》,经过四年的实施取得了很好的效果。为贯彻落实最高人民法院、最高人民检察院、公安部、国家安全部、司法部以及天津市高级检察院关于保障律师执业权利的相关规定,我们及时总结工作经验,广泛调研,听取人大代表、政协委员以及律师界的意见建议,与市司法局共同制定了天津《保障律师执业权利的实施意见》。该实施意见紧密结合天津司法实践,依法保障了律师的执业权利,明确了律师行使执业权利的重要手段和基本方式,为检察机关依法保障律师执业权利提供了制度指引。

(二)建立完善常态化工作机制。人民检察院与司法行政机关和律师协会应加强联系,要通过定期召开联席会议、业务研讨、情况通报等形式,建立常态互动机制,及时沟通交流保障律师执业的工作情况,解决工作中出现的新情况、新问题,不断健全保障律师执业权利的工作机制。要建立完善多层级、多专业领域的交流互动机制,通过市级、区县级检察机关与律师的互动机制以及检察工作各业务条线与律师的互动机制,提升构建新型检律关系工作水平。

(三)努力为律师执业提供便利条件。要充分运用检察机关办公办案条件得到改善的新契机,进一步提升案件管理信息化水平,为律师办理案件、查询案件信息、查阅案卷材料以及提出申请或意见提供便捷高效的硬件条件和服务环境。要不断总结保障律师执业权利的工作经验,及时发现问题,切实改进工作,努力提升保障律师执业权利的整体水平。

法官的形象公正及其实现途径

高憬宏*

司法公正是一个古老且恒久的话题,并不断被赋予新的内涵。司法程序曾经被认为仅仅是为实体公正服务,但是逐渐人们也认可了程序公正的独特价值;[1]同样,司法形象也曾经被认为仅仅是一种外在的礼仪,但是随着理论研究的日益深化和司法实践的切实体悟,已经有越来越多的法律界人士认识到,司法形象与实体公正、程序公正一样,也有着深刻内涵和独特价值,有的研究甚至提出了"实体、程序、形象"三位一体的司法公正观。[2]笔者认为,司法形象公正是司法公正的重要内容。如果形象公正缺位,就很难让人民群众感受到司法的公平正义。法官不仅要切实做到实体公正和程序公正,还要通过自己在法庭内外的形象体现出公正,避免公众对司法公正产生合理的怀疑。

一、形象公正的内涵

笔者认为,司法形象是指人民群众对司法主体在司法活动和业外活动中各种行为的综合感知和评价。具体到法官而言,法官形象公正,是法官形象使当事人和社会公众对法官及其司法过程和结果的公正性产生信赖,排除合理怀疑。从形象公正与实体公正、程序公正的关系上看:广义上,形象公正包含在实体公正和程序公正之中。比如,实体公正强调案件的审判应当正确适用法律,而正确适用法律本身同时也是法官的专业形象的体现;再如,司法形象中立的要求本身就是程序法上司法中立原则的体现。狭义上,形象公正有其独特的内涵和价值,且与实体公正、程序公正相辅相成。一方面,实体公正、程序公正是形象公正的前提与基础,案件的审

---

* 高憬宏,天津市高级人民法院党组书记、院长。

〔1〕 关于程序正义相对于实体正义的独立价值,参见[日]谷口安平:《程序的正义与诉讼》,王亚新、刘荣军译,中国政法大学出版社1996年版。

〔2〕 惠从冰:《公平正义:从形象公正做起——简论"实体、程序、形象"三位一体的司法公正观》,载《山东审判》2014年第5期。

判如果在实体或者程序存在不公正之处,法官形象就不可能公正,即使法官形象好、气质佳、态度温和,也对遭受不公正裁判的当事人毫无意义。另一方面,形象公正是实现实体公正和程序公正的重要保障。法官的形象体现的是法官的品质,而法官的品质影响着当事人能否信赖这个法官,进而信赖他的裁判。形象公正不能代替司法公正,但是形象公正有助于让人民群众感受到司法公正,也有助于真正实现司法公正。鉴于此,笔者认为有必要单独强调形象公正的问题,高度重视其在实现司法职能过程中的重要意义。

从内涵上看,形象公正至少包括以下三个方面:

(一)中立且专业的形象

中立是司法权的基本属性之一。如果法官对一方当事人很热情,而对另一方比较冷淡,那么受冷遇的一方自然就会对法官的公正产生怀疑。中立的形象,要求法官注意节制,平等对待诉讼两造,庭上的发问注意平衡,在作出裁判之前不对裁判结果做任何倾向性的评价,更不与一方当事人进行非正当性接触。但同时,中立并不是袖手旁观、放任自流、完全消极,而是要通过精湛的业务能力、丰富的审判经验、娴熟的司法技能,引导诉讼参与人举证、质证,开展辩论,并依法作出公正的裁判。唯有专业的引导,才能真正实现法律意义上的中立,才能赢得当事人的尊重和信任。

(二)高效且耐心的形象

中国古代有“淹狱”[1]一词,“淹”字准确表达了“久拖不决”给老百姓带来的无奈与悲哀。能及时办的非拖着不办,能一次性解决的非折腾当事人几个来回,随意扣除审限,甚至形成“隐性超审限”。司法的迟疑绝不仅仅是简单的衙门作风问题,还可能被误解为以时间来换取运作的空间,削弱了当事人对于司法的信赖。因此,法官应当尽可能以最少的时间投入,迅速有效解决纠纷,作出裁判。但同时,高效并不以牺牲耐心为代价。耐心是司法理性的一种体现。英国大法官培根曾说过:“耐性及慎重听讼是法官的基本功之一,而一名哓哓多言的法官则不是一件和谐的乐器。”[2]法庭的功能之一,就是给当事人提供一个倾诉的平台。耐心的倾听,本身对当事人就具有稳定情绪、抚平悲伤的功能;如果法官没有耐心,当事人就会觉得自己的事情没有被法官放在心上,其权利遭到漠视,他又何从对法官产生尊重和信赖?所以,只要没有违反法律规定和法庭规则、不是无谓重复的啰唆,就尽量不要

---

[1] 淹狱,指久拖不决的案件。

[2] [英]培根:《培根论说文集》,水天同译,商务印书馆 1987 年版,第 195 页。

打断当事人的发言。张弛有道的法官,才可能是形象公正的法官。

(三)威严且亲和的形象

法官的威严来源于法律的神圣和审判权的庄严。无论是坐堂问案,还是田间地头,无论是司法调解,还是诉讼服务,只要是履行司法的职责,就必须维护法律的尊严和司法的权威。当事人的诉求可以妥协,而法律的尊严不能妥协。但同时,司法的威严绝不意味着高高在上、盛气凌人、生冷硬横。法官对待当事人谦逊有礼、宽厚克制、语言规范、语气平和、语调适中、语句连贯,更能体现严肃、庄重、礼貌、耐心,更有助于使人民群众感受到国家的包容、正义和权威。

二、法官形象公正的重要意义

(一)法官形象公正是实现"努力让人民群众在每一个案件中感受到公平正义"的重要保障

"努力让人民群众在每一个案件中感受到公平正义"是习近平总书记对新时期人民法院工作的重要指示,也是人民法院的工作目标。司法公正重要,更重要的是要让公正可知、可感、可见。因此,法官不仅要主持正义,而且要人们明确无误地看到他是在主持正义。与法律职业群体不同,人民群众,尤其是案件的当事人首先感受司法公正不是从实体或者程序开始的,而是从司法形象,特别是法官形象开始的。司法实践中,类似的案件,同样的裁判结果,有的双方当事人都能做到胜败皆服,而有的则因为司法形象问题,比如开庭不够规范、对当事人态度简单粗暴或者裁判文书有瑕疵等问题,引发当事人不服,不断申诉,缠诉缠访,甚至赢了官司的一方也不满意。在诉讼之初,当事人对法律适用往往不够了解,且一般都认为自己是有道理的,很难用客观、专业的标准来评判司法公正。此时法官的仪表、举止、语言和行动直接构成了当事人对司法的第一印象,也直接影响他们对具体案件公正性的评判。只有形象公正了,当事人才可能会相信法官是公正的,才会感受到公正,即使当事人对裁判结果不够满意,也容易理解和接受。

(二)法官形象公正是法官职业化的必然要求

"职业化"的要点,不仅包含职业技能、职业道德、职业规范,还包括职业形象。职业形象是一个职业所应具备的综合素质的外在表现形式,是职业化不可或缺的重要组成部分。法官作为一种职业也不例外,而且较之其他职业,对形象的要求更高、更广、更严,既包括了司法过程中的形象,也包括了业外活动中的形象。试想,一个法官在开庭时衣冠不整、傲慢、无礼,对当事人缺乏耐心,任意打断当事人的发言,甚至做与开庭无关的活动;在法庭之外与当事人和利益相关主体不分场合的"亲密接触",出入与自己的收入和身份不相符的娱乐场所,甚至从事违法违纪的活动,又如何能证明,并让当事人和社会公众相信,他是一个职业法官,具有职业能力、职业素质、职业精神和道德呢?因此,加强法官职业化建设,必不可少的一个重要环节就是推进法官形象公正建设。

(三)法官形象公正是培育法律信仰、弘扬法治精神的重要途径

法院作为国家审判机关,法官作为行使审判权力的司法者,其形象已不仅仅是自己的形象,而是代表了法律的形象、国家的形象。法官形象不公,人们就会对司法公正产生怀疑,进而对通过法律途径维护权利解决纠纷丧失信心,甚至"信访不信法",或者寻求私力救济渠道。这既不利于社会秩序的构建,更会动摇对法律的信仰,不利于弘扬法治精神、营造良好的法治氛围。相反,如果法官留给当事人和社会公众的是一种职业的、权威的印象,他们就会逐渐积累对司法的信任,产生对司法的敬畏之心。在树立司法公信力的同时,这种对司法的敬畏也必然会引领其相信法律、信仰法律,养成办事依法、遇事找法、解决问题用法、化解矛盾靠法的思维方式和习惯,有利于在全社会营造良好法治环境,有力推动法治建设的进程。

三、在司法活动中树立形象公正

近年来,随着法官职业化建设不断推进,法官素质不断提高,司法活动中的法官形象日益得到社会公众的认可。但也确实存在一些不容忽视的问题。在司法巡查中也发现,人民群众对于司法拖延、对待当事人不耐心、冷硬横推等法官形象方面的反映比较集中。对于这些问题,笔者认为,有四个方面原因:一是对司法形象公正重视的自觉性仍然不够。在很多人看来,只要实体和程序做到公正就可以了,司法形象问题的重要性并不能与实体公正和程序公正的重要性相提并论。且无论是实体公正还是程序公正的评价都有明确的法律规则予以规定,相比之下,形象问题只有法官职业道德基本准则和行为规范的一些规定,缺乏予以评价和考核的"硬杠杠"。二是对于一些理念认识仍存在偏差。比如,有的法官简单将司法权威等同于严肃严厉,认为如果对当事人态度和蔼、语气亲和就会有损司法权威,没有认识到司法权威来源于法律的强制力,来源于审判权的庄严神圣,来源于司法活动的理性,司法权威的树立依靠的是法官依法审判案件,维护当事人合法权益,实现司法公正,而非来自法官的高高在上。三是法官职业尊荣感不够强。法官形象与法官自身对于职业的自我认同有紧密联系。在我国,"人案矛盾"问题仍然较为突出,很多法官,特别是基层法官面对着案件数量多、处理难度高、工作压力大等现实问题,职业尊荣感较为缺乏,也就很难在内心形成一种时时注重司法形象的约束力量。四是法官职业化水平不高。司法形象,特别是法官形象是法官整体素质的一种外在表现。职业素质高的法官未必能够表现出良好的职业形象,但职业能力不强,职业

精神不佳,甚至职业伦理、职业道德缺失的法官,职业形象一定难以令人满意。从实践中看,我国的法官职业化水平尽管得到了显著提高,但仍然不够平衡,一些法官的素质仍然不够高,其司法形象也相应地存在诸多问题,需要着力加以解决。

笔者认为,在司法活动中树立形象公正,核心是文明司法,要求法官在具体案件的审判中,遵循司法标准和司法礼仪的要求,尊重和保障当事人各项实体和诉讼权利;同时法官自身也要努力加强自身修养,培养职业气质,做到自信、自律、谦逊、善良、正直、亲和,能使当事人产生信赖感。特别是要注意以下几个方面:

(一)形象公正体现在全程

法官司法,始于立案,终于裁判和执行。在这全过程中,每一环节都需要高度关注形象。特别是要抓住开端、抓住关键。"首因效应"表明,第一印象并非总是正确的,但却是最鲜明、最牢固的;[1]而"塔西陀效应"则告诉我们,一旦形成了坏的印象,当事人失去了信任感,那么无论法官接下来如何做,他都可能是戴着有色眼镜去看待。[2]因此形象公正的实现,首先需要解决的就是"门难进、脸难看、话难听"的问题。进入诉讼程序后,最关键的是庭审和文书,这两者既是司法的"产品",也是法官形象的集中展现。在司法巡查中发现,有的信访和投诉,就是因为法官的庭审形象不佳,或者裁判文书说理过于简单、表述不规范、有低级文字错误和病句,引起当事人对法官司法水平和裁判公正性的怀疑。为了抓住这"两个关键",天津市高级人民法院出台了《天津法院庭审质量标准》和《天津法院裁判文书质量标准》,其中对于通过庭审和文书而展现的法官形象专门确立了标准,要求法官在开庭和撰写文书时务必对照标准,一一检查。

(二)形象公正体现在细节

"小洞不补,大洞吃苦"。有的法官,长期以来依赖"土办法""老习惯",久而久之,自己也根本发现不了工作细节上的毛病。例如,不遵守与当事人约定的时间;随意进出法庭;法官服穿得邋里邋遢、不扣扣子;合议庭成员开庭着装不统一;庭上接打手机,甚至在庭上干私活、打瞌睡等等。有人可能以为这是小节,习以为常、安之若素;但当事人会觉得法官对待他的案件不认真、不严肃,"小节"就可能被放大,扩展成为对庭审乃至对整个司法的怀疑;还有的法官在法庭上碰到自己认识的一方

[1] 首因效应是由美国心理学家洛钦斯首先提出的,也叫首次效应、优先效应或第一印象效应,指交往双方形成的第一次印象对今后交往关系的影响,也即是"先入为主"带来的效果。参见时蓉华主编:《社会心理学词典》,四川人民出版社1988年版,第157页。

[2] 塔西陀效应也称塔西陀陷阱。参见[古罗马]塔西陀:《编年史》(英文),中国社会科学出版社1999年版。

当事人、代理人,就前去握手寒暄,甚至称兄道弟、递烟聊天,殊不知可能就因为对一方的热情,让另一方产生怀疑甚至各种联想。细节因其小,容易被人忽视,掉以轻心。但是,祸患常积于忽微,对细节的不注意会在无形中消耗司法的公信力。就以法官的"入庭仪式"为例,法官入庭虽然只是一种仪式,但却是一种体现法庭权威和尊严的很有效、很重要的仪式。目前的开庭,有的不搞入庭仪式,有的让公诉人、代理人都随法官一起走法官通道进入法庭,显得不严肃,太随意。我们就要从规范这一个细节做起,要求法官进入法庭之前预先做好准备,诉讼参与人在相应席位入座,书记员宣布法庭纪律后再全体起立,迎接法官入庭。

(三)形象公正体现在一贯

"吾道一以贯之。"[1]树立形象公正,切忌忽冷忽热,心情好的时候就对当事人热情,心情不好的时候就对当事人冷漠;切忌只律人不律己,在庭上一方面批评当事人手机乱响,另一方面却自己接打手机;切忌厚此薄彼,一方当事人迟到就予以批评,另一方当事人迟到就不当回事,等等。这些都需要我们在统一工作标准上下功夫。

四、在业外活动中维护形象公正

社会公众普遍对法官形象有着较高的期许,尤其在网络时代,法官的任何言行不检都会迅速引发关注,从而对司法权威和司法公信产生负面影响。近年来,法院队伍中出现的个别害群之马,在业外活动中行为不当,甚至违法违纪,不仅导致自身身败名裂,而且引起社会公众对法官形象的误解,令法官群体蒙羞。因此,法官在业外活动中也必须要维护形象公正,特别是在人际关系交往、社会经济活动、生活休闲娱乐、矛盾纠纷处理等可能因行为不当引起当事人合理怀疑的领域。为此,天津市高级人民法院出台了《天津法院工作人员业外行为规范(试行)》,通过规范这些领域业外活动,推进维护形象公正。特别是要注意以下几个方面。

(一)严守政治纪律

周强院长强调,广大法官和法院工作人员"要严守政治纪律和政治规矩,做政治上的明白人"。[2]这一要求不仅应体现在司法活动中,也应体现在业外活动中。首因效应由美国心理学家洛钦斯首先提出的,也叫首次效应、优先效应或第一印象效应,指交往双方形成的第一次印象对今后交往关系的影响,也即是"先入为主"带

[1] 参见《论语·里仁》。

[2] 荆龙:《法官要按照"三严三实"要求做遵纪守法公正司法的表率》,载《人民法院报》2015年8月20日,第1版。

来的效果。从实践中看，有的法官严守政治纪律的自觉性、主动性仍然不够强，尤其体现在接受采访、参加学术活动、发表论文评论时，随意发表不负责任的言论，言语有偏激化、情绪化、低俗化的倾向，由此令当事人和社会公众对法官群体的职业性和公正性产生怀疑。法官职业的特殊性，决定了法官在发表言论的时候必须受到更多的约束和限制，不得有损司法公正和司法权威。因此，法官在从事上述活动时，应注意不发表、散布、传播与党和国家政策相违背或者有损国家利益、有损司法权威的言论；不组织或者参加旨在反对国家的集会、游行、示威以及其他妨害社会稳定和社会秩序的群体性活动；不参加邪教组织或者参与封建迷信活动；未经批准，不披露或者使用工作中获得的国家秘密、商业秘密、个人隐私及其他非公开信息。

（二）坚持职业操守

法官是一种职业，既意味着法官应有一定的职业能力，享受一定的职业保障，承担一定的职业责任，也意味着应当遵循一定的职业伦理和职业操守。这种职业操守要求法官在社会交往中，对交往对象、交往场合、交往方式等方面都需以维护法官群体的整体形象为前提，不能因为其业外的社会交往使当事人和社会公众对其中立和廉洁产生合理怀疑，进而质疑其司法公正性。因此，法官应当注意在与同事、当事人及其代理人、律师和中介机构等交往中，严格自律，规范言行。比如，绝大多数法官在工作场合中比较注意按照规定与当事人及相关人员接触，也能自觉做到不参加当事人和与案件有利害关系的机关、企事业单位、律师事务所、中介机构等组织的座谈、研讨活动，不接受上述人的请客吃饭、赠送财物或者安排的娱乐活动等，但在社交活动、私人聚会或者其他场合与其相遇时有的法官不知如何应对。事实上，越是私人场合，越应当格外注意。恰当的做法是寻找适当理由及时离开，如果实在无法脱身，也要谨言慎行，不得谈及案件有关情况，并注意事后及时向所在法院领导报告。

（三）保持廉洁自律

毋庸置疑，廉洁和公正密切相关。法官清正廉洁才能促进司法公正，同样，法官在业外活动中注重廉洁自律，才能让当事人和社会公众相信他是公正的。因为人们普遍相信，只有廉洁的法官才能敢于排除各种干扰，才能不偏袒任何一方，才能做到毫无私心，依法公正裁判。试想，如果一个法官与一些企业等营利性组织有经济往来，甚至是某个公司股东，他大量的精力都放在如何营利上，又如何保证他在审判相关案件中能够恪守中立，没有偏私，如何保证他在从事司法活动中可以聚精会神，心无旁骛？因此，法官的廉洁自律不仅体现在司法活动中坚守廉洁底线，杜绝以权谋私，还体现在法庭之外，不能利用法官身份从事任何可能令人对其廉洁产生质疑的活动。法官不仅不应违反规定参与营利性经营活动,而且个人理财活动也要正当合法,避免与职务、职责发生利益冲突。

(四)注重洁身自好

常有一种说法,"法官也是人",因此不可能真正不食人间烟火,法官也有脾气秉性、兴趣爱好、七情六欲。但需要注意的是,法官并不是普通人,他们的脾气秉性应当平和文明,他们的兴趣爱好应当健康向上,他们的七情六欲应当成熟理性。但现实中,还有个别法官的品格不够高尚,生活情趣低下,拉拉扯扯,奢侈腐化,出入高档娱乐场所,甚至违法违纪,损害了司法在社会公众心目中的形象。因此,法官必须清醒地认识到,既然选择了法官职业,就要耐得住寂寞、顶得住人情、管得住小节。个人兴趣爱好、休闲娱乐活动、出入公共场所、日常待人接物都应与法官身份相符合。无论在公共场所还是私人聚会,无论是面对亲友,还是面对陌生人都要注意衣着得体、举止大方、语言文明、态度平和。即使与他人发生矛盾,也要理性解决,尤其不能有意披露或者暗示法官身份,以寻求特殊照顾。

法官形象公正,是树立司法公信、培育法治信仰的起点和基石。每一名法官都应当牢记,在人民群众心目中,我们的言行举止不仅代表着个人的形象,也代表着法院的形象和司法的形象。所以我们不能抱着"不要紧""无所谓"的态度对待这个问题,也不能"是非任人评说",而是一定要高度关注、制定标准、抓住细节、切实整改,一定要在人民群众心中树立良好的司法形象,从基础和根本上走好实现司法公正的每一步。

制度勒紧权力缰绳，科技彰显制度魅力

——《天津市行政执法监督平台管理暂行办法》评析及其实践

雷颖君* 张志锋**

[摘 要] 强化对行政权力的制约和监督，形成科学有效的权力运行制约和监督体系是深入推进依法行政、加快建设法治政府的重要内容，也是党的十八届四中全会提出的全面推进依法治国的一项重大部署。近年来，天津市委、市政府深入贯彻党中央、国务院的部署，加快政府职能转变，坚持"简政放权、放管结合"，在全面推进市场监管体制、行政执法体制、行政审批制度改革的同时，为保障各项改革措施达到预期目标，避免懒政"不作为"、权力膨胀"乱作为"，积极探索"互联网+"时代行政执法监督的新方式，并于2015年4月出台了《天津市行政执法监督平台管理暂行办法》(天津市人民政府令2015年第17号)，在制度的引领下，天津于2015年5月20日，在全国率先建成市区两级行政执法监督平台并运行，使全市行政执法监督工作全面迈入科技化时代。天津市行政执法监督平台实行"两级平台、三级网络"的行政执法监督平台管理体制，实现了执法信息的全面归集、执法行为的全面监督、执法大数据的全面分析，形成监督程序严密、监督措施有力、监督结果共享的行政执法监督机制，实现了行政执法监督方式的根本性转变，为监督插上"科技的翅膀"，有力保障了天津市各项改革措施的顺利进行。

[关键词] 法治政府建设 行政执法 执法监督 监督平台

* 雷颖君，天津市人民政府法制办公室主任、天津市行政执法监督局局长。

** 张志锋，天津市行政法制研究所副所长。

一、问题的提出和实施路径

依法行政是依法治国的核心,[1]行政执法是推进依法行政的关键环节。[2]全面推进依法行政、加快建设法治政府,必须大力加强和改善行政执法,这是法律法规得到全面正确实施的关键环节。[3]加强行政执法监督工作,对于防止权力的滥用和任性,及时纠正违法和不当行政执法行为,维护公民、法人和其他组织的合法权益,加快建设法治政府具有重要而深远的意义。[4]党的十八届三中[5]、四中全会将强化对行政权力的制约和监督作为建设法治政府的一项重要任务,明确提出"加强对政府内部权力的制约,是强化对行政权力制约的重点"以及"完善政府内部层级监督和专门监督,改进上级机关对下级机关的监督,建立常态化监督制度"[6]的具体任务和要求,为天津市完善行政执法监督体系指明了方向。同时,随着天津政府治理水平的不断提高,行政执法出现了与政府治理要求不相适应的新问题和新情况:一些执法机构和执法人员执法为民的观念不强、执法水平不高,在一些执法领域存在不作为和乱作为、乱处罚、乱收费等执法为利的现象,损害了国家利益和群众的合法权益,这就迫切需要进一步强化行政执法监督,规范行政执法权力运行。为了深入贯彻党中央、国务院关于推进依法行政、加快建设法治政府的要求和决策部署,天津市市委、市政府积极深化行政执法监督体制改革,按照"一套制度管廉政"和"一个平台,双向控制"的要求,利用"制度加科技"的方法,全面推进市区两级行政执法监督平台建设,市行政执法监督平台与 16 个区县、57 家市级行政执法部门,区县监督平台与 338 家区县行政执法部门、238 个街镇实现了全面联网,并与市公安执法系统、市财政执法系统等 12 个专业执法系统实现了数据链接,[7]确保每一件行政执法事项、每一处行政执法行为全面接受平台监督。为了做到改革于

---

〔1〕 应松年:《依法行政论纲》,载《中国法学》1997 年第 1 期。

〔2〕 据统计,80% 的法律、几乎全部的行政法规和规章、90% 的地方性法规、各种行政规范性文件都是通过行政执法来实施。参见肖金明、冯威主编:《行政执法过程研究》,山东大学出版社 2008 年版。

〔3〕 宋大涵主编:《行政执法教程》,中国法制出版社 2011 年版,第 2 页。

〔4〕 宋大涵主编:《行政执法教程》,中国法制出版社 2011 年版,第 345 页。

〔5〕 党的十八届三中全会指出:"完善行政执法程序,规范执法自由裁量权,加强对行政执法的监督,全面落实行政执法责任制和执法经费由财政保障制度,做到严格规范公正文明执法。"参见《中共中央关于全面深化改革若干重大问题的决定》(2013 年 11 月 12 日中国共产党第十八届中央委员会第三次全体会议通过)。

〔6〕 参见《中共中央关于全面推进依法治国若干重大问题的决定》(2014 年 10 月 23 日中国共产党第十八届中央委员会第四次全体会议通过)。

〔7〕 参见天津市政府法制办公室、天津市行政执法监督局第四届"中国法治政府奖"申报材料《一个平台管监督》。

法有据，我们全面深入地论证了行政执法监督的概念、类型以及内部监督和外部监督、层级监督和专门监督的关系，结合政府法制机构履行的行政执法监督职责和权力来源，制定了《天津市行政执法监督平台管理暂行办法》（市人民政府令第 17 号，以下简称 17 号令）。17 号令的实施和平台的运行，标志着天津市行政执法监督工作正式迈入科技化时代，在规范和制约行政权力的过程中，是“制度加科技”的完美结合，用科技的魅力彰显出了制度的力量，是全国首部规范利用信息化手段进行行政执法监督的地方政府规章。

二、行政执法监督平台立法打造了行政执法监督的“升级版”

目前，我国并没有制定中央层面有关行政执法监督法或者行政执法监督条例，中央层面的制度依据主要是行政处罚法、行政许可法等法律的相关条文以及中共中央、国务院出台的关于推进依法行政的若干决定和政策性文件。各地的行政执法监督的方式和手段标准不一、范围不同、方式各样〔1〕，各地在实践中也探索了各种监督制度和机制，如执法主体资格制度、重大行政执法行为备案制度、行政执法程序制度、执法监督检查制度、执法案卷评查制度、行政执法责任制等制度。但是，实践中由于政府法制机构囿于监督机构薄弱、监督人员稀缺、监督手段单一等问题，没有形成一种机制将上述制度很好的实现，还存在一些问题，影响了政府法制机构监督职能作用的发挥，主要问题有以下几个方面：

1. 执法监督覆盖面不全。行政执法监督的对象和事项单一，只对传统的行政处罚事项进行监督，而对行政许可、行政强制、行政征收、行政给付、行政确认、行政裁决、行政补偿、行政奖励等其他行政执法行为的监督没有覆盖到位，导致出现“选择性监督”的现象。这不利于规范行政执法行为，影响行政执法监督的效果。

2. 过程控制不到位。根据行政执法监督行为的过程，将行政执法监督分为事前监督、事中监督和事后监督〔2〕，也称为规则性控制、程序性控制和救济性控制〔3〕。实践中，行政执法监督忽视了事前监督和事中监督，过分侧重于事后监督，导致行政执法行为的过程与行政执法监督的过程脱节，影响了执法监督功能的发挥，行政执法行为得不到有效控制。

3. 规范化程度不高。以往的行政执法监督囿于监督力量、监督保障等方面的问

〔1〕 广东、山东、四川、重庆等省市出台了有关行政执法监督地方性法规，天津、山西、辽宁等省市出台了有关行政执法监督的政府规章。

〔2〕 参见宋大涵主编：《行政执法教程》，中国法制出版社 2011 年版，第 347 页。

〔3〕 参见刘平、诸晓鸣：《对行政的监督现状评估及对策报告》，载上海市行政法制研究所编：《地方立法的理论与实务》，法律出版社 2007 年版，第 129 页。

题,一直停留在个案化、碎片化、末端化监督,在监督内容、监督范围、监督程序、监督结果运用等方面没有一个统一的规范和标准,确立的一些制度都是各地根据行政执法行为的属性的运行轨迹设立的最基本的监督制度,如主体资格、备案制度、案卷评查等,[1]没有形成系统化、规范化的监督体系。

4. 信息化支撑不强。传统的行政执法监督,绝大多数都是发一些计划性的文件,对极少数的行政执法案卷进行评查等,对一些个案的监督、案件中凸显出来的倾向性、规律性的现象以及执法中普遍存在的问题没有很好的统计工具和手段,忽视信息化手段和大数据分析方法在行政执法监督中的运用,影响了决策者对改进行政执法工作的判断以及百姓对行政执法的满意度,也影响了行政执法监督工作的科学化。

基于上述问题,天津市按照建立完善的行政执法体系、改进行政执法监督方式手段的总体要求,利用"制度加科技"的方法,积极探索"互联网+"时代行政执法监督新模式,大力推进行政执法监督平台建设,自2014年10月开始,经过8个月的不懈努力,采取"边运行边完善"的方式,在平台试运行的过程中,我们同步推进制度建设,将平台运行中需要规范的要素以及需要固化的成果,通过制度化的表达,来推动平台的进一步完善,最终在17号令公布后的2015年5月20日建成市区两级行政执法监督平台,为全市行政权力的运行监督扎上了"制度的篱笆",插上了"科技的翅膀"。推动形成完善的外部监督到系统监督的行政执法监督工作体系和制度,实现了规范行政执法行为和加强行政执法监督"两把锁"的效果。

(一)完善"一套制度"。为使行政执法监督平台高标准建设、高水平管理、高效能运行,天津市紧密结合平台运行的特点规定了一系列行政执法监督制度,17号令与天津市其他有关行政执法监督制度遥相呼应,形成了相对完备的行政权力规范和制约监督体系[2]。一是行政执法信息化管理制度[3]。实行行政执法立案(受

---

[1] 参见宋大涵主编:《行政执法教程》,中国法制出版社2011年版,第348~351页。

[2] 天津市先后出台了《天津市行政执法监督规定》(2014年天津市人民政府令第9号)、《天津市行政执法违法责任追究办法》(2014年天津市人民政府令第8号)、《天津市人民政府关于加强行政执法监督工作的意见》(津政发[2015]7号),加之17号令,即三部市政府规章,一部市政府文件,堪称是规范行政执法行为、制约行政权力运行、加强行政执法监督工作的"四大金刚",初步形成了天津较为完整的行政执法监督的制度体系。

[3] 参见17号令第9条"本市实行行政执法立案(受理)、调查、审核、决定、执行等执法程序各环节的过程记录制度。各级行政执法机关应当按照规定进行记录并归集到行政执法监督平台。"第10条"实行行政执法人员管理信息化制度,利用行政执法监督平台组织开展行政执法人员证件管理、培训考试、监督考核等工作"。

理)、调查、审核、决定、执行等执法程序各环节的过程记录制度，及时归集全市行政执法信息，以及建立行政执法人员管理信息化制度，利用平台开展执法人员证件管理、培训考试和监督考核等工作。二是行政执法信息统计报告制度〔1〕。建立行政执法大数据统计分析制度，明确由市和区县政府法制机构定期向同级政府报告行政执法监督平台信息的统计分析情况。三是行政执法监督方式信息化制度〔2〕。由各级政府法制机构利用行政执法监督平台的自动预警监督、重大案件预警和主动抽样监督等功能，以及归集的公众监督信息，开展行政执法监督工作。四是公众参与执法监督制度〔3〕。充分发挥社会公众的监督力量，定期举行公众开放日活动，对公众代表从平台随机抽取的执法案卷进行监督审查，并向社会公示审查结果。并且专门开设了行政执法相对人查询功能，行政执法相对人可根据从行政执法机关获得的案件唯一查询码，查询行政执法相关信息，强化了个案监督。

(二)建设“两级平台”〔4〕。实行“两级平台、三级网络”的行政执法监督平台管理体制，明确了市和区县人民政府对行政执法监督平台工作的组织领导责任，政府法制机构的日常管理责任以及各级行政执法机关归集行政执法信息的责任。并科学设计平台基本构架，明确市级平台与市级执法机关以及各区县平台，各区县平台与区县部门以及各街镇平台，市级部门与区县部门平台联网的基本构架，实现行

---

〔1〕 参见17号令第23条：“本市建立行政执法大数据统计分析制度。市政府法制机构应当定期向市人民政府报告全市行政执法监督平台信息的统计分析情况。

“区县政府法制机构应当定期向本区县人民政府和市政府法制机构报告本区县行政执法监督平台信息的统计分析情况。”

〔2〕 参见17号令第25条：“各级人民政府及其部门的法制机构利用行政执法监督平台的自动预警、重大案件预警、主动抽样和行政执法人员管理等功能，以及行政执法监督平台归集的公众监督信息，开展行政执法监督工作。”

〔3〕 参见17号令第30条：“市和区县政府法制机构应当利用行政执法监督平台组织行政执法监督平台开放日等形式多样的公众参与活动，公众可以通过网络报名，由市和区县政府法制机构随机确定参与行政执法监督平台开放日活动的公众代表。由公众代表从行政执法监督平台随机抽取行政执法案卷，市和区县政府法制机构对抽取的行政执法案卷进行监督审查，并将审查结果通过行政执法监督平台向社会公开。”

〔4〕 参见17号令第5条：“市人民政府统一领导全市行政执法监督平台的管理工作。区县人民政府领导本区县行政执法监督平台的管理工作。”

第6条：“市政府法制机构负责市级行政执法监督平台的具体管理工作，对区县行政执法监督平台的管理进行指导和监督，会同市监察机关利用行政执法监督平台依法开展行政执法监督工作。

“区县政府法制机构负责组织本区县行政执法监督平台的具体管理工作，会同区县监察机关利用行政执法监督平台依法开展行政执法监督工作。

“市级行政执法机关的法制机构利用行政执法监督平台对本部门、本系统依法开展行政执法监督工作。”

政执法监督"全覆盖"。

(三)归集"三层信息"。通过归集和处理市级行政执法机关、区县政府及其执法机关和街镇综合执法的三级行政执法信息,使行政执法信息处于横向监督和纵向联系的状态,即上级行政执法机关监督下级行政执法机关、同级政府执法监督部门监督同级部门,形成纵向和横向交织的监督格局。

(四)推进"四项公开"[1]。为了推进公开透明执法,明确各级行政执法机关应通过行政执法监督平台公示相关执法信息。一是主体公开。将行政执法主体及其执法机构通过平台向社会公示。二是人员公开。将全市行政执法人员的资格信息在行政执法监督平台上公示。三是流程公开。各级行政执法机关将行政执法标准、程序、时限等信息在平台上公示。四是结果公开。各级行政执法机关的各种行政执法结果通过平台向社会公开,接受社会监督。

(五)实现"五个功能"。通过行政执法监督平台立法的一系列制度设计,使行政执法监督平台锁紧规范执法行为和加强行政执法监督的两把锁,防止"权力进笼"后的任性和惰性,形成防任性和治惰性的新常态,最终实现行政执法监督平台运行的"五个功能"。一是行政执法信息归集功能。通过对各级各类行政执法信息的归集处理,解决执法信息"散"的问题。二是执法事项公示功能。通过对各类行政执法信息向社会公示,接受公众监督,解决执法行为"隐"的问题。三是执法行为监督功能。通过行政执法监督平台开展自动预警监督、主动抽样监督、重大案件监督、投诉举报监督等各类行政执法监督活动,利用科技手段解决执法监督"漏"的问题。四是执法数据分析功能。通过各类行政执法信息在平台的充分体现,形成了科学全面真实的行政执法数据,解决了执法数据"假"的问题。五是执法责任确认功能。通过平台归集、公示的有关执法信息,可以对行政执法的违法责任进行精准界定和判断,增强了行政执法监督的"权威性",解决了执法责任追究"弱"的问题。

三、行政执法监督平台立法对行政权力内部监督制约机制的探索和创新

(一)形成立体化的权力监督制约机制。通过行政执法监督平台立法,实现行政执法立案(受理)、调查、审核、决定、执行等执法程序的各环节过程记录制度,突

---

[1] 参见 17 号令第 20 条:"下列信息应当通过行政执法监督平台向社会公开:

"(一)行政执法主体;

"(二)行政执法依据;

"(三)行政执法事项;

"(四)行政执法流程和标准;

"(五)行政执法人员资格;

"(六)其他依法应当向社会公开的信息。"

出对行政执法信息的"全覆盖""全过程""实时化"记录,使行政执法的每一个环节都在平台上体现,使每一个执法行为都可查询、可追溯、可监督。同时坚持点面结合,通过监督平台的自动预警和主动抽样功能,综合运用案卷抽查、专项调查、重点整治等措施,对接网上网下信息,将主动监督与被动监督有机结合、有效整合,增强监督的针对性和有效性,使得网上行政行为违法问题能够在网下寻找源头,网下行政行为违法问题能够在网上同步督查,实现网上网下的一体化监督。

(二)形成精准化的层级监督体制。行政执法监督平台每周对各区县、各部门报送的数据情况进行统计,并根据统计结果,有针对性地进行监督。先后开展了安全生产检查、"清新空气"行动、建筑工程垃圾渣土管理等执法行为专项督查,通过对比检查信息与区县报送数据,发现并处理了执法过程中存在的问题,有效减少了行政执法的随意性,使行政裁量基准制度和行政执法标准化制度得到了严格执行。同时,针对部分行政执法部门上传平台信息"零数据"的情况,及时同相关部门沟通,要求说明理由、解决问题,推动了零执法说明制度的落实,还通过平台的主动抽样功能,定期抽查行政处罚案卷,针对其中发现的问题,严格行政执法程序,规范行政执法重点环节,不断健全行政执法案卷管理和评查制度、执法质量评议考核制度。

(三)畅通公众参与行政执法监督的渠道。为充分发挥社会公众的监督力量,依据公开透明原则,行政执法监督平台设置多种方式,畅通社会监督渠道。一是公众监督渠道更加丰富。监督平台开设有互联网窗口,将行政执法全过程全面公开,主动接受公众监督。同时,定期举行公众开放日活动,公众可以通过网络报名,参观监督平台运行,并随机抽取行政执法案卷进行检查。二是相对人权益保障更加充分。开通行政执法相对人查询功能,方便相对人查询执法主体、执法人员、执法程序、执法结果等行政执法相关信息,强化了个案监督。三是监督信息共享更加全面。行政执法监督平台还与市场主体信用信息平台进行全面对接,实行数据交互、资源共享,实现社会公众对行政执法信息的一体化查询,保证行政执法监督更加全面公开透明。

(四)强化监督结果应用的多元化。行政执法监督平台在全面归集执法信息数据、为执法监督工作提供有力支撑的同时,具备对归集到的行政执法信息进行综合分析的功能,拥有强大、全面、准确的综合分析能力。一是掌握全市行政执法总体态势。既可以对全市行政处罚的总体情况进行统计,也可以对同类执法机关执法工作进行横向比较,并将分析结果作为依法行政考核、绩效考评的依据。二是确定行政执法监督工作重点。通过对行政执法违法行为的类别、频次以及集中发生的地点、时段进行综合分析,确定监督重点,明确监督任务,有针对性地开展执法监督。三是为科学合理配置行政资源奠定基础。对执法机关履行法定职责情况以及具体执法人员的工作量进行统计分析,参考分析结果调配执法人员、调整执法力量、科学配置行政资源。四是为立法后的评估提供全面、翔实的数据参考。对全市执法总体情况进行统计,评估法律法规、政府规章的执行强度、力度、效果,为科学立法提供参考。五是为全市行政执法体制改革提供数据支撑。监督平台对执法行为、职权范围、违法行为处理、信用信息的集成运用,使全市执法情况一目了然,为领导从全局角度统筹规划、确定工作重点难点提供了一手数据。

四、行政执法监督平台立法对于建设法治政府的制度意义

天津市行政执法监督平台立法以及监督平台的运行,根本出发点是全力保障各项改革措施达到预期目标,避免懒政"不作为"、权力膨胀"乱作为",确保权力下放"放得下""管得好"。随着天津市整体行政管理体制改革的不断深入,天津市行政执法监督工作也从"跟跑者"向"并行者""领航者"转变,行政执法监督平台依靠科技手段,让各项行政执法监督制度"活"起来,对于法治政府建设具有重要的制度意义:

一是为推进行政机关依法全面履职政府职能提供了新的工作思路。全面履行法定职责是深入推进依法行政、加快建设法治政府的必然要求,[1]天津市行政执法监督平台立法,为客观考核各区县、各部门履行法定职责情况提供制度先导和技术保障。天津市行政执法监督平台坚持问题导向,针对目前行政执法机关中存在的懒政"不作为"问题,制定出台了行政执法机关履职率制度,将各区县、各部门全面履行法定职责情况纳入监督视野,并加大治庸治懒力度,设定了"履职比例"考核红线。行政执法机关履职率制度,将行政执法监督寓于行政管理之中,使得行政执法监督和行政执法工作良性互动,推动行政执法机关进一步增强履职责任心,不断提高履职能力和水平,为全面加快法治政府建设提供了可复制、可借鉴的工作参考。

二是为全面强化对行政权力的制约和监督提供了科技"利器"。"内治未得,不可以正外"[2],完善政府层级的监督对于制约行政权力尤为重要。党的十八届四中全会提出,要"强化对行政权力的制约和监督。加强对政府内部权力的制约,是强化对行政权力制约的重点",中共中央、国务院印发的《法治政府建设实施纲要(2015-2020)》就强化了对行政权力的制约和监督,又明确提出了"健全行政权力

〔1〕 参见徐绍史:《依法全面履行政府职能》,载《人民日报》2014年11月28日,第7版。

〔2〕 参见(汉)刘向:《说苑·指武》。

运行制约和监督体系。坚持用制度管权管事管人,坚持决策权、执行权、监督权既相互制约又相互协调,完善各方面监督制度,确保行政机关按照法定权限和程序行使权力”的具体要求,天津市行政执法监督平台的制度实践与党的四中全会精神以及中央的工作思路是完全契合的。通过经过实践检验、行之有效的“科技 + 制度”综合监督手段,进一步畅通了对行政权力的制约渠道,切实将权力关进制度的笼子,充分发挥了建设法治政府、促进经济社会发展“保险丝”“安全阀”的积极作用。

三是为严格规范公正文明执法创造了制度样板。坚持严格规范公正文明执法,是全面推进依法治国的基本要求,是维护国家法律权威、提升执法公信力的重要途径〔1〕。目前,通过天津市行政执法监督平台立法的引导和规范,执法监督平台与全市 16 个区、57 家市级行政执法部门,区县监督平台与 338 家区县行政执法部门、238 个街镇实现了全面联网,并与市公安执法系统、市财政执法系统等 12 个专业执法系统实现了数据链接,确保每一件处罚事项、每一处执法行为全面受平台监督。行政执法监督平台通过对各级行政执法部门的行政检查以及行政处罚立案(受理)、调查、审核、决定、执行等各环节的执法信息进行全过程记录,并结合自动预警监督功能,设置了每个执法行为的执法程序、执法时限、执法人员资格和执法结果的自动预警点,从而规范了有关执法程序和行政裁量标准,明确了具体办案时限。当执法行为不符合规范要求时,平台将自动发出预警,及时提示行政执法机关纠正不合法、不正当的行政执法行为,并结合主动抽样监督、重大案件监督等手段,实行主动监督和被动监督相结合,确保了行政执法机关严格规范公正文明执法。

四是为完善依法行政制度体系进行了有益探索。天津市行政执法监督平台,不局限于表面的执法监督,还服务于政府管理制度全方位的发展,为依法行政制度体系的整体建设提供了有力的制度支撑。行政执法监督平台坚持立法先行,用周严的制度设计推进平台建设,不仅能对行政执法活动进行监督,还可对每一部法律、法规和规章的实施情况进行立法后评估,多角度综合分析评估法律、法规和规章的执法强度、力度和效果,分析执法重点集中地域和时段,为科学立法提供参考,保障政府立法能够主动适应经济社会发展的需要,及时将行之有效的工作措施上升为法律法规规章。

五是为推进科学民主依法决策提供了实践参考。行政执法监督平台将各级行政执法机关作出每个行政执法行为的执法标准、执法程序和执法时限等信息在平

---

〔1〕 参见郭声琨:《坚持严格规范公正文明执法》,载《中共中央关于全面推进依法治国若干重大问题的决定辅导读本》,人民出版社 2014 年版,第 95 页。

台上公示,全面公开执法流程,接受广泛的公众监督以及对行政执法平台的合法性、公正性审查,从而倒逼各级行政执法机关进一步健全依法决策机制,严格落实重大行政执法决定集体决策、合法性审查等程序,显著减少并纠正违法决策、不当决策、拖延决策等行为,从而全面推进行政执法机关行政决策的科学化、民主化、法治化进程。

目前,天津市行政执法监督平台已成为国内平台建设规模最大、采集数据最全、覆盖面最广、实时化监督条件最好的平台,得到了中央机构编制委员会办公室、国务院法制办公室以及 30 多个兄弟省市的充分肯定。截至 2016 年 5 月中旬,行政执法监督平台已将全市 16 个区县的 338 家区县行政执法部门、238 个街镇,以及 57 个市级行政执法部门纳入监督范围,共归集全市行政执法人员信息 51952 条,行政处罚职权 172741 条,执法依据 2465 部,行政处罚信息 5647819 件,行政检查信息 365956 次。实践表明,天津行政执法监督平台立法以及监督平台的建设和运行,从制度和实践上呼应了建设法治政府、创新政府、廉洁政府和服务型政府的要求,是推进国家治理体系和治理能力现代化的有益探索和成功实践。

用新发展理念引领司法行政工作向更高水平发展

张铁英*

党的十八届五中全会提出了“创新、协调、绿色、开放、共享”五大发展理念，这是党在新时期对发展理念的创新。五大发展理念不仅是我国国民经济和社会发展长期、宏观的指导思想，也是引领司法行政工作科学发展的重要遵循和基本方向。“十三五”开局之年，天津各级司法行政机关要在思想上准确把握、在行动上深入践行五大发展新理念，认真谋划和做好司法行政各项工作，不断提升服务经济社会发展大局的能力和水平，推动司法行政工作再上新台阶。

一、准确把握新发展理念对司法行政工作提出的新要求

五大发展新理念创造性地回答了新形势下我们要实现什么样的发展、怎么样实现发展的重大问题。要做好新形势的司法行政工作，必须紧密联系适应和引领经济发展新常态，联系协调推进“四个全面”战略布局，深刻认识五大发展理念对司法行政工作提出的新要求，切实增强贯彻落实的思想自觉和行动自觉。

一是深刻认识崇尚创新是司法行政工作改革和发展的不竭动力。创新是引领发展的第一动力，抓创新就是抓发展，谋创新就是谋未来。五大发展理念中，创新发展居于首位。近年来，天津司法行政系统坚持以创新的思路和措施谋发展、求突破，司法行政工作改革创新取得了可喜成绩。但也要看到，在部分领导干部和干警中还不同程度地存在思想因循守旧、工作按部就班、活力不足等倾向。为此，必须把创新摆在核心位置，深化对中国特色社会主义司法行政制度的规律性认识，与时俱进地推进工作理念、工作方式方法和制度机制的创新，加强调查研究，注重创新人才的培养使用，积极探索“互联网 + 司法行政工作”模式，激发创新活力，推动司法行

* 张铁英，天津市司法局党委书记、局长。

政事业不断创新发展,更好地服务党和国家工作大局,更好地服务人民群众。

二是深刻认识注重协调是司法行政工作改革和发展的基本要求。协调发展强调的是均衡发展,注重的是提高整体效能,解决的是发展不平衡问题。从工作职能上看,司法行政工作点多、面广、线长,但各项职能的关联度相对不高,职能之间因差异较大而缺乏有机联系。从实践中看,天津城乡之间、区县之间的法律服务资源配置还不够均衡,法律服务业整体水平有待提升,司法行政基层基础软硬件建设、信息互联互通、领导干部运用法治思维和法治方式推动工作等方面仍存在一定的差距。对此,要准确把握司法行政发展状况,积极探索各项业务工作的特点和规律,注重在协调发展中拓展发展空间,在加强薄弱领域中增强发展后劲,推动全市各区、各项司法行政工作的协调发展。特别是要坚持系统的观点,依照司法行政工作的整体性和关联性进行系统设计,大力整合司法行政各方面的资源,推进司法行政专业化、标准化、信息化建设,加强司法行政基层基础建设,形成工作合力,发挥整体优势,不断提高司法行政工作整体效能。

三是深刻认识倡导绿色是司法行政工作改革和发展的重要任务。十八届五中全会提出:"绿色是永续发展的必要条件和人民对美好生活追求的重要体现。"自然生态要山清水秀,政治生态也要山清水秀。司法行政倡导绿色发展,就是要强化绿色司法行政机关建设,通过加强司法行政科技信息化建设,切实改变传统的消耗型管理和服务模式,不断优化监所企业产业结构,大力发展绿色生产项目,减少高污染、高耗能项目,在全系统内努力形成绿色生产方式和消费方式。同时,还要把建设司法行政系统风清气正的政治生态作为一项长期性的重要任务,深入落实好党风廉政建设的主体责任和监督责任,聚焦行政审批、刑罚执行,特别是减刑、假释、暂予监外执行等易生腐败问题的重点岗位和关键环节,加强干部管理监督,完善信息公开、内部审计等制度,用制度管权管事管人,既切"病灶"又防患于未然。要巩固拓展"三严三实"专题教育成果,扎实开展"学系列讲话、学党章党规、做合格党员"学习教育活动,以确保取得实效。

四是深刻认识厚植开放是司法行政工作改革和发展的必然选择。开放是发展的必由之路。面对日益开放的环境,司法行政工作只能顺应,不能回避。司法行政实现开放发展,就是要进一步推进政务公开,建立准确及时、公开透明的舆论引导机制,满足群众信息需求,掌握话语权和主动权,营造良好的舆论环境。要进一步推进狱(所)务公开,深化公开内容,创新公开方式、方法,建立完善工作制度,推动执法的内容、方式、制度、服务公开,自觉接受社会监督。要加强与报纸、广播、电视等传统媒体的合作,注重开辟网络新兴媒体阵地,及时反映全系统改革发展的新成绩,多角度、立体化展示司法行政工作服务经济社会的新贡献,树立司法行政工作和司法行政机关开放、开明、包容、亲和的社会形象。要积极做好典型引路和表彰奖励工作,深入开展向先进事迹、典型人物的学习宣传活动,通过多种方式,运用多种载体进行宣传报道,提升司法行政干警的社会美誉度。

五是深刻认识推动共享是司法行政工作改革和发展的本质要求。十八届五中全会提出,坚持共享发展,必须坚持发展为了人民、发展依靠人民、发展成果由人民共享。共享发展的本质是为民服务。各级司法行政机关要不断强化宗旨意识,积极改进工作作风,从人民群众最现实、最关心、最直接的问题抓起,群众赞成什么就鼓励什么、群众期盼什么就做好什么,讲实话、出实招、办实事、求实效,做群众的知心人和贴心人。要重点在改善民生上主动作为,加强民生领域法律服务,解决好服务群众"最后一公里"的问题,真真实实地帮助群众解决实际困难。同时,要大力加强司法行政系统人才、信息和资源的共享,积极推进司法行政体制机制改革,推动司法行政改革成果落地生根,使广大司法行政干警、法律服务工作者和群众在共建共享中有更多的获得感。

二、坚持以新发展理念引领司法行政工作科学发展

贯彻落实新发展理念,对司法行政机关而言,归根结底要落实到服务保障和推动加快发展上。当前,天津正处在新的历史起点上,五大国家战略机遇叠加,发展潜力巨大。全市各级司法行政机关要牢固树立和贯彻落实创新、协调、绿色、开放、共享的新发展理念,结合工作实际,找准发展方向和着力点,统筹兼顾、精准发力、务求实效,以奋发有为的精神状态推进司法行政工作科学发展,努力为"十三五"时期全市经济社会发展提供优质高效的法律服务和法律保障。

一要在服务保障创新发展上有新作为。创新发展,要求构建发展新体制,加快形成有助于创新发展的市场环境、产权制度、投资融资体制、分配制度、人才培养引进机制。一是紧紧围绕天津市深入实施创新驱动发展战略,大众创业、万众创新,在新产业、新业态、新技术领域拓展法律服务,做好企业知识产权保护工作,在优化要素配置、激发创新创业活力、培育发展新动能等方面提供法律服务。二是积极配合天津金融改革创新"先行先试"发展战略,深入推进公证服务金融改革创新,深入落实《关于为我市金融改革创新防范金融风险提供公证法律服务的指导意见》规定的相关服务和保障措施,加大与金融管理部门的合作力度,选取具有代表性的国有金融机构和新型金融业态实现公证法律服务试点对接,有力服务天津金融改革创新试点各项工作,积极打造可复制模式。

二要在服务保障协调发展上有新作为。协调是持续健康发展的内在要求。司法行政机关要在自身协调发展的同时,积极服务和保障经济社会协调发展。一是用平安保障协调发展。坚持把监所安全稳定作为重中之重,进一步完善监所安全稳定长效机制,严格落实安全稳定各项制度规定,加快科技信息化运用,加强生产安全管理和消防安全管理,确保监所持续安全稳定;坚持把教育改造罪犯、教育挽救戒毒人员作为中心任务,全面推行出监(所)教育、心理矫治和职业技能培训工作,创新教育改造方式方法,建立健全教育改造质量评估体系,不断提高教育改造质量。扎实做好刑释解教人员、社区服刑人员等特殊人群的教育管理服务工作,健全完善刑满释放人员必接必送工作机制,加强思想政治、法制、道德和文化教育,加强职业技能培训,促进就业安置,帮助他们顺利回归社会。扎实做好人民调解工作,在全市范围推广"访调对接"试点经验,推动建立京津冀人民调解合作联调机制和医疗纠纷协调配合机制,在全市组织开展"人民调解新常态,维护稳定促发展"专项活动,健全动态排查预警机制,加强矛盾纠纷调处化解。二是用普法保障协调发展。着力抓好"七五"普法启动和组织实施,积极推动落实"谁执法谁普法、谁主管谁负责"的普法责任制,建立普法责任清单制度,推动有关部门建立法官、检察官、行政执法人员、律师等以案释法制度。积极推动把法治教育纳入精神文明创建内容之中,加强普法讲师团和普法志愿者队伍建设,开展群众性法治文化活动。健全媒体公益普法制度,创新法治宣传教育形式,推动"互联网+法治宣传"行动。继续做好领导干部网上学法用法考试,逐步推行国家工作人员网上考法,使领导干部和国家工作人员学法用法规范化、经常化。推动法治教育、消防宣传教育纳入国民教育体系,逐步落实中小学法治知识课时、教材、师资、经费、法治副校长、考核等要求,努力实现学校法治教育系统化、科学化。三是用治理保障协调发展。全面落实《深化法治天津建设实施纲要》及其责任分工方案,扎实推进法治天津建设。坚持法治宣传教育与法治实践相结合,深入推进多层次多领域依法治理,推进基层组织和部门、行业依法治理工作,积极推动把依法治理纳入各级党委政府目标管理。全面落实"法律六进"工作制度,促进"法律六进"工作规范化开展。深化法治区(县)、民主法治村(社区)、学法用法机关(单位)、依法行政单位等创建活动,明确任务,分解责任,抓好落实。完善法治宣传教育和法治天津建设的整体联动考评机制。建立科学完备的依法治市指标体系和考核标准,推进依法治市工作的制度化、规范化发展。

三要在服务和保障绿色发展上有新作为。生态文明建设是贯穿于"十三五"时期经济社会发展各方面和全过程的重点任务。司法行政机关要努力在服务和保障绿色发展中彰显新能力、创造新业绩。一是围绕天津建设生态宜居城市,为深入实施“美丽天津一号工程”、建设“海绵城市”，发展新能源、海洋经济、循环经济，加强环境治理、生态保护等提供法律服务，指导律师、基层法律服务工作者依法做好环境保护领域法律服务，履行好涉及生态环境的诉讼、公益诉讼、调解及仲裁等职责，拓展节能源、碳排放、排污权、水权交易法律服务，服务节能减排企业发展。二是把促进绿色发展作为法制宣传的重点，采取多种有效方式，加大对公民进行环境保护的权利与义务、破坏环境应承担的法律责任等法律知识的宣传，在全社会尽快形成依法维护环境权利、自觉履行环境保护义务的现代公民意识，营造尊重自然环境、建设生态文明的浓厚法治氛围。

四要在服务和保障开放发展上有新作为。随着经济全球化深入发展，我国已经深度融入全球经济治理体系，对外开放走到了一个新的关键阶段。司法行政机关要积极适应对外开放新格局和开放发展新要求，树立面向社会、面向群众、面向未来的开放理念，以开放的心态谋划工作、落实工作、推进工作、评价工作。要围绕天津改革开放先行区的定位，主动对接“一带一路”、京津冀协同发展、自由贸易实验区等国家战略实施，通过组建专业团队，深入开展专项法律服务。一是积极推动“天津滨海新区中心商务区律师服务创新示范基地”建设，探索建立与中东欧国家“16+1”法律服务业合作交流机制，努力拓展融资租赁、商业保理、互联网金融等领域的法律服务市场。二是加快提升涉外法律服务能力水平，抓紧培养涉外高端律师人才，制定涉外法律人才培养计划，通过律师协会选派优秀年轻的涉外律师出国参加各类国际法律规则专业培训，拓展涉外法律服务领域，积极为国际投资、跨国企业并购、国际产能和设备制造合作等以及反倾销、反补贴、反垄断等提供法律服务，切实维护我国公民、法人在海外及外国公民在我国的正当权益。三是做好重大活动法律服务保障工作。积极做好2016天津夏季达沃斯论坛法律服务工作，积极参与第13届全运会组织筹备工作，全程提供优质高效的专业法律服务。

五要在服务和保障共享发展上有新作为。共享发展理念突出了维护社会公平正义，强调发展成果由人民共享。司法行政机关要围绕突出民生优先、促进社会公正，切实做好扶贫、教育、就业、医疗卫生和社会保障等民生领域的法律服务工作。要深入推进全市公共法律服务体系建设，紧密结合市政府民心工程工作有关部署，有效整合律师、公证、司法鉴定、法律援助、法治宣传、人民调解、安置帮教等法律服务职能，打造服务产品，加大基本公共法律服务供给。要切实抓好市、区、街乡镇三级法律服务中心和村(居)法律服务站实体服务平台建设和规范化运行，运用统一的集语音热线、网络在线、微信服务等于一体的公共法律服务信息服务平台和集信息分类检索、服务导航、社会稳定信息管理等多种功能于一体的动态管理平台，打造全覆盖、立体化、网格化的综合公共法律服务体系,形成热线畅通、在线服务和落地服务对接互通格局,为城乡居民提供全方位、优质高效、均等的公共法律服务,努力使发展成果更多、更公平地惠及人民群众。

三、以新状态新作为推进新发展理念在司法行政领域的实践

五大发展理念是关系发展全局的一场深刻变革。贯彻落实好五大发展理念,各级司法行政机关必须主动适应形势新变化和发展新常态,着力提高各级领导干部和干警队伍的素养和能力,不断增强统筹贯彻新发展理念的能力和水平,以更加饱满、良好的精神状态、更加科学务实的工作措施,推进新发展理念在司法行政领域的科学实践,引领全市司法行政工作向更高水平发展。

一要强化学习意识,提高素养和能力。理论武装的程度,决定着党员干部的思想深度、视野广度和境界高度。特别是随着中央治国理政新理念的不断完善,大数据、云计算等新知识的不断涌现,司法领域改革发展新政策的不断出台,我们不了解、不熟悉甚至不适应的方面还有很多。要想在事业上领先,必须在学习上争先。要深入学习贯彻习近平总书记系列重要讲话精神和对政法工作、司法行政工作的重要指示,学习贯彻中央和市委、市政府的重大决策部署,提高站位、找准定位、争先进位。要加强调查研究,主动到矛盾多、问题多的一线,到改革攻坚、维护稳定的前沿,塌下心来,深入学习研究司法行政工作的发展趋势和规律,把握社会发展对工作的新需求、人民群众对工作的新期待,聚焦司法行政改革发展的重点、薄弱点和关键点,列出清单,精准施策,确保不出成果不撤手,切实增强科学决策、深化改革、服务群众的能力水平。要大力开展教育培训,分级分类全面开展政治理论、纪律作风、岗位技能、专项业务等培训活动,加强一线干警岗位练兵和实战锻炼,建立健全长效机制,推进岗位和知识更新,增强专业素养,提高履职能力。

二要强化问题导向,解决矛盾问题。新发展理念内在联系紧密,统一于“四个全面”战略布局和“五位一体”总体布局,体现着辩证思维和统筹兼顾的科学方法论。要用好辩证法,坚持“两点论”和“重点论”的统一,依照新发展理念的整体性和关联性进行系统设计、科学施工,抓住主要矛盾和矛盾的主要方面,重点突破、统一贯彻。要对照新发展理念,认真检视司法行政自身的发展实践,找准瓶颈和短板,正视问题和不足,把新发展理念具体体现到政策制定、工作安排、任务落实上,精准发力、综合施策,努力在增强创新能力、推动发展平衡、改善生态环境、提高开放水平、促进共享发展上取得新突破。特别是实践中,有些领导干部虽然认识到法治思维对依法治国的深远意义,但在处理实际问题时,并没有自觉选择法治思维和法治方式。为此,要坚持依法行政,依法管理,坚持法定职责必须为、法无授权不可为,依法

履行职责。要注重法治思维的养成，认真学习宪法和国家基本法律，特别是与本职工作密切相关的法律法规，切实增强法治观念，树立法治信仰，提高法律素养，善于运用法治思维和法治方式解决司法行政改革发展中的困难和问题，始终做到办事依法、遇事找法、解决问题用法，化解矛盾靠法，促进和保障各项工作在法治轨道上运行，提高司法行政工作的法治水平。

三要强化遵规守纪，严明纪律规矩。习近平总书记强调："各级党组织要把严守纪律、严明规矩放到重要位置来抓，努力在全党营造守纪律、讲规矩的氛围。"守纪律是新常态下党要管党、从严治党的现实需要，是党员干部正确履职用权、干事创业的必然要求；讲规矩是对党员干部党性和忠诚度的重要考验。把纪律和规矩挺在前面，要求全市司法行政系统的各级党委必须找准在全面从严治党中的定位，切实履行主体责任。王岐山同志指出："落实主体责任和监督责任要冲着纪律去，领好班子、关注干部、以上率下，实现全方位、全覆盖。"近年来，一些部门和单位的领导，因主体责任和监督责任落实不力，导致管辖范围内发生违法违纪问题，被问责追责的情况不少，必须引以为戒。要认真学习《中国共产党廉洁自律准则》和《中国共产党纪律处分条例》，把党的纪律和规矩内化于心，牢固树立纪律观念和规矩意识，在工作上用纪律规矩促有为，严格程序、严格章法，孜孜以求、一丝不苟；在生活上用纪律规矩树形象，见微知著、防微杜渐，把住小节、守住底线。要强化守纪律教育，抓好违纪"四种形态"，把严明的纪律体现在日常管理监督之中，严格执纪，抓早抓小，做到执行纪律无条件，遵守规矩不含糊。要强化执纪问责，坚持纪律面前人人平等，遵守规矩没有特权例外，使纪律规矩真正成为带电的"高压线"，对违反党的规矩纪律的行为，坚决惩处、绝不姑息。要注重运用违规违纪的"身边事"教育"身边人"，使广大干警尤其是年轻干警受警醒、知敬畏，努力建设一支纪律严明的司法行政队伍。

四要强化责任担当，纠正"为官不为"。担当是履职之魂，在其位谋其政，任其职尽其责。大变革需要大担当，大担当成就大作为。好机遇、好政策固然来之不易，但成就事业的关键所在还是要有敢担当、能担当的好干部。习近平总书记深刻剖析了"为官不为"的问题，指出了能力不足"不能为"、动力不足而不"不想为"、担当不足而"不敢为"三种情况。当前，群众反映最强烈的是一些干部不作为、慢作为和乱作为，最关心的是一些良策良法悬在空中不落地。要认真解决担当不够、落实不力的问题，以"严"和"实"的作风抓紧抓好，全面有效提升工作执行力，切实推动党委各项决策落地生根，努力把复杂的事情办好，难办的事情办成。要坚持思想引导与制度约束相结合，坚持严格管理与激励保障相结合，把践行新发展理念的能力和成效作为干部考核评价的重要内容，注重用新发展理念来发现、评价、选拔干部，切实把那些政治强、懂专业、善治理、敢担当、作风正的好干部用起来，对那种不干事、不作为的人批评调整，不胜任的就卸任、不尽责的就追责、不履职的就免职，形成想作为、敢作为、善作为的良好环境，最大限度调动广大干警的积极性、主动性、创造性，不断开创司法行政各项工作的新局面。

特别重大贿赂犯罪案件指定居所监视居住的实践问题与完善*

王　东**　马建馨***　尹泽贤****

因涉嫌特别重大贿赂犯罪案件在住处执行可能有碍侦查而指定居所监视居住,在2012年刑事诉讼法修改后,对指定居所监视居住措施的决定监督和执行监督制度,相关司法解释作了更加细致的操作性规定。但在司法实践中仍然暴露出诸多漏洞和问题,特别是在《最高人民法院、最高人民检察院关于办理贪污贿赂刑事案件适用法律若干问题的解释》颁布后,又出现了新的司法难题。

一、特别重大贿赂犯罪案件指定居所监视居住的现行规定及在司法实践中存在的问题

(一)特别重大贿赂犯罪案件指定居所监视居住的现行规定

现行对特别重大贿赂犯罪案件指定居所监视居住的制度主要规定在2012年修改后的《中华人民共和国刑事诉讼法》、2013年生效的《人民检察院刑事诉讼规则(试行)》(以下简称2013年《刑诉规则》)、2014年印发的《关于全国检察机关在查办职务犯罪案件中严格规范使用指定居所监视居住措施的通知》(以下简称2014年《职务犯罪指居通知》)和2015年印发的《人民检察院对指定居所监视居住实行监督的规定》(以下简称2015年《指居监督规定》)等。其中2014年《职务犯罪指居通知》较为系统地规定了对职务犯罪案件指定居所监视居住的规制制度,2015年《指居监督规定》较为系统地规定了对指定居所监视居住的监督制度。

---

* 本文为天津市人民检察院第二分院承担的最高人民检察院2016年检察应用理论研究重点课题阶段性成果。

** 王东,天津市人民检察院第二分院检察长。

*** 马建馨,天津市人民检察院第二分院研究室主任。

**** 尹泽贤,天津市人民检察院第二分院案件管理办公室干部。

(二)特别重大贿赂犯罪案件指定居所监视居住的司法实践中存在的问题

1. 现行上一级职务犯罪侦查部门对下一级职务犯罪侦查部门报请指定居所监视居住的审批流于形式,属行政性审批

现在我国检察机关建立了"全国检察机关统一业务应用系统",实行"全员、全面、全程"[1]在该系统内网上办案。其中"指定居所监视居住审查案件"类型为上一级职务犯罪侦查部门对下一级职务犯罪侦查部门报请指定居所监视居住的审批案件。该案件类型中办案时,上一级职务犯罪侦查部门对下一级职务犯罪侦查部门报请的案件,不需要制作案件审查报告对该案的事实、证据、决定有否的理由进行分析说明,只需要制作一个指定居所监视居住决定的文书,该文书只需要载明该案因重大贿赂案件有碍侦查决定指定居所监视居住即可,这种情形在全国都是一致的[2],现行的2013年《刑诉规则》、2014年《职务犯罪指居通知》等规定都未要求上一级职务犯罪侦查部门对案件的事实、证据、决定有否的理由进行分析说明,因此现行上一级职务犯罪侦查部门对下一级职务犯罪侦查部门报请指定居所监视居住的审批流于形式,属行政性审批。

2. "特别重大贿赂犯罪"的认定标准中,存在数额过高、认定标准仍不明确的问题

"特别重大贿赂犯罪"的第一种情形数额标准存在数额过高和缺乏证据标准的问题;第二种情形"有重大社会影响"存在认定标准十分模糊;第三种情形为"涉及国家重大利益"的规定,这个争议性不大,涉及国家重大利益,"主要是指发生在一些重要领域或者涉及政治、军事、外交及重点工程等关系国家重要利益的贿赂犯罪案件"[3]。

(1)最新的特别重大贿赂犯罪数额标准过高

为了说明司法实践中适用指定居所监视居住的数额情况,考虑到我国经济发展地区差异,选取我国东部、中部和西部省份的指定居所监视居住案件情况来说明。

东部省份某地级市检察院下辖9个区县,2015年1月至10月共立案侦查贪污

---

[1] 《全国检察机关统一业务应用系统使用管理办法(试行)》第3条第2款。

[2] 同上第3条第1款规定,人民检察院使用管理统一业务应用系统,应当坚持以下原则:(一)遵循统一配置。各级人民检察院应当依照最高人民检察院统一配置的流程、文书模板、案卡等,使用管理统一业务应用系统……

[3] 孙谦主编:《〈人民检察院刑事诉讼规则(试行)〉理解与适用》,中国检察出版社2012年版,第105页。

贿赂案件117人,其中适用指定居所监视居住8人,占0.7%,其中有2人涉嫌犯罪数额在50万~100万元,3人在100万~300万元[1],仅有3人在300万元以上。中部省份某地级市检察院,“2013年适用指定居所监视居住的案件数6件,占总案件数比14.3%,”[2]数额在50万元以上的比率低于33.3%。西部省份桂林市检察院,“2013年桂林全市立查贿赂犯罪案件共计93人,其中50万元以上的20人,占21.51%。基层院办理要案数仅占极少数,例如,2013年,广西全区118个县级基层院,办理要案共18人,平均起来,1年内,每个县级基层院办理要案仅0.153人。”[3]

从以上我国东部、中部和西部省份的取样数据来看,以《最高人民法院、最高人民检察院关于办理贪污贿赂刑事案件适用法律若干问题的解释》和最高人民检察院《关于贯彻执行〈最高人民法院最高人民检察院关于办理贪污贿赂刑事案件适用法律若干问题的解释〉的通知》(以下简称《通知》)的规定,“特别重大贿赂犯罪”的标准为300万元,“有其他特别严重情节”的为150万元,未来检察机关对指定居所监视居住依此理由的适用率极低(至少在样本选取省份),将不能发挥指定居所监视居住的应有作用,使该强制措施实际上几乎被废止。

另外原来将数额标准定为50万元以上,最高检的解释说明是因为全国统计数据是,2012年的前几年“贿赂犯罪数额在50万元以上的大约占全部贿赂犯罪案件的10%左右,且50万元以上的案件大部分情节都比较恶劣,案情复杂、社会危害性和影响比较大,要案居多”[4]。最高人民检察院研究室在《通知》中规定提高数额标准的理由是现在十年以上的数额起点为300万元,以前50万元的标准都是要判处十几年刑期的犯罪嫌疑人,所以认为从刑期上看是从十几年刑期的犯罪嫌疑人扩大到了十年刑期的犯罪嫌疑人。该理由只考虑了犯罪嫌疑人可能判处的刑期,但是把“特别重大贿赂”等同于判处十年刑期标准范围过窄,现在300万元(特别情况下150万元)的标准,不考虑司法实践的话,会造成该情形下的强制措施实际上几乎被废止。

---

〔1〕 不足150万元。

〔2〕 谢小剑、赵斌良:《检察机关适用指定居所监视居住的实证分析——以T市检察机关为例》,载《海南大学学报》(人文社会科学版)2014年第5期。

〔3〕 邹定华、蔡春生:《2013年桂林市检察机关适用指定居所监视居住强制措施的调查报告》,载《中国刑事法杂志》2014年第1期。

〔4〕 孙谦主编:《〈人民检察院刑事诉讼规则(试行)〉理解与适用》,中国检察出版社2012年版,第105页。

(2)“重大社会影响”认定标准十分模糊,司法实践中存在滥用的情形

最高人民检察院对“重大社会影响”解释说明是:“主要是一些要案,身居要职的国家工作人员的贿赂犯罪案件”[1]。但什么样的职务为要职恐怕是一个颇有争议的概念,“由于特别重大贿赂案件的认定标准较为灵活,侦查机关往往可以轻易认定贿赂案件都具有重大社会影响。6 个指定监视居住案例至少有 4 个适用所谓‘重大社会影响’条款,适用率近 70% 以上。”[2]

综上所述,“特别重大贿赂犯罪”的认定标准中,如果数额标准过高,另外的标准又过于模糊,从逻辑上来分析,将数额 300 万元(特别情况下 150 万元)以上的案件可以采取指定居所监视居住设为命题 P,将具有重大社会影响的案件设为命题 Q,为了说明的简便,此处不考虑第三种情形。故 P 或 Q 选言命题,包含 P 且 Q、P 和 Q 三种情形,则有以下结论:(见表 1)

表 1

情形	该情形下适用的结果
P 且 Q	废止
P	废止
Q	滥用

因此,现有规定将造成实践中因“特别重大贿赂犯罪”有碍侦查而适用指定居所监视居住的情形为:或该强制措施被废止,或该强制措施被滥用。

3.“特别重大贿赂犯罪”和“有碍侦查”的认定缺乏证据标准的问题

2011 年下半年全国人大法制工作委员会在向社会征求刑事诉讼法修正案(草案)的意见时,拘留后“因有碍侦查可以不通知家属”的规定曾在社会上引起很大争论。网络上有认为这样规定可能会导致秘密逮捕等不利后果,所以最终通过的刑事诉讼法修正案取消了对这个特殊情况的规定。在监视居住这一强制措施里保留着“有碍侦查”可以指定居所监视居住的规定,因此对于“有碍侦查”的认定,最重要的是防止司法的随意性。

“特别重大贿赂犯罪”中数额的认定上,实践中有的认为有一个以上的证据证

---

[1] 孙谦主编:《〈人民检察院刑事诉讼规则(试行)〉理解与适用》,中国检察出版社 2012 年版,第 105 页。

[2] 谢小剑、赵斌良:《检察机关适用指定居所监视居住的实证分析——以 T 市检察机关为例》,载《海南大学学报》(人文社会科学版)2014 年第 5 期。

明达到相关数额即可，有的认为也应坚持“孤证不能定案”的标准。没有规定证据标准，就存在采取该措施的随意性。

4. 指定居所监视居住的执行场所的监督标准不明确

比如某地级市指定居所监视居住案件的执行地点，其中几个情况是[1]：(见表2)

表2

案件	指定居所监视居住地点
P案	N区S路30号
X案	J区某镇某宾馆
F案	BHX区X路930号
LX案	D区F路67号增3号

司法实践中，指定居所监视居住案件的执行地点分散，各个地点的建设标准不一，因此在执行监督过程中，并不能明确该执行场所是否属变相的羁押场所或办公场所，执行监督机关对执行场所的执行监督标准不明确。

二、规制特别重大贿赂犯罪案件指定居所监视居住的建议

(一)规制特别重大贿赂犯罪案件指定居所监视居住措施的原则

规制指定居所监视居住措施总的目的是推动指定居所监视居住制度的科学发展，因此笔者提出以下两项规制的原则：一是必要性原则，要严格规制指定居所监视居住的依法适用，依法保障人权，防止使用不当甚至滥用、出现办案事故；二是合理限制原则，要合理规制指定居所监视居住，在合理合法范围内最大限度发挥该措施的作用，一方面是发挥其羁押替代性措施的作用，以最大可能性降低羁押率，另一方面为未来将纪委的“两指”措施吸纳到刑事诉讼法框架内提供可能性。

(二)规制特别重大贿赂犯罪案件指定居所监视居住的具体建议

1. 对决定审批程序进行诉讼化改革

因有碍侦查指定居所监视居住的决定审批程序进行司法化改革，将因有碍侦查而指定居所监视居住决定机关改为侦监部门。理由是：(1)现有刑事诉讼法规定指定居所监视居住可以折抵刑期，法律上也认可了指定居所监视居住对人身自由的限制类似于羁押，说明决定结果的严厉性。上述实证研究得出的审批程序流于形式，该审批程序的形式化与审批结果的严厉性之间的矛盾突出。(2)实证方面侦

[1] 资料来源：东部省份某地级市院在全国检察机关统一业务应用系统内的真实案件的统计。

查一体化的司法现状:侦查一体化是指人民检察院在查办职务犯罪案件中,发挥检察机关上下级领导体制的优势。在案件线索统一管理的基础上,实施侦查活动统一指挥、侦查人员统一调配、侦查资源统一使用,形成纵向指挥有力、横向协作紧密、运转高效有序的侦查工作机制。很多省份都内设指挥中心作为侦查一体化的具体执行部门。试想,该案是在上级检察院指挥下查办的,甚至存在上级检察院指示下级检察院采取指定居所监视居住的措施,然后由下级检察院报请上级审批决定,这与自行决定无异,所谓的上一级检察院的审批程序就没有存在的必要了。(3)域外限制人身自由的强制措施多是由法院来决定。英国保释程序中当侦查机关要求羁押时,由治安法官决定是否保释。俄罗斯监视居住决定程序中亦是由法官决定是否监视居住。德国延期执行逮捕令的独立措施亦是有法官决定。

具体制度是:考虑到我国司法体制现状,可以参考逮捕的决定程序,由侦查监督部门来决定。进一步还可以考虑形成侦查监督部门听取侦查机关或部门一方、犯罪嫌疑人或被告人及其辩护人一方共两方意见,形成控辩审三方的诉讼化模式的决定程序。

2. 完善“特别重大贿赂犯罪”认定标准

一方面因“有重大社会影响”存在认定标准十分模糊,可以在程序上规定要经省级人民检察院批准,以限制其适用,防止滥用,“涉及国家重大利益”因其重大性也适用相同程序。另一方面应当降低数额标准,在特别重大贿赂犯罪的数额标准上,本文认为“一刀切”的方法不妥,因为各省经济发展水平差别很大,这个标准不应该跟定罪量刑的标准一样“一刀切”。定罪量刑“一刀切”的理由根据最高人民检察院研究室主任万春的说明是因为客体都是国家廉洁性,跟各地经济发展水平没有直接关系。强制措施是保证当地诉讼活动的正常进行,那适用与地方经济发展水平相适应的标准是可行的。即使存在改变管辖的情况,使用执行地所在省份的标准是与当地执行成本相匹配的,有利于合理配置司法投入,节约司法成本。全国一个标准,过高会造成有的省份的本地大案不能适用,有的地方过低,出于其他理由小案件就适用该措施,不利于节约司法成本。基于此,可以根据各省级人民检察院的统计取一个占近几年前较大比例的数额为标准是可行的。为了尽可能发挥指定居所监视居住的作用,考虑到国家经济水平的不断发展提高,并且在适用要求上是“可以”适用,笔者认为数额比例可以尽可能扩大到50%。

3. 明确“特别重大贿赂犯罪”“有碍侦查”的证据标准

解决因“有碍侦查”指定居所监视居住存在的司法随意性问题,就是要求决定机关应当提供有相关证据,由批准机关和监督机关予以审核。通过严格的证据标准,来防止司法的随意性。但考虑到犯罪事实已经达到了“有证据证明”的标准,对数额的证明标准有单一证据即可,对“有碍侦查”的证据要进行合理说明,达到排除合理怀疑的程度。

4.统一建设指定居所监视居住的执行场所

消除对指定居所监视居住的执行场所的监督标准不明问题,可以借鉴英国“保释旅馆”制度,吸收天津市人民检察院进行的探索成果,参考其制定的《关于设立监视居住管理所的通知》,对2014年《职务犯罪指居通知》第2条中“监视居住场所建设,要统一由市级检察院负责”的规定进行进一步修改,提出由地级市检察院或公安机关“统一建设一处场所、统一使用、分别执行”的设想。为了防止异化为新的看守所或监狱,需要规定:(1)分别执行,执行人员上不固定,仍由各个区县的公安机关对本辖区内的案件进行执行;(2)要严格监督指定居所监视居住的场所是否符合安全要求,能否满足犯罪嫌疑人、被告人正常饮食、休息;(3)畅通控告申诉渠道,明确告知义务,完全限制被监视居住人人身自由的情况有权控告申诉。地级市检察院或公安机关统一建设一处场所、统一使用、分别执行有利于提高执行监督的效率和效果,从根本上消除在羁押场所、专门的办案场所执行的问题,消除对指定居所监视居住的执行场所的监督标准不明问题。

从分割到集中:庭审中心视角下审判流程的反思与重构

——以天津市第二中级人民法院“两段式、不间断”审判模式构建为样本

姚奎彦* 马凤岗** 刘希婧***

在制造业领域,生产工艺流程是否科学先进,直接决定着产品质量的好坏。与之相似,审判流程对于“司法产品”的质量同样有着重要影响。[1]审判流程中最关键的一环是庭审,而庭审能否发挥“中心”作用,不仅要看庭审本身是否能够发挥应有的功能价值,还要看庭审前后的审判环节是否有利于庭审中心地位的形成。近年来,我国法律吸收了“证据裁判主义”“直接言词原则”等审判理念,对诉讼程序进行了现代化立法改造,然而司法实际中,庭审形式化、仪式化的问题始终没有得到很好的解决。究其原因,当前审判流程还存在诸多不合理、不科学之处,是抑制庭审中心主义落实的一个重要因素。鉴于此,有必要以促进庭审功能发挥为目标,对当前司法实践中的审判流程常态化模式进行全面检视、反思和重构。对此,T市法院探索构建了“两段式、不间断”审判模式,提供了一种可供参考的重构进路。

一、问题检视:审判流程常态模式对“庭审中心”的背离

庭审中心主义是现代法治国家普遍遵守的一项基本审判理念和诉讼原则。所谓庭审中心,是指庭审在保护诉权、认定证据、查明事实、公正裁判中发挥决定性作

---

* 姚奎彦,现任天津市人民代表大会常务委员会内务司法办公室主任。

** 马凤岗,现为天津市第二中级人民法院研究室审判研究科科长、助理审判员。

*** 刘希婧,现为天津市第二中级人民法院办公室副主任科员。

〔1〕 本文所述的“审判流程”是法定审判程序的司法运行状态,是审判程序的具体化表现形式。从内涵上看,其不仅包括审判程序要求的“先做什么,后做什么”,还包括具体“谁来做,怎么做”。

用,具体表现为诉讼证据质证在法庭、案件事实查明在法庭、诉辩意见发表在法庭、裁判理由形成在法庭。〔1〕在我国,近年来庭审中心从审判理念、诉讼原则逐步向诉讼制度方向演化,这一点在诉讼程序的法律修正中得到了集中体现。然而,与庭审中心的形式表征和内在要求相比照,当前司法实践中常态化的审判流程还存在不少与庭审中心相背离的"反庭审中心"漏洞,给庭审中心的落实造成了极大干扰。

(一)现状梳理:审判流程的基本模式和常态模式

20 世纪 90 年代中期以来,我国通过审判方式改革,对过去审理案件的习惯程式和操作方式进行了结构性变革。〔2〕随着"立审分离、审执分离、审监分离"制度的确立、诉讼法的修改以及审判管理机制改革的推行,一系列改革和立法举措最终塑造了司法实践中的常态化审判流程模式。〔3〕笔者通过查询全国 25 个高级法院官方网站的审判流程信息公开栏目,总结归纳了常态审判流程的具体模型。(见图 1)

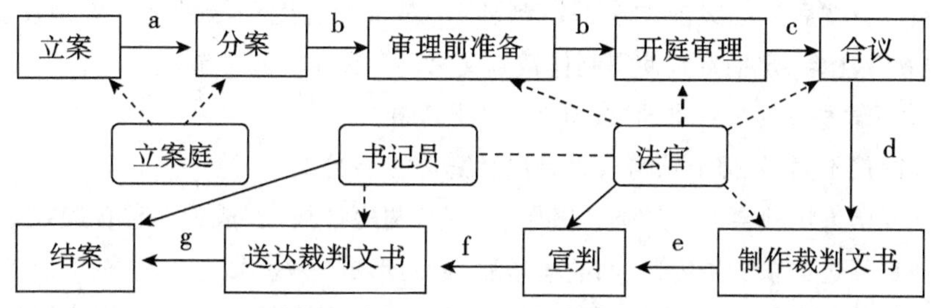

图 1　审判实践中的审判流程常态模式

为准确了解当前审判流程的运行状况,笔者随机抽取 T 市某中院 2013 年至 2014 年立案并审结的 782 件民事案件为样本,〔4〕通过查询案件流程管理系统,结合专家调查法,对审判流程各个环节之间的间隔时间进行了调查。

---

〔1〕 参见最高人民法院《关于全面深化人民法院改革的意见——人民法院第四个五年改革纲要(2014-2018)》。除此之外,十八届四中全会有关决定、最高人民法院制定的《关于建立健全刑事冤假错案防范机制的意见》《关于加强新时期人民法院刑事审判工作的意见》,都对庭审中心的内涵做了明确界定。从法国、德国等大陆法国家的司法经验看,实现庭审中心必须以独立审判原则、法官中立原则和直接言词原则为前提基础。

〔2〕 张卫平:《转换的逻辑——民事诉讼体制转型分析》,法律出版社 2004 年版,第 244 页。

〔3〕 根据最高人民法院近年来年公布的当庭裁判率数据以及审判实际,真正适用"一次开庭即当庭宣判"的案件仅占少数,大部分情况为定期宣判。本文中的审判流程常态模式指的正是后者。

〔4〕 采此时间段的主要原因是 2012 年修改后的《民事诉讼法》于 2013 年 1 月 1 日起的正式实施。选取的案件均为没有公告、鉴定、报延等特别情形的非当庭宣判案件。

表 1 审判流程间隔时间调查统计

单位:天

	间隔 a	间隔 b	间隔 c	间隔 d	间隔 e	间隔 f	间隔 g	合计
一审案件	2.6	35.3	6.6	11.2	4.5	5.2	1.2	66.6
二审案件	2.2	19.8	4.8	4.6	2.8	3.1	0.9	38.2
全部案件	2.3	24.5	5.3	6.6	3.3	3.7	1.0	46.7

说明:制作裁判文书环节以文书交付专门文书打印系统为时间节点;结案时间点以归档为准。

虽然一个中院的样本数据略显单薄,但仍能够从一个侧面反映出当前审判流程常态模式的一些主要特点:(1)从时间上看,各审判节点之间衔接的时限较长,尤其是从分案到开庭间隔时间最长;(2)从主体上看,案件承办法官直接或间接参与了从案件分案后到结案前的全部审判环节,对审判进度和结果具有关键性影响;(3)从次序上看,定期宣判使得制作裁判文书环节先于宣判环节。

(二)常态审判流程中的"反庭审中心"漏洞

1. 衔接不紧:外部干预与权力寻租对庭审的干扰

在我国人情社会的背景下,"案子一进门,两边都找人"成为一种普遍现象。有的案件在经过关系链条传递、利益输送后,最终形成"关系案""人情案""金钱案",严重破坏独立审判和法官中立原则,使得庭审查明案件事实、正确适用法律的功能落空,对法院形象和司法公信力造成了极大损害。究其原因,很重要的一点是案件从分案到宣判之间的审判流程衔接不够紧凑,给当事人的关系运作以及与法官的私下接触留下了很大的空间和机会。

2. 主体不分:先入为主的内心预判对庭审的干扰

按照常态办案流程,案件分案后至开庭前,合议庭法官的主要工作是研究卷宗材料、根据案件情况调查取证、主持证据交换和庭前调解等。在接触案卷材料、证据、当事人过程中,法官难免会进行分析思考,形成初步印象和内心预判。心理学研究表明,人对事物的最初印象是很难改变的。因此,内心确信即心证一旦在开庭前形成,极易导致"先入为主""未审先定",使庭审成为应付当事人的一种仪式、对付法院庭审评查的一个过场。

3. 信息不真:"非正式开庭"对庭审的干扰

司法实践中,在庭审前后,往往存在大量的"非正式开庭"现象,如谈话、询问、调查、问话、讯问等。"非正式开庭"有其存在的合理性,是"案多人少"困境下的变通做法,一定程度上有助于以最小的司法成本促进案结事了。但是,"法官通过非正式开庭获取了裁判的足够信息,从而降低了对正式制度的需求,并有可能使法官形成不认真对待正式程序的习惯"[1]。因而,庭审不可避免地被虚置。并且,这些活动不具备"公开、对席、口头、直接"等庭审的基本要素,失去了对当事人诉权的程序保障,大部分情况下法官与一方当事人单独接触,接受单方信息,有可能造成"先入为主"的心证,也给个别法官利用信息优势进行信息不对称的博弈,出现"暗箱操作""权力寻租现象"。

4. 久拖不决:评议不及时对庭审的干扰

按照最高人民法院 2002 年出台的《关于人民法院合议庭工作的若干规定》要求,合议庭评议案件应当在庭审结束后 5 个工作日内进行。之所以要对评议时间进行限制,主要是与庭审遵循的言词原则有关。虽然言词辩论原则有现场、最新及快速的优点,但也有漏听或遗忘的危险存在。[2]因而为了保持鲜活的记忆,防止印象模糊和遗忘,必须在最短的时间内进行及时合议。而司法实践中,合议间隔时间远远超过 5 天的规定,有的审判庭平均达到近半个月,个别案件间隔时间长达两、三个月[3]。由于间隔时间过长,法官在庭审中形成的对案情的认识、内心的判断难免会出现遗忘和偏差,因此不得不依赖于卷宗笔录,结果又陷入"卷宗中心主义"的泥沼。另外从审判实践看,庭审结束后至合议庭最后评议前这段时间,当事人利用各种手段对法官施加不当影响的概率最高,个别法官也以即将评议案件为诱饵向当事人索要好处。

5. 先书后判:定期宣判对庭审的干扰

与当庭宣判相比,定期宣判要求在宣判前必须制作好裁判文书。这也意味着,判决理由和结果与裁判文书直接挂钩,而与庭审没有直接关系。从庭审到宣判,经过裁判文书环节的过滤和演绎,很可能导致庭审形成的心证以及当事人对裁判结果的期待严重脱节,裁判结果的可预测性、可接受性大大降低。从实际情况看,有的裁判文书记载的证据质证认证和辩论情况与庭审差别很大,甚至有伪造、编造的嫌疑,以此为依据的裁判理由和结果是否能被当事人所接受可想而知。

二、实践梳理:审判流程改造的维度与不足

由于现有审判流程存在诸多漏洞,各地方法院结合审判实际情况不断探索实践,对审判流程进行改造,主要是基于审判流程突出环节的创新和重新设计,主要

[1] 徐昕、徐昀:《非正式开庭研究》,载《比较法研究》2005 年第 1 期。

[2] [德]克劳斯·罗可辛:《刑事诉讼法》,吴丽琪译,法律出版社 2003 年版,第 130 页。

[3] 为了规避"庭审结束后 5 天内进行合议"的规定,实践中有的法官采取了编造合议时间的做法,导致实际间隔时间远远超过合议笔录记录时间。

表现在以下几个维度:

(一)主体维度:对实施审判流程各环节的主体进行改造

按照法律规定的审判流程,庭审、合议、宣判环节的主体必须是承办案件的合议庭法官,如果要对实施审判流程的主体进行改造,主要着眼于立案、分案、庭前准备活动等环节。主要存在以下几种情况:(1)立案"一条龙"模式。即由立案庭负责立案、分案(排定审判法官)以及庭前准备工作。(2)立审有限分离模式。即由立案庭负责立案、分案,由法官助理或法官负责庭前准备工作。(3)立审完全分离模式。由立案庭负责立案,由审判部门负责分案,由法官助理或法官负责庭前准备工作。

(二)时间维度:对审判流程各环节的顺序和时限进行改造

诉讼法对审判流程各环节的时限进行了规定,但主要是最高时限的规定,所以在司法实践中有较大的改造空间。实践中有以下几种情况。(1)当庭宣判模式。压缩合议与宣判之间的时限,实行当庭宣判。(2)间隔压缩模式。缩短各环节之间的衔接时间,提高审判效率。按照诉讼法的规定,案件审理每一个环节从立案、送达、开庭、合议、宣判到归档都有严格的时间界限。为了提高办案效率,不少地方法院在法定审限的基础上,制定了内部审限,内部审限均少于法定审限。(3)顺序倒置模式。对各环节的顺序进行调整,如将分案(排定审判法官)放在审理前准备工作之后,制作送达文书放在宣判之后。

(三)空间维度:对审判流程各环节实施地点进行规制

诉讼法除了对庭审地点进行了明确规定外,对其他环节的实施地点没有做出明确规定。对实施地点的调整主要是为了实现审判流程的公开透明以及审理的集中化,提高审判质效。比如明确规定合议要在审判区的指定合议室内进行。

(四)管理维度:通过加强管理保障审判流程顺利推进

有的法院强化立案庭的审判管理职能,在收案环节实行繁简分流。通过繁简分流将部分符合适用简易程序审理的案件交由简易程序审判庭,如部分地方法院建立了速裁审判庭或合议庭,按照简易程序审理,同时明确繁简程序的转换规则,以增强实际操作性和灵活性。有的法院运用微机对审判流程各个环节进行管理,设置流程信息录入窗口,通过信息化方式对整个审判程序进行管理和监督。

(五)现有审判流程改造存在的问题

在调研中发现,现有审判流程的种种改造存在以下方面的问题:

1.改造对象不完整

无论是从主体、时间、空间还是管理维度,抑或是多个维度的叠加,改造的对象仍然是基于审判流程的某个环节或某几个环节。较少有将整个审判流程也就是从立案到分案作为一个整体进行的改造,即使有,也仅是从审判时限上作出规定,没有从实质上对审判流程各环节的衔接作出明确界定。

2. 改造过程碎片化

在对审判流程进行改造的过程中,改造的目标呈现多元化趋向,有的是为了提升公正裁判水平,有的是基于管理和监督,有的则是为了适应信息化发展的需要。基于多元化目标的改造,必然会各有侧重点,使过程呈现零碎化的特征,容易受各种因素的影响而发生中断或反复。

3. 改造结果不彻底

现有改造的理论基础仍然是基于分割审理模式,多数是对分割审理模式的微调,也没有完全脱离行政化倾向的束缚。这样一种改造模式,难以真正实现"让审理者裁判、由裁判者负责"的目标,无法杜绝外部不当干扰,体现法官独立办案。要实现彻底的流程改造,应该以集中审理原则理论为基石,在遵循审判活动基本原则的基础上,进行彻底地、具有颠覆性的改造,方能真正实现以审判为中心。[1]

三、路径探索:庭审中心视角下审判流程重构的理念与实践

为了真正实现"以庭审为中心",当务之急是在树立正确诉讼理念基础上,探索构建一套设计科学、流转顺畅、符合我国国情和未来司法改革方向的新型审判流程模式。

(一)宏观指导:审判流程设计理念和模式的转变

1. 庭审中心:从"反庭审中心"向"促庭审中心"转变

庭审是审判流程的中心环节,这一点毋庸置疑。但实践中审判流程的常态运行却呈现出"反庭审中心"的另类图景。理想与现实的巨大反差显示出,当前的审判流程并未将"庭审中心"作为流程设计的出发点和落脚点。因此,要真正实现"以庭审为中心",就必须将是否有利于落实庭审中心作为审判流程再造和运行效果的重要评价标准。

2. 程序正义:从"摸得着的公正"向"看得见、感受到的公正"转变

正如一句著名的法律格言所言:"正义不仅应得到实现,而且要以人们看得见的方式实现。"程序正义理念之所以得到重视,不仅因为其所要求的实质维度,如程序的中立性、平等性、自治性、合理性和及时终结性[2],是实现实体正义的前提和

---

〔1〕 叶肖华:《论集中审理原则在中国之采行——以刑事诉讼为视角》,载《社会科学战线》2011 年第 6 期。

〔2〕 陈瑞华:《论程序正义价值的独立性》,载《法商研究》(中南政法学院学报)1998 年第 2 期。

基础,更为重要的是,“与实体性因素相比,程序性因素更能决定民众的司法信任度”[1]。在我国当前“重实体、轻程序”思想仍然严重,当事人对裁判结果的合理怀疑难以消除、司法公信力不高的大背景下,通过优化审判程序,重构审判流程,发挥庭审在促进程序正义中的关键作用,以实现“看得见的公正、感受到的公正”,显得尤为迫切和重要。

3. 集中审理:从“分割式审理”向“集中化审理”转变

分割审理是我国当前常态审判流程的一大特征。所谓分割审理主义,是指“法院分割审理多数事件,而容许就有关某一事件之言词辩论予以期间上间隔而为断断续续之审理、辩论”。[2]与分割审理相对应的模式是“集中审理”,其内涵是要求同一个案件在尽量短的时间内一次性、集中审理,中间不得间断和拖延,待审理完结后才能审理另一个案件。集中审理所要求的直接言词原则、法官中立原则、公开审判原则是与庭审中心主义一脉相承的,因而选择“集中审理”的道路成为审判流程再造、实现庭审中心的必然选择。

(二)微观设计:重构审判流程的路径探索——以 T 市法院为实证

为了真正实现“以庭审为中心”,有效消除当事人合理怀疑和解决“三案问题”,天津二中院从改造不利于庭审中心落实的流程环节入手,构建了“两段式、不间断”新型审理模式(见图2),并且取得了明显成效。所谓“两段式”,是指将案件审理流程划分为分案前准备和案件审理两个阶段;所谓“不间断”,是指案件审理不间断进行,即分案、庭前准备会议、开庭、评议、宣判等案件审理的各个环节无缝衔接。

1. 区分主体:突出庭前准备对于庭审的基础保障作用

为了保证直接言词原则和法官中立原则的落实,促进庭审实质化,必须进一步优化庭前准备环节。一是庭前的准备工作全部交由法官助理完成,法官专司判断权、裁量权,不再介入分案前准备工作,防止因法官提前接触案卷和当事人而导致先入为主、先定后审、不当干预、权力寻租、强制调解等问题。二是明确庭前准备工作的内容,具体包括:组织证据交换;归纳整理诉辩双方的主张、案件争议焦点、审理重点;调查、勘验;庭前调解;合理安排审理档期等。三是做好庭前准备工作的整理归纳。法官助理须撰写庭前准备工作情况报告,待分案后连同卷宗材料一并报送合议庭。

---

[1] 苏新建:《程序正义对司法信任的影响——基于主观程序正义的实证研究》,载《环球法律评论》2014 年第 5 期。

[2] 邱恭联:《程序制度机能论》,台北,三民书局 1999 年版,第 210 ~211 页。

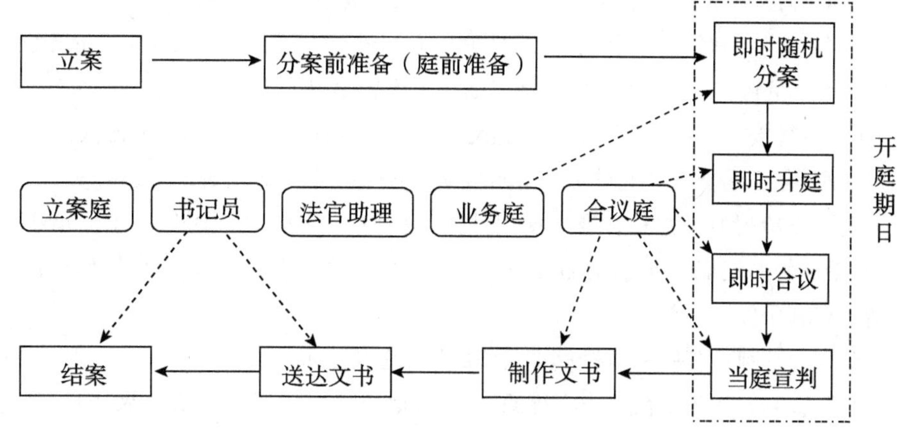

图2 “两段式、不间断”审判模式流程示意图

2. 即时分案:最大限度压缩案件进入法院后至开庭前的时间空隙

对分案环节进行改造的主要考虑是排除不当干预和权力寻租,促进庭前准备环节与庭审环节的有机衔接。在分案时间上,为了最大限度压缩分案至庭审之间的时间间隔,最好的选择是在开庭当天进行分案,具体可安排在开庭前一小时内。在分案方式上,为了避免人工分案、指定承办带来的弊端,宜采取电脑随机分案的方法,具体可由审判庭内勤将案件随机分配到合议庭和承办法官。在工作内容上,分案后要即时召开庭前准备会议,法官助理负责向合议庭汇报庭前准备工作情况,合议庭重点了解诉辩双方的主张、案件的争议焦点、审理难点等。通过即时分案,真正做到了庭前“两不知”,即当事人不知道案件由哪个法官审理,法官也不知道要审理哪个案件,使提前“打招呼”的现象从根本上得以杜绝。〔1〕

3. 即时开庭:倒逼法官从内心重视发挥庭审的功能作用

即时开庭是即时分案的自然要求。庭前准备会议之后,由审判长即时组织开庭,庭审需连续进行,原则上不得中断。由于彻底消除法官对卷宗的依赖性,消除了先入为主,进而倒逼法官集中全部精力来实现充分的庭审,真正做到以庭审为中心,全面实现案件事实查明在法庭、诉辩意见发表在法庭、裁判理由形成在法庭,彻底杜绝“庭审走过场”的问题,为当事人搭建充分表达、辩论的平台。

〔1〕 我国民事诉讼法要求开庭三日前将开庭时间和地点告知当事人,开庭审理时宣布审判人员和书记员名单。因此,即时分案的做法并不违背法律规定。

4. 即时合议:凭借庭审的"新鲜记忆"和"内心确信"形成合意

"即时合议",是指合议庭在庭审休庭后立即进行评议。具体要求是:评议地点只能在审判区内专设的合议室内,合议庭成员不得离开审判区;必须一次性连续进行,此间不得接打手机,不得接触当事人和其他法院内部工作人员,不得因外部干扰而中断;合议笔录由书记员原汁原味记录,不得编造或随意更改。通过实行"即时合议",不给权力寻租和不当干预案件留下任何可乘之机,同时保存了庭审中形成的"最新鲜的记忆""最真实的心证",为合议庭仅根据事实、法律和良知作出裁判创造了有利条件。

5. 当庭宣判:实现"一次开庭即告终结"的庭审目标

当庭宣判有利于贯彻集中审理原则,发挥庭审中心作用。[1]具体做法是:经过即时合议,合议庭意见一致认为可以即时宣判的,应立即恢复庭审并由审判长当庭宣判。不能当庭宣判的,分不同情形进入层级监督指导、审判长联席会议、专业法官会议或者审委会议决等后续程序。需要注意的是,当庭宣判的过程也是公开心证的过程,必须尽量充分地说明裁判理由和结果,并对双方当事人提出的证据和辩论意见进行回应。否则,不说理的口头裁判反而容易引起当事人的不满。[2]另外,还要以"当庭宣判为原则,定期宣判为例外"为要求,明确不适合当庭宣判的具体情形。

6. 文书制作与送达:准确全面反映庭审和当庭宣判情况

文书制作必须由法官本人完成,判决主文不得随意更改或撤销当庭宣判的实质内容,但可进行文字方面的技术性修改。如果当庭宣判出现漏判情形,除非征得双方当事人同意,才可在裁判文书中予以更正,否则,应完全按照宣判内容载明,再通过上诉、申诉或本院提起再审等方式予以纠正。

(三)实践检验:审判流程重构的司法效益

从实际效果看,天津市第二中级人民法院自推行"两段式、不间断"审理机制半年来,新型审判模式发挥出的综合效益日益凸显。

1. 牢固树立了庭审的中心地位。通过优化审判流程,有效解决了常态审判流程模式对庭审功能发挥的制约,庭前准备环节的重要性得到普遍重视,不当干预和权力寻租问题得以根本消除,有力保障了法院审判的独立性、法官裁判的中立

---

〔1〕 当庭宣判并非集中审理模式的必然要求,德国、日本在实行集中审理的同时都保留了定期宣判方式。但从发挥庭审中心作用角度看,当庭宣判无疑比定期宣判具有更积极的制度价值。

〔2〕 蒋利玮:《质疑当庭宣判》,载《法学》2005年第2期。

性,为发挥庭审功能创造了良好条件。同时,在当庭宣判的约束和司法责任制的激励下,在庭审中贯彻直接言词原则、证据裁判原则成为法官的自觉要求和行动指南。

2. 有效杜绝了"三案"问题和当事人合理怀疑问题。分案、开庭、评议、宣判四个环节是审判流程中最重要、最关键的环节,这四个环节之间的环环相扣、无缝衔接,彻底挤压掉各个环节之间产生权力滥用的空间和时间,权力寻租和外部干扰通道被彻底关闭,人情关系金钱无机可乘。同时关键流程都集中到了当事人的可视范围之内,消除了对程序公正的合理怀疑,使其对裁判结果的可接受性、信任度大大提升。

3. 提高了审判质效,降低了司法成本。在适用新模式审理的案件中,有86.95%的案件由合议庭自主决定并当庭即时宣判,其中发回改判的占15.64%,调解撤诉占16.58%;民事二审案件平均审理天数为31.4天,与改革前同期相比缩短了12.3天;申请再审率仅为0.79%,与同期的19.4%相比显著下降。

四、配套措施:建构新型审判流程模式的相关保障

(一)加强对审判权的监督制约,保证监督不越位、不失位

在新型审判流程模式下,法官的主体地位更加突出。为保证审判权的正确充分行使,对审判权的监督制约机制不仅不能取消,反而要进一步加强。一是建立院庭长亲自承办和参审案件制度,使优秀的审判资源全部下移到审判一线,在实行新的审判流程过程中发挥示范指导作用,把关案件质量,防止案件"带病出门"。二是促进审判流程与审判监督机制的"三个对接":第一,与院庭长监督机制对接。对即时合议后未当庭即时宣判的案件,院庭长可要求合议庭说明未即时宣判的理由,通过行使知情权、建议权、提交权方式实施监督并全程留痕。第二,与专业法官会议机制对接。建立两个通道:"上对下通道",即院庭长认为案件可能存在问题影响到案件质量的,可由分管副院长将案件提交专业咨询会议讨论;"下对上通道",即合议庭成员对案件争议较大或者意见虽然一致但没有充分把握的,可逐级呈报院庭长提交专业法官会议咨询。第三,与审判委员会议决机制的对接。定期宣判案件属重大疑难案件且符合规定情形的可提交审委会,院庭长实施跟踪监督情况的也要公开向审委会作出说明。三是强化审委会宏观指导职能。"两段式、不间断"审理模式强调整个审判流程的体系性、一体化,对此,审委会要加强对审判经验的总结,加强流程标准化和审判经验规范化的研究,为法官独立办案、新型审判流程顺畅运行提供指引。

(二)优化审判流程管理,强化节点衔接的监控与管理

以往的流程管理模式是以各环节的运行情况为管理和监控的对象,通过行为监控、时限监测的方式实现全程管理。而新的审判流程主要是对各环节之间的时限、顺序进行改造,通过集中、不间断的审理方式实现以庭审为中心。因此,对再造后的审判流程的管理,应该在以往管理模式的基础上,进一步强化对各节点衔接的监控和管理。监控和管理的主要对象和内容应该是:其一,各环节是否按照规定的顺序推进;其二,各环节之间的是否是连贯进行、无缝衔接;其三,审判流程如果出现中断,是基于何种原因、应该采取什么样的解决方式。强化对节点衔接的监控和管理,一方面能够科学判断审判流程运行情况,及时发现运行中存在的问题,另一方面进一步优化了审判流程管理方式,提高了管理质量和效率。

(三)推进审判队伍职业化改造,为新型审判模式提供智力支持

再造后的审判流程对法官助理和法官工作提出了更为严格的要求。为确保新的审判流程能够顺利运转,应该持续推进审判队伍的职业化改造。一是推进司法人员分类管理。新的审判流程中,庭前准备工作主要由法官助理完成,因此应该对法官助理的职责进行明确界定,制定职责清单。另外,法官助理应当实行单独的序列管理,并在此基础上进行工作量化和考核,使其更具科学性和可操作性。同时,畅通法官助理晋升为法官的职业渠道,将工作量纳入晋升标准,定期进行评查与监督,让法官助理成为法官的主要来源,增强法官助理的工作积极性和职业吸引力。二是健全法官遴选和培训制度。通过建立专业的、社会认可的法官选任机构,提高法官任职资格,健全法官遴选程序,将政治素养高、专业知识好、业务技能强的法官选拔出来。同时,以需求为导向,加强法官的在职培训。

(四)加强法院信息化建设,为审判流程运行提供技术保障

一是设计和更新随机分案系统。由于分案管理实行案由与承办法官相分离的模式,因此应配套设计两套分案系统。第一套系统,将案件根据案由分配到相对应的审判庭;第二套系统,根据法官的办案比例和未结案数,由电脑按事先编排的程序随机确定案件的承办法官,有效避免分案环节的人为因素,从源头上杜绝"三案"。二是加强科技法庭的建设与维护。利用计算机网络、多媒体、数据库等技术和产品,提供庭审视音频采集、存储、播放,庭审直播、点播,庭审多媒体管理等功能,为书记员、法官和当事人参与诉讼提供辅助支持,为法庭举证示证提供多种展示平台,为完整翔实记录庭审全过程提供多种记录手段,为法官开庭审判提供方便、快捷的集中控制功能,确保审判流程的规范化、透明化和智能化。

结　语

“两段式、不间断”审判模式是对传统审判流程和审判方式的一种颠覆性的再造和革新。可以预见,受传统审判思维、制度体系和办案习惯影响,建构一套科学合理的审判流程绝非一朝一夕之功,而必将是一个漫长而艰巨的过程。但我们坚信,通过审判流程再造最终实现庭审中心,进而推动建立以审判为中心的诉讼制度、提升司法公信力,是符合司法规律和我国司法国情的一条必由之路。

关于加强强制隔离戒毒场所文化建设的探索与实践

冯　力*

强制隔离戒毒场所文化建设作为中国特色社会主义文化的组成部分，是戒毒历史的承载和积淀，对推动戒毒工作发展，提升强制隔离戒毒工作水平具有重要意义。近年来，市戒毒局坚持以先进文化为导向，以弘扬正气为主旋律，努力打造具有戒毒场所特色的软环境，通过加强规范化执法、人文化管理、专业化戒毒、科学化矫治，逐步形成了铸魂、励志、怡情、增智的文化特色，“崇德尚法、以文化人”的理念深入警心。

一、持续建设警营文化，着力提升警察队伍的综合素质

强制隔离戒毒场所是《中华人民共和国禁毒法》（以下简称《禁毒法》）赋予的对被决定予以强制隔离戒毒人员执行强制隔离措施的执法单位。执法主体是人民警察。警营文化是在长期的发展过程中形成的，带有明显的警察职业特征，是警察文明礼仪、思维方式、价值观念、行为准则、道德规范和工作理念的综合体现；它以尊重人、理解人、关心人、教育人为基本原则，通过启发引导、激励关怀和对话示范等方法，对特定人群进行教育管理。这就要求警察队伍必须具有强烈的责任感、使命感和良好的职业素养、主体意识。一是以政治建警为前提，着力提高警察队伍的职业素养。市戒毒局始终坚持把警察队伍的思想政治建设摆在首位，以先进的理论武装人，以优秀的文化引导人。坚持不懈地深入学习中国特色社会主义理论，狠抓“三严三实”“两学一做”和“大学习、大讨论、大提高”等主题教育，围绕戒毒中心工作，有计划、分层次、有针对性地组织全员培训，强化警察队伍的身份意识、执法意识，增强履职能力。选派基层骨干到外省市挂职学习，吸纳先进理念，提升文化水

* 冯力，天津市戒毒管理局党委书记、局长。

准。持续开展岗位大练兵、警体训练月、业务竞赛和岗位技能大比武等活动，营造比奉献、强技能，比作风、强素质氛围，激发"争一流、创佳绩"和争当排头兵的工作热情。这些活动的开展，进一步强化了警察队伍"绝对忠诚""甘于奉献"的意识，筑牢了执法为民的理念。二是以教育宣传为主导，注重发挥典型示范作用。深入开展"忠诚、为民、公正、廉洁"核心价值观教育，积极培育、选树不同时期、不同层次、不同岗位的先进典型，发挥传统媒体和新兴媒体综合效应，通过电视报刊、网络微信、宣传片、内部通报等多种形式，弘扬新风正气，发挥示范引领作用。三是以阵地建设为依托，营造朝气蓬勃、昂扬向上的文化氛围。依托党员活动室、民警图书室，开展党员学习教育、"创建学习型组织，争当学习型民警"活动；依托系统内报刊、简报、宣传栏、局域网等宣传阵地，加强舆论引导；依托群团组织，定期组织戒毒工作理论调研、征文研讨、知识竞赛、演讲比赛、文艺汇演，以及书画摄影展等活动；适时组织先进模范代表修养疗养、青年民警拓展训练，开展乒乓球、羽毛球、棋牌等比赛，丰富了文体活动，在潜移默化中陶冶警察情操，涵养文化底蕴。

二、积极打造法治文化，着力提升警察的履职能力

强制隔离戒毒工作的执法性质，决定了戒毒系统文化建设具有强烈的法治特点。在长期的工作实践中，通过加强法律教育，强化执法培训，严格执法监督，逐步培育警察对法治的信仰，养成良好的执法行为规范。一是牢固树立科学的法治思维。坚持从领导干部抓起，深入开展学法用法活动，提升用法治思维和法治方式解决问题的能力，做到以上率下；积极破除旧有的思维定式，厘清领导岗位、各个执法岗位的职责和权力清单，廓清执法风险防控重点，强化法律监督，严格"四种形态"和执纪问责；严格落实"三重一大"等制度规范，坚持民主决策、依法决策，把戒毒各项工作全部纳入法制化轨道。二是积极营造浓厚的法治氛围。定期组织法律法规学习培训，使每名警察都熟知《禁毒法》、《公务员法》、《人民警察法》和《天津市戒毒条例》，了解立法宗旨，熟记执法程序，严格执法标准。积极开展法制宣传，借助社会力量在"6·26"等特定日期，抓好联合帮教和《禁毒法》宣传；聘请孔祥瑞、吴卫凤等社会知名人士作为戒毒形象大使，邀请戒毒成功人员深入社会、戒毒场所现身说法，扩大了社会影响力和宣传效果，增强了戒毒人员戒除毒瘾的信心和决心。三是建立严格依法办事的工作机制。健全完善了《戒毒工作执法手册》，修订规范了戒毒执法工作流程。严格落实戒毒人员诊断评估、所外就医、使用保护性约束措施、探视会见等方面的制度规定，确保在管理教育、戒治康复、生活卫生、习艺劳动和民警队伍教育管理等各方面，做到有法可依，依规运行。四是不间断地开展警示教育和执法监督工作。围绕"六条禁令""六个一律""徒手进监管区"等纪律规定和杜绝“打骂体罚”“吃拿卡要”和违禁品流入监管区等规定要求,采取树立警示牌、印制宣传单、剖析典型案例、签订承诺书等多种方式,督促帮助警察树立“红线”意识。通过警务督察、监控录像倒查、重要执法环节监督、对戒毒人员离所前个别谈话、对戒毒人员家属进行问卷调查、对出所后戒毒人员进行回访等方式,对警察执法工作进行全方位监督,营造“文明执法、公正执法、廉洁执法”的法治氛围,让戒毒执法工作在阳光下运行。

三、大力倡导口号文化,着力发挥激励引导作用

广告口号是一种较长时期内反复使用的特定用语,具有辐射面广、受众面大、宣传鼓动性强的特点。在戒毒场所围墙、走廊、学员宿舍、车间墙壁上悬挂措辞有力的标语口号,特别是根据不同时期上级对戒毒工作的重要指示和要求,将阶段性的突击任务、长短期工作目标、特定日期、敏感时段的要求、专项排查整治活动等以广告式的语言进行醒目标注,发挥警示、激励和鞭策作用。一是将安全工作目标口号化。为突出戒毒场所安全工作的重要性,局党委提出并长期坚持“保安全、谋发展、抓党建、重廉洁”的工作思路,指导全局工作开展。为使安全工作稳扎稳打、步步推进,将一年四季分为“首季开门红”“奋战 345”“安全文明季”“百日安全倒计时”,全年要“争创安全年”“落实安全责任,传播法治文化,普及安全知识”“树立红线意识,提升安全素质”等,通过言简意赅的语言刺激,强化忧患意识、责任意识和奋斗精神。二是将习艺劳动任务口号化。以创建“4 定 5S”规范化习艺车间为载体,对各功能区以不同颜色进行粉刷、喷涂和装饰,将各类管理制度、工艺流程悬挂上墙,对物料、设备等划设专区进行定置管理,对各类操作台、警务台等设施统一式样、整齐划一。车间墙壁上的安全操作规程、注意事项,梁柱间张贴的安全生产名言警句、定额标准,以及门窗旁标注的火灾逃生应急方案等,都用最简洁的语言和口号式表达了核心内涵,使习艺过程成为戒毒人员乐于参与的劳动过程和创造过程。三是将技能培训过程口号化。教育既源于理念灌输,更源于实践磨炼。戒毒局与市人社局协作开设了电工操作、面点烘焙、插花工艺、烹饪技术等多种专业培训课程。将培训内容及过程转换成口号式教育语言,使戒治对象易记易懂、便于掌握,增强了其参加培训的兴趣和吸引力,提升了考取专业资格证书的及格率。四是将安全防范措施口号化。深入开展“安全隐患排查整治”“纪律整顿月”“安全大检查大排查”“安全月”“安全文化周”“三比一打”等形式多样、内容丰富的安全排查和主题教育活动,通过印发《安全知识小册子》,举办知识讲座、安全知识竞赛、征集安全寄语、开展消防演练等形式,不断强化戒毒人员的安全意识和自我保护能力,促进了安全行为规范的养成,为习艺矫治活动营造了浓厚的安全文化。

四、努力营造环境文化，着力发挥怡情功能

本着育人为先，体现教化特色的要求，积极营造和完善有利于戒毒人员矫治的场所环境文化，创建出“校园式”“花园式”戒毒场所，办成一所一特色。一是戒毒场所建筑风格特色化。5个戒毒场所的所区建筑布局和颜色设计各具特色、独具匠心，外部颜色以灰色等冷色调为主，给人以执法单位的庄重、威严之感；内部大多采用明亮、柔和的暖色调，给人以温馨愉悦的感觉，以减轻戒毒人员的心理压力，缓解紧张情绪。二是戒毒场所区域环境搭配优美化。所区楼房四周大多栽种各种绿植，花团锦簇、绿树成荫；戒毒大院正中位置一般都建有国旗升降台，专门开辟康复训练区等；各种雕塑亭阁、清池流水、蜿蜒小径、绿地草坪星罗棋布，院内雀鸟闲庭信步，鸽子展翅高飞，三季见花、四季常绿的美景，犹如置身于公园之中，让人心旷神怡。三是戒毒场所人文环境差异化。有的戒毒所制作了优秀传统文化墙，有的绘制了禁毒知识栏，各种寓意鲜明的宣传栏和巨幅画面，栩栩如生地展现了民警“教育、感化、挽救”戒毒人员的动人场面，描绘了戒毒人员丰富多彩的戒治生活。在学员生活和学习区的墙壁上、走廊内、屋顶下都挂有教人改恶向善、摆脱泥潭的名人名言和《弟子规》等字画，甚至还有卡通形象的民警寄语，劝诫学员脱胎换骨、重塑新生。四是戒毒场所内布局校园化。在专门的学习区域，有宽敞明亮的课堂教室、图书阅览室和电脑，有供学习、娱乐的液晶电视和所内广播系统。严格落实“六三制”管理规定，保证了戒毒人员每天有3小时的学习时间，每周有一天的“教育日”，组织戒毒学员开展法律常识、心理健康、文学修养等方面的学习和课堂教育。优美的环境文化，使戒毒人员感到这里“不是学校却胜似学校，不是花园但胜似花园”，收到了“润物细无声”的效果。

五、不断创新矫治文化，着力提升教育水平

“以文化人”的矫治文化是戒毒系统最突出的文化特点。全体民警紧紧围绕“教育人、感化人、挽救人”的工作目标，积极营造活泼、健康、和谐、向上的文化氛围。通过教育矫治，使矫治对象戒除毒瘾，掌握一技之长，为回归家庭和社会后谋生做好准备。一是加强制度文化建设，以完善的制度约束人。为适应劳教向戒毒工作职能的转变，先后制定出台了《强制隔离戒毒人员考核实施细则》《强制隔离戒毒人员诊断评估实施细则》等制度规定，重点强化戒毒人员一日生活和行为规范养成，促进戒毒人员养成良好的生活习惯。比如，规定每日出早操、组织队列训练、内务管理整齐划一、物品排放定置定位等，将一日行为进行规范，营造用制度管人、用制度管事的文化氛围。二是加强节日文化建设，以丰富的活动感召人。在春节假期开展趣味比赛、卡拉OK、书画展览、歌咏合唱、竞猜灯谜等系列活动；在“五一”和国庆节开展“戒毒人员趣味运动会”“队列会操表演赛”“篮排球比赛”等多种体育活动;在“母亲节”邀请戒毒人员亲属来所观看戒毒人员演出的情景剧“答谢慈母恩”等活动。在“6·26”国际禁毒日前夕,戒毒学员以“无毒青春、健康生活”为主题,展示了队列、瑜伽、健身操、太极拳等康复成果。副市长、市禁毒委副主任、市公安局局长赵飞,市委政法委副书记祖文光,市司法局党委书记、局长张铁英等领导同志观看后给予高度评价。三是加强矫治文化建设,以科学的方法疏导人。投入资金,为戒毒人员建立个体咨询室、团体辅导室、音乐治疗室、情绪宣泄室和毒品考验室等功能设施,全面开展对戒毒学员心理疏导、音乐治疗、厌恶疗法、情绪宣泄等心理矫治。四是加强帮教文化建设,以真诚的关爱激励人。先后邀请专家、劳模、法律工作者、教师、戒毒人员亲属、戒毒成功人员,走进场所作演讲、报告,定期开展法律咨询和帮教,积极与戒毒人员原单位、家庭和社区等签订联合帮教协议,增强戒毒所与社会的互动,实现了教育优势互补,在促进戒毒人员教育矫治的同时,也对进一步动员社会各界共同参与戒毒工作,打赢禁毒人民战争发挥了重要作用。

城市资源配置中抽签、摇号政策的法治思考

——实体标准“失灵”与程序突围

郭庆珠*

［摘　要］ 城市资源有限与资源配置中的实体标准“失灵”孕育了抽签、摇号政策的适用，该政策显现出了较强的价值融合机能，在此意义上与现代社会对于政策发挥社会形塑作用的诉求有所契合，人们的需求通过机会均等的程序设计而获得相应安排并取得社会认同。但抽签、摇号政策难免暴露出满足社会需求效用不佳的弊端，实践中人们尝试采用程序或实体的方式对其有所修正，而后者的有效性更为明显。目前，有必要对抽签、摇号政策的前程序规制和程序规制进行适度的革新，以便政策的决定和实施更符合现代社会的民主考量和法治需求。

［关键词］ 抽签　摇号　城市资源配置　法治

城市化的快速推进是现代中国最重要的时代特色之一，与此同时，城市公共资源供需矛盾日益凸显，引发了诸多“城市病”。为此，人们不断的尝试各种治理路径，包括增加公共设施供给、减少公共资源占用——如限制汽车数量的增长、增加中小学数量及强化城市中心区域人口和机关事业单位的疏解等。除此之外，有些城市开始在某些领域采用抽签、摇号等资源配置方式来缓解“城市病”的负面作用。基于安定性的需求，人们一般要求政策实施的结果具有可预测性，但实践中人们并不会因抽签、摇号结果具有一定的运气成分而把其完全拒斥，该政策在资源配置过程中显现出了较强的价值融合机能，如在不同的价值保障中可以融合机会均等、社

* 郭庆珠，天津师范大学法学院教授，法学博士，主要从事行政法学研究。

会公平的价值等,此融合机能显然与现代社会对于政策发挥社会形塑作用的诉求有所契合。〔1〕本文结合我国实践对抽签、摇号政策选择、适用的法理予以必要的考察和释解。

一、抽签、摇号政策的前提:城市资源有限与实体标准"失灵"

(一)城市资源有限及其引发的"城市病"

根据《现代汉语词典》的解释,城市是指"人口集中、工商业发达、居民以非农业人口为主的地区,通常是周围地区的政治、经济、文化中心。"〔2〕一般而言,相对于乡村,城市里会有更好的公共设施、更快捷的资讯、更大规模的物质文化交流、人们可以寻觅更多更好的发展机会等。然而,现代化城市带来的并不完全是便利和舒适,伴随城市化而来的是各种各样的"城市问题"。所谓"城市问题"是指人们生活在相对狭小的城市空间内所不得不面对的种种困境,人们形象地称之为"城市病"。有人对"城市病"的表现形式做了总结,认为:"主要包括以下几个方面:城市人口增长过快,超过城市承载力;城市环境恶化,污染严重;城市水资源短缺;城市生物多样性减少;交通拥挤,不利于人们的出行;城市蔓延加剧,人们的通勤时间过长,在城市的居住舒适度迅速下降。"〔3〕解构上述"城市问题",笔者认为有一条最为核心的主线贯穿其中,即城市人口集中与城市资源有限之间的矛盾,二者的张力关系过大是导致上述"城市病"现象的根本原因。"由于世界城市化进程持续加速,人们在空间上越来越集中。这种集中所导致的可达性优势为商业和全社会带来许多益处。然而,高密度环境中的生活也存在多种内在风险。"〔4〕从终极意义上来讲,城市狭小空间内的资源有限是"城市病"产生原因中的内核,一旦人口需求超过城市资源的承载力,"城市病"就会出现。从本质意义上来讲,城市人口集中和城市资源有限之间的张力关系体现的是城市居民之间的利益之争。"由于社会满足要求的机会是有限的,而人的利益要求则是无限的,因此任何一个社会都不可能满足人的所有利

---

〔1〕 在现代给付行政的背景下,行政不再完全是"传送带"意义上执行立法的角色,而是更多的通过管制政策的实施承担起"社会塑造活动"的任务。有关"社会塑造活动"的表述可以参见[德]哈特穆特·毛雷尔:《行政法学总论》,高家伟译,法律出版社 2000 年版,第 407 页。

〔2〕 参见中国社会科学院语言研究所词典编辑室编:《现代汉语词典》(第 5 版),商务印书馆 2005 年版,第 176 页。

〔3〕 朱春玉:《魅力城市:生态城市理念与城市规划法律制度的变革》,法律出版社 2009 年版,第 4 ~5 页。

〔4〕 [加拿大]Rodney R. White:《生态城市的规划与建设》,沈清基、吴斐琼译,同济大学出版社 2009 年版,第 4 页。

益要求。”[1]在城市这一“狭小”空间内,满足人们利益需求的压力要远远大于社会平均值,激烈的利益之争自然会催生相关的“城市病”。

2015年年底我国召开的“中央城市工作会议”指出“改革开放以来,我国经历了世界历史上规模最大、速度最快的城镇化进程”。在我国城市化过程中,大量的人口在短时间内迅速向城市聚集,有相当数量的城市——尤其是某些特大或超大城市——存在人口数量过大、公共资源紧张的情况,并快速陷入了“城市病”的泥沼之中。目前,舆情关注的焦点主要集中在与居民关系密切的交通、教育等领域,具体体现为城市交通资源不足导致的交通拥堵、城市优质义务教育中小学资源不足引起择校和学区房价高涨等。为了更好地回应舆情关切,下文主要以上述两种“城市病”为样本进行法治分析。

(二)城市资源配置中的实体标准“失灵”

一般来讲,城市资源主要是通过实体标准来进行配置的,比如在某些城市实行抽签、摇号等措施之前,城市交通、教育资源的配置主要通过竞争、经济实力等实体标准解决,具体而言:城市交通资源的配置主要经由市场调节完成,取决于市民经济实力的强弱,经济条件好的居民可以通过购买车辆和缴纳车船税、道路养护税费等方式获得更多的交通资源占有。而城市优质义务教育中小学资源的配置主要通过成绩、学区和报名顺序等实体标准完成。若通过成绩配置的话,主要取决于学生的考试分数,分数高的学生可以进入“名校”“重点校”等优质学校;若通过“单校划片、就近入学”的学区划分进行配置,就主要取决于在学区内购买房产的经济实力,有能力在优质学校所在片区购买住房就意味着取得了入学的通行证;若通过报名顺序进行配置,则遵循“先到先得”的原则,由报名早的学生取得入学资格。

从总体上分析,通过实体标准配置城市资源有一定的优势,一般情况下有助于需求和资源的最佳匹配,因为实体标准本身往往是与城市居民的“需求”相关的或者本身就是根据“需求”来制定的,城市资源配置的结果一般可以正向回应居民的需求,从而促进社会的发展和进步。以城市交通资源的配置为例,一般情况下,经济实力强的居民往往有更多的社会、经济活动,有更高的通行需求,通过购买车辆和缴纳一定的税费获得较多的交通资源有一定的合理性。同样道理,对于城市教育资源的配置而言,通过考试成绩或学区等实体方式作为标准,既在需求和资源的匹配上有一定的合理性,也有助于激励城市居民把更多的精力投入到学习和社会财

---

[1] 郭庆珠:《论行政规划利害关系人的权利保障和法律救济——兼从公益与私益博弈的视角分析行政规划的法律规制》,载《法学论坛》2006年第3期。

富的创造中。然而,实体标准虽然在城市资源配置中有上述优势,而且生活中绝大多数的资源分配都可以通过实体标准来予以解决,但是在一些特定领域或情形中会面临着"失灵"的危机,即实体标准会失去作用。从制度钩沉的维度来看,抽签、摇号是一种古老的行为方式,一个最为典型的例子是在古希腊政治机构的人员产生中就包括抽签这种方式。[1]虽已过了数千年,此种行为方式依然有生命力,正是源于某些情况下实体标准"失灵"的存在。

有人把实体标准"失灵"归纳为以下几种情况:一是实体标准用尽,如两个以上的申请人申请同一商标,无法确定何人申请或使用在先,又不愿协商或协商不成的;二是继续采用实体标准无效率,如选举时,候选人得票相同;三是没有实体标准,如30 个无差别农产品供30 个农户分配等。[2]然而具体到城市资源配置中,此三种"失灵"情形并不明显,笔者认为,从应然意义上说,上述概括并不全面。除此之外还应该包括一种非常重要的"失灵"情形,即实体标准导致结果不正义,具体是指:完全依靠实体标准配置资源的结果会导致从根本意义上背离资源利用的价值目标和公平性的要求,而这种情况在实践中比较常见,在此情形下,人们把解决问题的目光转向了抽签、摇号等配置方式。

二、法治视野下抽签、摇号政策的选择适用及其模式修正

"实体标准导致结果不正义"之所以极易在城市资源配置中出现,是城市资源有限和城市人口集中张力聚集的结果,若仅仅以实体标准去解决,很可能会无助于张力的缓解,或虽有助于缓解但会破坏社会的公平性或资源公共利用的价值诉求。

以城市交通资源配置为例,若仅仅以车辆自身的价格以及缴纳车船税、道路养护税费等经济实力分配城市交通资源,在我国众多城市居民购买力强劲的情况下,结果必然是车辆越来越多。而在道路等交通资源供给难以产生根本性改变的情况下,自然会造成交通拥堵,城市通勤能力下降,背离了通行顺畅的基本价值诉求。为了进一步从实体上解决这一问题,以便起到从购买力上过滤掉大部分市民的目的,有些交通压力大的城市不得不人为地提高分配城市交通资源的经济实力标准,最为典型的就是上海市实行的私车牌照拍卖制度,该制度最早实施于 20 世纪 80 年代,并沿用至今。根据该制度的设计,上海市管理部门每月发放一定数量的私车牌照,市民需要通过竞拍的方式取得,近年来,在需求的压力之下,牌照的竞拍价格一路飙升,人们不得不慨叹牌照这块小小"铁皮"的价格已经变得和一辆中级车的价

[1] 参见[古希腊]亚里士多德:《政治学》,吴寿彭译,商务印书馆 1965 年版,第 313 页。

[2] 参见李友根:《论抽签程序在经济法中的运用》,载《现代法学》2008 年第 3 期。

格相当。在如此高额的牌照成本之下，其控制机动车数量增长、缓解城市交通压力的作用是显而易见的。多年以来，私车牌照拍卖制度一直饱受人们质疑，主要集中在合法性和公正性两个方面。在合法性方面主要是认为该做法在《道路交通安全法》规定的机动车登记并颁发牌照的条件之外附加了额外的条件，违反了《行政许可法》有关不得增设行政许可条件的规定；在公正性方面主要是认为该做法使驾车通行权成了少数富人的特权，侵犯了市民的平等权。〔1〕而上海市有关部门针对上述问题的回应主要认为上述措施有本地的地方性法规——《上海市道路交通管理条例》——作为依据，而且着重强调了该做法是用市场化手段配置短缺资源，体现了公平、公开、公正的原则。〔2〕上述回应尚难以从根本上消弭人们的质疑，因为在合法性上而言，上海市地方性法规的相关规定是与《行政许可法》不符的，显然不足以给予该做法以正当性〔3〕；而对于公正性而言，单纯强调市场的作用反而更会凸显这种方式对平等权造成的侵害，因为城市交通资源作为公共资源具有公共属性，并不能完全用市场化的经济手段来进行衡量，一旦完全诉诸市场，对于经济收入低的公众群体的伤害是显而易见的。

虽然上海市私车牌照拍卖方式实施的较早，有一定的经验可以借鉴，但是很多城市在采取限购措施时并没有完全照搬这一做法，而是做了不同的选择，即引入抽签、摇号方式配置城市交通资源，这其中最为典型的就是北京市，该市 2010 年制定了《北京市小客车数量调控暂行规定》，通过摇号方式无偿分配小客车配置指标。从标准的属性意义上来讲，竞拍私车牌照和抽签、摇号分配小客车指标有根本性的不同，前者是完全意义上的实体标准——以经济实力或者说报价的高低决定结果；后者是完全意义上的程序标准——完全把经济实力、身份等实体因素排除在外，人们在程序框架内接受运气或概率的安排。从合法性方面来看，以抽签、摇号方式分配小客车指标和前述私车牌照拍卖一样会面临着同样的质疑——是否是在机动车登记并颁发牌照的条件之外附加了新的条件而违反了《行政许可法》的规定，笔者认为这个问题是客观存在的，对此下文将分析解决的路径。相对于私车牌照的拍卖，抽签、摇号更为人们认可的一面是其更具公平性，因为所有参与的人都有均等

---

〔1〕 参见杨阳、章志远：《上海私车牌照拍卖的行政法学解读》，载《长春市委党校学报》2008 年第 6 期。

〔2〕 参见朝夕：《私车牌照拍卖的前世今生》，载《国际商报》2004 年 5 月 31 日，第 4 版。

〔3〕 《上海市道路交通管理条例》第 13 条第 1 款规定："本市对车辆号牌的发放实行总量调控。"《行政许可法》第 16 条第 4 款规定："法规、规章对实施上位法设定的行政许可作出的具体规定，不得增设行政许可；对行政许可条件作出的具体规定，不得增设违反上位法的其他条件。"

的机会,而且在标准上具有无差异性。“所谓的运气或概率在理论上对所有人是一律平等的,也即决定抽签结果的标准对于所有参与者而言是无差异的,从而保证这一程序真正起到替代或补充一切实体标准的作用。”[1]

与城市交通资源配置相类似,对于义务教育中小学资源的配置而言,若仅仅通过实体标准进行,也会出现“实体标准导致结果不正义”的情况。具体而言,若仅仅通过考试成绩配置,会导致优秀生源在优质学校的过分集中,不符合义务教育均衡发展的价值目标;若采用“单校划片、就近入学”的标准配置,必然会导致学区房价的高涨,将入学演变为家长经济实力的比拼,这对于经济条件相对差一点的家庭学生争取义务教育的机会平等是明显不利的;若采用报名顺序先后进行配置,则入学就会演变为排队能力的比拼,不仅与义务教育均衡发展的价值目标无法对接,而且会带来昼夜排队、怨声载道等一系列的社会问题。为了解决上述实体标准配置导致的问题,世界各地的很多教育机构把目光投向了抽签、摇号等措施。这在比利时、英国等地已经有比较成熟的实践。[2]我国很多城市在小学入学和小学升初中过程中也采用了抽签、摇号政策,具体而言,在教育资源配置不均衡、择校冲动强烈的地方,一般会采取多校划片的方式,在此基础上通过抽签、摇号实现入学名额的分配。[3] 从近年的实践来看,通过抽签、摇号方式分配入学资格在一定程度上可以较好地兼顾义务教育均衡发展和入学机会平等的价值需求。

基于上述分析,显然在城市交通、教育等领域通过抽签、摇号分配公共资源有助于实现机会平等和社会公平,往往会更容易取得社会公众的认同。但是作为一种纯粹的程序性手段,它在资源分配效用上相对于实体标准的分配有天然的劣势,换言之,这一制度设计并不会因为人们对于相关资源有更为迫切的需求或可以把资源利用最大化、最优化而获得更多中签(号)或中好签(号)的机会。“形式上的绝对平均带来的是僵化的摇号机制,忽视了现实中摇号个体动机的多样性和效用的复杂性,未能将稀缺的资源分配给最有需要的群体。”[4]而从整体上考察,这会造

---

〔1〕 李友根:《论抽签程序在经济法中的运用》,载《现代法学》2008 年第 3 期。

〔2〕 参见于立亭:《比利时法语区政府出台“抽签”办法解决名牌中学入学难题》,载《世界教育信息》2009 年第 9 期;张力玮:《英国“摇号”解决小升初择校问题》,载《世界教育信息》2011 年第 4 期。

〔3〕《教育部办公厅关于做好 2016 年城市义务教育招生入学工作的通知》规定:“在目前教育资源配置不均衡、择校冲动强烈的地方,要根据实际情况,积极稳妥采取多校划片,将热点小学、初中分散至每个片区,确保各片区之间大致均衡。实行多校划片的,应通过随机派位方式分配热点学校招生名额。”这里所讲的“随机派位”就是俗称的电脑摇号。

〔4〕 宣昌勇、艾文卫、张昊:《我国大中城市小客车限购困局的成因与突破——以北京“摇号”制度为例》,载《管理世界》2013 年第 8 期。

成资源利用的效益降低或无效率，最终导致社会成本的增加。比如，有些急需小客车指标的人可能长期无法中签（号），而中签（号）的人却很可能对于车辆的利用率并不高，甚至可能会放弃摇到的指标，出现弃号的现象。因而交通资源的需求和分配结果在很多情况下不能相向而行，这不仅会增加需求强烈人员的成本，而且不利于交通资源的最大效能发挥，使得社会整体成本支出增加。而对于义务教育中小学入学资格的分配而言，从资源利用效益的视角来看，最优的结果当然是优秀的学生（在目前主要体现为成绩好的学生）能够进入优质的学校，这样可以经由优秀的学生把优质教育资源最大化的利用，但是摇号的做法很显然在很大程度上无助于促使这一结果的出现，优秀学生搭配非优质的教育资源和非优秀学生搭配优质教育资源的情况会大量增加。这虽然从整体上会有助于义务教育均衡化的实现，但很显然只是低效益的均衡，与教育追求培养更多优秀人才的目标并不相符，这也是摇号入学政策最为学生家长（尤其是优秀学生家长）诟病的地方。[1]

选择抽签、摇号等纯程序模式的城市资源配置方式实际上反映了政府在各种价值综合考量基础上对现实的妥协，在政府无法提供足够多公共资源的情况下，管理部门只能小心翼翼地寻求着平衡。“用摇号来分配公共资源，被一些人认为是政府的‘懒政’行为，其实这更多地反映了政府在公共资源总量不足的情况下，对公共资源如何分配问题的无奈与无力。”[2]古语云“不患寡而患不均”，这种古老的文化观念在现代依然有其合理性，资源分配效用最佳相对于机会均等、公平而言，选择后者对社会的冲击可能更小一些。之所以如此，不仅仅因为平等权是宪法保障的公民基本权利之一，还在于优先保障后者的价值更易获得社会认同——至少更大多数公众的认同。对此，还有的学者从社会环境的视角分析了北京的摇号相对于上海的拍卖更易为民众接受的原因，认为前者“是在建设和谐社会的背景下提出的，和谐社会的基本特质就是社会各方面的利益得到妥善协调，因此尽管其政策的隐性成本很高，但也容易得到市民的理解。相反，上海拍卖是在上世纪80年代整个社会注重政策效率的情况下提出的”。[3] 这也充分说明，相对于私车牌照拍卖，抽签、摇号政策更好地发挥了社会形塑的作用。毫无疑问还应该看到，这其中也有政

---

〔1〕 实现义务教育的均衡发展首先应该是教育管理部门的责任，即通过师资资源和学校设施的调配等实现中小学发展的均衡化，在此基础上实行就近摇号入学，让所有的学生获得同等的教育条件，而目前的状况是学校的发展并不均衡，教育部门通过摇号减少优秀学生向优质学校过分集中的方式去实现均衡发展，实际上把义务教育均衡发展的责任转嫁到了学生身上，这种做法本身是值得思考的。

〔2〕 孙荣：《困境与出路：“摇号”政策应对城市公共资源分配难题》，载《行政论坛》2014年第5期。

〔3〕 侯幸、彭时平、马烨：《北京上牌摇号与上海车牌拍卖政策下消费者成本比较》，载《中国软科学》2013年第11期。

府自身利益的“算计”和考量。根据笔者的观察,近年来,私车牌照拍卖制度相对于小客车指标分配的摇号制度显然受到更多的质疑,地方政府也承受着更大的压力,不仅被公众质疑为满足“富人特权”,而且其正当性也受到了相关管理部门以及媒体和专家学者的拷问。〔1〕而采用抽签、摇号制度的地方政府所受的压力主要来自因其效用不佳所致的等待中签(号)时间过长的人员,这相对前者而言明显是小多了。

如何才能消弭或者减轻抽签、摇号制度带来的效用不佳的问题呢?最好的解决办法当然是对纯粹的抽签、摇号模式——对所有人无差别地适用单一相同的抽签、摇号程序——有所修正。这种修正不是要不要进行的问题,而是要如何进行的问题,这已经为我国各地的实践所证实。以小客车指标配置为例,我国目前对小客车指标以抽签、摇号方式进行配置的城市共有六个,分别是北京、贵阳、广州、天津、杭州、深圳。目前,这六个城市对于纯粹抽签、摇号的模式都有所修正。从历史的视角考察,有的最初采取的是纯粹模式,经过多年运行后进行了修正,如北京、贵阳,其中前者于 2010 年通过了《北京市小客车数量调控暂行规定》,实行纯粹的摇号分配制度,2013 年修订的《〈北京市小客车数量调控暂行规定〉实施细则》,对此作了修正;而后者于 2011 年出台了《贵阳市小客车专段号牌核发管理暂行规定》,实行的也是纯粹的摇号分配制度,到了 2014 年修改了上述规定并对该模式作了修正。而其余四个城市在最初实施时,就没有采用纯粹的抽签、摇号模式,而是在源头上就对该模式作了修正。从内容上来看,修正后的模式又可以分为两种:

一是“摇号 + 程序上修正”模式,即不增加实体的内容,在摇号的基础上,通过程序的设定增加较长时期摇号不中人员的中签机会。最为典型的是北京和贵阳。北京在 2013 年所做的修正中增加了“累计摇号次数阶梯中签率”制度,规定摇号次数累计越多的,中签率越高。〔2〕贵阳市 2014 年的修正中增加了“名下无小客车的家庭连续 2 年摇号未中签”的可以直接申请核发小客车专段号牌配置指标。〔3〕

---

〔1〕 参见杨阳、章志远:《上海私车牌照拍卖的行政法学解读》,载《长春市委党校学报》2008 年第 6 期;杨中旭:《牌照拍卖使“内部争议”公开化?》,载《民主与法制时报》2004 年 6 月 8 日,第 8 版;李曙明:《私车牌照拍卖:良策还是误区》,载《检察日报》2007 年 9 月 26 日,第 5 版。

〔2〕 《〈北京市小客车数量调控暂行规定〉实施细则》第 15 条第 1 款规定:“根据个人参加摇号的累计次数设置阶梯中签率。累计参加摇号 24 次(含)以内未中签的,中签率为当期基准中签率;累计参加摇号 25 次至 36 次未中签的,中签率自动升为当期基准中签率的 2 倍;累计参加摇号 37 次至 48 次未中签的,中签率自动升为当期基准中签率的 3 倍,以此类推。”

〔3〕 2014 年修订后的《贵阳市小客车号牌管理暂行规定》第 4 条第 1 款规定:“符合下列规定情形之一的,可以直接申请核发小客车专段号牌配置指标:

“(一)符合规定条件的企业;

(二)名下无小客车的家庭连续 2 年摇号未中签,经申请按照抽签序号在规定控制指标和期限内的。”

二是“摇号+实体上修正”模式，即一部分指标通过摇号产生，一部分指标通过实体标准产生，目前主要采用的是拍卖。“摇号+拍卖”这种模式由广州市在2012年最早实施，目前广州、天津、杭州和深圳都采取的这种做法。

上述模式修正的目的皆为改进抽签、摇号效用不佳的问题，从实践来看，在一定程度上有助于上述目的的实现。但是比较分析，上述两种修正模式各有利弊。

对于“摇号+程序上修正”模式而言，优点是程序上的公正性，即使是提高中签率机会本身，对所有人也是均等的，不会陷入指标分配成为“富人特权”的质疑；缺点在于行政管理部门实际上预设了一个前提，即长期摇号不中的皆为购车、用车需求强烈的人员，虽然在理论上和实践中这种预设绝大多数情况下是成立的，但是事实上可能并非完全如此，有些购车意愿不强的人员可能会抱着试试看的心态长期参与摇号，提高这部分人的中签率不仅无助于前述效用不佳的缓解，反而可能会在中签后的激励作用下刺激其购车意愿。“摇号政策没有参与成本，导致对人的激励是不管是否需要车，都将参与摇号，促使更多的没有购车打算的人来购车。”〔1〕同时还应该看到，即使提高了中签率，但是中签依然需要“运气”，对于那些用车意愿非常强烈的人员而言，长期摇号不中的可能性依然存在，“效率”还有很大的可能会被“等待”所吞噬。

对于“摇号+实体上修正”（目前主要指摇号+拍卖）模式而言，优点是在解决前述效用不佳的问题上效率高、针对性强，只要愿意付出足够的成本就可能立马获得小客车配置指标；缺点当然是会被人质疑其公正性，认为是给“富人的特权”等。

比较以上两种修正模式，笔者认为“摇号+实体上修正”模式更为可取。因为修正的主要目的是解决效用不佳的问题，而“摇号+程序上修正”模式显然在该目的的达成上效率并不高，甚至有可能无助于目的的实现，即并不能过滤掉那些需求不甚强烈的人员而个别需求强烈的人员很可能依然会长期摇号不中。“摇号+实体上修正”模式克服了“摇号+程序上修正”模式的不足，至于对拍卖公正性的忧虑则大可不必过于担心，因为考察我国广州、天津、杭州和深圳，拍卖的小客车指标在配置周期内只占指标总数的1/5或2/5，其余的都由摇号产生。〔2〕因此，总体上拍卖产生的指标处于补充的地位，主要是弥补摇号效用不佳的问题，补充本身的价值取向就是凸显效率，从而在更高层面上实现资源利用的总体公正和实质正义。

---

〔1〕 饶旭勇：《摇号政策正当性探析——〈北京市小客车数量调控暂行规定〉评析》，载《研究生法学》2011年第6期。

〔2〕 杭州市规定拍卖产生的小客车指标占总指标的1/5，广州、天津和深圳均规定占2/5。

为更好地平衡义务教育均衡发展和培养优秀人才之间的关系,借鉴小客车配置指标的模式修正,城市义务教育中小学资源的配置模式也可以从两条进路进行修正:一是对于部分成绩十分突出的优秀学生,可以通过程序设置增加其中签优质学校的概率;二是可以直接调剂部分成绩突出的优秀学生进优质学校。基于和前述小客车指标配置一样的理由,笔者认为选择后者更为合理。需要注意的是,实现义务教育的均衡发展是最主流的价值目标,因而“优秀学生进优质学校”的比例不宜太高,只宜起到补充性的作用,具体比例如何确定需要经由充分论证和实践检验来逐步确定。

三、抽签、摇号政策前程序规制与程序规制的革新

在城市资源供给不足、需求人员过剩的情况下,抽签、摇号等政策措施的选择适用及其实施往往会成为社会关注的焦点,会对公众权益造成重大影响。同时也应该看到,虽然该政策本身具有参与人员机会均等的公平性特征,但是在制度不健全、监督不到位的情况下,仍然有一定的权力滥用空间。抽签、摇号本身是一种程序性政策措施,对其法律规制也应该诉诸于程序,笔者认为,可以分为两个层面:一是谁有权决定选择该政策,需要履行哪些程序性步骤?它主要涉及抽签、摇号政策的产生,是后续程序规制的基础,因而笔者将其称为前程序规制。二是如何防止实施中的权力滥用,有哪些程序性规制手段?

(一)抽签、摇号政策前程序规制的革新

基于城市正常发展和和谐稳定的需要,对于公共资源供给不足的领域进行适当的政府管制是有必要性和正当性的,而不宜完全放任或任由市场等因素决定资源的配置。正如有学者针对小客车指标限制政策所言:“面对汽车社会的来临,政府应当通过其积极的‘有形之手’克服市场失灵的弊端,妥善化解不同利益群体之间的冲突。可见,汽车时代下的适度政府管制依旧具有充分的正当性基础。”[1]然而,政策本身的应然正当性并不意味着政府对政策的采用有当然的选择决定权,对此,必须要符合现代社会的民主考量和制度设计需求。考察我国城市交通、教育领域抽签、摇号的规范设定可以看出,此类措施多是由行政机关决定并实施的。具体而言,实行小客车指标摇号配置的六个城市都是通过市政府发布规章或者文件的方式实施的相关措施,而摇号入学的措施多是通过教育部门的文件规定实施。笔者认为,上述做法的合法性实有探讨的必要。

小客车指标摇号配置和摇号入学涉及对公民两项重要基本权利的限制,即对

---

〔1〕 章志远:《私车牌照的拍卖、管制与行政法的革新》,载《法学》2008年第6期。

财产权和受教育权的限制。对于前者而言,公民在摇号获得指标之前可以购买小客车,但是无法获得牌照,导致其无法有效使用,若财产无法有效使用的话,其财产价值必然大打折扣;对于后者而言,公民即使取得了好成绩等也可能无法进入心仪的学校接受教育,只能根据摇号的安排进入特定的学校就读,其接受教育的选择权利显然是受到限制的。从结果上来看,上述限制对公民权益的影响是巨大的,不仅涉及公众的日常生活,而且很可能对其一生的发展都有潜在影响。根据现代法治理论,基本权利的限制一般需要通过法律来进行,法律有更充分的民主正当性,此处所讲的法律是指形式意义上的法律,即由国会制定的规范性文件,在我国指全国人大及其常委会制定的规范性文件。"人民之基本权利应受保障,非依据法律或法律授权,不得加以限制。且如有限制基本权之必要,基于民主原则及法治国家原则,法律应规定限制基本权之方式、要件与界限,以保障各个基本权。"〔1〕

因而,对于涉及限制公民基本权利的抽签、摇号政策的最终决定权应该属于全国人大及其常委会,最优的做法当然是由其制定法律明确规定各个城市实施相应政策的时间、条件、方式等。但是在我国城市众多、发展速度及资源状况不一致的情况下,这种理想化的设计显然是不现实的,因而最适宜的办法应该是法律通过适度裁量空间和不确定法律概念的选择,制定相关规范,授权城市政府在必要时采取相关的政策措施,这也符合《立法法》有关地方政府规章"设定减损公民、法人和其他组织权利或者增加其义务"要有上位法依据的立法要求和精神。〔2〕由于城市政府的政策实施是基于法律授权,在有"法律"依据的情况下,上文所述人们对于抽签、摇号增设了相关行政许可条件的质疑也可以迎刃而解。〔3〕

(二)抽签、摇号政策程序规制的革新

在城市资源供给不足的情况下,政府管制是必要的,但也应该是适度、有序的。对于抽签、摇号等资源配置政策而言,如何才能从程序上保障其适度、有序?笔者认为,从社会建构的层面分析,应该强化以下两个方面的程序规制革新:

1. 加强有助于公众认同的程序建设

从相关政策的实施来看,和公众的沟通仍然有进一步改进的空间。在此强调

〔1〕 林锡尧:《法律保留原则之理论与实践》,载《台湾法学丛刊》2005 年第 4 期。

〔2〕 《立法法》第 82 条第 6 款规定:"没有法律、行政法规、地方性法规的依据,地方政府规章不得设定减损公民、法人和其他组织权利或者增加其义务的规范。"

〔3〕 需要说明的是,针对城市交通拥堵,有众多的媒体和专家呼吁应该采取征收拥堵费的方式来治理,我国有些城市也做好了相关准备,笔者认为,征收拥堵费和小客车指标的摇号配置之间并不冲突,可以并行不悖,在我国某些城市交通资源异常紧张的情况下,应该保持摇号政策的适当持续性。

两点:

(1)在进行利益衡量时,不得轻易否定听取公众意见的社会价值,不得轻易省略相关的程序内容。英国古老的自然公正原则有一个基本的要求——"当作出不利决定的时候,要听取当事人意见",这依然是现代正当法律程序的基本价值诉求之一,在进行利益衡量时应该尽可能地予以优先保障。我国实现小客车指标摇号配置的城市,在初始实施时基本上都是采取"突然袭击"的方式,即相关政策当天宣布,当天即实施,故意略去了听取公众意见的程序,目的是防止有些市民会突击购车。应当说政府部门的考量有一定的合理性,但是从正当法律程序诉求和利益衡量的维度来看,难谓正当。对于利益衡量,有学者指出:"透过此种利益衡量,人民对于国家权力的作用产生了预测的可能性,同时其私益亦不会只在政策、效益单方的考量之下遭到侵害。"〔1〕由于该政策没有任何的过渡缓冲期,而是"断崖式"的突然实施,对于很多规划买车人员的生活预期造成了重大不便,不符合规则指导人们行为模式应具有的可预期特性,在社会上引起了很大的争议。〔2〕笔者认为,可以在沟通的基础上采取更为和缓的方式实施,兼顾防止突击购车和保护公民发表意见、合理预期的多重价值目标,更好地取得公众的认同,比如可以先公布限购法令草案供公众讨论,同时宣布自草案公布之日至正式实施这段期间内所购车辆的牌照仅在未来若干年内(如3年等)有效,有效期限届满需参与摇号上牌,这样既能满足购车人的预期,但其又无法规避摇号政策的规制,很可能要承担车牌有效期限届满后摇不到号而致车辆无法使用的后果,从而一定程度上达到限制突击购车的目的。这只是笔者构想的方式之一,对此还可能有其他的方案,可以进一步探讨。

(2)更多地采用灵活多样、方便快捷的方式听取公众意见,体现时代精神和人文关怀。下面以摇号入学为例进行分析。从实践来看,摇号入学是建构在多校划片的基础之上的,行政机关在从事相关工作时也应该充分和民众沟通,广泛听取意见,以便更好地取得学生和家长的认同。最近在南京市有一位学生家长起诉该市建邺区教育局学区划片不合理,其中一个重要的诉求就是认为有关学区划片的研讨会和论证会参会人员代表性不足,草案也未通过网络和社区张贴的方式向公众广泛征求意见;建邺区教育局答辩称为此组织了研讨会、论证会,参与人员包括了

〔1〕 马纬中:《应予衡量原则之研究——以行政计划为中心》,载城仲模主编:《行政法之一般法律原则》(三),台北,三民书局1994年版,第503页。

〔2〕 参见黄涛:《深圳汽车限购太"任性"》,载《中华工商时报》2015年1月6日,第11版;赵瑞希、毛思倩:《深圳突发汽车"限购令",此前曾多次表示"不会限"》,载《新华每日电讯》2014年12月30日,第6版。

人大代表、政协委员、各街道工作人员、各社区教育咨询委员、部分家长代表等，具有广泛的代表性。〔1〕虽然最终法院认可了建邺区教育局的答辩，但是可以看出教育局听取公众意见的方式是较为传统的，人员构成也多具有官方背景。笔者认为，提起诉讼的学生家长的诉求也并非完全毫无道理，其提到的方式如通过网络和社区张贴草案听取公众意见也较具时代性、灵活性且成本较低，值得行政机关充分重视。从世界范围内来看，这也是发展趋势，比如英国政府在《地方政府中的公众参与》报告中总结了包括满意度调查、意见和建议征集、公众会议、邻里论坛、交互式网络平台、散发资料传单等19种参与方式，其中地方政府使用最多的是满意度调查和邻里论坛。〔2〕英国采取的上述听取公众意见方式——尤其是发挥互联网和邻里社区的作用——非常值得借鉴。

2. 强化抽签、摇号个案中的程序监督设计

虽然抽签、摇号政策本身总体上有助于实现机会均等，但是具体到个案中，仍然有权力滥用的可能，进而影响抽签、摇号结果，因为相关的操作是由行政机关及其工作人员实施的，这依然需要监督和制约。近年来，相关的弊案也时有发生。为此，可以强化两个方面的程序设计作为突破口：一是回避制度，当有亲属等利害关系人参与抽签、摇号的，相关行政机关工作人员应该回避。从实践来看，人们似乎对此有所忽略，实践中和规则中也很少涉及该问题，笔者揣度很重要的原因可能是认为抽签、摇号是基于运气和概率，工作人员是否回避关系不大，这种观点是值得商榷的。首先，虽然工作人员滥用权力使亲属等利害关系人受益的机会较小，但潜在的可能性依然存在；其次，若不回避，很可能会引致其他参加抽签、摇号人员的怀疑，社会观感不佳，难以获得社会的充分认同，这一点相对前者可能更为重要。二是过程公开制度，抽签、摇号的过程要向社会，尤其是向参加抽签、摇号的人员公开，更好地发挥其监督作用，因为结果和其有利害关系，其监督会更具有针对性和有效性；行政机关对于人们关注的抽签、摇号过程中发生的问题要及时反馈，同时要通过录像、录音或资料保存等方式保证抽签、摇号过程具有可逆性，以备人们查询。

---

〔1〕 参见赵兴武、曹梦璠：《就近入学≠直线距离最近：南京学区划分案二审维持原判、教育局行政行为合法》，载《人民法院报》2016年3月22日，第3版。

〔2〕 参见殷会良：《国外城市规划编制中公众参与方法的借鉴》，载《贵州工业大学学报》（自然科学版）2007年第2期。

行政诉讼撤诉的检察监督问题研究

魏建新*

［摘　要］ 当前我国行政诉讼实践中，由于对撤诉方式结案的大力鼓励和推崇，大量行政诉讼案件以撤诉方式结案，背后却存在法治风险，因此有必要加强检察机关对法院行政诉讼撤诉的监督。通过立法规范分析检察机关在行政诉讼中的监督权种类，明确行政诉讼撤诉检察监督应遵循坚持公共利益原则和保护弱者利益原则，提出完善行政诉讼撤诉检察监督制度的建议——明确检察机关对撤诉裁定的抗诉权、完善检察机关对撤诉案件的检察建议权和赋予检察机关对撤诉案卷的调阅权与对撤诉案件的取证权。

［关键词］ 行政诉讼　撤诉　检察监督　抗诉　检察建议

现行的行政诉讼检察监督制度虽在一定程度上发挥了监督效能、解决了司法不公和维护了法制统一。但是，从我国检察机关参与行政诉讼监督的立法来看，行政诉讼检察监督的规则过于片面和简单；从我国检察机关参与行政诉讼监督的实践来看，行政诉讼检察监督的实施过于狭窄和模糊。本文从行政诉讼申请撤诉的监督问题入手，来讨论我国行政诉讼检察监督制度的完善问题。

一、行政诉讼撤诉及检察监督的必要性分析

目前我国涉及行政诉讼撤诉问题的主要规范有：《行政诉讼法》第 62 条〔1〕以及《关于行政诉讼撤诉若干问题的规定》（以下简称《撤诉规定》）。特别是最高人民法院在《关于认真贯彻执行〈关于行政诉讼撤诉若干问题的规定〉的通知》中指

---

* 魏建新，天津师范大学法学院副教授，硕士生导师，法学博士，中国检察学会民事行政检察专业委员会理事。

〔1〕 人民法院对行政案件宣告判决或者裁定前，原告申请撤诉的，或者被告改变其所作的行政行为，原告同意并申请撤诉的，是否准许，由人民法院裁定。

出,“制定《撤诉规定》的主要目的,是为了妥善化解行政争议,依法审查行政诉讼中行政机关改变被诉具体行政行为及当事人申请撤诉的行为。”“由于行政诉讼中被告改变其所作的具体行政行为,原告同意并申请撤诉,是建立在当事人自愿的基础上,合议庭可以发挥宣传、建议、协调和法律释明的作用,但要严格遵循当事人自愿原则,坚决防止和杜绝动员甚至强迫当事人撤诉的现象。既要尽可能通过协调化解行政争议,又不能片面追求撤诉率,侵害当事人合法权益。”既然通过撤诉达到案结事了是创新解决行政争议的机制,那么法院就应当积极促成该新机制发挥其案结事了的功能。如何做到“既要尽可能通过协调化解行政争议,又不能片面追求撤诉率,侵害当事人合法权益”。在这个问题上极易从一个极端走向另外一个极端。“在行政诉讼否认调解的历史时段,曾经几乎是一边倒地将撤诉、调解作为否定性的现象而对法院加以考核。当撤诉、调解成为主流的时候,又几乎是一边倒地将撤诉、调解作为肯定性的现象而对法院加以考核。”〔1〕当前我国司法实践中,由于对撤诉方式结案的大力鼓励和推崇,大量行政诉讼案件以撤诉方式结案,撤诉率大幅度上升。

然而在大量以撤诉方式结案的行政诉讼案件背后却存在法治风险。根据《撤诉规定》中“提倡和鼓励以当事人撤诉的方式结案,不能排除或放弃合法性审查原则。人民法院应当在通过对具体行政行为的合法性、适当性进行审查,初步确认具体行政行为违法或明显不当的基础上,根据案件具体情况建议被告改变被诉具体行政行为。被告改变其所作的具体行政行为及原告申请撤诉只有符合法定条件,人民法院才能作出准许撤诉的裁定。”法院对原告撤诉申请享有审查权,但“几乎没有哪个法院在审查撤诉申请后作出过不准许撤诉的裁定”。〔2〕实践中,为了片面的追求撤诉结案率,对被诉具体行政行为的合法性没有明确判断,极有可能出现是非不分的“和稀泥”,法院为了不引起涉诉信访案件,只要原告撤诉,一律裁定准予撤诉。〔3〕“不规范的协调撤诉不仅降低了对被告违法行政行为的法律宣示和规制作用,也弱化了原告乃至普通民众对法律的敬畏和信仰,使法院的中立地位和司法的公信力受到质疑。”〔4〕因此,有必要加强检察机关对法院行政诉讼撤诉审查的监

---

〔1〕 黄学贤:《行政诉讼撤诉若干问题探讨》,载《法学》2010 年第 10 期。

〔2〕 何海波:《行政诉讼撤诉考》,载《中外法学》2001 年第 2 期。

〔3〕 “在行政审判权与行政权力二者的关系上,行政审判权天生幼弱,如今仍尚未成年,面对强大的行政权力,行政审判权往往唯唯诺诺,尽量避让,不敢碰硬,有了相对人的申请撤诉,正好借机下台,全身而退,何乐而不为。”张显伟:《论对行政诉讼撤诉申请的审查》,载《行政法学研究》2009 年第 3 期。

〔4〕 史艳丽:《行政诉讼撤诉审查的检察监督》,载《人民检察》2012 年第 7 期。

督,防止诉讼中以国家利益和公共利益做交易,防止在具体行政行为合法性审查原则幌子下的权力违法滥用。

二、检察机关在行政诉讼中监督权的立法分析

如何明确检察机关在行政诉讼中的监督权?这是行政诉讼撤诉检察监督的立足点和理论前提。现行的立法规范对检察机关在行政诉讼中的监督权规定,如表 1 所示:

表 1　检察机关在行政诉讼中的监督权的立法规范

立法表述	立法来源
中华人民共和国人民检察院是国家的法律监督机关	《宪法》第 129 条
各级人民检察院行使下列职权:……(四)……对于人民法院的审判活动是否合法,实行监督。……	《人民检察院组织法》第 5 条
地方各级人民检察院对于本级人民法院第一审案件的判决和裁定,认为有错误时,应当按照上诉程序提出抗诉	《人民检察院组织法》第 17 条
最高人民检察院对于各级人民法院已经发生法律的效力的判决和裁定,上级人民检察院对于下级人民法院已经发生法律效力的判决和裁定,如果发现确有错误,应当按照审判监督程序提出抗诉	《人民检察院组织法》第 18 条
人民检察院有权对行政诉讼实行法律监督	《行政诉讼法》第 11 条
最高人民检察院对人民法院已经发生法律效力的判决、裁定……应当提出抗诉。地方各级人民检察院对同级人民法院已经发生法律效力的判决、裁定……提出抗诉。各级人民检察院对审判监督程序以外的其他审判程序中审判人员的违法行为,有权向同级人民法院提出检察建议	《行政诉讼法》第 93 条
人民检察院通过办理民事、行政抗诉案件,对人民法院的民事审判活动和行政诉讼活动进行法律监督;最高人民检察院对各级人民法院的生效民事或行政判决、裁定,上级人民检察院对下级人民法院的生效民事或行政判决、裁定,有权提出抗诉	《人民检察院民事行政抗诉案件办案规则》第 2 条和第 31 条
有下列情形之一的,人民检察院可以向人民法院提出检察建议:(一)原判决、裁定符合抗诉条件,人民检察院与人民法院协商一致,人民法院同意再审的;(二)原裁定确有错误,但依法不能启动再审程序予以救济的;(三)人民法院对抗诉案件再审的庭审活动违反法律规定的;(四)应当向人民法院提出检察建议的其他情形	《人民检察院民事行政抗诉案件办案规则》第 47 条

续表

立法表述	立法来源
人民检察院发现人民法院已经发生法律效力的行政判决和不予受理、驳回起诉、管辖权异议等行政裁定，有《中华人民共和国行政诉讼法》第64条规定情形的，应当提出抗诉	最高人民法院、最高人民检察院《关于对民事审判活动与行政诉讼实行法律监督的若干意见（试行）》第5条第2款
地方各级人民检察院对符合本意见第5条、第6条规定情形的判决、裁定、调解，经检察委员会决定，可以向同级人民法院提出再审检察建议。 人民法院收到再审检察建议后，应当在三个月内进行审查并将审查结果书面回复人民检察院。人民法院认为需要再审的，应当通知当事人。人民检察院认为人民法院不予再审的决定不当的，应当提请上级人民检察院提出抗诉	最高人民法院、最高人民检察院《关于对民事审判活动与行政诉讼实行法律监督的若干意见（试行）》第7条
人民检察院提出检察建议的，人民法院应当在一个月内作出处理并将处理情况书面回复人民检察院。 人民检察院对人民法院的回复意见有异议的，可以通过上一级人民检察院向上一级人民法院提出。上一级人民法院认为人民检察院的意见正确的，应当监督下级人民法院及时纠正	最高人民法院、最高人民检察院《关于对民事审判活动与行政诉讼实行法律监督的若干意见（试行）》第10条
人民检察院办理行政申诉案件，发现行政机关有违反法律规定、可能影响人民法院公正审理的行为，应当向行政机关提出检察建议，并将相关情况告知人民法院	最高人民法院、最高人民检察院《关于对民事审判活动与行政诉讼实行法律监督的若干意见（试行）》第11条
检察人员发现庭审活动违法的，应当待庭审结束或者休庭之后，向检察长报告，以人民检察院的名义提出检察建议	最高人民法院、最高人民检察院《关于对民事审判活动与行政诉讼实行法律监督的若干意见（试行）》第13条第3款

由表1可以看出检察院在行政诉讼中存在五个层次的权力：

第一层次是笼统规定了人民检察院在行政诉讼中法律监督权，依据是《宪法》第129条、《人民检察院组织法》第5条和《行政诉讼法》第10条；

第二层次是具体规定了人民检察院的抗诉权，包括一审判决和裁定的抗诉权与生效判决和裁定的抗诉权，依据是《人民检察院组织法》第17条、第18条；

第三层次是只规定了人民检察院在行政诉讼中对生效判决和裁定的抗诉权，依据是《人民检察院民事行政抗诉案件办案规则》（以下简称《抗诉规则》）第2条

和第 31 条;

第四层次规定了人民检察院向人民法院提出检察建议权,依据是《抗诉规则》第 47 条、最高人民法院、最高人民检察院《关于对民事审判活动与行政诉讼实行法律监督的若干意见(试行)》(以下简称《监督意见》)第 7 条、第 10 条和第 13 条;

第五层次规定了人民检察院向行政机关提出检察建议权,这是一项创新性的规定,依据是《监督意见》第 11 条。

三、行政诉讼撤诉检察监督应遵循的原则

行政诉讼检察监督权的目标是维护社会主义法制,保证法律的正确实施,维护国家利益和社会公共利益,保护公民、法人或其他组织的正当权益。基于行政诉讼构造的特殊性,鉴于行政诉讼撤诉中公共利益的易损性和原告与第三人的弱势地位,行政诉讼撤诉的检察监督应遵循以下两个原则:

(一)坚持公共利益原则

检察机关本身的性质和职责,表明它实质上具有国家利益的维护者和公共利益代表人的身份。纵观世界各国检察机关的职能,很重要的职能都在于维护国家和社会公共利益,保障法律的正确实施,防止和追究权力的违法和滥用。在行政诉讼的撤诉检察监督上体现的尤为明显。在行政诉讼的撤诉中,对于被告来说,被告是可以牺牲公共利益的。行政机关的"败诉"直接影响其声誉,带来依法行政考核风险,被告为了达到不"败诉",不惜以牺牲公共利益来改变具体行政行为。对于原告来说,原告以不当利益交换的申请撤诉,只要协调的结果能够使自己利益或愿望得到满足,大多数原告并不关心所诉具体行政行为是否合法、公共利益是否受到侵害。对于法院来说,"法院不但疏于审查原告的撤诉申请,反而在当下受司法政策的引导,积极协调促成原告撤诉"。"只鼓励和倡导当事人撤诉,不事先对具体行政行为合法性进行审查。"[1]将坚持国家利益和公共利益作为一项基本原则确立下来,无疑就确立了行政诉讼撤诉检察监督的方向性问题,而且,这一原则的确立,为行政诉讼撤诉检察监督权提供了理论基础。

(二)保护弱者利益原则

虽然《行政诉讼法》第 8 条确立了当事人在行政诉讼中的法律地位平等原则。

---

〔1〕 在一系列鼓励调解的司法政策引导下,各地人民法院对《最高人民法院关于行政诉讼撤诉若干问题的规定》进行解读,主动建议被告改变其被诉具体行政行为而实现原告撤诉目的。而中国特色社会主义司法工作要求司法工作的法律效果与社会效果、政治效果的统一,也促使协调撤诉成为一种理想的结案方式,最终导致撤诉率畸高,甚至有些法院的撤诉率达到了 100%。而且这些都作为政绩进行了正面宣传。史艳丽:《行政诉讼撤诉审查的检察监督》,载《人民检察》2012 年第 7 期。

但在行政诉讼的实践中很容易受到来自行政机关的干扰，由于原告与第三人在行政诉讼中实际上处于弱势地位，特别是原告在申请撤诉的意愿上会受到来自被告行政机关甚至是法院的有形或无形的压力，以利诱等手段使原告撤诉。另外，出于原告与被告的利益考虑，行政诉讼第三人的利益也极易成为交易的牺牲品。确立保护弱者利益的原则，是行政诉讼撤诉监督确保司法公平与正义的需要，检察机关的行政诉讼监督职能，最终是以公平与正义为目标。检察机关对行政诉讼撤诉的监督介入，要充分体现支持弱者的原则，切实维护诉讼中各方当事人的法律地位平等。

四、行政诉讼撤诉检察监督的制度完善

检察机关不仅应当对法院撤诉审查的结果进行监督，而且应当对法院撤诉审查的过程进行监督。行政诉讼撤诉包括被告改变行政行为、原告申请撤诉和法院审查并作出裁定三个阶段。撤诉审查牵涉行政审判权、公民权利、行政权力三者间的相互关系，关乎公共利益与公民权益的平衡协调。行政诉讼撤诉检察监督制度完善的实质是检察机关监督权的完善。

（一）明确检察机关对撤诉裁定的抗诉权

《行政诉讼法》《撤诉规定》中的申请撤诉是基于原告自愿为前提，根据《撤诉规定》第 2 条的规定，被告改变被诉具体行政行为，原告申请撤诉，符合下列条件的，人民法院应当裁定准许：（一）申请撤诉是当事人真实意思表示；（二）被告改变被诉具体行政行为，不违反法律、法规的禁止性规定，不超越或者放弃职权，不损害公共利益和他人合法权益；（三）被告已经改变或者决定改变被诉具体行政行为，并书面告知人民法院；（四）第三人无异议。法院要准许撤诉裁定要符合四个条件，若任何一个条件不具备，检察机关就可以对准许撤诉的裁定进行抗诉。在涉及公民、组织合法利益保护的案件中，抗诉权的启动应当以当事人的申诉为条件；而对于涉及国家利益和公共利益的案件中，检察机关可依职权主动抗诉。

（二）完善检察机关对撤诉案件的检察建议权

检察机关对撤诉案件的检察建议包括检察机关对法院的检察建议和检察机关对行政机关的检察建议。

对法院的检察建议作为一种灵活的检察监督方式，可以实现对法院的同级监督，可以简化监督程序，人民法院也容易接受。《抗诉规则》虽然明确规定了检察建议的监督方式。但是，由于没有《行政诉讼法》的明确规定，实践中经常受到人民法院的抵制。当前，《监督意见》第 7 条、第 10 条和第 13 条的规定为检察机关对撤诉案件的检察建议权的行使提供有力的制度平台。在程序上，可以把检察机关对撤

诉裁定的再审检察建议作为对撤诉裁定抗诉的前置程序。检察机关认为生效的行政诉讼撤诉裁定确有错误的,由检察院直接向同级法院发出检察建议,建议法院启动审判监督程序进行再审。法院再审结束时将再审结果通知提出检察建议的人民检察院。原审法院不接受检察建议的,检察院可以向上一级检察院提请抗诉。[1]

检察机关向行政机关提出检察建议是依据《监督意见》第11条的规定。在行政诉讼撤诉的检察监督中,检察机关针对被告行政机关改变被诉具体行政行为,是否违反法律、法规的禁止性规定,是否超越或者放弃职权,是否损害公共利益和他人合法权益,可以向行政机关提出检察建议。

(三)赋予检察机关对撤诉案卷的调阅权和对撤诉案件的取证权

不能查阅撤诉相关卷宗,检察监督就无从谈起。检察机关向法院调取审阅撤诉案卷,是其全面了解案情并对错误撤诉裁定提出抗诉和检察建议的重要条件。理论上,案卷调阅权是检察监督权的应有之义。只要是检察监督的需要,检察机关行使该项权利是不受限制的。但是在司法实践中,案卷调阅权的行使需要被监督者——法院的积极配合才能实现。其根本原因在于:《行政诉讼法》未对检察机关的调卷权作任何规定,《监督意见》依然没有规定检察机关对案卷的调阅权。因此,亟待立法来授予检察机关对案卷的调阅权,这是检察机关行使抗诉权和检察建议权发挥最大功效的保障。

关于人民检察院调查取证权,《行政诉讼法》没有明确规定。但根据《监督意见》第3条的规定,检察机关对于已经发生法律效力的裁定(应当包括撤诉裁定),有下列情形之一的,可以向当事人或者案外人调查核实:(一)可能损害国家利益、社会公共利益的;(二)民事诉讼的当事人或者行政诉讼的原告、第三人在原审中因客观原因不能自行收集证据,书面申请人民法院调查收集,人民法院应当调查收集而未调查收集的;(三)民事审判、行政诉讼活动违反法定程序,可能影响案件正确判决、裁定的。因此,在对行政诉讼撤诉监督中,检察机关为保护国家利益和公共利益应主动调查取证和为保护原告、第三人的利益依申请调查取证。

有学者认为,如果法院在审查撤诉申请时有程序上的错误,检察机关就可以适

[1] 史艳丽:《行政诉讼撤诉审查的检察监督》,载《人民检察》2012年第7期。

用纠正违法通知,向法院发出书面的纠正违法通知书,请其纠正错误。[1]但纠正违法通知在《监督意见》中没有确立这一监督方式,从法院的角度来说,是抵制态度,在行政诉讼的检察监督中检察机关就尽量不采用这一监督方式。

---

〔1〕 纠正违法通知是《人民检察院刑事诉讼规则》中规定的一种刑事诉讼检察监督方式。民事行政检察监督借鉴了该方式。最高人民检察院在《民事行政检察文书样本(试行)》中规定了这种监督方式的书面文本。其适用范围,是纠正人民法院在民事审判、行政诉讼中存在的程序上的错误,该程序错误是在诉讼进行当中发生的,或者是在判决、裁定已经发生法律效力,但是判决、裁定在实体上适用法律没有错误,即没有影响实体判决、裁定。如果法院在审查撤诉申请时有程序上的错误,检察机关就可以适用纠正违法通知,向法院发出书面的纠正违法通知书,请其纠正错误。史艳丽:《行政诉讼撤诉审查的检察监督》,载《人民检察》2012 年第 7 期。

企业信用体系建设的法治化思考

李东侠[*]　郝　磊[**]

健全的企业信用体系是市场经济健康、持续发展的基础。党的十八届四中全会作出了推进依法治国的战略部署，对我国企业信用体系的建设提出了新的挑战和要求。如何推进企业信用体系建设的法治化将成为今后我国社会经济发展中一项十分重要的任务。

一、企业信用体系建设法治化的必要性

（一）企业信用体系建设法治化的内涵诠释

企业信用体系是社会信用体系的重要内容之一，具体是指由企业信用观念与文化以及企业信用评价与激励、企业信用信息搜集、公示与使用、企业失信行为约束与惩戒等方面机制共同构成的一个完整的社会机制系统。企业信用体系的建设有助于改善企业信用环境，使"守信者畅行天下、失信者寸步难行"，切实促进社会主义市场经济的有序、持续发展。

企业信用体系建设的法治化，意指在企业信用体系建设的过程中，要充分运用法治的方式和手段，确保其顺利、有效得以实施。企业信用体系建设的法治化，体现于立法、执法、司法与守法的全过程。不仅要不断加强与企业信用相关法律法规的制定、修改与完善，使与企业信用相关的各项活动均有法可依；而且要求严格执法，使信用良好的企业获得积极的评价和切实的优惠，让失信企业受到应有的约束与惩戒。同时，还要充分发挥司法的功能与作用：一方面通过诉讼程序确保诚实守信的企业及经营者获得公正对待，使其合法权益得到及时、全面、高效的保护；另一方面则应严格追究失信企业的法律责任，使其为自己的失信行为付出沉重的代价。通过上述种种措施，逐步引导每一个企业树立诚实守信的经营观念，形成全社会崇

---

* 李东侠，天津师范大学管理学院讲师。

** 郝磊，天津师范大学法学院教授。

信践诺的良好氛围。

（二）企业信用体系建设法治化的重要意义

1. 企业信用体系建设的法治化是我国市场经济改革深化的必然要求。《中共中央关于全面深化改革若干问题的决定》提出，要“使市场在资源配置中起决定性作用”。与此相适应，我国立法机关对于既有的企业法律制度进行了深刻的调整。企业进入市场的条件逐步放宽，企业登记的程序要求也趋于宽松，企业设立的门槛大大降低；企业经营过程中则更加凸显章程的自治功能，企业的经营自主权得到进一步增强。应该说，上述的改革极大地提升了企业与投资者的自由，充分激发了市场的活力。但是，如果我国企业制度的改革仅局限于此，而不依法推进企业信用体系的建设，将会导致改革过程中不同主体利益的严重失衡，企业债权人的利益和整体的经济秩序将很难得到合理维护。只有在更大程度上赋予企业自治权的同时，积极推进企业信用体系建设的法治化，才能均衡保护各方利益，促进市场经济的健康有序发展。

2. 企业信用体系建设的法治化是国家治理体系现代化的必然要求。党的十八届三中全会把完善和发展中国特色社会主义制度、推进国家治理体系和治理能力现代化作为全面深化改革的总目标。所谓推进国家治理体系现代化，就是要使各方面制度更加科学、更加完善，实现党、国家、社会各项事务的制度化、规范化、程序化。而要实现这一目标，法治手段和方式作用的发挥是不可或缺的。法治本身所具有的规范性、强制性、稳定性特征能够确保国家、社会各项事务的有序、合理运行。正因如此，习近平总书记强调，要“努力建设法治中国，以更好地发挥法治在国家治理和社会管理中的作用”。[1] 唯有全方位推进包括企业信用体系在内的各项事务的法治化，才能逐步提升国家治理的水平，促进国家治理体系的现代化。

3. 企业信用体系建设的法治化是中国特色社会主义法治体系建设的必然要求。全面推进依法治国涉及很多方面，在实际工作中必须有一个总揽全局、牵引各方的总抓手，这个总抓手就是建设中国特色社会主义法治体系。[2] 就其内容而言，中国特色社会主义法治体系涵盖社会、经济、政治、文化等各个不同的领域，每一领域事务的全面法治化才能最终确保中国特色社会主义法治体系的真正建立。企业信用体系建设作为我国市场经济发展中至关重要的一项基本内容，其能否法治化直接

---

〔1〕 中共中央宣传部编：《习近平总书记系列重要讲话读本》，学习出版社、人民出版社2014年版，第80页。

〔2〕 习近平：《关于〈中共中央关于全面推进依法治国若干重大问题的决定〉的说明》。

关乎我国市场经济能否得以健康发展,也必然直接影响着中国特色社会主义法治体系能否顺利建设。

二、企业信用体系建设法治化面临的主要问题

(一)企业信用体系建设法治化的实践探索

近年来,在企业信用体系的建设上,我国已沿着法治化的轨道进行了有益的探索。以下从几个方面分而述之。

1. 在企业信用立法方面,与企业信用诸环节相关的法律规范相继制定,为企业信用体系的构建奠定了必要的规则基础。主要包括:(1)2014年国务院发布了《社会信用体系建设规划纲要(2014-2020)》,勾画了未来一段时期我国社会信用体系的建设思路,并从推进重点领域诚信建设、加强诚信教育和诚信文化建设、加快推进信用信息系统建设和应用、完善以奖惩制度为重点的社会信用运行机制、建立实施支撑体系等五个方面明确了我国社会信用信息体系建设的方向和任务。这一纲领性文件无疑为作为社会信用体系主要分支之一的企业信用体系的建设提供了基本依据和具体指导。(2)2013年国务院颁布了《征信业管理条例》,对于征信机构设立、终止的条件及其运营的要求、征信机构征集企业信用信息的渠道、信息主体对错误、遗漏信息的异议及投诉、金融信用信息基础数据库建设、监管机构对征信机构的监督与管理、征信违法行为的法律责任等问题做了系统的规范,从而为企业信用信息的征集、披露及使用提供了必要的规则依据。(3)2014年2月,国务院发布了《国务院关于废止和修改部分行政法规的决定》,对于原有的《中华人民共和国企业法人登记管理条例》《中华人民共和国公司登记管理条例》《合伙企业登记管理办法》等法规均进行了修改。其中最显著的变化,即是对上述各类企业信用信息公示系统的建立与使用问题作了明确规定,对于公司、合伙企业等各类企业均要求登记主管机关依法将企业登记、备案信息通过企业信用信息公示系统向社会公示;同时还要求企业自身应当于每年1月1日至6月30日,通过企业信用信息公示系统向登记主管机关报送上一年度的财务会计报告,并向社会公示。此后,国务院又于2014年10月颁布了《企业信息公示暂行条例》。该条例对于企业信息的内涵及公示原则、信息公示的领导与组织、企业信息的公示主体及具体范围、不实公示信息的更正与处理、企业公示信息的抽查与核查、经营异常名录的列入、移除及约束机制、企业信息公示法律责任等均做了较为详尽的规定,从而使得企业信用信息的公示有了更为明确、具体的操作依据。(4)关于企业失信行为的惩戒与追究方面的规定则散见于各种不同的部门法中。《合同法》中关于违约责任的规定、《侵权责任法》中关于侵权责任的规定、《公司法》中对于失信企业发行债券、发行新股、证券上

市等所设置的限制性或禁止性规定、《反不正当竞争法》中关于反不当竞争行为法律责任的规定及其他法律法规中的相关规范，均从不同的角度对企业失信行为作了必要的约束和规制，为惩戒失信企业、强化对失信行为的责任追究提供了明确的法律依据。

2. 在执法方面，执法机关通过多种不同的手段，积极推动企业信用体系的建设。一方面，执法机关按照法律的已有规定，积极做好企业信用平台的建设。国家工商总局依据法律的要求建立了全国信用信息公示系统，为公司、合伙企业、农民专业合作社、个体工商户等市场主体信用信息的填报、公示和查询提供了重要的服务平台；北京、上海、广州、浙江、深圳等地的工商机关还单独或联合税务、质监等其他部门建立了本区域的企业信用信息网站，极大地方便了企业信用信息的公示与查询。另一方面，执法机关加强对市场活动的监督与管理，对于执法过程中所发现的诸如环境污染、生产假冒伪劣产品、偷税漏税、拖欠员工工资等严重失信行为实施严厉的打击，有助于有效规制企业的失信行为，维护市场经济的合理秩序。

3. 在司法方面，则从两个方面着手推动企业信用状况的改善。其一，通过公正司法，对失信企业应承担的民事责任、行政责任及刑事责任依法进行追究，确保诚实守信者的利益得到切实维护和保障。尤其是对涉及企业诚信的典型案件、重大案件的公正裁判，能够对企业的诚信经营产生良好的示范效果。其二，通过对司法程序中所涉及的失信企业的相关信息进行及时披露，有助于更好约束企业的违法失信行为，营造良好的信用环境。一方面，最高人民法院于 2013 年 11 月开设了中国裁判文书网，要求各级法院全面、真实、及时地在互联网公布自己的裁判文书。该平台的建立，使得企业的失信行为均曝光于公众的视野之下，对于约束与规制企业的失信行为无疑将产生良好的效果。另一方面，最高人民法院还于 2013 年开通了“全国法院失信被执行名单公布及查询系统”。社会公众通过该系统可查询 2007 年 1 月 1 日之后新收和此前未结的执行实施案件的被执行人信息。其公开的信息十分详细，不仅涉及被执行企业的名称、组织机构代码、法定代表人姓名，而且涉及被执行人履行义务的情况和被执行人失信行为的具体情形，从而让公众能够便捷地了解失信企业，在与其交易时谨慎为之。

4. 在守法方面，相关国家机关及各类组织通过对企业开展法制教育和诚信观念教育，有助于引导企业树立良好的诚信意识和法治观念，逐步养成尊重规则、信守承诺的社会风尚；同时，执法机关和司法机关在法律执行和适用的过程中公正、合理地维护守信者权益，严格惩戒失信者，能够对企业及社会公众起到良好的示范和警戒作用，亦有助于社会成员守法观念的塑造。

(二)企业信用体系建设法治化的现存问题分析

通过以上的分析,我们可以看出,我国企业信用体系的建设已逐步被纳入法制化的轨道,并取得了初步的成效:与企业信用体系建设规划、企业信用信息征集、公示、使用以及失信企业的惩戒与追究相关的问题已有了基本的法律规范;执法机关通过推进信用信息公示平台建设和加大对于企业违法失信行为的查处和制裁,在一定程度上改善了企业信用环境;司法机关通过公正司法及对于涉诉失信企业进行信息公示无疑有助于对企业失信行为的约束,切实维护了诚实守信者的合法权益和良好的经济秩序;企业与社会成员的诚信意识与守法观念也在不断增强。但是,从目前的整体情况看,我国企业信用体系建设的法治化尚存在诸多亟待完善的问题。

1. 在企业信用立法方面,所存在的问题包括以下几个方面:(1)我国企业信用体系建设尚缺乏专门的规划。应当说,国务院已颁布的《社会信用体系建设规划纲要》对于包括政府信用体系、企业信用体系、个人信用体系在内的社会信用体系建设均具有重大的指导意义,但是由于企业信用体系本身所具有的特殊性,制定专门的企业信用体系建设纲要无疑有助于更好地指导企业信用体系的建设,统一适用社会信用体系建设规划纲要缺乏直接的针对性和操作性。(2)关于企业信用信息的征集与使用,国务院已颁布了《征信业管理条例》,但是立法的位阶偏低;内容上更侧重于对于征信机构的管理,关于信用信息征集、使用的规定比较粗疏;由中国人民银行作为征信机构的监管机构在实施监管上存在一定的局限性。(3)关于企业信用信息的公示,各类型企业的登记管理条例均对工商机关应建立统一的企业信用信息公示系统提出了明确的要求。然而,企业信用信息公示系统虽由工商部门负责建立、维护,但企业的信用信息并非仅仅由工商部门掌握,各类信息散落在质监、税务、财政等不同部门及各行业协会,这些部门之间往往缺乏信息的共享与交流,使得信用信息的全面公示面临极大障碍。如何打破部门之间的界限,实现企业信息的互联共享是急需通过立法解决的问题。(4)为更好体现对于企业失信行为的约束及对于诚实守信者的激励,《企业信息公示暂行条例》第 18 条规定:“县级以上地方人民政府及其有关部门应当建立健全信用约束机制,在政府采购、工程招投标、国有土地出让、授予荣誉称号等工作中,将企业信用信息作为重要考量因素,对被列入经营异常名录或者严重违法企业名单的企业依法予以限制或者禁入。”但是,由于现有规范没有对限制或者禁入的具体条件、适用程序等进行明确的规定,使此种约束机制在实践中的运行很难产生预期的效果。与此同时,基于该条例在内容上的局限性,并未规定信用良好的企业应适用的守信受益机制,亟待在其他相关立法中予以必要的补充完善。

2. 在执法方面，所存在的问题主要有：(1)失信行为的制裁力度尚显不足，执法机关选择性执法的情形较为普遍，很多企业的失信行为得不到及时、全面的制裁；对于失信的企业有时处罚过轻，难以有效遏制其违法失信行为，导致"劣币驱逐良币"的现象。(2)执法人员面临着一些新的挑战，需要其转变观念，及时应对。随着我国法律的不断完善，一些新兴的法律机制不断建立，如在公司资本制度放宽、准入门槛降低的背景下，我国立法中建立了企业信用信息的抽检与核查制度；再如，为有效规制企业失信行为，我国建立了企业经营异常名录及以此为基础的信用约束机制。对于这些机制在实践中的运行，执法者尚缺乏足够的准备，使得上述机制的实施效果难尽人意。

3. 在司法方面，尚存在一些观念上的误区，直接影响着对于企业失信行为的规制效果，同时也影响着诚实守信者的权益实现。比如，我国长期以来，在司法领域由于追求调解率，在一定程度上导致一些案件久拖不决，使得诚实守信者的利益难以得到及时、充分地维护；再如，在处理民商事纠纷的过程中，当遇到某些纠纷法律没有明文规定时，有的法院往往以缺乏法律依据为由拒绝受理相关的诉讼，将当事人的争议拒斥于司法程序之外。这样的做法十分不利于及时有效地处理纠纷，无法合理维护守信当事人的合法权益，使得司法程序对于企业信用实现的保障功能难以得到切实有效的发挥。

4. 在守法方面，尽管社会公众的规则意识和诚信观念有所提升，但是长期以来企业及其经营者对于"潜规则"的信奉与遵循，往往会消解人们对于法律本身的尊重与信仰；在执法和司法过程中部分案件处罚的力度不够，无法使不诚信的企业因失信而付出应有的代价，无疑会对其他企业和社会公众产生反向的激励，同时也会助长失信企业的侥幸心理。

三、企业信用体系建设法治化的目标厘清及对策建议

党的十八大报告中将"科学立法、严格执法、公正司法、全民守法"确立为社会主义法治新的十六字方针，表明我国的法治建设进入了一个崭新的阶段。[1]这一变化，必然对企业信用体系建设的法治化提出更高的要求，其目标定位应当进行重新厘清：企业信用方面的立法应当进一步科学化；在执法的过程中，应当更加强调对权力的限制与约束，要求执法人员必须严格执法，切实维护社会成员私权利的充分、及时实现；司法程序应更加体现公正要求，以切实保障诚实守信者的权益得到

---

〔1〕 张伯晋：《新16字方针：开启依法治国新时代》，载《检察日报》2012年11月15日，第3版。

合理维护,失信者真正受到约束和惩戒;企业及其经营者应当进一步增强诚实守信、尊重法律的自觉意识。基于上述的目标定位,我国企业信用体系建设的法治化应着重从以下方面入手进行完善。

(一)增强企业信用立法的科学性

首先,为更好地指导企业信用体系的建设,应当专门制定《企业信用体系建设规划纲要》,对企业信用体系建设的总体思路、不同类型企业的信用体系建设、企业信用观念与信用文化、企业信用信息公示系统建设、守信与失信企业奖惩机制完善、企业信用体系配套机制完善等问题进行详细规范,从而为企业信用体系的建设提供更具针对性和可操作性的规则指引。

其次,应制定更高位阶的法律文件——《企业信用法》,对于企业信用法的基本原则、企业信用信息的范围、企业信用信息的征集机构与征集方式、企业信用信息的披露、企业信用信息的异议与更正、企业信用信息的使用、企业信用信息征集、披露与使用的监督管理、企业信用的评价与激励、失信企业的约束与控制、违法行为的法律责任等方面的内容作出明确而细致的规定;同时,为提升监管本身的中立性和有效性,立法应对企业信用信息征集、披露、使用的监管机构进行必要的调整和改革,从原来的由中国人民银行直接实施监管改为设置专门的监管机构进行统一监管。

再次,建立企业信用信息公示的分享与协作机制,有效避免“信息孤岛”现象的发生。可借鉴北京等地的做法,充分发挥工商部门拥有市场主体数据资源的优势,以经济户籍数据库为基础,建立动态的信用信息归集机制,将分散于各行政部门的企业信用信息汇总整合、分类存储,形成信用信息资源库,集中进行信息公示。同时,进一步推进政府机构改革,亦有利于企业信用信息的整合与集中公示。在此方面,天津市的做法值得借鉴。2014年7月30日,由原工商局、食药监局、质监局三个部门整合成立的天津市市场和质量监督管理委员会正式挂牌,在全国率先建立了大市场、大部门监管新体制,从而为整合、公示、利用企业信用信息创造了更便利的条件。

最后,应逐步完善失信企业的约束机制和守信者的受益机制。一方面,明确规范对失信企业在政府采购、工程招投标、国有土地出让、授予荣誉称号等活动中限制与禁入的条件,将失信行为的严重程度作为是否限制与禁入的判断标准;逐步完善限制于禁入的程序机制,可组织相关利害关系人进行听证,并给予被限制或禁入企业以充分表达意见的权利和机会;行政机关对失信企业进行限制与禁入时应书面说明理由;失信企业如不服相关决定时,可向上一级行政机关申请复议。另一方面,对于信用记录良好的企业,政府有关部门在市场监管、政府采购、税收缴纳、土地出让等方面给予适当鼓励,金融、商业和社会服务机构可在授信额度、付款方式等金融服务给予必要的优惠和便利。

（二）通过严格执法提升企业诚信水平

一方面,对于企业失信尤其是严重失信的行为应当加大打击的力度,对于行政机关抽查或通过其他方式所发现的失信行为应当及时、严厉地进行查处,让失信企业负担高昂的违法成本,从而对于市场主体的失信行为产生明显的震慑效果。另一方面,随着法律的修改与完善,执法者应尽快转变观念,严格按照法律的要求去理解与掌握新的法律制度,及时应对制度的变化,努力做好实施的准备工作,不折不扣地将新制度落实到位,确保企业诚信水平的切实提高。

（三）推进公正司法营造良好信用环境

在司法实践中,应进一步澄清司法机关在观念上的误区,为改善信用环境创造必要的条件。对于实践中过分追求调解率的倾向,应给予准确认识。正如最高人民法院所指出的,应当“注重判决与调解在商事审判中的不同功能,对于事实清楚,责任明确,违法失信者试图以调解方式逃避和减轻责任的商事案件,要依法及时判决,严格追究违法失信者的法律责任,充分保障诚实守信方的合法权益。避免以拖压调、以判压调,以牺牲权利人的权利为代价来刻意追求调解率”。〔1〕 唯其如此,才能更好维护市场的公平与秩序。

此外,实践中所存在的动辄以“法无明文规定为由”拒绝受理民商事纠纷的做法亦不利于诚实守信者合法权益的维护。依据我国的《侵权责任法》,并非只有法律明确规定的权利受到侵害才应给予保护,受害人的权益受损时亦应给予充分的救济;同时,从国外的法律实践看,亦不允许法官以没有法律规定为由拒绝裁判案件,某些国家的立法如《法国民法典》甚至对于法官拒绝裁判的行为追究刑事责任。正基于此,在司法实践中,应当基于充分保护受害人利益的目的,积极、及时地受理相关案件,并结合法律的基本原则、参照援引相关的具体制度对系争纠纷作出合理的裁决,切实维护良好的社会信用环境。

（四）引导企业及经营者自觉守法

推动全社会树立法治意识是全面推进依法治国的重要内容之一。通过深入开

---

〔1〕 张娜:《不断拓展商事审判服务经济社会发展的广度和深度》,载《人民法院报》2013 年 9 月 18 日,第 1 版。

展法治宣传教育,引导企业及经营者自觉守法、遇事找法,解决问题靠法,[1]对涉及企业信用的相关案件进行严格执法和公正司法,则有助于形成"守法诚信者受褒奖、违法失信者受限制"的社会风气,使遵法守法成为企业及其经营者的自觉行动。如此多管齐下,企业及经营者诚信守法的观念才能够真正树立起来。

---

〔1〕《中共中央关于全面推进依法治国若干重大问题的决定》(第五部分)。

关于深化司法体制改革背景下积极推进天津市社区矫正工作的思考

杨劲松*

做好社区矫正工作是创新社会治理体系的重要要求,是深化司法体制改革的重要任务。天津市司法局始终坚持从维护社会和谐稳定,积极推进平安天津建设出发,紧紧围绕促进社区服刑人员顺利回归社会这一目标,以改革的精神,创新工作方法,破解发展难题,全面推动天津市社区矫正工作规范发展。

一、天津市社区矫正工作现状

近年来,天津市司法行政系统在市委、市政府、司法部的正确领导下,认真学习贯彻习近平总书记系列重要讲话和对社区矫正工作的重要指示精神,全面贯彻全国社区矫正会议和全国社区矫正教育管理工作会议精神,主动作为,真抓实干,攻坚克难,补齐短板,使社区矫正工作健康快速发展。

(一)切实加强社区矫正三大建设

社区矫正制度建设取得新突破。天津市委市政府高度重视社区矫正工作,2015年11月,召开全市社区矫正工作会议,天津市委办公厅和天津市政府办公厅联合下发《关于全面推进社区矫正工作的实施意见》,为天津市社区矫正工作全面深入发展提供了制度保障。社区矫正机构和队伍建设取得新进展。在机构建设方面,天津市编办同意在市局社区矫正和安置帮教工作管理处和区县司法局社区矫正工作科加挂"天津市社区矫正管理总队"和"××区县社区矫正管理支队"牌子;在队伍建设方面,不断充实人员,配齐配强专干。目前全市基层社区矫正工作人员达941人。天津市局连续两年开展"大培训、大比武、大练兵"活动,不断提高社区矫正工作队伍的素质和能力,并明确了按社工与服刑人员1:15的比例为司法所招聘社工的意

* 杨劲松,天津市司法局党委委员、巡视员。

见。2015 年,天津市委组织部和天津市人力社保局为 22 名基层司法所所长解决了副处级待遇。社区矫正保障能力有了新提高。在场所建设方面,天津市局下发《关于推进我市区县社区矫正中心建设的意见》,采取各种有效措施,大力推进区县社区矫正中心建设。天津市 16 个区县已建成和正在建设的 19 个社区矫正中心,总面积 2 万余平方米,平均每个矫正中心 1000 平方米,到 2016 年年底全部建成并投入使用。在经费保障方面,天津市司法局与天津市财政局联合下发《社区矫正经费保障工作实施办法》,要求按照每名社区服刑人员每年不低于 2500 元的最低标准,建立以社区服刑人员数量核定社区矫正经费的保障制度。目前 16 个区县社区矫正经费都已纳入地方财政预算,其中西青、北辰两区每年每名社区服刑人员的矫正经费分别达到 3000 元和 5000 元。

(二)全面落实社区矫正三大基本任务

天津市各级司法行政机关紧紧围绕监督管理、教育矫正和社会适应性帮扶三项任务。以安全稳定为前提,切实加强监督管理。扎实开展第二个"社区矫正安全年"活动,严格落实社区服刑人员报告、居住地变更、外出请销假等制度。加强矫正小组建设,落实监管任务。在全国率先实现了解矫社区服刑人员档案的集中存放管理。累计集中管理解矫社区服刑人员矫正期间档案 18762 卷,其中集中封存未成年社区服刑人员档案 1233 卷。以提高矫正质量为中心,切实加强教育矫正。各级社区矫正机构积极开展思想道德、法制和社会公德教育,注重个案矫正、心理疏导和社区服务。组织全市 80 余名社区矫正工作人员参加心理咨询师培训考核。蓟县司法局与京冀接边地区 6 个区县司法局共同签署《京津冀接边地区司法行政维稳安保合作协定》,建立矫正帮教协同联动机制。北辰区创建了"日下月上周核查"的新型核查走访制度,即每日深入走访,每月上报走访记录,每周开展电话核查,形成严密、全面的监管教育安全网。西青区辛口司法所创编了《学之跬步——辛口镇社区服刑人员教育学习专刊》。以顺利回归社会为目标,大力开展社会适应性帮扶工作。全市共建立就业基地 106 个,先后安置社区服刑人员就业 885 人次;举办各类技能培训 193 次,共 1767 人次;协助解决青少年社区服刑人员就学 133 人次;协助解决最低生活保障 352 人;发放临时救助金 20 万余元。截至 2016 年 5 月底,全市在册社区服刑人员 6810 人,重新违法犯罪率始终保持在 0.7% 以下,充分发挥了社区矫正工作的职能作用,为保障天津经济社会健康稳定发展做出了应有贡献。

(三)综合运用社区矫正三化手段

天津市立足经济社会发展的实际需要,统筹各方资源,不断研究探索,努力提升社区矫正工作法治化、科技化、社会化水平。一是充分运用法治化手段。全市社区矫正工作队伍进一步加强执法规范化建设，努力在“增强执法意识、提高执法能力、规范执法行为、严格执法标准”等方面下工夫，着眼于规范执法和解决实际问题，健全规章制度，完善执法流程，加大执法公开力度，增强执法透明度和公信力，确保社区矫正工作规范运行。二是充分运用科技化手段。全市各级社区矫正机构树立基础工作信息化的理念，对于各类基础信息即时采集、即时录入、即时核查、即时研判，确保对社区服刑人员各类信息做到及时有效掌握。运用“天津市社区服刑人员动态管理系统”，对在册社区服刑人员进行信息实时查询和移动轨迹实时监控；对全市1714名重点管控社区服刑人员实行手机定位；和平区司法局率先对重点社区服刑人员使用了电子手环。全市247个司法所全部实现“指纹+面部识别”报到系统。目前，天津市社区矫正已经实现了与检察院信息数据共享。三是充分运用好社会化手段。目前，全市已建立教育基地141个，社区服务基地163个，就业基地107个，中途之家2个。运用政府购买服务等方式招聘社工243人，吸纳社会志愿者16491名。社区矫正机构为每名社区服刑人员都建立了3人矫正小组，并注意做到女性社区服刑人员的矫正小组中有女性成员，未成年社区服刑人员的矫正小组中有家长、学校教师等成员。

二、充分认识社区矫正工作面临的形势和任务

党的十八届三中全会把健全社区矫正制度纳入全面深化改革的总体布局，并将其作为深化司法改革的一项重要内容，对于完善中国特色的刑罚执行制度，推进司法体制改革，具有重要意义，体现了依法治国基本方略的要求。四中全会作出了“制定社区矫正法”的具体决定，标志着我国刑罚执行体制向监禁刑与非监禁刑并重转变。2015年2月，中共中央办公厅、国务院办公厅印发的《关于贯彻落实党的十八届四中全会决定进一步深化司法体制和社会体制改革的实施方案》，要求制定社区矫正法，实现社区矫正制度化、法律化，加快建立监禁刑和非监禁刑相协调的刑罚执行体制。习近平总书记对社区矫正工作作出重要指示，要求把社区矫正作为司法行政一项重点工作，科学谋划，深入推进，明确指出：“社区矫正在试点的基础上全面推开，新情况、新问题会不断出现。要持续跟踪完善社区矫正制度，加快推进立法，理顺工作体制机制，加强矫正机构和队伍建设，切实提高社区矫正工作水平。”孟建柱同志在全国社区矫正工作会议上做重要讲话。要求把社区矫正摆到党和国家工作大局中来谋划，把握社区矫正规律，发挥社会主义制度优势，提高教育矫正工作水平，促进社区服刑人员更好地融入社会，为社会和谐稳定做出新贡献。

当前，天津市正处于向更高水平迈进的关键期，经济保持平稳较快增长，结构不断优化。京津冀协同发展、自由贸易试验区建设、国家自主创新示范区建设、“一带一路”建设、滨海新区开发开放等五大发展机遇和创新、协调、绿色、开放、共享五大发展理念对我市发展具有重大意义。这些都为社区矫正工作的顺利开展提供了有利条件。但同时也面临很多挑战。随着经济发展进入新常态,社会结构变动、利益关系调整,以民生问题为主的社会矛盾新老交织,社会治安形势严峻。人民群众对公共安全、司法公正、权益保障等有着更高期待。维护社会稳定和公共安全任务繁重艰巨,一刻也不能掉以轻心。这些都对社区矫正监管、教育、帮扶工作提出了新的更高要求。在新形势下,全面加强社区矫正工作,对于贯彻落实宽严相济刑事司法政策,完善中国特色社会主义刑罚执行制度,全面深化司法体制改革,维护社会和谐稳定,具有重要意义。

三、全面推进天津市社区矫正工作的几项措施

下一步,天津市要以“一二三四五”工作思路全面推进社区矫正工作。

——围绕一个中心。紧紧围绕深化社区矫正制度改革这个中心开展工作。深化社区矫正制度改革是深化司法行政体制改革的重要内容,天津市要认真贯彻落实司法部等六部门联合印发的《关于组织社会力量参与社区矫正工作的意见》,充分利用城乡社区、人民团体、社会组织等资源,调动社会工作者、志愿者参与社区矫正的积极性,促进社区矫正的社会化,提升社区矫正的保障能力,探索建立社区矫正经费动态增长机制。

——建设两个平台。一是建设区县社区矫正中心。认真贯彻天津市委、市政府两厅《关于全面推进社区矫正工作的实施意见》,推动各区县全部建成社区矫正中心,使之成为对社区服刑人员开展登记接收、集中训诫教育、心理咨询和就业技能培训的一体化场所以及与公、检、法、民政等部门衔接沟通的平台,补齐社区矫正场所建设短板。二是建设全市社区矫正信息化管理平台。在市社区矫正中心建成较高水平的市级社区矫正信息指挥中心,在区县社区矫正中心建成区级社区矫正信息指挥中心。综合运用“互联网+”技术,实现市级、区县级社区矫正信息平台和司法所日常工作平台之间有效对接,并与司法部社区矫正信息平台对接,实现全国联网。与检察院、法院、监狱、戒毒等单位实现互联互通,提高监管的实时性、可靠性和有效性,切实防止脱管、漏管。

——落实三项制度。深入贯彻落实天津市委、市政府两厅下发的《关于全面推进社区矫正工作的实施意见》,切实做好市编办下发的《关于市和区县司法局社区矫正机构实行队建制的通知》、市司法局与市财政局联合下发的《社区矫正经费保障工作实施办法》以及市司法局下发的《天津市区县社区矫正中心规范化建设标准》三项制度的落实。抓好市社区矫正管理总队建章立制,推动区县社区矫正管理支队的建立，捋顺工作关系，规范工作流程；督促区县落实好社区矫正经费保障制度，将社区矫正经费纳入地方财政预算；确保 2016 年年底前全市 16 个区县全部建成统一规范的社区矫正中心。

——加强四方面建设。一是加强社区矫正工作队伍建设。结合“两学一做”学习教育和习近平总书记对政法队伍建设的重要指示精神，在全市社区矫正工作人员中开展“大培训、大练兵、大比武”活动，切实提高社区矫正队伍的政治素质和执法能力。二是加强社区矫正工作规范化、标准化建设。根据社区矫正工作的性质、特点和规律，分门别类制定行政管理、执法执业、基础设施建设、技术装备、人员配置、经费保障等规范和标准，使社区矫正各项工作在统一的规范和标准下运行。教育社区矫正工作人员，严格按照规范执法执业，不断提高行政管理的效率、执法执业的公信力。健全完善社区矫正考核评价体系，用科学的考核评价手段推进业务工作规范化、标准化建设。三是加强社区矫正科技进步和信息化建设。顺应网络强国战略、国家大数据战略、“互联网 + ”行动计划的要求，加快推进社区矫正工作的科技进步和信息化建设，努力实现社区矫正工作网上办案、网上服务、网上管理、网上监督，提高运用网络做好社区矫正工作的能力和水平。四是加强社区矫正工作保障体系建设。努力把社区矫正保障能力提升到一个新高度。要在积极推动现有政策落实的同时，全面梳理社区矫正工作职能，特别是新增职能和新业务带来的保障需求，积极争取各级领导对社区矫正工作的支持。

——五是运用好五种方法。一是抓调研。要以问题为导向，深入基层进行调研，摸准、摸透问题。围绕问题深入思考，提出解决问题的意见和建议，形成可行性报告，攻坚克难，补齐短板。二是抓基础。社区矫正工作重点在基层。要把社区矫正的重心下移，向社区、村居延伸，发挥矫正小组的作用。在基础性、源头性、根本性问题上下工夫、做文章。三是抓典型。要以走在全国前列为目标，充分发挥典型的示范带动作用，善于发现和及时总结可学习、可借鉴、可复制、可推广的基层社区矫正工作的好经验、好做法，积聚推动社区矫正工作发展的正能量。四是抓宣传。社区矫正是司法体制改革的重要方面，是一项开创性工作。要广泛宣传为社区矫正工作作出贡献的人民警察、司法行政干部和社会工作者，广泛宣传人民群众参与矫正的典型事例，广泛宣传具有时代特征、彰显天津市社区矫正特色的典型。借助主流媒体，提升社区矫正工作知名度，为促进社区服刑人员更好回归社会营造良好的社会氛围。五是抓落实。要深入下去，对社区矫正工作的各项目标任务进行细化，确定时间表、路线图和责任人，保障和促进社区矫正各项任务的贯彻落实。

政府购买法律服务研究

天津市司法局课题组

政府购买法律服务，是政府按照法定程序和采购目录，利用财政资金，采取市场化、契约化方式，面向具有专业资质的法律服务组织购买法律服务的一项重要制度安排。建立政府购买法律服务制度，对于促进基本公共法律服务均等化，提高社会治理能力，推动法治国家、法治政府、法治社会一体化建设具有重要意义。

一、政府购买法律服务的价值分析

（一）法治政府建设的内在要求

建设法治政府，就是要求行政机关自觉运用法治思维和法治方式，按照合法行政、合理行政、程序正当、高效便民、诚实守信、权责统一的要求，做到有权必有责、用权受监督、违法受追究、侵权要赔偿。而法律服务中的法律顾问制度正是保障行政机关在立法、执法、监督三个阶段都能严格依法办事，在法治政府建设中依法规范自身行为的一项有力举措。律师担任政府法律顾问不仅可以为政府提供法律咨询、代理行政诉讼等，而且可以为政府重大行政决策、出台规范文件等进行法律论证和风险评估，降低决策风险和成本，提高决策质量。随着政府作为行政主体、民事主体多层次参与经济活动、民事活动，导致一大批具体法律事务的产生。随着公民与法人的法治观念和法律意识的不断增强。公民对政府具体行政行为不服的行政诉讼案件也大量增加，政府需要律师、法律顾问代表政府出庭参与诉讼，以维护政府所做出的决定。政府在运用公共财政依法进行投资、采购等活动时，也需要专业法律人士参与合同谈判、起草、审查等非诉讼事务，维护政府的合法权益。

（二）服务型政府建设的重要内容

党的十八大和十八届三中全会、四中全会先后对推进基本公共服务均等化，推进覆盖城乡居民的公共法律服务体系建设，加强民生领域法律服务作出部署。习近平总书记指出：“人民对美好生活的向往，就是我们的奋斗目标”，强调“紧紧围绕经济社会发展的实际需要，努力做好公共法律服务体系建设”。这些重要精神无不体现了政府在公共法律服务体系建设中应承担的重要责任。在全面贯彻实施依法治国基本方略、中国特色社会主义法律体系已经建成的今天,基本民生需求的满足往往呈现为法律关系的调整和法律问题的解决。随着经济社会全面发展,越来越多的群众通过法律途径表达利益诉求、维护自身权益的意识进一步增强,平等享受改革发展成果和法律保护的愿望更加强烈。虽然提供公共法律服务是政府的基本职责,但这并不意味着政府是公共法律服务的直接提供者。政府向社会法律服务机构购买法律服务,委托其向居民宣传法律知识,提供法律援助,参与人民调解,参与基层民主管理,有利于促进政府职能转变,提高公共法律服务供给效率和质量,使城乡居民群众能够共享发展成果。

(三)深化社会治理的必然趋势

国家治理体系和治理能力现代化的一个重要价值目标就是要实现国家治理的民主化和法制化,其中最重要的要求就是国家机关、企业单位、社会组织、公民都要严格依法办事。法律服务作为一项专业服务,不可能完全由政府大包大揽,而传统的无偿的公益法律服务又难以调动法律服务人员的积极性。由政府埋单,向律师事务所等社会组织购买法律服务并向公众提供,让律师、人民调解员等以专业服务人员的身份参与法律援助、法治宣传、社区矫正、安置帮教以及调处基层重大、群体性敏感事件,引导公众依法理性解决各种纠纷,降低社会维稳成本,有利于地方政府集中精神抓改革和发展,也有利于提高基层依法管理水平,夯实基层社会治理基础。政府购买法律服务,是落实党的十八大报告中有关更加注重发挥法治在国家治理和社会管理中的重要作用的具体体现,也是加快形成党委领导、政府负责、社会协同、公众参与、法治保障的社会治理体制的必然趋势。

二、政府购买法律服务的现状分析

(一)国家政策制度层面

我国自20世纪80年代开始政府购买律师法律服务的探索。1989年,司法部颁布《关于律师担任政府法律顾问的若干规定》,自此,全国掀起了律师担任政府法律顾问的风潮。通过多年的探索和实践,律师服务在法治政府建设方面,形成了组建政府法律顾问团、聘请律师担任政府法律顾问、公职律师等三种工作模式。服务的主要内容通常包括:参与政策和法律法规规章的调研、起草与评估工作;办理政府重大投资项目法律事务;担任政府法律顾问;参与重大事件的处理、协调和善后工作;参与涉法信访工作;代理政府涉诉法律事务等。2012年以来,国家先后印发《国家基本公共服务体系"十二五"规划》《国务院机构改革和职能转变方案》等政策文件,对进一步转变政府职能、推进政府购买公共服务提出了新的要求。2013年

7 月,国务院总理李克强主持召开国务院常务会议,专题研究推进政府向社会力量购买公共服务。对推进政府购买公共服务提出了具体的落实要求。党的十八届三中全会明确提出:“推广政府购买服务,凡属事务性管理服务,原则上都要引入竞争机制,通过合同、委托等方式向社会购买。”根据国务院的规定,2014 年政府购买公共服务在全国全面推进。2014 年 1 月,司法部制定了《关于推进公共法律服务体系建设的意见》,提出了建设公共法律服务体系的目标,对政府购买公共法律服务提出了导向性要求。继国务院办公厅印发《关于政府向社会力量购买服务的指导意见》之后,财政部、民政部、工商总局印发了《政府购买服务管理办法(暂行)》,自 2015 年起施行。至此,政府购买服务的纲领、基本制度体系、操作流程、政策框架已经明确,为政府购买法律服务提供了政策导向和保障。

(二)天津的工作探索与实践

2014 年 2 月,天津市人民政府办公厅转发市财政局《关于政府向社会力量购买服务管理办法》,其中规定政府履职所需辅助性事项中法律服务等适宜由社会力量承担的公共服务事项可通过政府购买服务的方式,逐步交由社会力量承担。在加大购买政府履职所需法律服务,聘请政府法律顾问和专项法律服务的同时,不断加大力度,全面推进覆盖城乡居民的公共法律服务体系建设,以政府购买的方式向社会免费提供多种多样的公共法律服务。2015 年 10 月,市人民政府办公厅转发市司法局《关于加快推进覆盖城乡居民的公共法律服务体系建设的意见》,为公共法律服务体系建设工作在全市范围内有效落实提供了有力的政策支持和制度保障。市司法局研究制定了《公共法律服务中心法律服务工作者管理办法》、《律师信访接待工作管理办法》、《村居法律顾问工作管理办法》、《公证机构减免服务收费管理办法》、《司法鉴定机构减免服务收费管理办法》、《法律援助案件提高补贴标准意见》、《人民调解员补贴办法》、《过渡性安置基地安置刑满释放人员补贴办法》和《村居法治宣传教育意见》等一批公共法律服务保障性工作制度,为推进公共法律服务覆盖城乡工作提供具体制度保障。各区县结合自身实际也制定了相关制度性规范,确保了体系建设工作实施的标准化、规范化。

一是加快建设公共法律服务实体平台。全市建设市、区县和乡镇(街道)三级公共法律服务中心和村(居)公共法律服务站点,根据需求,进驻和整合法治宣传、律师、公证、司法鉴定、法律援助、人民调解等服务事项,提供“一站式”服务,实行统一受理、一站式办理,确保群众走进一个大门,解决一揽子基本法律服务需求。二是加快建设公共法律服务信息平台。借助便民服务专线,筹备建设统一的集语音热线、网络在线、微信服务等于一体的公共法律服务信息平台,确保全市居民享受到 7 ×

24 小时的全天候、无缝隙法律咨询服务。选派法律服务机构作为法律服务信息平台的后台支持，安排不少于 15 名专职律师向全市居民提供免费语音呼叫坐席服务和网络在线服务。三是建设全市统一的公共法律服务动态管理平台，实现对法律服务事项和对法律服务人员的管理、考核评价；为法律服务人员提供法律、法规、相似案例等相关信息的智库支持，采集法律服务信息，通过大数据分析，决策参考。四是建设公共法律服务"五个体系"，包括法律咨询服务体系、法律顾问体系、法律援助体系、矛盾排查化解体系和法治宣传教育体系。

1. 政府购买律师村（居）法律顾问服务。2015 年，全市 16 个区县实现了村（居）法律顾问全覆盖，共办理各类法律援助案件 2806 件，接待群众法律咨询 12668 人次，为群众挽回各种经济损失 1836.66 万元；积极引导律师参与疑难复杂纠纷调解，当好各级政府的参谋助手，安排 44 名律师在市信访办值班，接待信访群众 415 人次，群众满意率达 98%。

2. 政府购买人民调解服务。在落实人民调解员岗位津贴和补贴的基础上，建立多种激励机制，推动调委会工作补助和调解员补贴纳入财政保障工作。按照"谁调解奖励谁"和"以案分类、分级负责"的原则，对各级人民调解委员会调解员包括街道专职人民调解员实施补贴，调动了专职人民调解员的工作积极性和主动性。部分区县司法局以政府购买服务的形式，聘请专职人民调解员充实到各街道人民调解委员会，并将聘请专职人民调解员所需资金纳入政府年度财政预算，专款专用。2009 年 2 月，天津市政府实行购买医疗纠纷人民调解服务，成立了天津市医疗纠纷人民调解委员会，市财政将其所需工作经费（公用经费和人员经费）全额纳入市级财政预算，市医疗纠纷人民调解委员会调解医疗纠纷不收取任何费用。2015 年 1 月实施的《天津市医疗纠纷处置条例》进一步规定，市医疗纠纷人民调解委员会的工作经费和人民调解员的补贴费用由市财政予以保障，政府购买医疗纠纷人民调解服务走上法治轨道。2015 年，在全市积极探索建立"访调对接"工作机制，由政府财政保障工作经费和办公用房，市一级建立市信访事项人民调解委员会，在和平、河西、东丽、宝坻、蓟县等五个试点区县信访机构建立信访事项人民调解工作站，市、区县两级"访调委"共有人民调解员 36 人，通过"访调对接"机制导入信访事项 167 件，成功调解 130 件，五个试点区县信访总量、重访量、越级走访量均呈下降趋势，同比平均分别下降 20.2%、33.5%、35.7%。

3. 法律援助落实政府责任。根据《天津市法律援助若干规定》的规定，法律援助覆盖的基本人群为家庭人均收入低于天津市最低生活标准即低保人群。为使更多的困难群众特别是处于法律援助案件边缘线上的低收入群体获得法律援助，天津不断调整经济困难标准,放宽法律援助条件,降低法律援助门槛。2013年,市司法局与市残联联合下发《关于进一步放宽残疾人法律援助条件的通知》,将残疾人法律援助的经济困难标准调整到家庭人均收入低于所在区县最低生活保障标准的300%,使更多经济困难的残疾人享受到法律援助服务。2015年9月,市司法局与市财政局联合制定《天津市法律援助补贴办法》,案件补贴标准在原有基础上有了大幅度的提升,新的补贴办法规定:刑事诉讼援助案件按照办案各阶段分别确定补贴标准,侦查阶段每件补贴800元;审查起诉阶段每件补贴800元;审判阶段每件补贴1200元。民事、行政诉讼法律援助案件,每件补贴1800元。仲裁案件每件补贴1000元。案件补贴标准的提升对提高律师办案的积极性,提升法律援助案件质量、维护困难群众合法权益发挥了重要作用。

4. 政府购买安置帮教服务。各区县人民政府将刑满释放人员救助管理和安置帮教工作经费纳入同级财政预算,切实予以保障。有条件的区县聘请专业社会工作者开展安置帮教工作,运用社会工作专业理念、知识和方法开展帮教活动。天津市安帮办下发了《关于进一步加强刑满释放人员过渡性安置帮教基地建设的通知》,加强过渡性安置基地建设。各区县财政部门安排资金,对符合条件的过渡性安置帮教基地可按照安置的刑满释放人员人数,享受每年每人适当的安置经费补贴,用于鼓励企业参与社会帮扶,与各级安帮组织共同做好刑满释放人员的安置帮教工作。全市各级过渡性安置帮教基地累计安置刑满释放人员2000余人次,有效解决了"三无"人员和重点帮教对象回归社会所面临的问题和管理上的难题,为其顺利回归社会创造了条件。

5. 政府购买社区矫正社区服务。在开展社区矫正工作中,基层司法所面临工作人员少,任务重的实际困难。为缓解基层警力不足的问题,部分区县积极协调有关部门,采取政府购买服务方式面向社会公开招录了司法辅警、社区工作者或心理咨询师,协助开展司法所干警开展社区矫正工作,同时,发动社会志愿者参与社区矫正的相关工作,吸收包括专家、学者、离退休人员、高等院校学生在内的社会力量参与到社区矫正工作中来,充实和加强社区矫正工作力量,辅助日常工作开展,为社区服刑人员提供思想疏导、心理咨询、帮助教育、生活指导等方面的服务。

6. 政府购买法治宣传服务。通过政府购买方式,引导社会组织、普法志愿者和基层各类文艺团体参与普法宣传工作,开展法制文艺活动,在政府的大力支持下,全市各类媒体共开办法治栏目79个,涌现出《法制纵横》《今日开庭》《新说法》等深受社会欢迎的普法品牌栏目。加强城乡公共场所及基层村(居)普法阵地建设,推动行政村、居委会、社区建立一个法制宣传书架、一个法制长廊或一个法制宣传橱窗、一个法制宣传电子显示屏。依托图书馆、博物馆、展览馆、文化馆、农家书屋、社区文化中心等阵地,建立完善基层法制宣传教育公共设施体系。

三、政府购买法律服务存在的困难和问题

(一)整体重视程度不够

从整体上看,政府购买法律服务还存在重视程度不够、财政投入不足、体制机制不健全、规模范围较小、介入程度不深等问题。与中央加快构建现代社会服务体系、增强民生保障能力、加强和创新社会治理的目标要求和人民群众不断增长的社会服务需求相比尚有较大差距。政府购买法律服务的范围,过于集中在政府法律顾问、法律援助两个方面,使得律师发挥的作用有限,只起到了拾遗补阙的作用。一些政府机关和部门法治意识比较淡薄,存在排斥律师或不希望律师介入政府工作的现象,往往是在出现问题之后,才想起律师。一方面,政府购买法律服务侧重于事后服务,在事前和事中阶段缺乏风险控制意识,在重大政府决策规划上鲜见律师参加;另一方面,律师能够参与的深度不够,仅起到"打下手"的角色,多数只是提供一些简单的法律意见,或者被动地参与诉讼、仲裁等传统业务。

(二)政策制度不健全

政府向社会组织购买法律服务尚处于初步阶段,缺乏相关法律法规支持。《中华人民共和国政府采购法》也并未明确定义政府购买法律服务,致使各级政府在购买公共法律服务活动中缺乏全国性法律依据。大多数政府提供的指导意见由于缺乏实践性,其规定的具体方法缺乏可操作性,考核评估方法也还不够完善。作为购买方的政府未能对法律服务产品细目和技术标准予以明确,也没有确定科学合理的价格,受多重因素的影响,一些地方还没有完全通过公开招标的方式购买公共法律服务。公共法律服务采购大多涉及民生,特别要强调服务项目的质量标准及后续服务、合同履约、绩效评价等因素,而不能是简单的一买了之,如何顺利深入实施仍需要进行深入的研究。如在采购文件制定方面,需要准确设置供应商资格条件和准入门槛,科学制定评审标准和方法;采购方式选择方面,应考虑公共法律服务项目本身的复杂性,与货物与工程项目有所区别;采购合同执行,应充分考虑服务项目合同履约周期长、金额不固定、考核验收要求更高等特点,注重服务项目的市场培育和引导等作用,加强绩效管理和评价,引入合同履约验收第三方评价、履约质量与后续采购活动挂钩等措施。所有这些问题的解决,离不开科学的标准和完善的制度体系。但目前国内对政府采购法律服务相关问题的研究还不够透彻,各种制度、标准或缺,没有建立统一、权威、合理的评价指标体系,一定程度上影响了法律服务采购的广泛实施。

(三)体制机制不完善

一是政府购买法律服务缺乏统一管理,部门各自为政,尚未建立统一牵头、分级负责、上下协调、有序进行的工作机制。二是政府购买法律服务的经费保障机制尚未建立,法律顾问经费和公共法律服务经费投入严重不足,绝大多数法律顾问经费和公共服务服务经费没有列入财政预算,很多单位均是在单位办公费中支出,制约了法律顾问工作的开展。又如,构建覆盖城乡的公共法律服务体系,作为一种政府责任,需要强有力的财政支撑,但与医疗、教育、交通、环境、社区等领域公共服务各级政府投入大量资金相比,除了法律援助外,其他如律师参与涉法涉诉值班、重大矛盾纠纷化解、普法宣传等,在不少地区还未被政府列入购买服务的范围。三是政府购买公共法律服务的监督管理不够规范,独立的第三方监督管理机制尚未完全建立。

四、完善政府购买法律服务的对策

(一)建立健全政府购买法律服务的体制机制

各级政府应结合政府职能转变和行政体制改革,改革和完善与购买服务相关的体制机制,将政府购买法律服务纳入基本公共服务发展规划。坚持党委统一领导,政府主导实施,建立和完善在政府统一组织协调下,司法行政部门统筹、各部门齐抓共管、社会公益组织共同参与的工作机制。科学制定政府购买法律服务工作机制,规范公共法律服务项目运作机制,制定完善主体界定、项目实施、合同管理、绩效评估、公开公示、监督评议等各项公共法律服务购买制度。深化法律服务行业管理体制改革,加强政府宏观指导管理的同时,强化行业自律管理职能,净化法律服务市场,引导行业有序竞争。各级政府应将购买公共服务的资金纳入公共财政预算,并以一定时期社会需求调查和评估为基础,逐年增加资金投入。积极发挥各类新闻媒体作用,加强政府向社会力量购买法律服务宣传,增强社会各界对政府向社会力量购买法律服务的认同与支持。建立健全政府购买法律服务工作服务信息管理平台,依托信息网络技术,开展需求调查、计划发布、项目管理、政策宣传、信息公开等工作,提升政府购买法律服务工作服务管理水平。

(二)合理界定政府购买法律服务的范围和事项

根据经济、政治、文化和社会发展需要,应将法律援助、人民调解、社区矫正、安置帮教、法制宣传、基层法律服务等6大类公共法律服务事项和政府法律顾问服务、政府法律咨询服务等履职辅助事项纳入政府购买范围。同时,应细化向社会力量法律服务指导性目录。一般来说,法律援助工作中所涉及的相关法律服务应包括:法律援助规划与政策研究、法律援助项目的组织与实施、法律援助政策宣传与咨询、法律援助对象情况信息收集与统计分析、法律援助人才培训、公证法律援助、其他政府委托的法律援助服务。人民调解工作中所涉及的相关法律服务应包括:人民调解规划与政策研究、人民调解服务辅助性工作、人民调解队伍培训、其他政府委托的人民调解服务。社区矫正工作中所涉及的相关法律服务应包括:社区矫正规划与政策研究、社区矫正中心的维护与管理服务、矫正项目实施与日常管理、被矫正人员信息的收集与统计研究、矫正工作队伍的日常管理及培训、社区矫正政策的宣传和咨询、被矫正人员就业指导与推荐、被矫正人员开展社区服务工作的组织与管理、其他政府委托的社区矫正服务。安置帮教工作中所涉及的相关法律服务应包括:安置帮教规划与政策研究、安置帮教队伍的建设与培训、安置帮教项目的实施与管理(包括职业技能、就业、心理咨询等指导)、其他政府委托的安置帮教事项。政府履职所需辅助法律服务应包括:行政诉讼代理应诉法律服务、政府法律顾问服务、政府法律咨询服务、政府非诉讼法律代理服务、政府委托公证法律服务、政府委托司法鉴定服务、行政调解辅助性工作、中小企业法律服务、司法救助辅助性工作等。

(三)细化明确政府购买法律服务的方式和程序

政府向社会力量购买法律服务的方式,一般包括向社会力量购买法律服务岗位和向社会力量购买法律服务项目。购买法律服务岗位是指根据服务对象或用人单位的实际需求,确定岗位数量,按照社会、行业薪酬指导价标准,由政府向法律服务机构等社会力量购买服务岗位,提供专业服务。购买法律服务项目是根据服务对象的情况、服务内容、服务要求、服务目标等进行综合预算,以项目形式,由政府向法律服务机构等社会力量购买法律服务。对属于政府采购范围的法律服务项目,应按照政府采购相关规定办理,实行部门集中采购。属于民生重大事项或党委、政府确定的重要事项需向社会组织购买法律服务的,应当通过公开招标方式确定承接主体。确因时间紧急、技术复杂等特殊情况而无法通过公开招标方式确定承接主体的,应取得主管部门书面批示,经财政部门批准后采用非公开招标方式采购。属于政府采购范围但不宜实行政府采购的法律服务项目,可以采用定额补助、以奖代补、公益承包等其他形式确定承接方。

(四)建立健全政府购买法律服务的绩效评价和质量评估制度

实践中,一些政府购买服务项目,虽然经过了招投标程序,从制度上保证了过程公平,但却不能完全保证购买结果的有效性。因此,有必要建立绩效考核和第三方评价相互补充的多元、公正、科学的绩效评估体系,将目标管理和绩效管理结合起来,促进政府和购买对象向社会和公众提供更加优质的法律服务。司法行政部门可会同财政部门委托行业协会,围绕法律服务流程、需求评估、成本核算、招投标管理、专业服务质量、监督管理、绩效考核、能力建设等环节,逐步建立科学合理、协调配套的法律管理服务标准体系。政府向社会组织购买法律服务的绩效评价主体应包括专业评估等第三方评估机构和购买服务的消费对象。评价范围包括购买主体购买服务的财政资金使用绩效和承接项目的社会组织的服务绩效两个方面。评价结果可作为以后年度预算安排及社会组织承接政府购买服务的重要参考依据,对评估合格者,继续支持开展购买服务合作;对评估不合格者,提出整改意见,并报综合性绩效评估机制,取消一定时期内承接政府向社会力量购买法律服务资格;情节严重者,依法依约追究有关责任。同时,有必要加大信息网络平台的建设,增加购买法律服务的透明度,降低集中需求、质量反馈、绩效评估、社会监督等各项成本。

(五)培育发展政府购买法律服务的工作载体

政府购买法律服务,本质上是通过契约化的形式,引入竞争机制和多元主体,购买专业法律服务,提高依法履职和公共法律服务的效率。所以,专业化程度较高、竞争力较强的法律服务社会组织的存在,是政府推进购买法律服务的重要前提。政府应引导法律服务社会组织进一步完善内部治理结构,健全规章制度,加强管理服务队伍建设,提升资源整合、项目管理和社会工作服务水平,以增强承接政府购买法律服务的能力。政府在购买法律服务的过程中,既要积极支持、扶持法律社会组织发展壮大,又要正确处理与法律社会组织的关系,帮助法律服务社会组织解决场地、培训人员,争取优惠的金融、税收、社保政策等,让法律服务社会组织有能力承接政府转移出来的公共服务事项,充分发挥法律服务社会组织在公共法律服务供给中不可或缺的作用。要完善补偿激励机制,对积极参与公共法律服务、服务业绩突出的法律服务社会组织和人员,通过税收、表彰、奖励、培训、补助等手段,加以引导和激励,使更多的力量进入公共法律服务领域。

(课题组成员:刘基智、史玉荣、葛源泉)

浅析京津冀医疗纠纷调解工作协同发展的几个问题

天津市医疗纠纷人民调解委员会

京津冀协同发展是党中央在新的历史条件下作出的重大战略部署。在《京津冀协同发展规划纲要》引领之下，京津冀三地从交通、生态、产业等重点领域，到医疗卫生等服务行业以及政法系统，都已制定出相应的发展规划并付诸实施。在这样的新形势和大趋势下，京津冀医疗纠纷调解工作如何协同发展，成为摆在京津冀医疗纠纷调解组织面前的共同课题和重要任务。

一、京津冀医疗纠纷调解工作的现状及面临的形势

近年来，京津冀医疗纠纷调解组织深入贯彻落实党的十八届三中、四中、五中全会精神，在各级党委、政府的坚强领导、大力支持和有关部门通力协作下，不断提高运用法治思维和法治方式化解社会矛盾的能力，不断加强医疗纠纷专业性人民调解组织建设，不断加强和改进医疗纠纷调解工作，有效预防和化解了大量医疗纠纷，为京津冀的平安建设、社会治理、和谐稳定做出了积极贡献。

目前，京津冀三地在地级以上行政区域共建有医疗纠纷人民调解组织 13 家，即北京、天津各 1 个，河北省 11 个。

北京市医调委 2011 年 5 月由北京市司法局等六部门联合下发文件成立。他们秉承“依法调解，公正便捷”的工作原则，积极化解医疗纠纷，维护了医患双方的合法权益，大大缓解了医疗纠纷的诉讼压力。截至 2015 年年底，共受理医疗纠纷 8115 件，调解结案 7543 件，调解成功 6924 件，调解成功率 90% 以上。总结出“有效化解矛盾，真情是前提；取得医患信任，作风是关键；公平公正调解，依法是根本；严谨高效办案，制度是保证；客观分析案例，专业是基础”的成功经验。

河北省的医疗纠纷调解工作以石家庄市为例。石家庄市医调委依《石家庄市医疗纠纷预防和处置暂行办法》于 2011 年 5 月成立。他们充分发挥职能作用，积极开展医疗纠纷调解工作,着力搭建纠纷化解平台,坚持热心、耐心、公心调解,不断增强医患双方的信任感,强化医疗纠纷调解的软实力,树立人民调解的公信力。截至2016年6月底,共接待咨询280余人次,受理医患纠纷552件,调解成功506件,调解成功率94.5%,调解协议的履约率达到100%。在推进社会矛盾化解、创新社会管理、维护和谐稳定方面发挥了积极作用。

天津市的医疗纠纷调解工作在实践创新中形成了鲜明特色。一是法制保障到位。2009年1月1日,全国第一部关于医疗纠纷处置的省部级地方规章《天津市医疗纠纷处置办法》开始实施。2014年11月,又通过了《天津市医疗纠纷处置条例》。《天津市医疗纠纷处置条例》将《天津市医疗纠纷处置办法》由地方规章升格为地方法规,更加明确了医调委的法律地位和法定职责,为医疗纠纷调解工作提供了更加有力的法律地位和法制保障。二是组织保障到位。建立了医疗纠纷处置工作联席会议制度,由分管副市长定期召集成员单位召开联席会议,研究部署医疗纠纷处置工作,充分发挥了在医疗纠纷处置工作中的领导作用。三是财政保障到位。确立了政府购买服务的机制,医疗纠纷调解工作的经费由市财政全额拨付,并随着工作量的增长逐年递增。政府购买服务保证了医疗纠纷调解的公益性质,确保了医调委的第三方地位,提高了人民调解的公信力。四是保险保障到位。在二级以上公立医院全面推行医责险制度,承保公司在调解协议签订后10个工作日内将赔款划入受赔者账户,医责险制度成为医疗纠纷调解工作的有力支撑和坚强保障。七年多来,天津市医调委始终坚持依法调解理念指导下的创新实践,依法协调各方利益,努力构建和谐医患关系,医疗纠纷调解工作不断取得新成效。截至2016年6月底,共接待纠纷咨询8338件,受理纠纷调解3622件,调解成功2946件,调解成功率86.5%,回访满意率和协议执行率分别为97.1%和100%。李克强总理曾对天津市医疗纠纷调解工作作出重要批示:“天津市创新医疗纠纷调解方式取得明显效果,对于化解医患矛盾提供了有益经验。”

京津冀医疗纠纷调解工作的显著实绩充分说明,医疗纠纷调解已经成为化解医患矛盾的主渠道,充分发挥了社会矛盾纠纷多元化解体系中第一道防线作用。

但是我们必须清醒地认识到,在全面推进依法治国战略和京津冀协同发展战略的进程中,进一步发挥人民调解的职能作用,不断强化运用法治思维和法治方式化解矛盾,让每一起医疗纠纷调解都彰显出社会的公平与正义,我们还任重而道远。

2016年4月,国家卫计委等四部门联合印发了《关于进一步做好维护医疗秩序工作的通知》;7月,国家卫计委等九部门决定,在全国开展为期一年的严厉打击涉医违法犯罪专项行动。这些文件措施的出台，既彰显了国家坚决打击医闹，维护医疗秩序的决心，也反映出医疗纠纷频发，医患矛盾尖锐仍是当前影响社会和谐稳定的突出问题之一，医疗纠纷人民调解组织必须做出回应，有所作为。

作为京津冀协同发展国家战略的重要组成部分，京津冀医疗卫生行业正在努力打造医疗卫生服务共同体，使之成为京津冀协同发展的重要保障和支撑。目前，京津冀三地医疗协同机构已经制定出协同发展的具体行动计划。京津冀医疗卫生服务的协同发展必然要求医疗纠纷调解工作也要协同发展。如何适应医疗卫生服务共同体形成后，医疗纠纷调解面临的新形势，是我们医疗纠纷人民调解组织面临的新课题。

二、京津冀医疗纠纷调解工作协同发展存在的问题

从京津冀协同发展的大趋势回视京津冀医疗纠纷人民调解工作，我们看到，实现京津冀医疗纠纷调解工作协同发展，必须认真解决以下存在的问题：

一是京津冀医疗纠纷调解工作协同发展的交流沟通平台还未搭建起来。京津冀三地的医疗纠纷调解工作的机制、模式、做法各不相同，尤其是河北省幅员广阔、人口众多、区域差距大、医疗纠纷调解组织多，医疗纠纷调解工作的机制、模式、做法更是各具特色，有很多可以相互学习、借鉴之处。但是目前京津冀各医疗纠纷调解组织基本上还是处于各自为战的状况。

二是异地专家咨询的机制还没有建立起来。京津冀地区汇集了为数众多的三甲医院、医学高等院校和各科顶级的高水平专家，是我们医疗纠纷调解工作不可多得、不可或缺的宝贵资源和有力支撑。但由于异地专家咨询的机制还没有在医疗纠纷调解工作中建立起来，所以在调解工作中往往难于满足医患双方当事人进行异地专家咨询的请求。

三是异地委托鉴定工作还未开展起来。目前，我国医疗损害鉴定体制存在“二元化”的问题，既有按《医疗事故处理条例》确立的由各级医学会组织进行的医疗事故技术鉴定，也有由司法鉴定机构组织进行的医疗过错鉴定。两种鉴定各有优劣，都不具备取代对方的能力。在医疗纠纷调解实践中，患方往往不认可医学会鉴定，认为医学会鉴定是“父亲给儿子”鉴定，鉴定结果不公平；医方也不认可司法鉴定，认为司法鉴定人不懂临床医学，鉴定结果不专业。因此，建立统一医疗损害鉴定制度势在必行。

四是在矛盾纠纷多元化解机制中的作用还未充分发挥出来。中央办公厅、国务院办公厅下达《关于完善矛盾纠纷多元化解决机制的意见》之后，最高人民法院又出台了《关于人民法院进一步深化多元化纠纷解决机制改革的意见》（以下简称

《意见》)。其中有很多与人民调解相关的部分,包括在医疗卫生等纠纷多发领域,人民法院可以与行政机关、人民调解组织、行业调解组织等进行资源整合,推进建立“一站式”纠纷解决服务平台;人民法院可以设立医疗纠纷等专业调解委员会等。此前,京津冀三地的审判、检察、公安、司法行政机关已分别出台服务保障京津冀协同发展的意见,而我们医疗纠纷调解工作则显得思考滞后,应对不足。

五是医疗纠纷调解组织的专业化建设亟待加强。加强行业性、专业性人民调解组织建设是党的十八届四中全会明确提出重要任务。由于医疗纠纷调解所涉及领域的特殊性,调解员队伍职业化、专业化建设的任务显得尤为紧迫。目前,除北京市医调委专业化程度较高外,津、冀医疗纠纷调解组织在队伍建设方面还存在参差不齐,专业化程度不高的问题。

三、京津冀医疗纠纷调解工作协同发展的对策与创新

实施京津冀协同发展的国家战略和建设矛盾纠纷多元化解机制的新形势、大趋势呼吁京津冀医疗纠纷调解组织应尽快推出医疗纠纷调解工作协同发展的对策和创新举措。

(一)建立协同发展的工作机制

1. 建立医疗纠纷调解工作研讨交流机制

每年度召开一次京津冀医调工作交流研讨会。以此为加强京津冀医调组织沟通交流的平台,通过加强沟通交流,相互学习借鉴,共同破解难题,推进医调工作的规范化、标准化建设,实现京津冀地区医调事业协同发展,使京津冀医调工作走在全国前列。

建立京津冀医调工作信息沟通网络。通过电子邮箱、QQ、微博、微信等互联网功能,建立京津冀医疗纠纷调解工作协同发展的信息沟通网络,适时通报医疗纠纷调解工作开展情况,交流沟通医疗纠纷调解工作的变化特点,难点、重点问题,通报具有典型意义的案例,实现信息资源共享。

2. 建立异地专家咨询、委托鉴定机制

建立异地专家咨询机制。在医调工作中实现专家资源共享,以适应患者在医疗纠纷调解中的不同需求。当患方提出异地咨询要求或医疗纠纷调解组织认为有必要实施异地咨询时,可以启动异地专家咨询程序,力争在调解工作中最大限度地体现公平公正的原则。

积极推进异地委托鉴定机制。建立统一的医疗损害鉴定制度是一个繁杂的系统工程,难以在短期内制订出适用的法律法规。可以先行建立统一的医疗损害鉴定专家库和统一的医疗损害鉴定程序,当实施异地委托鉴定时,由统一的专家库成

员按照统一的鉴定程序参加医疗损害鉴定活动。这样既有利于改变目前的医疗损害鉴定“二元化”的弊端，也有利于发挥临床医学专家和法医鉴定专家的学术专长，更有利于提高医疗损害鉴定的科学性、权威性、公正性。

3. 积极推进医疗纠纷调解队伍职业化专业化建设

在调解员队伍中建立职称等级评定制度。通过职称评定和等级划分，可以不断提高医疗纠纷调解队伍的专业化水平，有利于建设一支职业化的医疗纠纷调解队伍，有利于激发医疗纠纷调解员的职业自豪感，有利于引导他们长期从事医疗纠纷调解事业，有利于提高医疗纠纷调解工作的社会公信力。

建立京津冀医疗纠纷调解组织间的培训互学机制。各调解组织间可以开展调解理念、指导思想、调解技能、调解方法的培训互学工作，各调解组织之间可以开展双边、多边的或统一集中的专题培训，不断深化医疗纠纷调解工作的交流与合作，不断提高医疗纠纷调解工作的效率与质量，推进京津冀医疗纠纷调解组织调解员队伍的职业化、专业化建设进程。

（二）创新协同发展的工作举措

1. 积极探索实施在线调解

根据“互联网+”的战略要求，应该积极探索现代信息技术在医疗纠纷调解机制中的运用，创建在线解决方式。在审判工作方面，人民法院已经开始设立网上法庭，建立没有围墙的法院的探索。天津医调委与和平区人民法院在人民调解协议书司法确认方面，已经开始了通过 QQ 视频与当事人进行核实工作，取得了很好的效果，给医患双方当事人提供了方便快捷的司法服务。由此，我们完全可以推出网上调解的举措。如果网上调解得以实现，将会给医患双方当事人提供更加方便快捷的服务，只要具备相应的条件，当事人不出家门，即可进行纠纷的调解。

2. 把基层司法所纳入医疗纠纷化解体系

司法所是我国司法行政体系中最基层的组织机构，履行着人民调解、法制宣传、法律服务等工作职能，在基层人民调解工作中发挥着非常重要的作用。但就天津市医疗纠纷人民调解的实践来看，基层司法所几乎没有介入医疗纠纷调解工作中来。在这方面，上海浦东新区的医疗纠纷调解工作给我们提供了很好的借鉴。京津冀医疗纠纷调解工作应当把司法所纳入医疗纠纷调解工作体系，把司法所干警作为医疗纠纷调解工作的有力助手。司法所介入医疗纠纷调解，可以充分发挥其人际地缘优势，在防止纠纷扩大、矛盾激化，理性解决纠纷方面发挥独特的作用。

3. 推进医疗纠纷人民调解与司法调解的衔接配合

《意见》指出：人民法院可以吸纳人民调解组织作为特邀调解组织参与特邀调

解,特邀调解组织可以接受人民法院立案前委派或者立案后委托依法进行调解。《意见》给医疗纠纷人民调解组织参加特邀调解,在司法调解中发挥人民调解的作用提供了新的发展空间。京津冀医疗纠纷调解组织应当积极向各地法院提出申请,以组织名义成为法院的特邀调解组织。医疗纠纷调解组织参与司法调解,既可以在司法调解中发挥医调委的作为专业组织的作用,也可以借鉴学习法院在医疗纠纷司法调解中的理念、举措运用于人民调解之中,把矛盾纠纷多元化解机制的作用发挥到最大化。

4. 搭建京津冀医调工作理论研发平台

京津冀地区不仅是高水平医疗机构聚集地,也是高水平医学、法学院校的聚集地,京津冀各医疗纠纷调解组织应当充分利用三地高校、医疗机构资源,建立理论研发机制,深入研究探讨医疗纠纷调解作为一种专业化调解工作所涉及的一系列理论与实践问题;总结具有京津冀特色的医疗纠纷人民调解工作的理论研究成果,指导京津冀医疗纠纷调解工作实现科学发展、可持续发展。

京津冀各医疗纠纷人民调解组织将共同思考推进京津冀医疗纠纷调解工作协同发展的部署规划,共商促进京津冀医疗纠纷调解工作科学发展的长久之计,不断开创京津冀医疗纠纷调解工作的新局面。

社区矫正教育管理工作体系探析

——以天津市滨海新区社区矫正“五四三”工作体系为例

贺维昆* 王 勇** 代华东***

[摘 要] 社区矫正是针对缓刑、管制、假释、暂予监外执行四类特殊人群开展的监管教育帮扶活动,关系社会稳定、家庭和睦、个人转变。滨海新区立足区域实际,结合社区矫正司法实践大胆探索,建立以“五项监管措施、四大教育方法、三种帮扶途径”为主要内容的“五四三”工作体系,在区域内起到示范引领作用。以监管为核心:实行“网格管理、科技监控、专业执法、应急处置、安全保障”。以教育为基础:开展“关口前移式集中教育、科学分类式个别教育、标本兼顾式心理教育、动态跟踪式网络教育”。以帮扶为辅助:“搭建阳光平台、实施温暖工程、开展技能培训”。滨海新区为全面推进“五四三”体系持续健康运行,配套建立社区矫正“一核双基两翼”场所平台和“2+6+X”制度保障,取得显著成效。

[关键词] “五四三”体系 监管措施 教育方法 帮扶途径

党的十八届五中全会提出,加强和创新社会治理,推进社会治理精细化,构建全民共建共享的社会治理格局。社区矫正特殊人群作为社会综合治理和治安防控体系的重要教育管理对象,如何创新管理模式,对其实现有效监管,成为各级政府面临的重要课题。天津市滨海新区正处于开发开放、京津冀协同发展等重大战略叠加期,社区矫正特殊人群逐年增长、监管不确定因素增多,在新形势、新任务、新背

* 贺维昆,滨海新区司法局副局长。

** 王勇,滨海新区司法局社矫安帮工作办公室主任、社矫安帮一处处长。

*** 代华东,滨海新区司法局社矫安帮一处副主任科员。

景下,滨海新区立足这一课题,在过去四年持续深入探索,创新建立社区矫正"五四三"工作体系,从中找出了特殊人群教育管理新思路。

一、滨海新区社区矫正工作特点

(一)区域基本特征

滨海新区是天津市下辖的国家级新区和国家综合配套改革试验区,位于天津东部沿海,渤海湾顶端,北与河北省丰南县为邻,南与河北省黄骅市为界,处于环渤海经济带和京津冀城市群的交汇点,距首都北京120公里,总面积2270平方公里,常住人口263.52万[1],由3个主城区和7个经济功能区构成,辖区19个街镇。地域格局呈现"陆海交界、省市相邻、城乡结合、覆盖面广"四大特征。

(二)管理对象主要特点

2012年3月《社区矫正实施办法》颁布以后,滨海新区社区矫正工作从公安机关整体移交司法行政机关,由3个社区矫正中心和27个司法所承担监管教育帮扶工作,另外有6个大小不等的经济功能区尚未成立基层司法行政机构,面积近400平方公里,占新区总面积的17.5%,上述区域的社区矫正工作就近指定司法所管辖。

自2012年起,滨海新区已累计接收社区服刑人员3243人[2],累计解除2215人,2015年纪念抗战胜利70周年期间特赦42人。截至2016年5月底,滨海新区社区服刑人员共计1028人,其中缓刑977人、管制8人、假释16人、暂予监外执行27人,流动人口占1/3以上,入矫、解矫月均动态变化120人以上,居天津市各区县首位。结合区域位置看,滨海新区社区矫正特殊人群总体呈现出"千人规模、量大面广、类别复杂、流动性强"等特点。

二、"五四三"工作体系内容

(一)五项监管措施

对社区矫正特殊人群实施有效监管是社区矫正工作的重点,体现刑罚执行的严肃性和权威性。滨海新区找准社区矫正监管规律和特殊人群社区服刑特点,将常态与动态相结合、人防与技防相结合、专业与辅助相结合、安全与稳定相结合,按照"四结合"新思路重点开展五项监管措施。

1. 网格化管理。新区在吸收社区网格管理先进理念基础上,提出"4+3+2"网

---

[1] 根据2012年第六次人口普查数据。

[2] 社区服刑人员是对缓刑、管制、假释、暂予监外执行四类社区矫正特殊人群的工作称谓,根据工作实际,下文会涉及"社区矫正特殊人群"和"社区服刑人员"两种提法,二者代表的意思一致。

格管理模式，即依托“区司法局—社区矫正中心—街镇司法所—社区司法工作室”四级平台，组建“干警—社工—志愿者”三支队伍，实施“网格管理—责任到人”两项要求，层层网格对应，形成干警管理、社工协同、公众参与的社区矫正网格管理新格局。以司法所为例，在实施网格管理过程中，形成四级网格对应管理。第一级：区司法局指导协调各矫正中心开展网格管理；第二级：矫正中心指定1名责任干警对接司法所，负责局所联动；第三级：街镇司法所根据干警数量将社区服刑人员分组，每组配备1名责任干警和1名专职社工，组建矫正小组；第四级：社区司法工作室配备1名专职志愿者，下沉到社区服刑人员所在社区，加入矫正小组并成为固定成员，协助开展日常管理。自上而下，以点带面，明确了全区干警和社区服刑人员的网格对应关系，明确了每名社工、志愿者的协助区域和管理点位。一旦发生突发状况，可迅速上下联动，开启应急处置工作。四层网格对应会根据入矫、解矫动态调整，干警责任意识增强，监管效果明显提高。

2. 科技化监控。“互联网 +”和大数据时代，网络化、信息化等科技手段将成为新时期监管工作的主要载体。在新区月均在矫的1000多人中，流动人口占1/3以上，每月动态变化百人以上，面对“千人规模、流动性强”的监管局面以及新区本身“省市交界、城乡结合”的地域特点，新区将“人防 + 技防”作为社区矫正动态监管的首选。围绕一个监控指挥中心，整合“人脸识别 + 指纹报到”系统[1]、“手机 + 腕带 + 矫正通”综合定位系统、“监控 + 教育”视频系统、“文书传送 + 网上审批”系统四大网络资源，构建“一中心四系统”的科技化监管平台，并以此打造上下联动、左右联通的社区矫正监管防控体系，大幅提升新区社区矫正精准研判和动态监管的能力。自2015年以来，借助“一中心四系统”监管平台，实施系列“人防 + 技防”举措，新区社区服刑人员再犯罪率呈逐步降低趋势，为新区社会稳定奠定坚实基础。

3. 专业化执法。社区矫正作为非监禁刑罚执行活动，需要一支正规化、专业化、职业化的执法队伍。按照规定，县级司法行政机关社区矫正机构和司法所是执法主体，社会工作者和志愿者作为社区矫正机构组织指导下的协助、参与群体[2]；同时鼓励引导社会组织参与社区矫正工作，发挥基层群众性自治组织的作用[3]。新区根据工作特点，组建了“干警 + 社工 + 志愿者 + 其他社会力量”的多元矫正队伍，并摸索形成“干警执法 + 社工辅助 + 志愿者协同 + 社会力量参与”的四位一体专业

---

〔1〕 天津市社区矫正工作动态管理系统的组成部分。

〔2〕 最高人民法院、最高人民检察院、公安部、司法部《社区矫正实施办法》第3条。

〔3〕 司法部、中央综治办、教育部、民政部、财政部、人力资源社会保障部《关于组织社会力量参与社区矫正工作的意见》。

化执法模式,即每项执法活动以干警为主体(承担法定职责),社工辅助开展行政事务,各区域网格化志愿者协同配合,积极发动其他社会力量(如心理咨询室、居村组织、社区医院)广泛参与。目前新区社区矫正中心、司法所共有干警112名,社会工作者50名(社会居住区35人,经济功能区15人),司法工作室志愿者351人,心理咨询社会力量27人。四位一体专业执法模式拓展形成诸多工作经验,如:人员接收交付“首站负责制”、“执法案件办理流转单”、法律文书“单口收发”、“三例会一报告”制度(系统例会、矫正中心例会、所长例会、执法早报告)。

4.应急性处置。按照天津市统一要求,2015年滨海新区成立社区矫正管理支队,为专业执法和应急处置队伍建设提供组织保障。2016年,滨海新区在管理支队基础上先行先试,成立社区矫正应急执法大队,挑选专业干警及警车驾驶员组成,配齐配全各类安全保障性单警装备,负责全区社区矫正应急性处置工作,并建立完善与公、检、法等有关部门的协调联动处置机制,确保对收监执行、脱管追逃等突发事件防范有力、处置迅速。应急执法大队坚持“防控和应急并重、常态和动态结合”原则,凡遇警告训诫、集中教育、监所交接、收监执行等重要执法环节,制订应急预案,跟踪监控,及时有效应对各类突发情况;遇脱离监管、追查追逃、人员自残或暴力反抗等突发事件,上下联动、快速反应、依法处置。并确立“一般案件动态研判、疑难案件重点会商、重大案件联席会议”的执法处理机制。自2015年以来,在全区各社区矫正中心开展30人以上规模集中教育48次,给予警告训诫42人次,收监执行16人,安全执行了哺乳期满吸贩毒妇女收监、本地在矫人员赴新疆互助监管、外省市保外就医犯人收监、再矫人员擅自脱逃后网上追逃、收养哺乳期婴儿的男犯收监等一大批社区矫正重大特殊执法案件,维护了刑事执法权威和社会稳定大局。

5.安全性保障。滨海新区将安全性保障始终摆在社区矫正工作重要位置,提出“安全执法”和“执法安全”两大目标,全力保障各项工作安全开展。“安全执法”要求干警执法工作无违规违纪,监管工作无漏管、虚管,严格规范公正文明地开展社区矫正各项执法活动。“执法安全”指监管对象无脱管、外逃、再犯罪和影响社会稳定的重大恶性事件发生。两项目标对新区广大干警提出高要求:既要保证自身在法律法规红线内规范执法,又要实现法定监管目标和社会效果。为此,新区采取多项有效举措:一是完善程序,出台滨海新区社区矫正工作规程、规范,健全程序规定和执法标准。二是科学研判,围绕重点人员每半月集中开展一次风险评估和动态研判分析,制定有针对性的个别教育、入户走访、心理干预、帮扶救助等方案。三是严格审批,对外出、进入特定场所的报批严格摸清实情,符合条件的及时审批、有风险隐患的审慎批复、不符合规定和具有再犯罪风险的坚决不批。四是分级管理,通过心理测评,明确监管类别,有计划实施监管教育,科学分配有限监管力量。五是加强排查,常规排查和重点时期排查相结合,常规每月一次,重点时期随时查访,做到安全隐患早发现、早预防、早处置。

(二)四大教育方法

1. 关口前移式集中教育。自 2015 年起,滨海新区从全区各社区矫正中心抽调干警成立社区矫正教育团,发挥与司法所的联动优势,将教育关口移至入矫前和转安帮前,积极开展"新入矫、将解矫"人员集中教育。具体做法:全区 27 个司法所分 3 批组织月内新入矫和将解矫人员,集中前往社区矫正中心,由教育团开展专题教育;整场教育分七大环节:"整队报数、点名清查、列队进场、课前宣誓、课堂教育、列队出场、撰写体会",课堂内容重点突出"德育、法律、纪律"三个专题,课堂形式包括"干警主讲(听)、视频播放(看)、收监展示(思)、个人体会(说)",每次教育时间三小时。通过集中教育实现四个目的:一是以报名点数形式清查在册人员,防范脱管、漏管;二是准监狱化管理,列队入场,提升刑罚执行严肃性,起到预先警示教育作用;三是着力"德、法、纪"主题教育,从思想、行为、心理多方面切入,实现入矫认罪伏法、在矫服从监管、解矫融入社会的效果;四是教育关口移至矫正、安帮之前,大幅降低再犯罪和重新犯罪可能性,减轻司法所日常监管教育难度和压力。

2. 科学分类式个别教育。从近几年滨海新区教育矫正工作实践看:一方面,再犯罪倾向人群往往集中在吸贩毒监外执行犯、聚众斗殴管制犯、故意伤害缓刑犯三类,而且偏于年轻化;另一方面,限于滨海新区"沿海边境、省市交界、城乡结合、流动性强"等特殊区情,极易出现逾期不归、无假外出、私自越境、失业返乡现象,进一步扩大了再犯罪高危人群范围。滨海新区总结近几年工作经验,提出"立足科学分类、集中优势力量、抓住关键少数、实施精准教育"的个别教育思路。根据区域特点,制定《社区服刑人员科学分类测评表》,将社区服刑人员一般信息与所处区域、工作性质、居住条件、收入情况、外出倾向等重点信息一一采集,由矫正中心综合测评后反馈司法所,由司法所组织干警实施有针对性的个别教育。矫正中心还会根据司法所每月监管人数以及城市核心区、城乡结合部、乡镇农村的分布,统筹调动教育团参与个别教育。近两年的实践证明:抓住关键少数,实施个别教育的方式,效果明显。

3. 标本兼顾式心理教育。心理矫正教育是一个系统工程,包括测评、治疗、减压、质量评估等。滨海新区参考发达地区先进经验,从目标、机构、人员、形式等方面塑造新区特色的心理矫正工作模式。一是以"标本兼顾"的心理治疗为目的,将教育矫正(被动学习)向心理干预(主动接受)延伸,将在矫遵纪守法(监管)向解矫融入社会(帮助)延伸。二是建立"三位一体"心理矫正工作平台,矫正中心建有心理测评、心理咨询、心理减压、心理矫治和心理档案管理室等综合性平台,重点街镇司法所建有心理咨询工作室,新区公共法律服务中心建有心理咨询工作站。三是采取"软件及时测评、干警常规辅导、专家定期诊疗"等形式开展分类辅导,即人员进入后及时测评分类,一般人员由干警开展常规心理辅导,干警作为"责任心理师",负责建立心理档案,在矫正方案中提出个性疗法,定期跟踪反馈治疗质量,重点人员则交由心理专业人士专门矫治。四是全面整合资源,构建了长期稳定的三支心理教育力量,包括内部培养一支:每年指标性培养 10 ~ 15 名干警,获得心理咨询职业资格,目前全区已有近 30 名具备三级以上心理咨询师资格的干警,并逐年增加;外部联合一支:与妇联分区域共建心理咨询室,针对特殊人群中青少年、妇女儿童开展专业辅导,心理咨询人员由妇联实时调配;政府购买一支:通过政府购买服务方式,向大学、社会专业机构补充心理咨询力量。

4. 动态跟踪式网络教育。新区地域面积广,与日常监管一样,开展有效动态教育一直也是教育矫正的重难点。综合分析再犯罪和被书面警告的案例表明:每月见面 1 ~2 次,开展教育 1 ~2 次的方式,往往存在剩余 28 天"教育效果客观递减"问题,社区服刑人员容易出现随意放纵的现象。为此,新区整合各类网络教育平台,开启互联互通的动态跟踪式教育,达到入耳、入心、入脑的目的。第一种形式:引进"医院分级诊疗"思路,以矫正中心为点、建立覆盖全区司法所的视频交互系统,实时开展视频教育和心理辅导,解决地域面广带来的时间成本和押送风险。第二种形式:借助微信平台推出滨海矫正公众号,形成 APP 信息交流平台,定期推出奖惩、收监案例。第三种形式:利用滨海矫正通手机监控终端,实时推送遵纪守法信息,并在监管对象每月报到期间定期核查信息接收情况。

(三)三种帮扶途径

在开展社会适应性帮扶方面,滨海新区工作目标定位是:使最需要救助的对象得到了最大的救助。新区按照这一定位确立"3 + 3"帮扶思路:以三种形式和三个比例救助三类人群,即"现金形式救助 5% 的特困人群,职业技能培训形式救助 10% 的失业人群,物资形式救助 20% 的一般家庭",并以此"搭平台、促行动、补短板"。

1. 以阳光之家搭建帮扶平台。滨海新区在社区矫正中心分区域配套建立三个阳光之家,搭建集技能培训和食宿为一体的社会适应性帮扶平台。三个阳光之家总面积近 1000 平方米,其中核心区 500 平方米、南片 200 平方米、北片 200 平方米,分别设有"技能培训室、宿舍、餐厅",定期对 10% 的社区矫正失业人员开展小型技能培训。此外,新区借助阳光之家平台,与区域内多家厂商建立合作关系,充分发挥港口城市航运中心特点，开展叉车、物流、货运等技能培训，效果明显。阳光之家作为矫正场所的两翼之一，发挥了社会适应性帮扶的应有作用。

2. 以温暖工程促进帮扶行动。在阳光之家场所基础上，滨海新区每年都开展针对社区服刑特困人群的“温暖工程”，以点带面落实系列精准帮扶措施和关爱活动。一方面在已有政策范围内尽可能扩大救助内容，目前已确定的直接救助内容包括：困难补助、一次性救助、病情复查补贴、春节帮扶等；间接救助内容包括：申请社会救济、收容救助、低保、企业联谊捐款等。另一方面层层把关、精细筛查，精准确定5%的特困对象和20%的一般困难家庭，努力提升帮扶质量。以2016年春节救助为例，为实现精准帮扶，社区矫正中心根据人员分布先后开展2次摸底排查和不少于3次的专题研讨会，划定救助范围、人员类型、资助标准、物品种类、发放方式，其间还要对特困人员进行对比筛选、综合评定、全区平衡、小幅调剂系列精细化措施。四年来累计投入救助资金80多万元，帮扶600余名特困对象，调动了特困人员及其家属的积极性，增加社会和谐因素，在天津市产生良好反响。

3. 以技能培训弥补帮扶短板。“授人以鱼不如授人以渔”，这是滨海新区开展社区服刑人员职业技能培训的基本思路，也是社区服刑失业人员回归社会后真正融入社会的关键。滨海新区在职业技能培训内容的选定上采取“三步走”思路，第一步：结合就业难、经济下行等现实特点，在新区内部开展广泛调研，确立物流、餐饮、房产中介、环卫四大重点培训内容；第二步：通过精准筛选，确定5%～10%的职业培训对象；第三步：依托阳光之家，聘请相关行业熟练工人传帮带，并与部分厂商结成帮扶对子。社会适应性帮扶是预防再犯罪有效手段，但也是社区矫正工作的短板，近几年滨海新区有计划、有步骤、有重点的培训帮扶方式，弥补了短板，取得了一定效果。

三、配套保障

为确保“五四三”工作体系持续健康运行，滨海新区在场所、制度等方面精准发力，为工作体系提供了强有力保障。

（一）“一核双基两翼”场所布局

新区结合区情统筹规划，按照“一核双基两翼”空间布局建设三个社区矫正中心和两个帮扶基地，形成统一的有机整体。一是以主城区的矫正中心为“核心”，形成功能全，覆盖广，兼具集中教育、技能培训、社会适应性帮扶和食宿为一体的监管教育平台，成为新区矫正场所的核心和标杆。二是以南、北远郊城镇的两个矫正中心为“基础”，着眼实际需求，重点突出区域教育矫正特色，特别是结合“省市交界、城乡混合”特征，因地制宜，打造出社区矫正监管教育品牌。三是以阳光之家和蓝天教育基地为“两翼”,辅助社区矫正中心开展教育学习、社区服务和适应性帮扶,阳光之家着重凸出教育学习和社会适应性帮扶,蓝天教育基地着重开展延伸帮教。“一核双基两翼”场所布局为“五四三”工作体系有效运行提供有力平台。

(二)“2 +6 + X”制度保障

围绕“五四三”体系,新区积极探索,先后创新制定系列工作制度,形成较为成熟的社区矫正“2 +6 + X”制度保障。一是两大核心制度:在社区矫正实施办法基础上制定滨海新区社区矫正工作规程、社区矫正日常监管教育工作规范,进一步明确执法程序、理清权责清单、实现无缝衔接;二是六项基本工作制度,包括:“网格化—精准化—责任化”管理制度、信息化监管制度、教育矫正分级管理制度、工作检查核查制度、业务专报通报制度、案件分析例会和早报会制度。六项工作制度根植于“五四三”体系中,确保工作持续稳定,实现了精细化管理。三是若干基础性保障制度,包括:滨海新区全面推动社区矫正工作的实施办法、社区矫正经费管理使用办法、社区矫正小组补贴奖励办法、社区矫正工作人员考核奖励办法、社区矫正社会工作者管理办法、社区矫正志愿者管理办法。从人、财、物等方面对“五四三”体系运行给予切实保障。

参考文献

[1]最高人民法院、最高人民检察院、公安部、司法部关于印发《社区矫正实施办法》(司法通〔2012〕12 号),2012 年 1 月 10 日。

[2]最高人民法院、最高人民检察院、公安部、司法部《关于全面推进社区矫正工作的意见》(司发〔2014〕13 号),2014 年 8 月 27 日。

[3]司法部、中央综治办、教育部、民政部、财政部、人力社保部《关于组织社会力量参与社区矫正工作的意见》(司发〔2014〕14 号),2014 年 11 月 14 日。

天津普法三十年回溯与展望

法治天津建设调研课题组

在共和国的法制编年史上，1985年是一个值得记录的年份。1985年11月5日，中共中央、国务院转发《中央宣传部、司法部关于向全体公民基本普及法律常识的五年规划》。同年11月22日，第六届全国人民代表大会常务委员会第十三次会议通过《关于在公民中基本普及法律常识的决议》，自此，中国的普法事业随着共和国前进的脚步蓬勃发展。

天津市按照党中央、国务院统一部署，自1985年始，连续开展了6个五年的法治宣传教育。回顾三十年历程，天津市法治宣传教育工作伴随着共和国前进的脚步，经历了由无到有，由浅入深，从法律知识的启蒙教育到法治观念的培养树立，从法律意识的培育到法律素质的提高，从单纯普法到普治结合，从政策化到法治化的发展历程。

一、三十年法治宣传教育成效回顾

（一）领导体制和运行机制基本确立

1985年，天津市委、市政府将市普法办公室设在市司法局宣传教育处，承担全市普法工作的指导、协调、推动职能。1998年12月，天津市委做出决定，成立由市委书记任组长，市长任第一副组长，市委常委、市委政法委书记任常务副组长，市委、市人大、市政府、市政协分管领导为成员的依法治市领导小组，并将办公室设在市司法局。各区县相应成立依法治区（县）领导小组，区（县）委主要领导任组长，办公室设在区（县）司法局。各部委办局成立普法依法治理领导小组，工委（党委）书记任组长，办公室设在法规、政策研究、党建、宣传等部门。2012年2月，市委成立由市委书记任组长的法治天津建设领导小组及办事机构。（见图1）

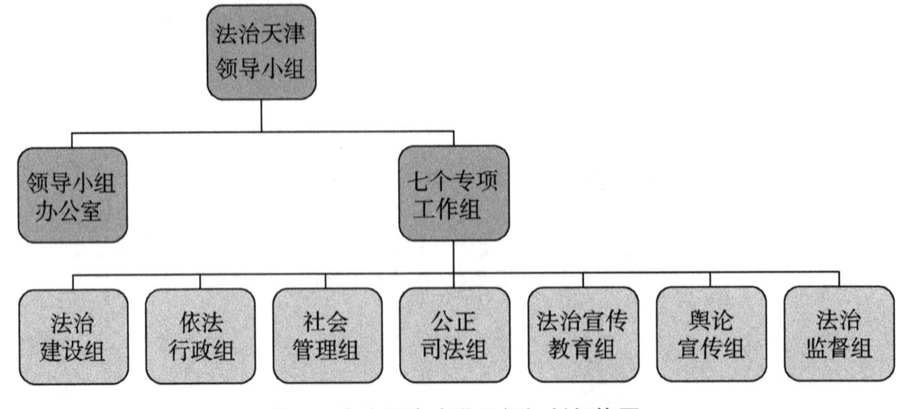

图 1　法治天津建设运行机制架构图

多年来,天津市逐步形成了党委领导、人大监督、政府实施、政协支持、职能部门各司其职、全社会齐抓共管、人民群众广泛参与的大普法工作格局,构筑了各部门协调配合、优势互补、有序运行的依法治市联动机制,建立了市、区(县)部委、街(乡镇)和基层组织四级工作网络,确保任务自上而下分步骤、分重点逐步推进、层层落实。

(二)法治宣传教育工作日趋制度化、规范化

为加强法治宣传教育,全面推进依法治市,天津市每五年出台相应的普法规划,每年初制定天津市普法依法治理工作意见,对全市普治工作进行总体部署和分类指导。市人大常委会每五年出台关于进一步加强法治宣传教育的决议。2008 年 11 月 5 日颁布《天津市法制宣传教育条例》,使法治宣传教育工作实现有法可依。围绕普法依法治理工作中的重点内容,天津市先后出台“法律六进”工作制度、加强领导干部和青少年学法用法、开展法治区县和市级民主法治村(社区)创建活动的意见和标准等,特别是市委相继印发《法治天津建设实施纲要》《深化法治天津建设实施纲要》,建立项目化推进机制和月督查、季报告、年考评的任务落实机制,有力推动了普治工作的制度化、规范化、系统化。与此同时,着力构建与天津城市定位相适应、覆盖城乡的法治宣传教育体系,为提升社会治理法治化、科学化、规范化水平服务。例如,“六五”普法期间,依托覆盖城乡居民的公共法律服务体系建设,推行律师担任村(居)法治副主任或法律顾问,解决法治宣传教育与法律服务“最后一公里”问题。(见图 2)

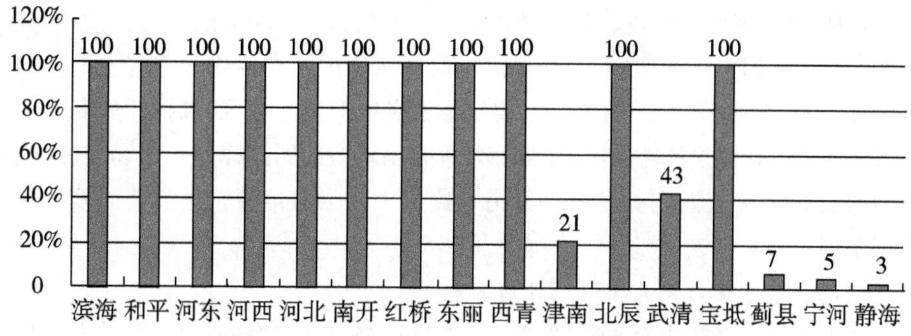

图2 各区县村(居)律师担任法制副主任或法律顾问覆盖率示意图

(三)普法责任制逐步推进

天津市"四五"到"六五"普法规划明确规定,市委组织部负责领导干部学法用法工作;市委宣传部负责理论中心组法制学习和新闻媒体法制宣传的指导检查工作;市委教育工委、市教委负责高校学生和青少年法治教育工作;市委有关工委负责本系统所属企事业单位经营管理人员法治宣传教育组织协调工作等,确保"执法先学法,执法必依法"。例如,"四五"期间出台了《关于领导干部学法用法工作实施意见》,并集中组织天津市领导干部进行法律知识考试,新华社、人民日报、中央电视台等7个中央主要新闻媒体进行了全方位跟踪报道。时任全国普法办副主任、司法部副部长胡泽君同志两次作出重要批示,要求在全国推广。

为深入贯彻落实"六五"普法规划,将普法工作贯穿于立法、执法、司法和社会管理全过程,天津市根据各单位的职能,对普法责任进行了明确分工,印发了《深化法治天津建设实施纲要》和《深化法治天津建设责任分工方案》。

(四)考核评价机制初步形成

2002年年底,天津市研究制定普法依法治理工作考核指标体系,包括4个一级指标、16个二级指标、130个考核项目,涵盖普治工作各主要方面,进一步强化了各级、各部门的责任意识。通过"四五"普法以来考评实践的不断完善,该体系已成为我市法治宣传教育工作机制的有机组成部分。五年普法规划首年启动部署、中期检查推动、末年总结验收、每年年度考核的考评机制全面推行。2014年法治天津建设工作纳入全市区县绩效考评,确保了软任务变成硬指标。

(五)保障机制不断加强

法治宣传教育工作政府主导和责任制保障基本落实到位。有些区县法治宣传教育经费,从过去的常住人口年人均5角钱提高到1元钱以上。全面强化社会普法专职、兼职、志愿者三支队伍建设,加强规范化管理,逐步建立登记管理、交流反馈、逐级培训、监督激励等制度。在加强专职人员考核、管理、培训的基础上,加大对志愿者队伍的培训和指导力度,不断提高志愿者队伍的专业素质和宣传水平。积极倡导和推进法治宣传教育志愿活动,组织志愿者面向基层社区、农村开展多种形式的送法活动。切实发挥普法讲师团作用,研究创新讲师团工作的思路和方法,组织讲师团成员开展交流研讨,从多个渠道和途径为社会力量参与法治宣传教育创造有利条件。

(六)社会主义法治文化阵地日渐繁荣

全市上下在坚持法治主题的基础上,充分挖掘自身独有的文化资源,大力弘扬社会主义法治精神,推动社会主义法治文化大发展大繁荣。不断创新"互联网+"模式应用,积极发挥网络在学法用法中的独特优势。到2015年,天津市主要新闻媒体,即天津日报、今晚报、天津广播电视台、北方网、渤海早报、城市快报等共开办法制栏目19个。各区县在各新闻媒体开办法治栏目33个,开设专门普法网站5个;各委办局在各新闻媒体开办法治栏目8个;各区县、各部委办局开通涉及法治建设的微博281个、微信219个。建立各类宣传阵地,包括电子显示屏、法治公园、法治长廊、法治场馆、法治文化一条街等19种。(见图3)同时,注重整合社会资源,调动社会力量积极参与,将法治宣传教育与群众日常工作、生活和休闲娱乐紧密结合,营造浓厚的法治文化氛围。

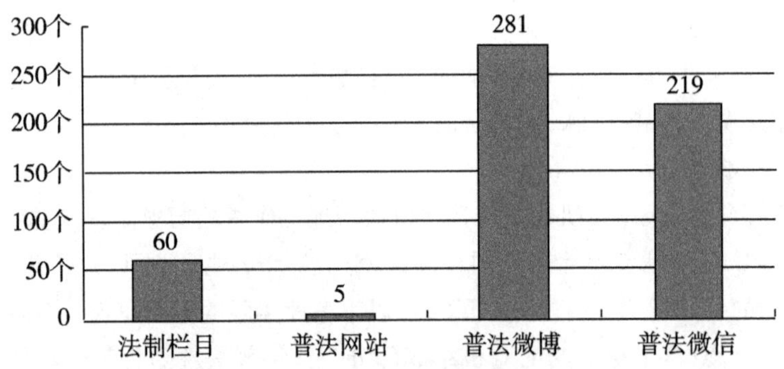

图3 天津市利用媒体开展法制宣传情况示意图

二、当前法治宣传教育工作存在的主要问题

(一)全民法治信仰亟需培育

党的十八届四中全会提出:"法律的权威源自人民的内心拥护和真诚信仰。"法治宣传教育的最终目的,是促使公民树立法治信仰,运用法治思维、法治方式解决

问题。然后,由于“人治”和“权大于法”等封建思想的残存,一些领导干部法治意识比较淡薄,有法不依、执法不严、违法不究、司法不公等问题依然存在。部分群众信访不信法、信上不信下,出现法律纠纷绕开司法途径,寻求“私人关系”解决问题。据“法治天津”课题组调查,当被调查者的合法权益受到他人侵害时,有 47.5% 的被访者选择非法治方式解决问题,其中 18.2% 的人选择求助“私人关系”解决问题,13.2% 的人选择“私了”,16.1% 的人“找领导解决”。(见图 4)这反映出“宪法法律至上”“法律信任”等观念还未深入人心。正如伯尔曼所说:“法律必须被信仰,否则它将形同虚设。”

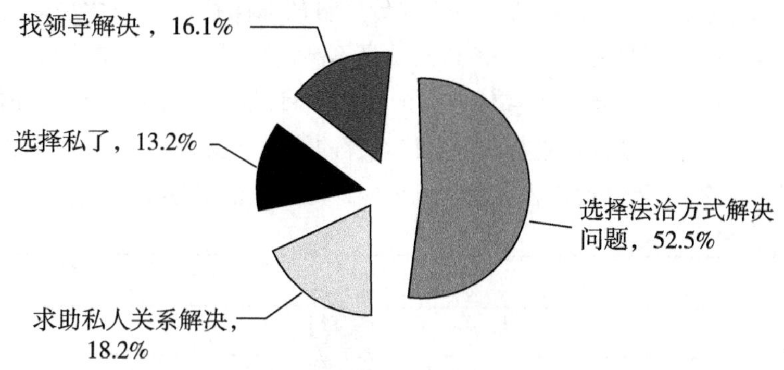

图 4　被访者合法权益受到侵害时的维权方式

(二)法治宣传教育相关规定有待进一步落实

从普法三十年实践经验来看,法治宣传教育相关法规和制度存在落实难的问题。如《天津市法制宣传教育条例》第 11 条、第 12 条对公务员、领导干部考试考察制度进行了规范,要求拟提拔任用领导干部或录用公务员时,应当进行法律知识考试、考察。任前考法已上升为各类具有人事任免权的国家机关普遍遵循的地方立法。但《天津市法制宣传教育条例》实施六年来,有的地方因缺乏组织、人事部门全面系统、自上而下的推动,非人大任命领导干部任前考法仍无章可循。即使在履行任前考法的区县中,部分区县的法律知识考试也只是作为任职资格考试,并非任前考试。领导干部法治教育、理论学习、考核任用仍是“三张皮”。

此外,国家机关“谁执法谁普法、谁主管谁负责”的普法责任制和行政机关内部重大决策合法性审查未全面推行;大部分区县普法经费仍包含于司法行政机关公用经费中,未单独列入财政预算,做不到专款专用;部委办局缺乏财政预算支持,多为一事一申请,缺乏统筹安排,不能满足新形势下开展法治宣传教育工作的需要。

（三）法治宣传教育方式急需创新

当前社会利益结构和人们思想观念的深刻转变，以及网络舆论影响的日趋增强，使不考虑具体对象和需求差异、追求阶段效应的“运动式”“走过场式”法治宣传教育与新形势出现了冲突。传统的法治宣传教育手段，可以用以下几个字加以概括：编、讲、摆、演、考、评，虽然在以往工作中取得了很大成效，但其对普法对象群体需求把握不准的问题逐渐显现，形式上也缺乏与时俱进。据调查，当问道：“您居住的区域内现有普法效果如何”时，认为普法效果很好的占9.5%；认为普法效果比较好的占16.9%；认为效果一般的占53.3%；认为效果不太好的占14.6%；认为很差的占5.7%。（见图5）总体来看，一些宣传资料的编印往往是法律法规的简单汇编，不能与实践需要紧密对接；法治讲座质量不高，缺乏精准的需求分析；法律咨询和法治文艺演出，一般是重大宣传节点的必备节目，缺少系统的设计和安排；运用互联网、移动通信等新媒体进行法治宣传教育的能力和支持不足，有影响力的普法节目、栏目不多，法治公益广告数量和比重偏低等问题依旧存在。

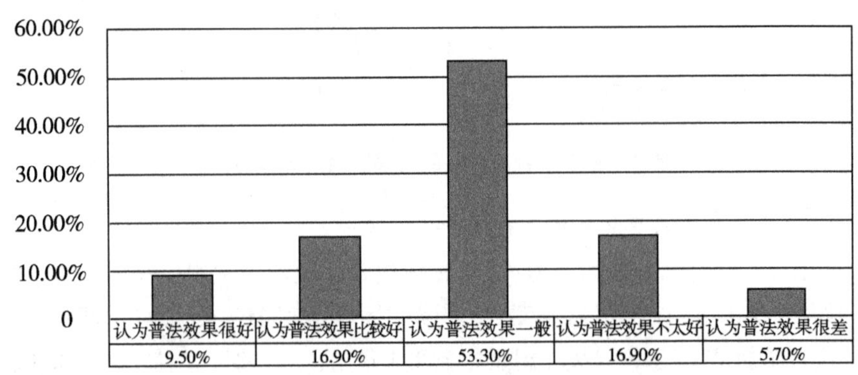

图5　被访者居住的区域内现有普法效果情况示意图

此外，法治宣传教育工作相对缺乏理论指导和实证研究，相关调研或专题报告讲重要性的多，讲操作性的少；空洞说教多，实证研究少。如对公民法律意识和法治观念变化的跟踪调查等研究成果十分稀缺，使法治宣传教育工作的针对性不足。

（四）法治宣传教育运行机制尚需健全

早在“二五”普法时期，全国就已开展了普法依法治理工作探讨。党的十五大以后，大多数地方的普法领导小组升级为依法治省（市）领导小组，由党委主要领导挂帅，人大、政府、政协为成员单位，普法办公室也更名为依法治省（市）领导小组办公室或普法依法治理领导小组办公室。这确实说明对法治宣传教育认识在深化，工作在向纵深推进。但是，仍有个别地区或部门领导过分看重经济发展，对法治宣传教育工作存在敷衍应付的现象。各成员单位、牵头单位和责任单位在充分发挥其功能和作用,履行各自职责方面也有较大空间。此外,随着依法治市领导小组合并到法治天津建设领导小组,各级法建办同时承担着普法依法治理和法治天津建设两项重大任务,但至今为非常设机构,人员配置少、职级低、经费不足,指导、协调、检查、考核等方面难度较大,主管部门唱"独角戏"的问题始终未从根本上解决。

(五)法治宣传教育工作考核评估有待完善

法治天津建设涉及立法、司法、执法、法治宣传教育等方方面面,虽然部分内容已纳入天津市区县绩效考核指标体系,但尚未纳入对市级政府部门和党群组织的考评范围。同时,现有的考核评估模式大多是党政机关自上而下的内部行为,相当于自身既是"考生"又是"考官",公众、社会组织等第三方力量的参与性不足,对公众关注内容回应不够,评估结果也在一定程度上缺乏客观性和系统性,难以满足群众日益增长的法治需求。

三、新形势下深化法治宣传教育工作的对策思考

(一)加强法规建设

一方面,进一步完善地方法治宣传教育条例。从"法制宣传教育"到"法治宣传教育",一字之差,更加突出了法治理念、法治精神的培育和法治实践的探索。因此,《天津市法制宣传教育条例》也需顺应形势,修改为"天津市法治宣传教育条例"。此外领导干部任前考法中,应加入拟提拔任用对象未参加法律知识考试,或考试成绩不合格的法律后果:未参加考试或考试不合格者,可补考一次;仍不合格者,按原职级安排工作。在公务员特别是领导干部学法用法考核方面,应将其学法情况列为年度考核内容,考核结果作为任用和晋升的依据之一。在经费保障方面,应明确"各级人民政府应将不低于上一年本行政区划财政收入的一个百分比作为法治宣传教育经费,列入财政预算,专款专用,保障法治宣传教育工作正常开展。"这样既考虑到各级政府财政实际状况,又对提高普法经费有刚性规定,使之更具可操作性。

另一方面,推动国家立法,以立法促普法。法律是治国之重器,良法是善治之前提。宪法在我国立法体系中具有引领作用,也是法治宣传教育国家立法的重要基础和依据。习总书记系列重要讲话和十八届四中全会对依法治国进行了全面部署,提出了"依法治国、依法执政、依法行政共同推进""法治国家、法治政府、法治社会一体建设""建设中国特色社会主义法治体系,必须坚持立法先行,发挥立法的引领和推动作用"的新思想。在此形势下,急需建立一部国家层面的《法治宣传教育法》,一则有利于更好地指导全国各级政府开展法治宣传教育工作,二则明确责任主体,规范普法行为,使之更具规范化和法治化。

(二)推动理念创新

一是树立社会“大普法”格局的理念。十八届四中全会提出的增强全民法治观念,推进法治社会建设的重大任务,反映了党对执政理念和治国方略规律性认识的深化。我们必须置身全面深化改革、全面推进法治天津建设的时代大背景,推动法治宣传教育从普及法律知识向培育法治信仰转变,从单向灌输向双向互动转变,促进和完善党委领导、人大监督、政府实施、政协支持、职能部门各司其职、全社会齐抓共管、人民群众广泛参与的社会“大普法”格局,制定积极稳妥、清晰明确的规划目标,坚持行之有效的基本途径和长效机制,不断扩大法治宣传教育的覆盖面和渗透力,提高服务党和国家工作大局的能力水平。

二是树立“服务、参与、引导”的工作理念。所谓服务,就是要改变政府部门居高临下的工作思维和工作模式,围绕人民群众最关心、最直接、最现实的法律问题,针对不同地区、不同人群、不同时期的法治需求,因地制宜地开展社会普法服务;所谓参与,则是要通过搭建有效的互动载体和平台,了解群众意愿,集中群众智慧,发挥群众才智,切实保障人民群众参与法治建设,共享法治建设成果;所谓引导,就是要通过常态化的法治宣传教育,引导全体社会成员树立公民意识,做到权利义务对等,积极履行法定义务,依法维护权益和表达诉求,形成办事依法、遇事找法、解决问题用法、化解矛盾靠法的良好氛围。

三是坚持“法治实践是最生动有效的法治宣传教育”的理念。法治实践是开展法治宣传教育的有效载体。要按照“让人民群众在每一个司法案件中感受到公平正义”的目标要求,注重法治宣传教育与立法、司法、行政执法、法律服务等工作的有机融合,把依法履行职能、严格规范公正文明执法、热情周到服务的过程变成生动有效的法治宣传教育实践活动,提升各项工作的法治含量,树立宪法法律权威,使人民群众在法定程序中感受、领悟法治精神,逐步养成尊法学法、守法、用法的良好习惯,而非“学而不用”或“学后乱用”。

(三)完善法治宣传教育责任机制

一是健全“谁执法谁普法、谁主管谁负责”责任机制。进一步深化主管部门与各行业部门在基本法、专业法宣传实施方面的分工合作。各级党委应充分发挥总揽全局、协调各方的领导核心作用,把普治工作纳入经济和社会发展总体规划,纳入党委目标管理考核,统筹安排,协调推动。各级政府应切实负起“搭台唱戏”的责任,将依法决策、依法行政、社会治理与法治宣传教育有机结合,不断提升社会法治化管理水平。党委宣传部门、司法行政机关应切实履行法治宣传教育主管机关职能,共同做好法治宣传教育工作规划的研究制定、实施情况的检查督促和重大主题法治宣传教育活动的策划、组织、推动、落实。司法、行政执法机关、企事业单位、协会和工、青、妇等群团组织、人民团体应充分履行主管领域和相关专业法律法规宣传实施职能,面向社会经常性组织开展法治宣传教育活动,在全社会树立法治风尚。

二是建立以案释法长效机制。建立健全法官、检察官、行政执法人员、律师等以案释法制度,强化主体责任。首先,强化裁判文书释法说理。司法人员应以"辨法析理、以理服人"作为重点,对争议较大、案情复杂、适用法律困难等案件增强说理意识,做到法理情有机统一。其次,认真落实庭审公开等制度。充分利用听证会、通报会、新闻发布会、开放日、审判白皮书和媒体庭审直播、庭审旁听、裁判文书公示等形式,让公众感受到法治的权威、程序的价值。再次,发挥典型案例教育引领作用。加强典型案例的编辑整理,通过"说身边的事,教育身边的人",让公众从具体案件中培育法治理念,树立法治信仰,接受法治文化的熏陶。最后,大力推进行政执法人员以案释法机制。将执法的过程转变为双向性、互动式的法治宣传教育过程,解决和回应公众困惑和疑问,规范行政自由裁量权的行使,以个案推动践行法治,向社会传播正义声音。

三是健全媒体公益普法制度。宣传、文化、教育主管部门应结合行业特点,依托人员、技术、阵地等优势,深入挖掘法治文化资源,搭建法治文化交流和共享平台,推进产品的创作推广传播,集中力量打造一批融思想性、艺术性和观赏性于一体,具有地方特色和品牌化的法治文化产品。新闻媒体要切实承担开展法治宣传教育的社会责任,在重要版面、重要时段制作、刊播普法公益广告,每家媒体每年法治公益宣传不得少于全部公益广告时间(版面)的20%。加强媒体从业人员法治培训,增强法治素养,发挥舆论宣传在应对重大、突发、热点事件时疏导群众情绪、依法化解社会矛盾、协调利益关系、倡导公平正义的积极作用。

树立"互联网+"思维,加强互联网创新成果与法治宣传教育的深度融合。加大以微博、微信、客户端为代表的新媒体普法力度,培育一批有影响力的网络普法自媒体,建立权威的自媒体普法监测、评估、推广平台。推动"智慧法宣"建设,把法治宣传教育与"宽带中国""智慧城市"等国家重大信息工程建设结合,推动法治宣传教育进村入户。提高互联网普法产品和服务供给能力,向社会推出一批优秀的网络普法产品和服务。

(四)健全法制宣传教育常态机制

一是积极开展各类专项法制宣传教育活动。坚持围绕中心,服务大局,深入宣传宪法和中国特色社会主义法治体系,深入宣传社会主义核心价值观,用法律的权威增强人们培育和践行社会主义核心价值观的自觉性。组织好各类主题法治宣传教育活动。大力加强人口资源环境、农村改革、城乡规划等关系经济社会协调发展的法律法规宣传,促进和保障可持续发展;大力加强社会保障、安全生产、食品安全、教育卫生、劳动就业等关系群众切身利益的法律法规宣传,真正做到以人为本,贴近群众,服务群众;大力加强刑事、民事和行政诉讼法律宣传,引导公民依法定程序表达利益诉求。同时,充分利用"12·4"国家宪法日、法治宣传周、宣传月等各类节点,结合地区、部门和行业特点,组织开展主题鲜明、内容突出的集中法治宣传教育活动,把法治元素融入群众日常生活。

二是强化重点对象法治宣传教育。将领导干部和青少年作为法治宣传教育的重中之重,以点带面,整体推进,扩大普法覆盖面。各级领导干部要做尊法、学法、守法、用法的模范。落实国家工作人员学法、用法制度,把宪法法律纳入党委(党组)中心组学习内容,列为党校、行政学院、社会主义学院必修课,推动国家工作人员特别是领导干部个性化网上学法、用法、考法。组织、人事部门落实《天津市法制宣传教育条例》规定,制定下发市级层面的局处级领导干部任前考法制度,或《天津市法制宣传教育条例》实施细则、办法,使任前考法真正成为领导干部提拔任命的前提和基础。落实任职宣誓制度,凡经人大及其常委会选举或者决定任命的国家工作人员正式就职时应公开向宪法宣誓,促进依法履职。建立领导干部述职、述廉、述法制度,各级领导干部对学法、用法情况作出明确说明,考察其法律素养和法律执行力。推行行政机关负责人出庭应诉制度,从源头上预防和减少行政纠纷。建立领导干部旁听庭审制度,做到审理一个案件,宣传一部法律,教育一片干部。

坚持法治教育从青少年抓起。贯彻落实十八届四中全会要求,把青少年法治宣传教育纳入国民教育体系,在中小学设立法治课程,切实做到课时、教材、师资、经费、法制副校长、考核"六落实"。全面推广青少年法治教育实践基地建设,健全完善学校、家庭、社会相结合的"三位一体"法治宣传教育格局。加强高等学校法治教育,创新法治人才培养机制,形成完善的中国特色法学理论体系、学科体系、课程体系,推动中国特色社会主义法治理论进教材、进头脑,培养造就熟悉和坚持中国特色社会主义法治体系的法治人才和后备力量。

三是深化"法律六进"和法治创建活动。把法治宣传教育与创建"文明城市"、"文明社区"、"文明单位"和"社会主义新农村"建设有机结合,全面开展法治区县、"民主法治村(社区)"和"依法行政示范单位"等法治创建活动。探索建立法治创建指标体系和法治创建效果评估体系,指导和推动法治创建活动深入发展。深化基层依法治理,认真实施村(居)民委员会组织法等基层群众自治法律法规,健全完善村(居)群众组织,促进和保障村(居)民委员会依照法律和章程自主管理村(居)事务,全面推行律师担任村(居)法律顾问,提高基层民主法治建设水平。深入推进部门行业依法治理,普遍建立法律顾问制度,打造政府法制机构人员和行业法务人员为主体、吸收专家和律师参加的法律顾问队伍,发挥法律顾问在制定重大决策、防范法律风险中的积极作用,促进各级政府部门依法行政、严格执法,社会各行业依法办事、诚信尽责。深入推动地方和区域依法治理,在省(自治区、直辖市)、市(区县)、街(乡镇)各个层面推进社会治理法治化,为实现国家治理体系和治理能力现代化奠定坚实基础。

(五)加强社会协同联动机制

一是统筹协调公共普法资源。大力拓展广场、公园、科技馆、博物馆、图书馆、青少年活动场所等基层公共服务设施的普法功能;推动在车站、码头、机场、医院、银行等公共区域建立固定的法治宣传教育设施;推动在公共交通工具广告媒体、户外广告屏、电子显示屏、楼宇电视等载体开辟法治宣传教育平台;把法治文化阵地建设纳入城乡公共文化服务体系建设,培育一批法治文化建设示范点,基本实现法治宣传教育阵地全覆盖。

二是统筹协调社会普法力量。整合各种社会力量参与普法,实现普法主体多元化、运作社会化。人民团体、行业协会等社会组织要结合自身职能,开展经常性、特色化的法治宣传教育活动,把提高从业人员法律素质列为职业准入的基本条件。分层分类建立社会化法治宣传教育队伍,对普法讲师团、各中小学法治副校长、法治宣传志愿者、法治文艺工作者等普法力量进行规范管理,通过专业培训、对口指导和建立奖惩制度,提高其专业水平和工作能力。聘请大专院校、科研院所和法律实务部门优秀人才,充实普法讲师团。发展法治宣传志愿者事业,培养法治宣传志愿者品牌团队,组织开展有影响、有实效的志愿普法活动。

三是健全"政府购买服务"运作机制。把握法治宣传教育作为公共法律服务的基本属性,以加快构建覆盖城乡居民的公共法律服务体系为契机,吸引社会资源积极投入法治宣传教育。一方面,通过政府工作目标"项目化",将法治宣传教育各类项目面向社会进行招标,提高法治宣传教育项目推进的专业化水平。另一方面,在政府引导的同时,强化"众筹"意识,引导各类社会组织、社会力量以资金、技术、智力成果、媒介资源等方式参与法治宣传教育,逐步建立政府购买、社会投入和公益赞助结合的社会普法教育运作机制。

(六)建立科学的考核评估机制

一是全面整合各类考核项目。各级党委、政府应主动适应法治建设新常态的要求,把法治宣传教育纳入国民经济和社会发展规划,纳入党委政府综合目标考评体系,推进目标责任管理机制的建立,完善法治宣传教育与美丽天津、法治天津建设考核的衔接机制和整体联动考评机制,增强考核力度。同时,还应按照《深化法治天津建设责任分工方案》中明确的任务分工、牵头单位和责任单位,将法治天津建设纳入对市级政府部门和党群组织的考评范围,以考核促落实,以绩效促实效。

二是建立健全人大、政协定期视察制度。发挥各级人大、政协的监督检查职能,总结完善人大代表和政协委员对各地、各部门法治宣传教育工作实施情况年度性、阶段性和专项检查、视察机制,积极探索各级人大、政协对法治宣传教育工作的评价、反馈机制,实现执法检查功能最大化,切实有效地保证法治宣传教育各项任务落到实处。

三是加快推进普法效果社会评估。一方面,以具体项目推进为主线,结合当地法治建设的实际,选取一项或多项为本地党委政府所关注、公众普遍关心的问题,在深入调研、广泛征集社会意见的基础上,共同商讨解决或推进的思路和对策,促进有关政策措施的贯彻落实,实现"精准"普法。另一方面,委托第三方组织,就法治宣传教育成效进行社会调查,将群众满意度作为考核评价体系的重要指标,客观真实地反映社会效果。同时,强化考核结果的综合运用,对工作成绩突出、群众满意度高的单位给予奖励,对工作较差的予以通报批评并责令整改。

(课题组成员:李云虹、丛梅、季静、杨琦)

充分发挥业委会作用　服务美丽社区建设

蒋宏建*

为贯彻落实习近平总书记在津考察重要讲话精神，加快美丽天津建设，天津市委十届三次全会审议通过了《中共天津市委关于深入贯彻落实习近平总书记在津考察重要讲话精神加快建设美丽天津的决定》，市委、市政府随后正式发布了《美丽天津建设纲要》。建设美丽社区是建设美丽天津的重要内容和基础，也是深入开展党的群众路线教育实践活动的具体体现，结合社区建设实际，天津市还制定了《建设美丽社区实施方案》。提升居民幸福指数是美丽社区创建活动始终贯彻的一条主线，使我们居住的社区更加美丽也就意味着城镇居民的幸福指数会得到大幅提升，这对广大社区居民来说，无疑是深得人心的实事、好事。

美丽社区建设是一项全面、系统工程，天津市《建设美丽社区实施方案》六大工程中的第一项工程就是居民民主自治工程，内容包括健全居民民主选举、民主管理、民主决策、民主监督机制，巩固居委会直选率100%成果。完善社区事务听证会、民事协商会等议事制度，建立党代表、人大代表、政协委员联系社区制度。推行居民代表评议居委会、居委会成员评议街道办事处和居务公开的"两评一公开"民主监督模式。方案突出强调了居委会的作用，但却没有提及充分发挥业委会这一重要主体的作用，其实业委会作为业主大会的日常工作机构，其在居民民主自治方面有着居委会不可替代的作用。业委会履行职责的法律依据是《中华人民共和国物权法》、《物业管理条例》和《天津市物业管理条例》，法律赋予业委会的职责决定了其在社区管理中具有不可替代的地位，从这个意义上来讲，业委会在美丽社区建设中必将发挥其应有的作用。

根据国家和天津市有关法律法规规定，业委会作为业主大会的日常工作机构，

* 蒋宏建，天津君利律师事务所主任。

其履行的职责包括:召集业主大会会议;定期报告有关决定执行情况;提出物业管理建议;在业主大会做出决定后 30 日内,代表业主大会与物业服务企业签订、续签、变更或者解除物业服务合同;及时了解业主、物业使用人的意见和建议,监督和协助物业服务企业履行物业服务合同;督促不交纳物业管理服务费的业主限期交纳;组织业主对物业共用部位、共用设施设备的维修、更新、改造方案进行书面确认,并监督实施;监督管理规约的实施;组织筹集专项维修资金;组织业委会换届和补选工作;完成业主大会交办的其他事项。上述业委会的法定职责不仅涉及每一位社区居民的切身利益,而且与美丽社区建设成败攸关,可以毫不夸张地说,充分发挥业委会的职责作用就是在增强社区自治功能,完善社区治理结构,并且必将有助于天津市美丽社区的创建工作,对于美丽天津建设有着重要意义。

至于如何充分发挥业委会的作用,使其更好地服务于美丽天津的建设,为天津市美丽社区创建工作贡献力量,笔者将针对业委会依法应当履行的职责,提出如下建议:

1. 依法成立业委会并且做到应立尽立。

按照《天津市物业管理条例》第 11 条的规定,已交付使用的新建物业业主入住率达 50% 以上或者首位业主实际入住达到 2 年以上的,应当成立业主大会,既然法律已经赋予业委会重要职责,那么具备物业管理条件的小区都应当依法成立业委会。特别是天津市《建设美丽社区实施方案》提出了详细具体的美丽社区创建评价指标,在“管理手段现代化”考评项目中,第 4 子项考评内容是按要求依法建立业委会或物业管理委员会;第 12 子项考评内容是社区实行物业多方共管机制,有物业专职人员承接具体管理,业委会和物业服务企业主动接受社区居委会的指导和监督。美丽社区创建评价指标共分 6 个大项目,“管理手段现代化”是一个大项,在该项考评中,与业委会有关的子项目就占到了 2 个,如果一个社区没有成立业委会,这就意味着将会有 2 个子项目考评不合格,也就不会得满分,该大项测评指标直接降为 66 分,按照累计得分 80 分以上为美丽社区的计分方法,显然会严重影响到美丽社区的创建工作。

2. 业委会依法监督关于共用部位和共用设施设备的使用以及公共秩序和环境卫生的维护等方面规章制度的执行情况。

小区内的共用部位和共用设施设备的使用、公共秩序和环境卫生的维护等不仅要靠物业服务企业做好物业管理服务,还要靠居住在小区里的居民自觉维护,但是总有部分居民的不自觉行为会影响其他居民以及小区的环境与秩序,这种情况下如果物业服务企业管不了,又缺乏业委会的监督和及时向有关部门反映,物业小区就会出现一片混乱的无序管理状态。此外，业主大会制定的规章制度和管理规约的落实，以及如何切实维护小区的公共秩序和环境卫生，这都需要业委会来监督执行，如果业委会能够充分履行职责，必然会对美丽社区的创建和维护工作起到重要作用。

3. 业委会依法监督和协助物业服务企业履行物业服务合同。

物业服务水平的高低不仅与物业服务企业自身有很大关系，还与该企业能否依照合同履行义务有关，在业主大会选聘优质物业服务企业的同时，业委会还应做好物业服务合同的签订、续签、变更或者解除工作，要及时了解业主、物业使用人的意见和建议，对物业服务企业提出合理要求并监督其遵守物业管理方面的法律规定，督促其按照物业服务合同严格履行义务，如果物业服务企业出现重大违法、违约行为，业委会还可对其依法行使解聘权利。

4. 业委会组织业主对物业共用部位、共用设施设备的维修、更新和改造方案进行书面确认，负责筹集、使用专项维修资金并监督实施。

物业共用部位、共用设施设备在为全体居民的生活和出行等提供便利的同时，也需要对其进行精心维护、更新和改造，否则就有可能因为运行不畅而影响到大家的日常生活和工作，也会影响到美丽社区创建中“管理手段现代化”和“人文环境宜居化”两项考评内容的分值。《天津市物业管理条例》第 52 条规定，物业服务企业应当加强对物业管理共用部位、共用设施设备运行状况的日常检查，每年第四季度将物业管理共用部位、共用设施设备运行状况的报告提交业委会，业委会在筹集或使用专项维修资金和对维修、更新、改造方案进行书面确认并监督实施方面肩负着不可或缺的责任，对于未建立专项维修资金和房屋应急解危专项资金或者专项维修资金余额不足的物业小区，业委会还要根据业主大会的决定组织业主交纳或者续交专项维修资金，补建房屋应急解危专项资金。同时按照《天津市商品住宅专项维修资金使用办法》和《天津市房屋应急解危专项资金管理办法》的相关规定，业委会在动用专项维修资金或房屋应急解危专项资金对物业共用部位、共用设施设备进行维修、更新、改造方面也发挥着十分重要的作用。

5. 业委会应做好与居委会和公安机关以及街道办事处、乡镇人民政府的协调配合工作。

根据国务院颁布的《物业管理条例》的规定，业主大会、业委会应当配合公安机关，与居委会相互协作，共同做好维护物业管理区域内的社会治安等相关工作。在物业管理区域内，业主大会、业委会应当积极配合相关居委会依法履行自治管理职责，支持居委会开展工作，并接受其指导和监督。住宅小区的业主大会、业委会作出的决定,应当告知相关的居委会,并认真听取居委会的建议。《天津市物业管理条例》第 7 条也规定,街道办事处、乡镇人民政府应当明确部门和人员,负责本辖区内业主大会成立和业委会换届等项工作的组织、指导,监督业主大会和业委会依法履行职责。调解业主、业委会与物业服务企业之间的物业管理纠纷,协调物业管理与社区管理、社区服务的关系,上述规定充分说明了业委会在维护社会治安和小区物业管理等方面享有法律所赋予的重要职责,公安机关和居委会以及街道办事处、乡镇人民政府等都需要业委会来配合其工作。

建设工程设计合同纠纷裁判规则及履行要点分析

——基于最高人民法院、各地高级人民法院的90份裁判文书

华心萌[*] 阎　军[**]

［摘　要］ 本文基于最高人民法院（以下简称最高院）、各地高级人民法院（以下简称各地高院）至2016年6月的全部可检索到的涉及建设工程设计合同纠纷的裁判文书，初步筛分后，分为合同效力、设计范围、资料提交及交付、设计变更、鉴定相关、定金预付款、设计费支付、违约责任、设计与施工的配合、政府行为的影响、证据相关、管辖与诉讼时效等12类要点，对裁判规则及由此引发的合同履行中的管理要点进行梳理分析，并在文末提出了进一步研究思考的方向。

［关键词］ 建设工程设计合同纠纷　裁判规则　履行要点

一、数据来源

检索平台：无讼案例

关键词：建设工程设计合同

法院层级：最高院、各地高院

检索日期：2016年6月12日（校核日期2016年8月10日）

二、数据初步分类

检索结果共94篇，年份分布最早可至2007年。其中，2014年及以后的文书占比近75%，充分体现了"裁判文书公开"之后，为广大同行的工作和研习提供了更广泛的数据窗口。且检索平台越发智能的导出功能，也使得后期分析加工更为便利。

* 华心萌，上海建纬（天津）律师事务所律师。

** 阎军，上海建纬（天津）律师事务所律师。

图1　裁判文书年份分布比例

除去4篇内容或案号重复的文章外,其余90篇数据组成如下:

一审案件1件;二审案件37件;再审案件52件(其中提审案件3件);

二审37件案件中:发回重审6件,撤回2件,驳回上诉维持原判19件,部分程度改判10件;

申请再审49件案件中:本院提审5件,撤回2件,指令再审2件,驳回再审申请40件。

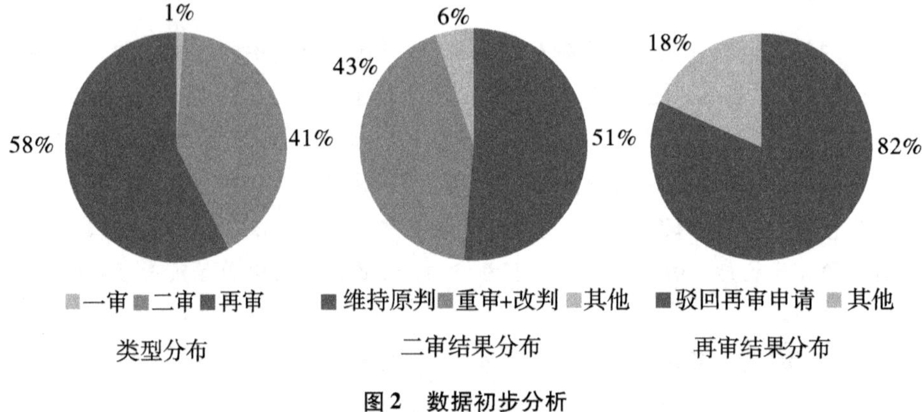

图2　数据初步分析

由于数据来源为最高院和各地高院,再审案件占比50%以上;而由于建设工程案件具有争议数额标的大的特点,即使设计合同金额低于施工合同,该层级法院的二审案件也占据了40%左右。和往年建设工程类案件的统计数据相比基本一致。

其中,二审案件的改判或发回重审率为43%,驳回再审申请率为82%,与往年统计的数据,即“二审改判比例50%左右,再审成功率均为10%～15%”保持一致,体现了行业案件特点的稳定。

三、裁判规则整理

由于以“建设工程设计合同”为关键词检索,非案由检索,故存在小部分争议焦点为公司债权债务转让、合同附条件生效、破产程序等的检索结果。本文仅分析针对建设工程设计合同本身的裁判规则及由此引发的合同履行中的管理要点。初步拆分为12类要点,每类选取几则代表案例,分别整理如下:

1. 合同效力

合同效力的判断是合同纠纷的首要问题。与施工合同相比,设计合同的无效比例偏低,但主要原因仍为“设计方不具有相应资质”。证明合同相对方不具有相应资质,或证明对方欺诈合同无效,不仅需要提供第三方的资质文件,更需要证明“第三方资质是由该相对方提供的”(案例1),孤立的提供第三方证据,通常难以被认定;而由于设计合同的自身特点,往往存在一定的“前期工作”,例如,主管部门的审核等(案例2),合同生效条件的约定时要充分予以考虑;对于无效合同,如双方在履行过程中对设计费的数额及支付条件作出明确约定(案例3),该类约定或协议可以被认为有效,可作为双方实际履行情况中的参考。

参考案例:

案例1:【万浮尘与济南华滨环联实业有限公司建设工程设计合同纠纷再审复查与审判监督民事裁定书】

(2015)鲁民申字第1270号　山东省高级人民法院

【裁判规则】华滨环联公司在签订合同时应对合同相对方的营业执照、年检情况、资质现状等进行审查,华滨环联公司提交的苏州工业园区的资质证据不能证实万浮尘在签订合同时有欺诈行为,万浮尘亦否认苏州工业园区同明装饰有限公司企业法人营业执照、工程设计资质证书由其提供。

案例2:【深圳市正国优建筑设计咨询有限公司与安徽金品置业有限公司建设工程设计合同纠纷二审民事判决书】

(2015)皖民四终字第00112号　安徽省高级人民法院

【裁判规则】《合同》明确约定“本合同经双方签章并在甲方向乙方支付定金后生效”及“金品公司在正国优公司提交初步优化计算及初步优化计算书3日内支付定金”。同时,从优化设计方案尚需符合建设主管部门的规划设计要求以及尚待工程设计单位审核的实际情况考虑,双方约定生效条件,具有充分的合理性。二审庭审中,正国优公司以其起草时没有注意及法律经验不足为由,主张上述约定已因其提交行为而变更,没有法律依据,本院不予支持。

案例3:【苏州禹海置业有限公司与上海龙唐智太建筑设计工程有限公司建设工程设计合同纠纷一案再审民事判决书】

(2012)沪高民一(民)再提字第20号　上海市高级人民法院

【裁判规则】双方于2011年1月24日签订的《余款支付确认书》,已明确将本案系争的四份合同项目的设计咨询费合计确认为477.15万元,并承诺上述费用是龙唐公司在设计过程中产生的费用、成本及所得报酬,不应有任何原因包括设计资质等因素不予支付,且在确认书签订当日,禹海公司即向龙唐公司支付剩余的设计咨询费。该确认书系双方当事人对可能发生的合同无效的后果作出的处理,并无违反法律的有关规定,应属合法有效。

2. 设计范围

明确设计范围是设计合同的核心要素之一。设计活动具有多阶段、层层细化、层层递进的特点,后一阶段的设计需在前一阶段的文件基础上进行。因此,除合同中明确约定外,专业设计公司也需对工作内容,如年度方案和整体方案的关系(案例1)有符合其专业水平的基本判断能力;而如果缺少前期基础资料,设计方应当进行催告或协商,以及采用暂停、解除合同等方式处理,不得单方按照原合同约定进行设计工作,否则属于擅自不正确履行合同义务,设计成果不予认定(案例2);此外,实践中如业主要求超规范设计(非违法)的情况,在进行设计工作前,得到业主确认并提前告知风险,可证明设计方无过错(案例3),此处理方式可供参考。

参考案例:

案例1:【云南诚赛水利水电勘测设计有限公司与大理市银桥镇人民政府建设工程设计合同纠纷申请再审民事裁定书】

(2012)民申字第992号　最高人民法院

【裁判规则】银桥镇政府虽签收了诚赛公司所做整体设计方案,但其对该预算总投资并不予认可,且涉案四条溪综合治理整体设计方案不属合同约定的内容,双方对此亦未另行约定。双方只就2010年度的河道工程项目的设计工作进行了约定。诚赛公司作为专业的设计公司,在签订合同时应当明了其提出的年度设计方案必须符合整体设计方案,其所提出的整体设计方案只是为年度方案服务。

案例2:【开封市建筑设计院有限公司与兰考县供电责任有限公司建设工程设计合同纠纷民事申请再审裁定书】

(2015)豫法立二民申字第00691号　河南省高级人民法院

【裁判规则】合同中约定提交的详规、计委立项批文是建设工程初步设计的基础,在兰考县供电责任有限公司不提供以上资料文件,建设工程初步设计缺少所需基础资料的情况下,开封市建筑设计院有限公司称其已完成初步设计、施工图设计占设计80%的工作量,属于擅自、不正确履行合同义务。

案例3:【佳木斯巨丰房地产开发有限公司与上海新外建工程设计与顾问有限公司建设工程设计合同纠纷一案二审民事判决书】

(2015)黑民终字第100号　黑龙江省高级人民法院

【裁判规则】新外建公司的消防扩初设计完全系遵照立天唐人公司的指示做出的超规范设计。且新外建公司在设计之前亦已告知立天唐人公司,如依照暂时按消防性能化评估已通过进行设计或该评估未获通过,可能造成的风险及后果。故新外建公司对于超规范的消防扩初设计无过错。

3. 资料提交及交付

提供基础资料是开展设计工作的前提,提交时间会影响设计工作的进度,而提交设计文件是设计方的主要义务。因而在合同约定中要明确双方文件往来的数量、名称、时间及签收方式,并在履行过程中,保留执行上述约定的证据。以免造成"未能证明是否为基础资料"以及"未能证明图纸提交时间"而使己方主张无法得到支持(案例2)。

实践中,合同双方均确实存在由于"经验丰富",而在签合同时候忽视对条款的仔细阅读,在履行中则更加重视不够,一味按照"惯例"下意识地开展工作,但由于"不符合行业惯例"不能对抗"双方合同的明确约定",会给自己造成不必要的损失(案例3)。除非存在严重的不公平情况,合同约定必然优先于行业惯例,该点应当予以重视。

设计活动成果交付层层递进,后工作以前工作为依据,需根据每次成果的深度予以判定。双方往来文件是是否履行合同的主要依据,第三方的审核文件,与第三方的会议纪要等是认定履行情况更为有利的证据(案例4);此外,设计图已加盖执业印章并经审查合格,仅以"签字为他人代签"为由,不足以否定设计方案的效力(案例1)。

参考案例:

案例1:【福建省闽武建筑设计院有限公司与宁波东柯金属制品有限公司建设工程设计合同纠纷再审复查与审判监督民事裁定书】

(2015)浙民申字第165号　浙江省高级人民法院

【裁判规则】闵武设计院认可该设计图中宫洁清的签字并非宫洁清本人所签,并认为该签字系宫洁清授权他人代签。鉴于设计图中已加盖宫洁清执业印章,且设计图已经审查合格。东柯公司以此否定闵武设计院的设计方案,亦依据不足,不能成立。

案例2:【东华工程科技股份有限公司与牡丹江日达化工有限公司、大连重工机电设备成套有限公司建设工程设计合同纠纷申请再审民事裁定书】

(2012)民申字第668号　最高人民法院

【裁判规则】东华公司未提交证据证明日达公司2008年1月22日提供设计所需资料是否系设计必需的基础资料,不足以推翻二审判决关于日达公司2007年12月5日完成基础资料提交的认定。东华公司在二审期间自认2008年4月完成初步设计,现无证据证明将设计图纸交付给日达公司,故东华公司收到基础资料90日内未交付初步设计违反了《设计合同》的约定,其主张日达公司应支付其余设计费并承担违约责任,不予支持。

案例3:【北京大衍致用旅游规划设计院建设工程设计合同纠纷申诉、申请民事裁定书】

(2016)京民申328号 北京市高级人民法院

【裁判规则】大衍致用设计院主张第一阶段的成果已以项目汇报的形式交付给瑶医医院,但无论是口头汇报、电子邮件或者QQ聊天记录均不符合双方合同明确约定的交付方式,其所持交付打印文本不符合行业惯例的申诉理由不能对抗双方合同的明确约定。考虑到大衍致用设计院提交的证据表明其为完成第一阶段的工作付出了一定努力,一、二审法院未支持瑶医医院关于判令大衍致用设计院向其支付违约金的诉讼请求,已对双方利益作了合理考虑。

案例4:【四川邛海麓镇物业有限公司与四川省古典建筑园林设计院建设工程设计合同纠纷二审民事判决书】

(2015)川民终字第256号 四川省高级人民法院

【裁判规则】关于提交成果,第三个是《方案设计》,该方案载明的承编单位是园林设计院,并载明《控制性详细规划》和《修建性详细规划》为该方案设计的设计依据之一。故虽然《方案设计》部分内容与《修建性详细规划》一致,但不能证明邛海物业关于园林设计院仅对修建性详细规划进行了微小的调整,换了一个“建筑设计方案”的名称的观点。A4工作内容是对方案设计做调整、修改及深化,直至取得省、市政府相关部门审批文件。邛海物业虽在审理中对园林设计院2010年10月25日后的修改工作是否进行提出异议,因2010年10月25日评审委员会系在听取方案设计单位园林设计院的情况介绍基础上形成,园林设计院已举出了2010年11月按照《评审会议纪要》修改的调整设计方案。邛海物业也并无证据证明2010年10月25日后园林设计院怠于履行合同义务,并按照双方合同约定对园林设计院进行了书面通知。以上证据能够证明园林设计院已经进行了A4阶段的工作,园林设计院未能继续进行取得省住建厅审批文件的工作不是由于园林设计院自身原因造成。

4.设计变更

设计变更的认定是设计合同履行过程中的常见焦点,由于设计活动的自身特点,设计文件提交后通常会依据业主或审核部门的要求进行数轮修改,因此修改与变更的界限认定显得极为重要,即是否属于合同约定的工作范围,是否应额外支付费用。合同范围内的修改、变动是否属于增付部分,要按照合同约定判断,要熟悉掌握合同中约定程序,履行过程中如有隐含争议,如未得到及时认可或出于其他利益平衡暂时不方便提出,也要注意尽量保留在改动时提出异议的证据(案例1)。实践中,双方的履行行为可能被视为对原合同约定进行变更的认定,过程文件中的文字表达要格外注意,必要时将希望保留的权利的意图明示(案例2)。

参考案例:

案例1:【浙江龙山建筑设计咨询有限公司与江西粤昌房地产开发有限公司建设工程设计合同纠纷二审民事判决书】

(2015)赣民一终字第208号　江西省高级人民法院

【裁判规则】龙山公司既未提供充分证据证明其所称方案的改动属于上述增付设计费的范围,也未提供其在改动方案时明确提出异议的相关证据,其应承担举证不能的后果,龙山公司应根据粤昌公司的指示、通知进行相应的图纸设计工作。龙山公司称粤昌公司口头通知其开展二期施工图和园林图纸的设计工作,但未获得粤昌公司的认可。龙山公司并未向粤昌公司交付二期施工图及园林图纸,不符合合同约定的付款条件。

案例2:【再审申请人中国人民解放军海军大连舰艇学院因与被申请人大连城建设计研究院有限公司建设工程设计合同纠纷一案民事裁定书】

(2014)辽审四民申字第398号　辽宁省高级人民法院

【裁判规则】双方在合同中约定了付费时间和金额,在舰艇学院未在约定的付费时间履行付款义务的情况下,设计公司履行了设计并交付图纸的主要合同义务,而舰艇学院向设计公司出具申请晒图授权委托书,及全权委托人孙启元于2010年1月11日领取全套6套设计图纸并在《业主晒图申请结算单》上签字确认的行为,说明双方对合同约定的支付时间发生变更予以认可,案涉合同依法成立并生效。

5. 鉴定相关

从裁判文书中可见,在设计合同纠纷中,鉴定多用于设计行为是否符合设计规范、设计内容是否超出原有设计承诺,以及设计缺陷造成的损失赔偿等方面,总体使用频率低于施工合同。此外,由案例可见,鉴定活动符合明示的委托要求十分重要。而如当事人一方对鉴定提出质疑,需要有充分的证据,并且需按照程序规定提出重新鉴定申请等,才可能得到支持。

参考案例:

【山东亚新设计工程有限公司与烟台昆仑房地产开发有限公司、烟台市清泉综合开发有限公司、山东清泉集团有限公司建设工程设计合同纠纷二审民事判决书】

(2013)民一终字第22号 最高人民法院

【裁判规则】二审查明事实表明,鉴定机构所持上述关于本案鉴定依据的认识及判断与案涉基本事实明显相悖。在讼争当事人否认设计合同及设计文件的真实性并据此启动鉴定程序的情形下,鉴定机构未能依照一审法院明示的委托要求,就设计变更、设计收费的真实性、合理性进行审查,对设计过程中不符合设计规范的行为予以甄别,显存不妥。

6. 定金、预付款

第一笔费用通常为定金与预付款合一,是设计合同的特点之一,由于一笔款项具有双重性质,在合同解除之后的返还、折抵方式成为频率较高的争点。仅用"定金抵扣"为表述不严谨,应适用正确的合同解释方法,单纯利用文字游戏,以期实现享受全部工作成果却仅支付80%款项,明显违反诚实信用(案例1)。而如果要使用定金罚则,需要在合同中明确约定才可被支持(案例2)。

另有多个案例涉及合同解除后款项返还的问题,设计合同即通常均有"定金折抵设计费"的约定,如何折抵存在不同的解释。不采用逐期分摊到后期的方式处理(超长期另议),而将其处理为第二次支付约定的时间点的工作量对应的金额应为"定金+第二次付款金额"是否更为合理?即过了第二个支付点,定金作用失效。否则,如果定金单算或按比例抵扣至各期支付中,若出现中途解除等情况,会造成某一时刻完成工作量与已支付金额的不符的情况。且由于设计合同阶段较少,第二个支付点之后,双方的权利义务可通过其他条款予以平衡。

参考案例:

案例1:【西北政法大学与陕西中航建筑设计院有限责任公司建设工程设计合同纠纷申请再审民事裁定书】

(2016)陕民申35号 陕西省高级人民法院

【裁判规则】合同签订后3日内第一次付费占总设计费20%(定金)为59.6万元,设计工作开始后,定金为总设计费的一部分,并抵作设计费。设计工作开始后,政法大学按进度按比例支付中航公司余下的80%设计款。合同签订后,政法大学于2005年7月25日给中航公司付款59.6万元,该笔费用在设计工作启动后应当视为第一笔设计费,如果将该笔款项在后续的设计费中抵扣,则即使中航公司完成所有的设计任务，也仅能收到80%的设计款，显然与合同的本意相悖。

案例2：【开封市建筑设计院有限公司与兰考县供电责任有限公司建设工程设计合同纠纷民事申请再审裁定书】

(2015)豫法立二民申字第00691号　河南省高级人民法院

【裁判规则】开封市建筑设计院有限公司依据口头约定向兰考县供电责任有限公司支付90000元合同履行保证金，不属于定金性质。

7.设计费支付

设计合同纠纷绝大多数均会涉及设计费支付纠纷，而其余的争议焦点如设计范围、设计变更、工程鉴定、违约责任等，往往是一方提出设计费支付请求后，另一方作为抗辩理由提出，因此也可以说，设计费支付是各个核心争议焦点之中的核心。

实现设计费的支付，通常与设计图纸的交付相关，与最终是否投入使用无关（案例1）；而对于设计费用的确认，除非合同中有明确约定，通常意义上的审核，由于审核方非合同双方，有双方认可即可确认。而如果原合同约定的支付方式，例如，以房折抵，已无法实现，法院可能依据实际情况改判其他方式，如现金方式支付（案例8）。此外对于付款条件的约定，需要注明是否提供发票、是否需要相应阶段的批文等附属条件。

对于合同无效之后的费用处理，针对《合同法》第58条，案例2中进行了较为详尽的论述："合同无效后，由于设计成果已被使用无法返还，故甲方应当对设计成果进行折价补偿，其补偿标准可参照双方合同约定的设计费标准。设计费属于合同无效后的折价补偿，不属于因合同无效受到的赔偿损失，故不适用因过错大小进行损失分担即减负设计费的情况"。

多数裁判文书延续了上述观点：在合同无效后，以折价补偿为由判决支付设计费，并支持了延期支付的利息（案例3）；合格图纸全额补偿，对于已完成施工图纸设计但未通过图纸审查的不合格部分，由于设计方付出了劳动，补偿金额由双方依据过错责任分担（案例4）；对于已支付的设计费，法院认为实际属于其涉案损失的一部分，判与返还。对于赔偿责任，判决无资质一方承担主要责任70%，业主方次要责任（案例6）。已完成的设计工作（已被甲方认可的实际工作）判决按原合同约定支付设计费，予以补偿（案例7）。

可见，合同无效后，对于未支付的费用部分处理，均以业主方是否实际认可或设计图纸是否审查合格作为支付对价的标准，如答案肯定，则以折价补偿为依据支持业主方支付设计费合同约定的足额价款，对于已支付的设计费用，如涉及返还，会使用赔偿损失的思路，根据合同无效的过错予以区分。至此问题的处理，与施工合同纠纷的实际是工人概念有异曲同工之处,虽然兼具公平,但也存在是否使“具有设计资质成为空谈”的疑惑。

参考案例:

案例1:【阿克苏地区辉煌房地产开发有限公司与新疆泰合宏鑫房地产开发有限责任公司一案二审民事判决书】

(2015)新民一终字第158号　新疆维吾尔自治区高级人民法院

【裁判规则】设计费支付与图纸交付有关,与最终是否投入使用无关。

案例2:【武汉泰伦设计工程顾问有限公司与湖北天韵置业有限公司建设工程设计合同纠纷二审民事判决书裁定书】

(2015)鄂民一终字第00011号　湖北省高级人民法院

【裁判规则】《谅解备忘录》虽系双方在《设计合同》基础上签订的,但签订时间是在本案《设计合同》所涉工程最终通过规划之后,其内容系对于泰伦公司已完成设计合同所约定设计内容的确认,以及对天韵公司履行付款义务期限的约定,并未违反法律、行政法规的强制性规定。因此,《谅解备忘录》对本案相关事实内容的确认应为有效。合同无效后,泰伦公司的设计成果已为天韵公司所使用,无法返还给泰伦公司,因此天韵公司应就该设计成果进行折价补偿,其补偿标准可参照双方合同约定的设计费标准。设计费系合同无效后,天韵公司应给泰伦公司的折价补偿,并不属于天韵公司因设计合同无效受到的损失赔偿,关于因合同无效造成的损失进行分担的规定,故天韵公司主张应依据过错大小减付设计费的上诉主张不能成立。

案例3:【北京维拓时代建筑设计有限公司与山东铭洲地产有限公司建设工程设计合同纠纷二审民事判决书】

(2014)鲁民一终字第471号　山东省高级人民法院

【裁判规则】虽然双方当事人签订的建筑工程设计合同无效,但铭洲公司接收并使用了维拓公司的设计成果,该设计成果铭洲公司无法返还,原审依照法律规定判令铭洲公司对维拓公司的设计成果折价补偿并无不当。在铭洲公司收到并使用维拓公司的设计方案后应当及时支付设计费,因此,原审判令维拓公司从起诉时起按中国人民银行公布的同期同类银行贷款利率计算支付利息并无不当。

案例4:【北京维拓时代建筑设计有限公司与池州万成置业发展有限公司建设工程设计合同纠纷二审民事判决书】

(2014)皖民四终字第00318号　安徽省高级人民法院

【裁判规则】维拓设计公司已完成施工图纸设计并通过图纸审查的设计成果市场价值为498568.77元,该部分设计成果已经通过审查合格,为可以投入使用的有效成果,万成置业公司应当全额补偿。维拓设计公司已完成施工图纸设计但未通过图纸审查的设计成果市场价值为810685.53元,该部分设计成果虽不属合格成果,但维拓设计公司已为此付出了智力劳动,存在损失。原审判决根据双方过程责任,对该部分智力劳动损失确定由万成置业公司承担40%。

案例5:【西双版纳华迪建筑工程设计事务所与西双版纳盛璟新城投资开发有限公司合同纠纷二审民事判决书】

(2014)云高民一终字第176号　云南省高级人民法院

【裁判规则】《楠景新城项目设计费用审核单》上有华迪事务所及盛璟新城公司副总经理徐元生的签名,审核单上的设计费亦符合双方合同的约定,故一审确认华迪事务所的设计费为438.58万元并无不当。《楠景新城项目设计费用审核单》上有审核单位一栏,审核单位与华迪事务所并无合同关系,在当事人审核设计费用符合约定的基础上,一审对审核单位一栏上签字人刘强的身份未予以明确并无不当。

案例6:【上诉人抚顺市金永建材有限公司与被上诉人抚顺市嘉禾实业有限责任公司、山东新天宇建设安装有限公司建设工程设计合同纠纷二审民事判决书】

(2014)辽民一终字第00003号　辽宁省高级人民法院

【裁判规则】原审原告为履行合同而支付的30万元设计费,实际属于其涉案损失的一部分,一审法院判决新天宇公司返还因合同无效而收取的设计费30万元,并不超出原审原告的诉讼请求,同时符合合同被认定无效后的法律处理原则。新天宇公司没有涉案钢板库的设计资质,故一审法院认定新天宇公司应承担涉案建设工程设计合同无效的主要责任及金永公司和嘉禾公司涉案损失的主要赔偿责任,具有事实根据和法律依据。嘉禾公司、金永公司也负有过错,一审法院才减轻了新天宇公司的涉案赔偿责任,判令其承担70%的责任;显然,其余30%的责任,应由金永公司与嘉禾公司自行承担。

案例7:【阜新市盈瑞房地产开发有限责任公司与沈阳东北金城建筑设计院建设工程合同纠纷申请再审民事裁定书】

(2013)辽审一民申字第814号　辽宁省高级人民法院

【裁判规则】在盈瑞公司先期已认可东北金城设计院如约完成设计内容的情况下,东北金城设计院要求按照双方达成的还款协议约定支付尚欠工程款68.6万元,理由正当,盈瑞公司现以东北金城设计院不具有资质,导致合同无效为由,拒付拖欠的设计费用,有违诚信原则,不应予以支持。

案例8:【内蒙古银欧房地产开发有限公司与北京森磊源建筑规划设计有限公司建设工程设计合同纠纷再审民事裁定书】

(2015)内民申字第02035号　内蒙古自治区高级人民法院

【裁判规则】双方均违约,综合考虑判决各承担50%并无不当。银欧房地产公司未及时履行支付审查图纸费用义务,使付款条件不能成就,依《合同法》第45条规定,认定条件已成就。双方约定以房屋抵顶方式支付70%的设计费,但由于停建,已难以实现,二审法院在分清责任的基础上,判令以现款支付,符合客观实际,应予以维持。

8. 违约责任

除去通常的违约责任认定外,裁判文书中"履行过程中双方协商以及具体的履行行为,是否会构成对于追究违约责任的放弃"是较为突出的一个要点。例如,设计方在业主方未支付预付款的情况下,未提出异议并开始履行合同,被视为对于未按约支付预付款违约责任主张的放弃(案例1);设计方晚交图纸,但业主方确认接收且当时并未提及逾期的责任承担,故不予支持业主方逾期交付图纸违约金请求(案例2);因为履行而视为放弃了限额设计约定且认定了超额设计结果,被认为设计方不存在违约行为(案例3)。

可见,主张违约责任得到认定,首先需要在合同中对某项具体事由的违约责任有明确约定,或双方又后续约定;此外,在履行过程中不要产生默示确认的行为,保留权利并落实在往来文件中是需要关注的操作点。

参考案例:

案例1:【云南诚赛水利水电勘测设计有限公司与大理市银桥镇人民政府建设工程设计合同纠纷申请再审民事裁定书】

(2012)民申字第992号　最高人民法院

【裁判规则】诚赛公司对银桥镇政府未依约支付预付款并无异议并开始履行合同,诚赛公司该行为应视为其对银桥镇政府未按约支付预付款所致违约责任主张的放弃。至于预付款之外的款项,因双方有争议,且款项数额不确定,故银桥镇政府未予以支付不属违约。

案例2:【呼和浩特万达广场投资有限公司因与内蒙古建筑勘察设计研究院有限责任公司建设工程设计合同纠纷二审民事判决书】

(2015)内民一终字第00105号　内蒙古自治区高级人民法院

【裁判规则】万达公司虽向建筑设计院发函要求其在2009年9月30日前交付图纸,但2009年10月19日建筑设计院向万达公司交付图纸时,万达公司接受并注明:设计完成工程量百分比需核对后有效。万达公司已接收了建筑设计院的设计成果,且双方对逾期交付图纸并未约定责任承担方式,故万达公司主张建筑设计院承担逾期交付图纸违约金的上诉请求证据不足，不予支持。

案例3:【中国疾病预防控制中心职业卫生与中毒控制所建设工程设计合同纠纷申诉、申请民事裁定书】

(2014)高民申字第3730号　北京市高级人民法院

【裁判规则】疾控中心职业卫生所与建研院签订的《建设工程设计合同》中没有约定超额设计属于违约行为，且综合疾控中心职业卫生所在合同履行过程中确认建研院的设计成果等行为，二审法院认定疾控中心职业卫生所在合同履行中已放弃了限额设计的约定并确认了建研院的超额设计成果，建研院不存在违约行为，并无不当。

9. 设计与施工的配合

除单一的设计合同外，实践中还存在“设计 + 服务合同”，即设计方除设计工作外，将后续服务一并包揽，或者在设计合同中有部分内容为与后续施工工作的对接及配合，此时需要在合同中区分每一笔费用对应的工作内容，在实际履行中，要对每一笔款项的支付或收取予以明示，设计费的返还通常与设计文件是否合同无效的责任相关，而施工服务费的返还与该项工作是否已完成关联更强，因而需避免在工作内容有所交叉的过程中，对费用性质认定不清影响返还阶段己方权利。

参考案例:

【山东新天宇建设安装有限公司与抚顺市金永建材有限公司、抚顺市嘉禾实业有限责任公司建设工程设计合同纠纷申请再审民事裁定书】

(2014)民申字第500号　最高人民法院

【裁判规则】一审法院审理查明，合同签订后，金永公司、嘉禾公司分期支付新天宇公司设计费30万元、施工费497000元，并据此判决新天宇公司返还金永公司、嘉禾公司设计费30万元。对此项判决内容，新天宇公司上诉时并未提出该30万元不是设计费的事实主张。

10. 政府行为的影响

设计合同的另一特点，是与施工阶段相比，在规划设计阶段受政府文件或政策影响较大，需注意合同约定的审批、报建时间，而合同是否有效，也需根据合同签订时间点的法律予以认定。

实践中，由于政府调控导致未报批、报建成功的情况确实占据一定比例，且在法律政策有效期内，也常存在相关手续的实际办理时间远长于约定时间，且非当事方可控,因此该情况对于责任方非常不利,尤其由于此类拖期导致了法律政策的变化而使合同履行不能,更可能判定责任方承担违约责任。因此,在履行过程中,如果出现非可控原因出现导致相关手续办理延误,要在往来文件中对时间点予以及时变更确认。

案例1:【再审申请人天津合生珠江房地产开发有限公司与被申请人天津远华海运有限公司建设工程设计合同纠纷申请再审民事裁定书】

(2013)民申字第2508号 最高人民法院

【裁判规则】最终未能建成系合生公司未在约定的期限内办理审批、报建手续所致,依据合同签订时的法律认定合同有效并无不当;因合生公司违约导致远华公司取得定制别墅的合同目的无法实现,根据《合同法》第97条的规定,合同解除后,合生公司不仅不能得到该5万元咨询服务费,还应承担相应的违约责任。

案例2:【天津合生珠江房地产开发有限公司、天津远华海运有限公司建设工程设计合同纠纷一案】

(2013)津高民一终字第0057号 天津市高级人民法院

【裁判规则】合生珠江公司主张其未依约办理前期审批报建手续是由于政府政策调控的原因,而其该主张依据的国土资源部《关于当前进一步从严土地管理的紧急通知》和国土资发〔2006〕296号的通知的下发时间分别为2006年5月30日和2006年12月12日,均在合同约定的2005年12月31日之后,故合生珠江公司在上述两份通知下发前违约事实已经存在。

11. 证据相关

证据认定和举证责任分配是裁判文书的重要组成部分,也是一份优秀的裁判文书值得学习的内容之一。下面截取几段对于证据的简要表述,一为体会思路,二为实践中的证据留存提供指引。

参考案例:

案例1:【山东亚新设计工程有限公司与烟台昆仑房地产开发有限公司、烟台市清泉综合开发有限公司、山东清泉集团有限公司建设工程设计合同纠纷二审民事判决书】

(2013)民一终字第22号 最高人民法院

【裁判规则】在设计单位不能提供建设单位曾向设计单位发出的设计变更任务书、设计变更指令或者有关设计变更的会议纪要而只能提供设计合同补充协议和设计变更文件的情形下,应由设计单位承担举证不能的法律后果。

案例2:【再审申请人柳重全因与被申请人玉门玉安建筑设计事务所建设工程设计合同纠纷申请再审民事裁定书】

(2015)甘民申字第908号　甘肃省高级人民法院

【裁判规则】虽然被申请人玉门玉安建筑设计事务所未能提供双方签订的书面合同,但是根据申请人柳重全在二审庭审中的陈述(其认可从被申请人处取走的设计图纸等书面资料上载明合同价款为27000元)、申请人之子柳建涛在电话录音中关于图纸设计价款付款情况的陈述以及被申请人员工的证言、记账明细等间接证据,能够相互印证,达到民事诉讼中高度盖然性的证明标准。

案例3:【江西荣泰房地产开发有限公司、江西省现代建筑设计研究院与北京冠业伟业民用建筑设计有限公司建设工程设计合同纠纷二审民事判决书】

(2015)赣民一终字第70号　江西省高级人民法院

【裁判规则】荣泰公司起诉主张现代设计院的设计缺陷给其造成巨大损失。作为原告的荣泰公司对此应当承担举证责任,荣泰公司提交了其单方委托瑞林咨询公司出具的《审查意见》,现代设计院也提交了其设计的施工图经赣建图审中心审查合格的证据进行抗辩。原审以现代设计院对瑞林咨询公司的《审查意见》提出异议为由,将申请鉴定的举证责任分配给了现代设计院,不符合民事诉讼关于谁主张谁举证的举证规则。故荣泰公司没有充分证据证明现代设计院的施工图存在缺陷。其主张现代设计院的施工图存在缺陷的证据不足,本院不予认定。

案例4:【阳泉市恒大房地产开发有限公司与上海华厦伟业建筑规划设计有限公司建设工程设计合同纠纷再审复查与审判监督民事裁定书】

(2014)晋民申字第54号　山西省高级人民法院

【裁判规则】申请人恒大房地产公司作为委托设计方,依约负有及时向被申请人上海华夏伟业设计公司提交完备相关资料和文件的义务,依法应对按时向被申请人上海华夏伟业设计公司提交资料及文件的事实负有举证责任。申请人恒大房地产公司主张合同已经解除,但未提供充分的证据证明已经通知上海华夏伟业设计公司,且对上海华夏伟业设计公司设计稿认为不合格,亦仅为单方认识,缺乏证据证明。

12.管辖与诉讼时效

管辖与诉讼时效等问题,是各类型案件中的通用焦点。在本次检索结果中,多数案件中均涉及该类程序问题,可见对于法律基础程序的关注程度应保持一贯重视。

对于设计合同纠纷的管辖,需注意与施工合同纠纷中的不动产专属管辖不同。

通常,由于建设工程设计合同的特征义务是设计图的设计、出图、晒图等行为,完成设计工作的地点(特征义务履行地)即设计方所在地可具有管辖权。对于设计施工一体的合同而言,依据此点在管辖选择上或许有变通的余地。

关于诉讼时效的认定,有案例中以“反诉虽然是向法院提起的与本诉存在牵连关系的请求,但其作为独立的诉讼,应当符合诉讼时效的法律规定”,驳回反诉请求,在施工纠纷中索赔与反索赔中,也常出现反诉超过诉讼时效的情况,此点如何认定在实践中尚无统一标准,待予以关注。

关于诉讼时效的中断,有案例中以“签收催款通知单,并加盖印章,结合证人争议及视听资料”予以认定未超过诉讼时效的认定;以及仅有“投寄挂号邮件证明书,没有收件人的签收记录或邮政机构出具的妥投证明,也没有其他证据能够证明存在应当收到的情形”而不予认定。在实际履行过程中,可以参考此处进行证据留存。

四、结语

本文梳理了对建设工程设计合同纠纷的裁判规则,按照争议焦点进行了分类汇总(见表1),既有法律角度裁判规则的整理,也有实务角度日常管理要点,希望为阅者面对该类纠纷时的解决思路提供一些参考。与施工合同纠纷相比,设计合同纠纷的频度和数量均有很大差别,难免有样本数不足之感,要深入研究每一个争议点,还需要收集更多角度的资料。

表1 建设工程设计合同纠纷要点划分

1. 合同效力	5. 鉴定相关	9. 设计与施工的配合
2. 设计范围	6. 定金、预付款	10. 政府行为的影响
3. 资料提交与交付	7. 设计费支付	11. 证据相关
4. 设计变更	8. 违约责任	12. 管辖与诉讼时效

本文梳理过程中,对于案例的详读多限于“本院认为”部分,其余部分按需参考,由于裁判文书详尽程度不同,有时单看文书觉得信息有限,由于欠缺背景资料而无法了解案件全貌,也存在一些仅以“无足够证据”“不符合……的规定”等语言进行简单表述的情况,强烈感觉对于个案,关注全局才能更好地找到要点。

对于部分优秀详尽的裁判文书,本文的工作对于其价值的发挥未及皮毛。多份文书的事实部分,涉及多次重大的合同变更,数十个时间点的交错,可以作为个案深入讨论,也可以作为时间轴等可视化工具很好的学习材料。而证据认定部分,多份文书中对数份证据逐一认定,有十分详细且严谨的描述,对于日常证据留存及产生争议后的证据认定有很好的参考价值。但有时感觉因为证据种类繁多,涉及多角度、多方面,尝试分类过程中,要么过细,要么过于宽泛,难以提炼出繁简适中可操作性强的共性规则。这也是今后继续努力的方向之一。

我国司法管辖区制度的重构与设计

——以天津市为设计样本

天津市河东区人民检察院课题组

［摘　要］　当前我国各级司法管辖区与各级行政区划基本重合，这为司法权的地方化提供了天然便利。从长远看，对我国的司法管辖区制度进行重构，尤其是重新划分与行政区划适当分离的初级司法管辖区和中级司法管辖区，是我国司法权的去地方化，进而确保审判权、检察权依法独立行使的必然选择。在我国司法管辖区的重构过程中，应综合考虑与行政区划脱离、诉讼经济和平衡原则，以及人口总数、辖区面积、经济发展程度、案件人口比、历史地缘等因素。本文试探性地以天津市为设计样本，对天津市的初级、中级司法管辖区进行了重新划分，在使司法管辖区和行政区划适当分离的同时，也使同级别司法管辖区内的案件负担趋于平衡。

［**关键词**］　司法管辖区　去地方化　制度重构　天津市

中共十八届三中全会确定司法改革路线图以来，我国的司法改革已进入试点探索的新阶段，探索建立与行政区划适当分离的司法管辖制度是本次司法改革的重要目标之一。在此背景下研究我国司法管辖区制度的重构问题意义重大，尤其是初级司法管辖区和中级司法管辖区与行政区划的适当分离，与本次改革中省以下法院、检察院的人、财、物统一管理的改革内容相配合，必将进一步推动我国审判权与检察权的依法独立公正行使。遗憾的是，根据最高人民法院最新公布的《人民法院第四个五年改革纲要（2014－2018）》，司法管辖区，尤其是初级司法管辖区和中级司法管辖区与行政区划的适当分离被排除在此次司法改革的近期目标之外。然而，从长远来看，对我国的司法管辖区制度进行重构，尤其是重新划分与行政区划适当分离的初级司法管辖区和中级司法管辖区,是我国司法权的去地方化,进而确保审判权检察权依法独立公正行使的必然选择。

一、我国司法管辖区制度现状概述

所谓司法管辖区,是相对于行政区划而言的,是由人为划分的一种空间概念表述,在国内也有学者把它称作司法区,是标志一国司法机关(最高司法机关除外)行使司法权的具体权力场域,它"不仅是一个地理概念,更主要是一个权力行使范围概念,是属地、属人、属事管辖的结合,是实体场域和虚拟场域的结合"。[1]而司法管辖区制度是指一国根据自身实际状况,除最高司法机关以外,将不同行政区域的法律事务交由特定司法机构处理的制度,具有分离性、自主性、地方性[2]三个基本特征,其核心是不按行政区划设立司法机构(审判机关和检察机关),以避免行政干扰司法,保障司法独立。[3]

我国当下的司法管辖区主要分为初级、中级、高级和国家级四个层级的司法管辖区。初级司法管辖区基本与县、县级市、市辖区等三级行政区的行政区划相重合,并设置相应的司法机关基层人民法院和基层人民检察院。中级司法管辖区中,除直辖市内和极少数地区外,基本与地级市、州、地区等二级行政区的行政区划相重合,并设置对应的中级人民法院和人民检察(分)院。在此值得说明的是,在四个直辖市中,由于行政区划存在两级,缺少地级市的行政区,因此,各直辖市根据实际情况的不同分别设置了数量不等的中级司法管辖区,管辖不同的初级司法管辖区,并设置了对应的中级人民法院和市人民检察院分院。以天津市为例,划分了两个中级司法管辖区,每个中级司法管辖区分管部分区和县,并分别设置中级人民法院和检察分院,其中检察分院作为天津市人民检察院的派出机关。高级司法管辖区基本与省、直辖市、自治区等一级行政区的行政区划相重合,并设置对应的高级人民法院和人民检察院。国家级司法管辖区覆盖我国全部领域,设置最高人民法院和最高人民检察院。除此之外,我国还有军事、建设兵团、铁路、海商事、林业、垦区等专属司法管辖区。军事、建设兵团、海商事案件等管辖区都考虑了管辖区内的特殊因素,并持续起到积极作用,林业、垦区和铁路司法管辖区目前也正在改革过程中。我国司法管辖区问题主要存在于一般司法管辖区之中,且管辖范围最广、涉及民众人数最多、造成的社会影响也更大。因此,本文研究对象为我国一般司法管辖区制

---

〔1〕 赵兴洪:《司法区划分基本问题研究》,载《西南农业大学学报》(社会科学版)2012 年第 1 期。

〔2〕 但需指出的是,这里的地方性并不等于地方化,而是指司法管辖区的规格,相较于一国最高司法机关的管辖区域,其他层级的司法机关的行权范围均具有一定的地域性或区域性。

〔3〕 李卫平:《关于司法管辖区制度的几点思考》,载《河南社会科学》2004 年第 4 期。

度问题,专属管辖区制度将不再涉及。

二、我国司法管辖区制度存在问题及域外经验

(一)我国当前司法管辖区制度存在的主要问题

毫无疑问,司法管辖区与行政区划的重合为司法权地方化提供了便利。虽然我国宪法规定由人民代表大会产生同级法院和检察院,但司法机关人、财、物均受行政机关制约,再加上司法管辖区与行政区重合的便利,极易导致司法地方化与司法行政化。如有的地方将司法机关视为政府的一个组成部门,有的地方要求司法机关承担创收或者招商引资的任务,[1]司法权会更注重保护地方利益,甚至会形成新的地方壁垒,不利于市场经济的发展。行政权会"名正言顺"地对司法活动进行干预和影响,不利于司法权的独立行使和社会公平正义的实现。当然,各地受案差异较大、司法资源负担不均、诉讼成本较高、诉讼困难频现等也是当前司法管辖区制度运行中存在的一些问题。

(二)司法管辖区制度的域外考察

司法管辖区与行政区划相重合是我国几千年司法文明的传统,而西方不少国家具有司法管辖区与行政区划相分离的传统和经验,且对司法文明的发展起到了积极作用,也许国外的经验对我国有一定的借鉴意义。

司法管辖区与行政区划相分离的传统渊源于英国,中世纪的英国,上有王权,下有领主权。领主在自己的领地内可以实施行政权和司法权。此时,巡回法院的设立加强了中央司法权,法院全部由国王派往各地。巡回区跨越多个领地,领主很难干预司法。但是,随着经济的发展,案件数量日益增多,法官定期巡回已经难以及时解决巡回区积压的案件,巡回法院日益衰落,但这种冠以"巡回"之名而无巡回之实的、与行政区划分离的司法管辖制度却一直保留至今,而且持续地发挥着重大作用。目前的英国(苏格兰和北爱尔兰以外)共设立了6个刑事巡回审判区。[2]美国联邦法院系统目前共有13个巡回区,其中12个与州的行政管辖范围不同,每个巡回司法区都涉及数个州,只有第12巡回区只局限于哥伦比亚特区。[3]日本目前将全国划分为8个高等法院管辖区,分别设在东京、大阪等8个大城市。[4]法国把全

---

〔1〕 夏锦文、张华:《当代中国司法运作现状的实证考察及理性思考》,载《南京社会科学》2000年第5期。

〔2〕 程汉大:《现代英国法院制度的历史变迁》,载《中西法律传统》2006年第00期。

〔3〕 赵兴洪:《司法区划分基本问题研究》,载《西南农业大学学报》(社会科学版)2012年第1期。

〔4〕 陈建国:《日本司法制度简介》,载《国外法学》1980年第4期。

国划分为95个行省,但是全国上诉法院只有33个。[1]德国全国有16个州,但是联邦高等法院却有20多个,[2]而且德国州法院的设置也和行政区划不完全相同。俄罗斯作为与我国最具有司法渊源的国家,其上诉审法院也是跨行政区行使审判权的。[3]

这种行政区划与司法管辖区相分离的模式在上述各国都起到了积极作用。俄罗斯在苏联解体后曾出现过法制不统一、违宪严重、行政干预司法的现象,但其跨行政区的上诉法院的建立,客观上起到了统一法制、减少行政干预的作用。美国、法国、德国和日本出于种种原因设立与行政区划不同的司法区制度,客观上起到了维护司法独立和法制统一的作用,并有利于诉讼成本的降低,增加民众通过司法维护权利的积极性。

(三)我国司法管辖区制度重构的意义

1.有利于去除司法权地方化与行政化。地方化与行政化是当前我国司法权运行中的主要问题,也是此次司法改革亟需解决的主要矛盾,当然,该矛盾的解决需要依赖多种途径和措施共同作用,而司法管辖区和行政区划相分离正是突破口之一。打破司法管辖区与行政区划重合的状态,司法机关在处理案件时受地方利益影响将大为降低。司法管辖区与行政区划相分离,也可从另一个角度宣示司法机关相对于行政机关的独立地位,行政权也难以再用本行政区域内的考核指标等内容影响司法权的独立行使。

2.有利于平衡各地办案压力,降低诉讼成本。根据案件数与人口等因素重新划分司法管辖区,并合理调配司法工作人员,可以平衡不同地区的办案负担,使不同司法管辖区的司法人员的工作负担尽量均衡。地理空间上的平衡也是该制度改革的应有之义,对距离司法机关所在地较远的地方,在重新划分司法管辖区时应当予以考虑和照顾,使边远地区的民众进行诉讼更为便利,从而降低诉讼成本,推动民众通过法律正确行使自己的诉讼权利。

3.有利于促进地区经济发展。市场经济在本质上就是法治经济,是讲规则、守规矩的经济。合理划分、设置司法管辖区旨在保障司法的独立性和维护国家法治权威,国家和国民所致力追求的基本价值理念和秩序都将依照法律和依法裁判的方式来实现。但是在目前国家经济生活中,地方保护主义等现实存在仍阻碍着国

---

〔1〕 刘新魁、陈海光:《法国司法制度的特色与发展》,载《法律适用》2004年第7期。

〔2〕 萧文哲:《现代德国司法制度》,载《中德法学论坛》2007年第00期。

〔3〕 吴玲:《俄罗斯司法体制概述》,载《中国司法》2004年第4期。

家统一市场和经济秩序的形成,不利于市场经济发展。划分设置司法管辖区,有利于破除地方保护主义,避免出现地方司法壁垒,推动地区间经济的交流与发展。

三、我国司法管辖区制度的重构原则与考量因素

鉴于当前我国司法管辖区制度中存在的与行政区划相重合、司法资源负担不均、诉讼成本较高、诉讼效率较低等问题,对其重构设计尤显必要。在此过程中,应坚持以下三个原则:

一是与行政区划适当分离原则。这主要是针对我国司法管辖区与行政区划基本重合[1]和司法存在严重的地方化、行政化现象提出的。也就是说,司法管辖区的划分设置要打破行政区划的局限,[2]在设立司法机关(主要是中央以下国家司法机关)时应主要考虑司法权分层、分级运行以及每个层级能够实际负担的管辖范围等与司法权力运行相关的因素。从权力行使的空间、人财物的管理等方面使地方各级司法机关彻底摆脱对地方政府的依赖或依附关系,科学划定地方各级司法机关行使司法权的独立空间场域,保证司法权以其固有的规律和独立品格去运行。

二是诉讼经济原则。从本质上来讲,司法活动的主要形式在于诉讼。而进行诉讼则不可避免地要涉及诉讼成本和诉讼效率的问题。因此在划分设置司法管辖区时,应充分考虑人口、交通、司法机关规模以及司法人员结构等关系诉讼效率、诉讼成本的具体要素,在按一定比例合理优化配置司法资源的基础上,以司法机关驻地为圆心,划定合理的辐射半径,达到方便诉讼、提高效率的目的。

三是平衡原则。在划分设置司法管辖区时,还应综合考虑案件负担的相对均衡问题,即要对预设司法管辖区的"区域面积、地理条件、文化习俗、人口数量、经济总量、行政机构数量、司法办案人员数量、受理案件总量"加以综合考虑与平衡,使得所设司法管辖区的规模适当,能够维持案件负担与司法机关规模特别是法官、检察官数量上的恰当比例和动态平衡,避免出现"案少人多、案多人少、选择性受案"等不良现象。

上述三个原则中,与行政区划适当分离原则是重构司法管辖区、确保实现依法独立公正行使审判权和检察权制度价值的主要特征,是当之无愧的首要原则。而诉讼经济原则、平衡原则是辅助原则,在设置时应根据具体情况,作出相应的取舍与调整。此外,在预设司法管辖区时,还应统筹考量与上述原则相关的若干因素,例

---

〔1〕 说是基本重合是因为我国目前在一定范围存在司法管辖区与行政区相分离的情形。具体可参见赵兴洪:《司法区划分基本问题研究》,载《西南农业大学学报》(社会科学版)2012年第1期。

〔2〕 与行政区划相脱离是原则,但仍会存在例外,即在省级范围就会存在司法管辖区与行政区划重合的问题。

如，地理条件、辖区面积、人口数量、经济发展程度、司法办案人员数量、受理案件总量、历史地缘、文化习俗等。需要指出的是，上述原则和考量因素孰先孰后的顺序不是一成不变的，在设计时应结合实际情况综合衡量，具体情况不同则优先顺序不同。例如，在人口密度大、经济发展程度较高的发达地区应优先考虑辖区人口、经济发展状况、案件总数和司法官数量比等因素，尽量做到各司法管辖区所辖人口、经济总量及案件负担等因素的均衡。在地广人稀、经济发展程度较低的欠发达地区，则应优先考虑地理交通等因素，首要解决诉讼便利的问题。

四、我国司法管辖区制度的重构路径——以天津市为设计样本

（一）天津市现行司法管辖区制度现状

在司法管辖区的概念体系下，当前天津共有16个初级司法管辖区、2个中级司法管辖区和1个高级司法管辖区。与全国其他省、市、自治区一样，天津的初级管辖区与县、区级行政区划完全重合。值得说明的是，滨海新区是2009年经国务院批准由原来的塘沽区、大港区和汉沽区合并而成，滨海新区法院分别派出塘沽、汉沽、大港、功能区四个审判区管理委员会。在案件管辖上，各审判区管理委员会与滨海新区法院的受案范围分别根据地域、标的案件类型及量刑情况进行分配，但在级别管辖上，滨海新区法院并不管辖二审案件，其二审案件均由天津市第二中级人民法院管辖。因此，尽管有行政级别和管辖范围的区分，滨海新区司法管辖区仍然属于初级管辖区。目前，天津市的16个初级司法管辖区，2013年承担着逾16万件应由初级管辖区审理的案件初审工作（见表1）。

表1　2013年天津市各初级审判区案件审结情况对比表

管辖区	和平区	南开区	河东区	河西区	河北区	红桥区	北辰区	西青区
审结案件（件）	7300	10453	10006	9468	11077	9032	8119	9787
在编人数（人）	178	196	187	225	196	178	147	148
人均案件（件）	41.0	53.3	53.5	42.1	56.5	50.7	55.2	66.1
管辖区	东丽区	静海县	津南区	武清区	宝坻区	宁河县	蓟县	滨海
审结案件（件）	6994	7855	10255	11843	10353	4768	8655	26985
在编人数（人）	148	170	152	184	186	113	208	474
人均案件（件）	47.3	46.2	67.5	64.7	55.7	42.2	41.6	57.0

与其他省、自治区以地级市行政区划为中级司法管辖区不同的是，天津市作为直辖市没有地级市级别的行政区划。因此，当前天津市共分为两个中级司法管辖

区，即第一中级司法管辖区和第二中级司法管辖区，并分别设置了天津市第一中级人民法院、天津市人民检察院第一分院、天津市第二中级人民法院和天津市人民检察院第一分院。第一中级司法管辖区包括和平区、南开区、河北区、红桥区、西青区、北辰区、宝坻区、武清区、静海县、蓟县等 10 个区县，辖区总面积 7214.85 平方公里，总人口 815.3 万人，辖区 GDP 总量 5426.29 亿元人民币。第二中级司法管辖区包括滨海新区、河西区、河东区、东丽区、津南区、宁河县及涉县天津铁厂，辖区总面积 4662.96 平方公里，总人口 656.88 万人，辖区 GDP 总量 10741.76 亿元，两个司法管辖区详细对比情况见表 2。[1] 从案件管辖角度，两个中级管辖区分别负责所辖区域的依法应由中级司法管辖区进行管辖的初审案件和所辖初级司法管辖区的上诉及抗诉案件的办理。天津市全部所辖区域为一个高级司法管辖区，设天津市高级人民法院和天津市检察院等司法机关。

表 2　2013 年天津市中级司法管辖区情况对比表

中级司法管辖区	辖区面积（平方公里）	辖区人口（万人）	辖区 GDP 总量（亿元）	对应初级司法管辖区法院审结案件数（件）	中级司法管辖区案件数（件）	机关司法人员数（法官/检察官）（人）	中院人均案件数	辖区司法人员数（法官/检察官）（人）
一	7214.85	815.3	5426.69	94470	13110	369/193	35.5	2160/1438
二	4662.96	656.88	10741.76	68494	6673	363/189	18.4	1662/1153

（二）天津市司法管辖区制度存在的突出问题

1. 初级司法管辖区与行政区划完全重合

当前天津市的初级司法管辖区与全国绝大多数地区一样，与县、区一级行政区划完全重合。如前所述，司法管辖区与行政区划的完全重合是造成当前司法机关地方化的重要原因之一。在当下的司法改革中，去地方化是改革目标之一，该目标的完成亦需要多种制度的配合，显然，司法管辖区与行政区划适当分离是其中重要途径之一。

2. 初级司法管辖区案件负担与司法资源分配不均

我们分别统计了当前各司法管辖区法院的全部审结案件数和在编人数，通过在编人员数量体现案件承担能力，通过法院在编人员的人均案件数来体现其案件

〔1〕 本文有关天津市统计数据均为 2013 年度数据。

负载情况。[1]从统计数据不难看出，当前各司法管辖区承担的案件数量存在较大差异，除滨海新区较为特殊，2013 年全年审结案件 26985 件以外，最高的武清区 11843 件是最低的宁河县 4768 件的 2.5 倍。当然，此种差别受辖区总人口、经济发展状况及历史地理等因素影响，短期无法改变亦无需改变，并可通过司法资源的增减使法院案件负载总体保持均衡。但从统计数据来看，当下这种均衡并不理想，各司法管辖区法院人均承担案件数差距比较明显，2013 年人均承担案件最高的津南区 67.5 件是最低的和平区 41 件的 1.6 倍。我们运用了统计学中的方差作为各司法管辖区人均承担案件均衡性的量化参照值。方差计算公式如下：

$$S^2 = [(X_1 - M)^2 + (X_2 - M)^2 + \cdots\cdots + (X_n - M)^2]/n$$

其中 S^2 为方差，X_1、X_2、X_n 分别为样本的每项数值，M 为平均数。以 2013 年天津市各初级司法管辖区人均承担案件数为统计样本，根据表 1 中的数据，可以求出该样本的平均数 M 为 52.5，进而得出其方差 S^2 则为 71.7，由于方差描述的是一组数据中随机变量相对于数学期望值的偏离程度，方差值越大，说明本组数据的离散程度越高。71.7 的方差值明显偏高，说明该样本离散程度偏高，也就是说该样本中各司法管辖区的案件负载的均衡性较差。

3. 中级司法管辖区案件负担严重不均

在 2013 年天津市中级司法管辖区的情况对比中，包括辖区面积、辖区人口、辖区 GDP 总量、辖区内法院审结案件数量、司法机关工作人员数、中级法院案件数及人均案件数等指标均严重失衡。从表 2 不难看出，除因滨海新区的特殊性，第二中级司法管辖区中除辖区 GDP 总量明显高于第一中级司法管辖区、法院在编人数二者持平外，第二中级司法管辖区的其他指标均明显低于第一中级司法管辖区。尤其是第一中级人民法院的人均案件数为 35.5 件，而第二中级人民法院的人均案件数为 18.4 件，差距将近一倍，案件负担明显失衡。如今，天津市第一中级司法管辖区和第二司法管辖区划分的历史原因已无从考证，但随着社会的发展，对二者进行重新调整、恢复二者各方面平衡的愈显必要。

（三）天津市司法管辖区制度重构

1. 司法管辖区的重新划分

在充分、综合考量司法管辖区制度构建的原则和因素的基础上，结合天津各行

---

〔1〕 在此值得说明的是，关于法院案件承担能力指标的选择，显然各院具体案件承办人的数量和能力是最佳指标，但在实践中，各院人员构成情况、实际办案人员比例、编外人员比例等情况也不相同，统计标准的确定性和统计可操作性较差，因此，综合考虑，本文选择法院在编人数作为法院的案件承担能力指标。

政区划的实际情况,本文设想将天津司法管辖区划分为六个初级司法管辖区,使初级司法管辖区与行政区划适当分离,并在初级司法管辖区的基础上重新划定两个中级司法管辖区的范围。初级司法管辖区上,本文设想将天津划为六个初级司法管辖区:第一初级司法管辖区包括河北区、红桥区和北辰区三个区县;第二初级司法管辖区包括河东区、宁河县和东丽区三个区县;第三初级司法管辖区包括武清区、宝坻区和蓟县三个区县;第四初级司法管辖区包括和平区、河西区和津南区三个区县;第五初级司法管辖区包括南开区、西青区和静海县三个区县;第六初级司法管辖区为当前的滨海新区(见图 1)。在中级司法管辖区的划分上,结合各初级管辖区的地理位置和历史传承等因素,本文设想第一中级司法管辖区包括第一初级司法管辖区、第二初级司法管辖区和第三初级司法管辖区。第二中级司法管辖区包括第四初级司法管辖区、第五初级司法管辖区和第六初级司法管辖区(见图 2)。同时,在天津市的行政区划内设置一个高级司法管辖区。

图 1　天津市初级司法管辖区重新划分示意图

图 2　天津市初级司法管辖区重新划分示意图

在天津市初级司法管辖区的重新划分设想中,除坚持行政区划适当分离原则外,我们还充分考虑了案件负担、辖区人口、经济发展程度、历史地理、城乡兼顾等因素。比如,六个初级司法管辖区中,除第三管辖区中武清区、宝坻区和蓟县和第六管辖区滨海新区外,其他四个管辖区均包括至少一个市内区,做到城乡统筹。第三司法管辖区的武清区、宝坻区和蓟县由于地域广阔、人口密度较低,则优先考虑了地理交通因素,将此三个区县划为同一司法管辖区,有利于诉讼便利。第六司法管辖区的设置则优先考虑了历史因素及滨海新区的特殊性，保持了滨海新区的司法管辖的完整性。

表3 调整后天津市各初级审判区情况对比表（依照2013年数据）

初级区	第一司法管辖区	第二司法管辖区	第三司法管辖区
区域	河北区、红桥区、北辰区	河东区、东丽区、宁河县	武清区、宝坻区、蓟县
审结案件（件）	28228	21768	30851
法院人数（人）	521	448	578
人均案件（件）	54.2	48.9	53.4
辖区人口（万人）	223.69	211.46	288.21
辖区 GDP（亿元）	1258.14	1452.06	1584.71
辖区面积（平方公里）	527.68	1931	4676.66
初级区	第四司法管辖区	第五司法管辖区	第六司法管辖区
区域	和平区、河西区、津南区	南开区、西青区、静海县	滨海新区
审结案件（件）	27063	28095	26985
法院人数（人）	555	514	474
人均案件（件）	48.8	54.7	57
辖区人口（万人）	203.12	267.01	278.72
辖区 GDP（亿元）	1956.72	1896.42	8020.40
辖区面积（平方公里）	471.93	2000.54	2270

重新划分后的各个初级司法管辖区详细对比情况见表3，与表1相比不难看出，重新划分后的各辖区总人口基本平衡，辖区GDP总量除滨海新区较为突出外，其他初级司法管辖区也都基本持平。尤其是对案件均衡具有重要指向性意义的法院工作人员人均案件数的不均衡性得到明显改善，最高的第六初级司法管辖区人均57件仅比最低的第四初级司法管辖区人均48.8件高出不到10件。以调整后的6个司法管辖区人均案件数为样本的方差S^2则为9.13，与调整前的方差71.7有了明显下降，这意味着各初级司法管辖区案件负担均衡性得到大幅提升。

表4 调整后的天津市中级司法管辖区情况对比表(依照2013年数据)

中级司法管辖区	辖区面积(平方公里)	辖区人口(万人)	辖区GDP总量(亿元)	对应初级司法管辖区案件数	司法人员数(法官/检察官)(人)
一	7135.34	723.36	4294.91	80847	1916/1237
二	4742.47	748.85	11873.54	82143	1906/1354

相应地,在重新调整后的两个中级司法管辖区情况对比中(见表4),辖区人口、对应初级司法管辖区案件数量、管辖区司法人员数等对案件负担均衡具有关键指向性意义的数据均得到一定程度的调整,达到了基本平衡,并保持了第一中级司法管辖区覆盖天津版图的北半部,第二中级司法管辖区覆盖天津版图南半部的原状。

2. 司法机关的重新设置

在逻辑顺序上,司法管辖区重新划分后便需要在各司法管辖区重新设置和调整相应的司法机关,负责管辖区内的司法活动。在初级司法管辖区内分别设置一个初级检察机关和一个初级审判机关,名称分别以“天津市第+序号+初级人民检察院”和“天津市第+序号+初级人民法院”的形式出现,检察机关和审判机关分别统一设置一套领导班子、内设机构和职能部门。

在对现有各司法机关的资源整合上,本文注意到了两种模式:一种是北京市东城区与崇文区、西城区与宣武区在行政区划合并时司法机关的合并模式,我们可将其称为“北京模式”;另一种是天津市滨海新区成立时塘沽区、大港区与汉沽区行政区划合并时司法机关的合并模式,我们可称为“滨海模式”。尽管这两种模式都是行政区划调整带来的司法机关合并,与司法管辖区制度的重构并无直接关系,但对本文的研究却有很重要的借鉴意义。北京新东城区和新西城区成立后,原来的西城区法院、检察院与宣武区法院、检察院及原来的东城区与崇文区的法院、检察院,进行了彻底合并,在原来两院的基础上整合为一套完整系统,整个机构按职能不同分别置于原有的两个办公地点。而天津滨海新区在对于原有三个行政区划的司法机关资源整合上则采取了另外一种完全不同的方式:原有三个行政区划的法院、检察院作为新成立的滨海新区法院、检察院的派出机关,每一个派出机关都保持原有完整机构不变,原行政区划范围内的案件管辖范围不变,只根据标的额、罪名、量刑幅度等内容进行小范围调整。

不难看出,在新设司法管辖区内司法机关资源整合中采用“北京模式”更加契合司法管辖区制度构建中与行政区划适当分离原则的精神,脱离地也更加彻底,更加有利于司法机关独立办案的实现。因此,笔者建议借鉴“北京模式”的做法,将原来司法机关统一整合为一个完整系统,短期内为避免办公设施的浪费,可根据职能及司法管辖区内的具体情况分别安排在原有不同的办公地点进行办公,主要办公场所应当选择在尽可能兼顾管辖区所有区域且交通便利的地点,长期可在主要办公地点扩建办公设施,合署办公。不容否认的是,这样的做法在优先遵循与行政区划适当分离原则时舍弃了一定的诉讼经济原则,使司法管辖区边缘区域人们的诉讼活动成本显著提高,这点在边远山区则更为明显。为此,与普通民众生活关系更为密切的民事审判活动则可借鉴当前的派出法庭制度,根据具体情况在司法管辖区内不同区域设置民事派出法庭,方便民众参与诉讼活动。

在两个中级司法管辖区内分别设天津市第一中级人民法院、天津市第二中级人民法院、天津市检察院第一分院和天津市检察院第二分院,分别负责该区域内的上诉和抗诉案件及该区域内按级别管辖应由中级法院和分院管辖的初审案件的审理工作。由于天津市当前中级司法机关分别处于自己所管辖区域,司法资源相对平衡,并无不当之处,因此可以保持现有状况不变。同样地,高级司法机关亦无须变动。

试论伪造金融票证罪法定刑的升格条件

周　君*

［摘　要］　伪造金融票证罪是一种破坏金融管理秩序的犯罪行为，由于该罪法益侵害的严重性，我国刑法对该罪进行了严格立法。然而，随着社会的发展和进步，伪造金融票证罪出现了许多新情况和新问题，特别是法定刑升格条件的设置问题，已成为司法实践中处理该类犯罪的困扰和分歧，亟待立法或解释的进一步完善。

［关键词］　金融票证罪　法定刑　升格条件

伪造金融票证罪是一种破坏金融管理秩序的犯罪行为。由于该罪法益侵害的严重性，可能会影响市场经济管理的正常秩序，因此我国《刑法》第177条对该罪进行了严格立法。不仅起刑高于一般破坏金融管理秩序罪，而且以“情节严重”“情节特别严重”作为法定刑升格条件，规定最高刑直至无期徒刑。然而，随着社会的发展和进步，伪造金融票证罪出现了许多新情况和新问题，现行伪造金融票证罪立法的不足之处也逐渐暴露出来，特别是法定刑升格条件的设置问题，已成为司法实践中处理该类犯罪的困扰和分歧，亟待立法或解释的进一步完善。基于此，笔者试就伪造金融票证罪法定刑的升格条件谈一点看法。

一、问题提出：伪造金融票证罪法定刑升格条件立法不足

关于伪造金融票证罪法定刑升格条件，即我国《刑法》第177条规定的“情节严重”“情节特别严重”，在司法实践中该如何界定，相关的具体规定较少。就目前的规范来看，与此相关的解释有：一是2009年最高人民法院、最高人民检察院颁行的《关于办理妨害信用卡管理刑事案件具体应用法律若干问题的解释》，其中就伪造

* 周君，天津市北辰区人民检察院助理检察员。

信用卡的行为规定了"情节严重""情节特别严重"的具体情形；二是2010年最高人民检察院、公安部《关于公安机关管辖的刑事案件立案追诉标准的规定(二)》，其中第29条规定了伪造金融票证罪立案追诉标准。此外，再无全国性的司法解释或规范性文件对此作进一步的明确规定；三是地方性规范文件，如天津市高级人民法院、高级人民检察院、公安局、司法局于2011年颁行了《关于刑法分则部分条款犯罪数额和情节认定标准的意见》，其中第12条规定了伪造金融票证罪"情节严重""情节特别严重"的具体情形，即以面额及伪造数量作为法定刑升格条件。对于该规定现状，司法适用中出现了如下问题。

案例1：T市A区检察机关办理的高某伪造金融票证案中，高某(28岁)持其母闻某的身份证及10万元的银行存单，私自到银行将存单上的人民币取出并挥霍。事后，为不让其母发现，高某联系办假证的人制作了一张假的10万元存单放回家中。后其母闻某持该10万元假存单到银行取款时案发。本案受理后，鉴于高某系初犯，与被害人系母女关系，且其行为并未给金融管理秩序造成实际危害，检察机关对高某以构成伪造金融票证罪，但情节轻微作出酌定不起诉决定。

案例2：T市B区检察机关办理的李某伪造金融票证案中，李某(22岁)持其父的身份证及20万元的银行存单，私自到银行将存单上的人民币取出并挥霍，后为不让其父发现，联系了一办假证的人制作了一张假的20万元存单。后其父持伪造的银行存单取款时案发。后该案经起诉、审判，最终被告人李某被判处四年有期徒刑。

如上，情节完全相同的案件在同一个城市却出现了不同的处理结果。这种同行不同罚的现象不仅是一种不公平，更是对司法权威的置疑。究其原因，一是司法实务者对法律存在不同理解，二是伪造金融票证罪法定刑升格条件的立法不足，缺乏更明确、具体的立法或解释指引以统一司法实务。

二、分析问题：伪造金融票证罪法定刑升格条件的立法缺陷

刑罚权作为国家权力，同样需要被限制，这就要求刑罚正当化。根据责任主义原理，刑罚正当化的根据是报应的正当性与预防犯罪目的的合理性；而法定刑升格的根据只能是责任的加重，而不是预防的必要性增大。[1]具体而言，能够成为法定刑升格条件的，只能是与加重结果相当的，反映行为人行为社会危害性，以及人身危险性加重的情节。结合伪造金融票证罪法定刑升格条件的立法现状，存在如下立法缺陷有待进一步完善。

---

〔1〕 张明楷：《论升格法定刑的适用根据》，载《法律适用》2015年第4期。

(一)法定刑升格条件缺乏明确性

根据《刑法》第177条的规定,伪造金融票证罪的法定刑升格条件为"情节严重""情节特别严重",但该如何界定这里所谓的"情节",又该如何理解"严重"和"特别严重",均没有进一步明确的解释,进而赋予司法实务者过大的自由裁量空间,因此导致同行不同罚的情况也就无可厚非了。另外,从罪刑法定原则讲,刑罚法规的明确性是罪刑法定原则的实质内容之一,要求法律条文必须清楚明确。这也是排除法官主观擅断、限制国家权力、保障国民自由的基本要求。因此,对于伪造金融票证罪"情节严重""情节特别严重"的法定刑升格条件,无论是从统一执法尺度方面,还是从刑法原则方面,都需要进一步明确化、具体化。

(二)以伪造金融票证的数额作为法定刑升格条件不妥

如天津市《关于刑法分则部分条款犯罪数额和情节认定标准的意见》中,以面额及伪造数量作为伪造金融票证罪的法定刑升格条件,该种解释存在不妥。一方面,伪造金融票证罪在我国立法中属典型的行为犯。对于数额犯而言,数额是决定刑罚轻重的主要原则;而对于行为犯,数额充其量只是个酌定因素,尤其对于数额不影响行为的法益侵害性时,更是无足轻重。不可否认,在有些伪造金融票证的行为中,数额决定了法益侵害程度的高低,但并不是所有伪造金融票证行为都是如此,就如开篇提到的两个案例。因此,完全以数额作为法定刑升格条件,是只规范了部分伪造金融票证行为,而忽略了其他行为方式,在行为规范上存在漏洞。另一方面,完全按照客观数额来确定法定刑,而不考虑其他犯罪情节的做法,与惩罚、预防犯罪的刑罚目的相矛盾,这种忽视具体情节和其他各种因素的单一评价因素,应用到司法实务中必然会出现弊端。随着社会的发展和进步,社会行为呈多样化发展,伪造金融票证行为也出现了许多新形态、新方式。因此,立法至少是法的解释,必须与这种社会需求相适应。从现状来看,伪造金融票证罪的社会危害性并不完全取决于伪造的面额和数额,而是取决于与伪造行为相关的一系列因素。因此,单纯以客观数额作为量刑依据明显不妥。

(三)违反罪刑相适应原则

根据刑罚设置的基本原理,刑罚的轻重取决于罪行轻重,即犯罪行为社会危害性的轻重,也取决于预防的必要性大小。对于通过伪造金融票证骗取被害方大额财物的行为,伪造数额直接决定着诈骗数额以及财产损失数额,因此,以数额作为法定刑升格条件不存在置疑;但对于类似开篇举出的两个案例,行为人伪造的数额只是个虚数,并没有使用意图,伪造10万元与100万元,对行为人而言没有实质区别。也就是说,这类案件与传统意义上的伪造金融票证行为本质上存在明显区别,前者的伪造数额对于行为社会危害性影响不大，且相较而言，前者的预防必要性也相对较小。因此，用数额规范这类行为的法定刑升格条件，必然会罪刑不相适应。如上述案例，被告人被判处四年有期徒刑的刑罚，相较其罪行而言明显畸重。总而言之，完全以数额决定伪造金融票证罪的法定刑升格条件，必然导致司法实践中产生混乱。

三、解决问题：伪造金融票证罪法定刑升格条件的完善

法定刑升格条件的设置直接关系着刑罚的公正与否。类似开篇提到的案例，曾有学者对近年来多发的该类案件进行了调查分析：从案件情况看，该类案件行为人大多没有恶意破坏金融秩序的主观目的，要么为哄骗父母妻子，要么为向女友或生意伙伴展示财力；从涉案数额看，从几千元到几百万元不等，甚至有的达到几千万元；而从最后的处理结果看，数据显示，除个别案件因存在法定从重处罚情节而被判处实刑外，该类案件在实务处理中多以伪造金融票证罪从轻处罚，或由公安机关撤案，或由检察机关相对不起诉，或由法院判决缓刑或免予刑事处罚。〔1〕然而，严格从现有的立法规范来讲，这些案例中的涉案数额足以被判处有期徒刑，甚至可能被判处十年有期徒刑以上刑罚，而这样的刑罚显然是不公正的。立法是为实践服务的，而实践是检验立法的标准。司法实务之所以没有以数额作为伪造金融票证罪法定刑升格条件的唯一标准，正说明这样的规范模式是存在弊端的。

针对伪造金融票证罪法定刑升格条件在司法实务中的弊端，完善现行规范模式势在必行。对此，笔者建议取消现有的以客观数额作为法定刑升格条件的单一规范模式，从立法或解释层面，完善伪造金融票证罪的法定刑升格条件设置。具体可以从以下几个方面进行设置：

1. 多次伪造金融票证的。除伪造数额和面值外，伪造的次数也在一定程度上说明行为的社会危害性和行为人的主观恶性。且结合我国刑法立法和解释来看，大多财产犯罪规定了次数的量刑的因素，这也符合我国的立法习惯。

2. 因伪造金融票证而非法获利的数额。行为人非法获利数额是其伪造行为的对价，直接反映了其行为的社会危害性和其主观恶性。因此，应当作为量刑因素。在该数额达到一定量时，宜作为法定刑升格条件。

3. 伪造金融票证行为造成的经济损失，或导致被害人精神失常、死亡，或造成金融管理秩序严重混乱的。这是对伪造金融票证行为结果的定量。与行为相比，危害

---

〔1〕 喻名峰：《伪造类犯罪的扩张现实与限缩适用——以伪造金融票证罪司法实践为视角》，载《政治与法律》2014 年第 12 期。

结果更能反映行为的社会危害性,将危害结果作为法定刑升格条件,自然也更具说服力。

4. 企图利用伪造金融票证实施其他违法犯罪行为的。对于该种情形,伪造金融票证仅是手段行为。相较单一的伪造金融票证犯罪,行为人的主观恶性更大,也更具有预防性,因此宜设置更高的刑罚。

5. 具有其他严重情形的。即设置兜底条款,以避免法不周延的情况,严密法网。

总而言之,伪造金融票证的数额并不能完全表明伪造金融票证行为的社会危害性和行为人的主观恶性,单纯以数额大小作为法定刑升格条件,必然会导致刑罚的不周全与不公正。因此,有必要完善现有的伪造金融票证罪的法定刑升格条件。除伪造数额和面值外,建议综合考虑伪造次数、非法获利、危害结果等情节,建立与行为社会危害性、行为人主观恶性相统一的科学的刑罚规范模式,更好地指引司法实践。

以公诉裁量权滥用为视角 谈检察委员会业务决策功能的反思与重构

杨　爽*

[摘　要]　检察委员会制度是中国特色社会主义检察制度的重要内容之一，无论是理论上还是司法实践中，检委会都是我国享有公诉裁量权的最高集体决策机构。在行使公诉裁量权过程中，检委会存在裁量权滥用的问题。当前，在检察官办案责任制改革深入推进的过程中，改革检委会业务决策功能成为迫切的需要。重塑检委会业务决策功能，可以从明确业务权责、尊重决策权威性和提高业务决策质量等角度依法、有序进行，促进检委会成为充满生机与活力的权威业务决策机构。

[关键词]　公诉裁量权　集体决策　办案责任制

检察委员会制度是中国特色社会主义检察制度的独特创新和重要内容〔1〕。根据现行《中华人民共和国人民检察院组织法》的规定，检察委员会〔2〕是检察机关"讨论决定重大案件和其他重大问题"的内部决策机构，从《人民检察院检察委员会组织条例》所列举的检察委员会的诸多职责来看，"审议、决定重大、疑难、复杂案件"的业务决策功能仅仅是检委会的基本职能之一，而审议决定公诉案件起诉与否只是检委会审议案件类型中的一类〔3〕。但是，由于决定公诉案件起诉与否的公诉裁量权不仅涉及当事人的切身利益，也考验检察机关的执法办案和法律监督能力，

---

* 杨爽，天津市红桥区人民检察院检察官助理。

〔1〕 刘昌强：《检察委员会制度研究》，西南政法大学2012年博士学位论文。

〔2〕 为表述方便，以下将"检察委员会"简称为"检委会"。

〔3〕 实际上，从检察委员会审议案件类型上可以分为刑事案件和民事、行政抗诉案件两个大类，其中审议刑事案件又涵盖了审议自侦案件、公诉案件、申诉案件和赔偿案件等类型。

当事人、媒体和社会公众对此类案件的关注度更高,而近年来媒体曝光的多起冤假错案背后也常常出现检委会的身影,严重影响了检察公信力。随着司法改革的深入推进和检察官办案责任制的强化,检委会业务决策功能的存废与否已经成为一个不能回避的话题。

一、检委会是我国享有公诉裁量权的最高集体决策机构

对于公诉裁量权的概念,我国目前还没有统一的界定,有观点认为"公诉裁量权是指检察机关对一些移送审查起诉的案件,虽然经审查认为有足够证据证明有犯罪事实,且具备起诉条件,但根据法律规定既可以做出提起公诉的决定,也可以做出不起诉、暂缓起诉等决定;决定起诉的,可以有条件的选择起诉、变更起诉等。一般而言,公诉裁量既包括公诉与否的裁量,也包括公诉内容的裁量"[1]。笔者认为,公诉裁量权作为自由裁量权的一种,其本质是选择权,是在特定情况下依照职权以适当和公正的方式自主作出行为的权力[2],公诉裁量权是公诉权运行当中的选择权。不同于法官的自由裁量权,检察机关和检察官的公诉裁量权在我国较少受到关注,但这并不意味着我国的检察机关和检察官完全没有公诉裁量权。相反,除了集中彰显公诉裁量权的不起诉制度外,在刑事案件的审查起诉过程中,无论是证据的甄别(如非法证据排除)、起诉内容的选择(如罪名和指控事实的认定),还是程序的选择(如是否建议法院适用简易程序审理),只要检察机关和检察官在职权范围内依法作出选择,就是在运用裁量权,所以广义上说,公诉裁量权存在于我国公诉权运行的整个过程中。当然,对案件起诉与否的裁量是公诉裁量权中最为重要的一环,也是本文讨论防止公诉裁量权滥用的核心。

正是基于检察官(检察机关)是否拥有对公诉案件起诉与否的裁量权,现代刑事检控模式可以分为起诉便宜主义和起诉法定主义两种基本类型。起诉便宜主义又叫起诉裁量主义,是指检察官对于有足够犯罪嫌疑并且具备起诉条件的案件,可以斟酌决定是否起诉的原则。[3] 而起诉法定主义则要求检察官对有足够的证据证明确有犯罪事实,且具备起诉条件的案件一律提起公诉,不能自行决定是否起诉。英美法系国家采用判例法,检察官历来享有几乎不受限制的自由裁量权,而由于起诉便宜主义的诸多优势,大陆法系国家多以起诉法定主义为基本原则兼采起诉便宜主义。

---

〔1〕 朱孝清、张智辉主编:《检察学》,中国检察出版社 2010 年版,第 392 页。

〔2〕 参见《布莱克法律词典》discretion 释义。

〔3〕 晏向华:《起诉便宜主义:世界刑事诉讼的大同趋势》,载《检察日报》2004 年 10 月 15 日,第 4 版。

我国同样采取起诉法定主义兼起诉便宜主义。有所不同的是,检委会是我国享有公诉裁量权的最高集体决策机构。西方国家的检察机关在业务决策上一般采取检察官负责制,也就是说检察官享有起诉与否的公诉裁量权。而根据我国《刑事诉讼法》的规定,起诉和不起诉决定由人民检察院作出。在检察机关的内部,存在检察长个人负责制和检委会民主集中制的双重领导体制。具体到起诉与否这一公诉裁量权的核心问题上,根据《刑事诉讼法》和《人民检察院刑事诉讼规则》,无论是"人民检察院应当作出不起诉决定"还是"人民检察院可以作出不起诉决定"的情形,都需要"经检察长或者检察委员会决定"。司法实践中,检察机关在作出不起诉决定时极为慎重,基本上都是由检委会讨论决定,尤其是新《刑事诉讼法》实施以来,多地检察机关对此都有明确规定,比如广东省揭阳市检察院规定将不诉案件一律提交检委会讨论、福建省政和县检察院出台了《适用相对不起诉工作的意见》,明确规定了相对不起诉案件必须交检委会讨论作出决定。[1] 所以,检委会实际上是我国享有公诉裁量权的最高集体决策机构。

我国司法实务界在起诉与否这一公诉裁量权的核心问题上对"检委会决定"这种集体决策方式青睐有加,原因可以分为正反两个方面:一方面,集体决策比个人决策更能体现司法的民主和公开,不仅有利于集思广益以得出更科学的结论,而且有利于接受监督,预防"人情案""关系案""金钱案"的发生,更加彰显检察公信力。另一方面,随着司法改革的推进,尤其是新《刑事诉讼法》实施以来,公诉裁量权扩大[2]的同时检察官办案责任制不断强化,受业务决策风险和一些社会因素的影响,无论是案件承办人还是检察长,都更倾向于将案件提交检委会讨论以规避风险。可见,司法实务中,我们对检委会的业务决策功能给予了厚望,那么检委会在公诉裁量权行使过程中的现实表现又如何呢?

二、检察委员会审议下的公诉裁量权滥用

下表是 2008 年至 2011 年 10 月,部分省、自治区、直辖市检察机关的检委会决定起诉案件被判决无罪或者撤回起诉作无罪处理的情况:[3]

---

〔1〕 载最高人民检察院官网:http://www.spp.gov.cn/dfjcdt/201503/t20150320_93568.shtml,最后访问日期:2016 年 2 月 12 日。

〔2〕 仅以不起诉制度为例,新《刑事诉讼法》在规范法定不起诉、酌定不起诉和证据不足不起诉的同时新增了未成年人附条件不起诉和刑事和解不起诉,实际上扩大了检察机关的公诉裁量权。

〔3〕 刘昌强:《检察委员会制度研究》,西南政法大学 2012 年博士学位论文。

地区	无罪案件数量(单位:件)	主要原因
北京	2	存在相反证据
上海	2	不详
重庆	7	证据不足、出现新证据
安徽	2	事实不清证据不足、罪名不成立
江苏	6	事实不清证据不足、性质认定存在分歧、政法委协调维稳、改变罪名无罪、证据发生变化
福建	1	不详
海南	6	不详
湖北	1	证据方面有一定瑕疵
四川	10	证据上有瑕疵、证据不完善、起诉罪名不当、检法两家认识分歧
云南	3	当事人闹访政法委协调起诉、原因不详
贵州	13	民行交织适用法律错误、外部压力政法委协调起诉
宁夏	8	不详
新疆	3	证据不足适用罪名错误、检法认识分歧、奥运维稳需要

如表所示,13 省共 64 起案件经检察委员会讨论起诉后被法院判无罪或者由检察机关撤回起诉作无罪处理。从无罪原因来看,除了少数“出现新证据”“证据发生变化”这些影响案件走向的正常因素外,“事实不清、证据不足”这类原因表明案件实际上没有达到刑事诉讼法所要求的起诉标准,依法不应当提起公诉,而检委会经过集体讨论却认定案件达到起诉条件,可见检委会对部分案件事实和证据并未尽到应有的审查义务,或者说检委会经集体审议作出的决定并不比检察官个人审查得出的意见更为科学合理;而“当事人闹访”等案外因素导致的无罪或者撤诉案件则说明检委会的司法审查被案外因素影响,不能依法做出公正合理的裁量。实证面前,我们不得不遗憾地承认,即便经过检委会的审议决定,仍然存在公诉裁量权滥用的情况,而且公诉裁量权的滥用集中体现在起诉决定权的滥用上。由于不起诉决定受到来自被害人、被不起诉人、公安机关、人民监督员等方面的多重监督和制约,案件不起诉率极低。相反地,起诉决定的作出往往不受限制,所以容易被滥用。正如上表所显示的情况,很多在证据上存在瑕疵、定性上存在争议的案件,检察机关在经过案件承办人和检委会双重审查后,将案件起诉至法院,导致被告人陷入

刑事审判的痛苦之中,最终却因无法达到证明标准或者不被认为是犯罪而被法院判决无罪或者不得不由检察机关撤回起诉作无罪处理。

佐证公诉裁量权中起诉权被滥用的另一项数据是我国过低的不起诉率,我们可以从最高人民检察院公布的历年工作报告中予以推算。2011 年,全国检察机关针对各类刑事犯罪提起公诉 1201032 人,不起诉 39754 人,不起诉率约为 3%,意味着起诉率高达 97%;2014 年,全国检察机关针对各类刑事犯罪提起公诉 1391225 人,酌定不起诉 52218 人,未成年人决定附条件不起诉 4021 人,刑事和解不起诉 17666 名,总的不起诉率约为 5%,起诉率为 95%。可见,随着公诉裁量权的扩大,我国的不起诉率确实逐年提升了,但是和域外情况比较仍是微不足道的。以同样采起诉法定主义兼起诉便宜主义的日本为例,不包括法定不起诉和证据不足不起诉,仅裁量不起诉一项,2000 年不起诉率达 44.9%,2002 年是 47.4%,2005 年达到了 53.4%。[1] 较低的不起诉率意味着检察机关在行使公诉裁量权时更倾向于提起公诉而不是依法做出不起诉决定,这导致大量的刑事案件进入刑事审判程序。这种对自身不起诉决定权的虚化和起诉决定权的滥用,不仅无法彰显公诉裁量权背后体现的价值追求,也为冤假错案的形成提供了条件。

从以上数据和案例可以看出,我国检委会集体审议决定公诉案件是否起诉时存在公诉裁量权滥用的情况,突出表现在三个方面:第一,检委会行使公诉裁量权的质量不高,很多经过检委会审议决定提起公诉的案件最终被法院判无罪或者检察机关自行撤诉作无罪处理,这意味着这些案件实际上是依法应当或者可以作出不起诉决定案件,检委会并没有得出公正合法的结论;第二,检委会行使公诉裁量权的数量有限,和起诉案件数量相比,检委会作出不起诉决定的案件数量微乎其微,不仅无法满足公诉裁量权扩大的趋势,而且与公诉裁量权所追求的体现刑法谦抑性、正义个别化、提升诉讼效率的价值追求相去甚远;第三,检委会行使公诉裁量权时无力对抗案外因素的干扰,即便经检委会审议作出不起诉决定,也有可能受案外因素的影响而无法执行。正是因为检委会在行使公诉裁量权过程中存在上述问题,检委会的业务决策功能屡遭诟病。当前,在检察改革不断深入推进的大形势下,检察官职业化趋势不断加强,有观点认为,在业务决策功能上,职业检察官将取代检委会的地位与作用。[2]

三、对检委会的业务决策功能存废问题的反思

如前文所述,检委会作为检察机关的最高业务决策机构,客观上存在公诉裁量

〔1〕 宋英辉:《国外裁量不起诉制度评介》,载《人民检察》2007 年第 24 期。

〔2〕 参见刘昌强:《检察委员会制定研究》,西南政法大学 2012 年博士学位论文。

权滥用的问题。但是在业务决策功能上,职业检察官真的能完全取代检委会的地位与作用吗?以职业检察官替代检委会的最高业务决策功能就能避免诸如公诉裁量权滥用之类的弊端吗?实际上,由职业检察官在业务决策权上替代检委会的构想,其本质是以检察官负责制替代检委会民主集中制,在行使检察权的主体上实现与国际接轨。所以,检委会业务决策功能的存废,实质上关系了检察权运行和检察机关领导体制的改革,我们必须冷静对待、慎重考虑。

(一)检委会的业务决策功能在我国有充分的法律依据和制度基础

众所周知,在检察权的行使主体上,我国检察制度有其独创性。西方国家行使检察权的主体一般是检察官个人,检察官以个人名义进行的职务活动对外具有法律效力。我国《宪法》《刑事诉讼法》《人民检察院组织法》等法律法规明确规定了我国行使检察权的主体是检察机关,而不是检察官个人,检察官虽然具有依法行使检察权的资格和身份,却不是独立行使检察权的主体,非经检察长指派或者授权并以人民检察院名义进行的对外活动不具有法律效力。依据《人民检察院组织法》《检察官法》等法律法规的规定,我国检察机关在内部领导体制上实行以检察长个人为主体的检察长负责制和检委会集体为主体的民主集中制的双重领导模式。在业务决策上,案件“由检察人员承办,办案部门负责人审核,由检察长或者检委会决定”。所以检委会的业务决策功能有充分的法律依据。而在制度基础上,检委会制度是中国特色社会主义检察制度的独特创新,在我国检察事业发展过程中发挥了重要作用。早在人民检察院事业的创立之初就出现了“检委会”的名称,1949年以后检委会制度得以正式确立,各级检察院检委会通过集体决策,进行宏观业务指导、讨论决定重大案件和事项,保障检察机关法律监督权的统一实施,在整个检察制度的改革和发展过程中起到了至关重要的作用。

当前全国检察系统正在进行的检察官办案责任制改革,是在现行法律法规框架内,通过改革方案,选拔一部分业务素质好、办案能力强的检察官担任主任检察官,授予主任检察官一定的办案决定权并确立相应的办案责任。这是在现行法律法规框架内对检察机关内部进行的办案组织改革,是为了改变目前检察机关内部繁杂的办案审批流程和过度行政化的管理模式。主任检察官依然是检察长授权的办案人员,没有独立的办案决定权,并不是法律授权的业务决策主体。检委会对执法办案活动的领导和监督功能并未弱化,主任检察官对检委会的决定只有服从的义务,其法律地位无法与检委会相提并论。即便是向主任检察官作出授权的检察长,如果不同意检委会多数人的意见,也只能提请同级人大常委会或者上级人民检察院作出决定。所以在现行法律法规和制度框架下,在业务决策问题上,检察官办案责任制还不能替代检委会的民主集中制。

（二）检委会集体讨论的决策方式有其固有优势，在司法实践中尤其受到基层检察机关的青睐

从组织行为学的角度来说，检委会审议讨论属于集体决策方式，相对于个人决策，集体决策有其固有优势：第一，集体决策有利于集中不同领域的专家智慧，可以得出更多的可行性方案，提升决策的针对性、互补性、科学性、合法性，可以应付更为复杂的决策问题，具有更高的决策质量；第二，集体决策是在保证专业成员广泛参与的基础上形成最终决策，能更好地把握标准，具有更强的决策一贯性，使得决策更权威，具有更高的可接受性；第三，与个人决策相比，集体决策具有更高的风险承担性。当然，集体决策可能存在的责任不清问题也不能忽视。对于基层检察机关来说，检委会是集中了院领导和优秀业务人才的集体决策机构，决策参与者的政治素质和业务水平更高，考虑问题更全面，得出的结论更科学，而且集体讨论更能把握统一标准，避免个人擅断，更公开；避免暗箱操作，更权威；更有利于决策的接受和执行。所以基层检察院在面对重大、疑难、复杂案件或者以公诉裁量权为代表的社会关注度较高、需要慎重处理的业务决策问题时，更倾向于交由检委会集体讨论决定。比如前文所述的多个基层检察院，在不起诉问题上均明确要求由检委会讨论决定。积极运用检委会的集体业务决策功能，是基层检察机关在司法实践中探索和总结的有益经验，我们应该予以充分的尊重。

（三）检委会集体业务决策功能存在的弊端是可以避免的，运用得当，检委会的集体业务决策功能能够取得更好的效果

检委会的集体业务决策有利于保障检察执法活动的科学性和民主性，有利于保证办案质量，只要运用得当，集体决策容易出现的问题都是能够解决的。以集体决策容易造成责任不明为例。第一，检委会的集体决策同样可以事先明确责任承担问题，保证权责明确；第二，只有集体决策失败时才有责任追究问题，决策成功时无需考虑，所以通过程序设定提高决策质量必不可少；第三，具体到业务决策的办案责任，无论是个人决策还是集体决策，追究的都是执法过错责任，没有执法过错，只是因为理解角度或者个人能力原因造成的，不属于需要追究责任的情形。所以责任追究问题不是制约检委会业务决策功能的根本因素，决策失败后对原因和有无执法过错进行分析，确有过错责任的，按照责任标准追究责任即可。再具体到前文所述的检委会集体决策行使公诉裁量权时出现的三个问题，实际上都可以通过一定的方式加以改进。提高决策质量，就可以尽量避免审议决定起诉后被法院判决无罪或者自行撤诉作无罪处理的情况。在相同条件下，检委会的集体决策较检

察官的个人决策更有利于依法做出公正的裁量结果。在风险承担问题上,检委会集体决策更有优势,比如在对抗外界压力上,如果要检察官个人独立面对被害人的闹访、维稳需要等问题,将给办案人造成难以承担的压力,甚至出现个人的人身危险。正是由于当前形势下,检察官个人无力独立承担起诉与否这一公诉裁量权的核心问题所带来的风险,才出现大量的不起诉案件和一些涉及范围广、涉案金额大、社会关注度高、证据上存在瑕疵的案件提交检委会审议决定的情况。所以,只要运用得当,检委会的集体业务决策功能在当前形势下将取得更好的效果。

(四)在公诉裁量权问题上,国际上也同样存在集体决策的方式

为了避免检察官个人负责制下的起诉独占主义和起诉便宜主义导致的检察官随意滥用检察权问题,在起诉裁量权问题上引入集体决策机制成为一种选择,比如,美国的大陪审团制度和日本的检察审查会制度。大陪审团又称起诉陪审团,由普通公民组成,一般审查重罪案件,其职责是认定是否有合理根据相信某人实行了犯罪,是否应当对其提出指控,以及提出何种指控。大陪审团可以进行证据调查,如果认定有合理依据,可以决定提出何种指控,并被写进大陪审团起诉书中。[1] 日本的检察审查会同样由普通民众组成,代表国民对检察官作出的不起诉案件是否正确进行审查,如果检察审查会决定"应当起诉"而检察官置之不理,检察审查会可以重启审查,如仍作出"应当起诉"的决议,可以交由所在辖区法院指定律师担任检察官,直接行使公诉职能。[2] 相对于普通民众对公诉裁量权的外部监督和决定起诉,我国检委会的集体业务决策方式更专业、更直接、更高效。

检委会制度作为中国特色检察制度的重要组成部分,其业务功能源于法律授权,具有制度基础,本身具有强大的生命力,在司法实践中起至关重要的作用。而管中窥豹,检委会在行使公诉裁量权时出现的问题也集中反映了检委会业务决策功能的不足之处,改革检委会业务决策职能成为当前的迫切需要。

四、改革检委会业务决策功能的构想

检委会的业务决策功能是检察机关在重大业务问题上贯彻民主集中制解决问题的重要方式,改革检委会业务决策功能,不仅是检委会审议决定案件功能的调整,同时涉及检察权运行和检察机关内部领导体制问题,不能孤立为之。笔者认为,对检委会业务决策功能的改革应当结合新一轮检察改革意见,尤其是要结合检察

---

〔1〕 参见[美]安吉娜·J.戴维斯:《专横的正义》,李昌林、陈川陵译,中国法制出版社2012年版,第26~27页。

〔2〕 参见张智辉主编:《检察理论课题成果荟萃》,中国法制出版社2011年版,第438~440页。

官办案责任制改革，依法、有序进行，具体来说，可以从以下几个方面着手：

1. 科学界定主任检察官、检察长和检委会在执法办案中的职责权限，明确各层级具体的办案责任

一方面，检委会作为我国各级检察机关的内部领导机构，肩负多种职责，不仅要进行业务决策，更重要的是要讨论决定重大事项，进行宏观业务指导，履行法律监督职责，不应该也不可能将工作重心放在具体案件的业务决策上；另一方面，召开检委会审议案件耗时较长，成本较高，从诉讼经济的角度考虑，非必要情形，不应当由检委会审议决定案件。所以改革检委会的业务决策功能，首先要科学划分主任检察官、检察长和检委会在办案问题上的职责权限、明晰办案责任，确定何种案件交由检委会讨论决定，何种案件交由主任检察官和检察长决定。从组织行为学关于个人决策和集体决策的优劣分析来看，一般情况下，当面临多个选项需要作出最优选择时，集体决策更具优势，而当需要经过逻辑推理特别是推理的逻辑链条较长时，个人决策更具优势。具体到主任检察官、检察长和检委会的业务决策权划分上，对于有争议的疑难、复杂案件，如对证据采信、事实认定或者法律适用有不同意见、面临多种选择的案件或者案件处理环节，都可以提交检委会集体研究决定，其他案件，不论涉案金额和涉案人员多少，没有分歧和争议的，不必提交检委会决定。[1] 主任检察官、检察长和检委会在各自的办案职责上承担相应的责任。

2. 尊重并合理运用检委会业务决策功能的权威性

首先，要充分尊重检委会的业务决策权威。如前文所述，检委会作为检察机关最高业务决策机构，其业务决策具有毋庸置疑的权威性，检委会的业务决策权对于有效应对决策风险和抵抗案外压力，保障检察权独立运行，不受外界因素干扰具有重要的作用。所以无论是作出决定的检委会所在的检察机关内部还是其上级检察机关或者其同级其他部门和领导，都应当充分尊重检委会的决策，非确有错误不得随意变更或者撤销。其次，在运用检委会业务决策功能时要合法、适当、注重效率。比如不起诉决定，有的基层检察院将全部不起诉案件提交检委会审查决定，实际上，不起诉案件也可以细化，对于刑事和解不起诉案，被害人一方已经放弃追诉请求，只要案件承办人经依法核实符合刑事和解不起诉的条件，完全可以交给检察长决定不起诉，而不必提交检委会讨论决定。

---

〔1〕 参见谢鹏程：《检察官办案责任制改革的三个问题》，载《国家检察官学院学报》2014 年第 6 期。

3. 多管齐下,全力提升检委会业务决策质量

保障检委会业务决策质量,是检委会业务决策功能改革的重点内容,需要通过多种方式共同促进。第一,优化检委会委员结构,提升检委会专业化程度。决策者水平的高低直接决定了业务决策的质量,所以检委会委员的选拔至关重要,不仅要考虑业务精英的专业能力,还要考察其政治素养;不仅要注重检委会委员个人能力,还要考虑整体结构的科学性,避免行政化,突出业务性。第二,提升业务决策的司法化、民主化、规范化程度。增强审议案件的司法化程度,加强对审议案件的实体性审查,按照司法的亲历性原则审议案件,审议前将必要的案件材料提交检委会,必要时可以由检委会专职委员进行证据调查和听取意见;增强审议案件的民主化程度,强调检察长的主持人地位,赋予全体委员同等的表决权,弱化检委会行政色彩,必要时增加一定的列席人员,并允许列席人员发表意见;增强审议案件的规范化程度,议案的提出、必要的准备工作、汇报案件的基本要求、发表意见的顺序和程度、会议记录的制作等都要有相应的规范和标准。第三,建立必要的选拔、考核和责任追究机制,提升检委会委员的责任意识和参与决策的积极性。通过必要的选拔和考核制度建立起检委会委员"能者上、庸者下、平者让、劣者汰"的"能进能出"管理机制,通过与职责权限相应的责任追究制度,保障权责对等,防止推卸责任,使得各级检察院检委会成为充满生机与活力的权威业务决策机构。[1]

---

〔1〕 参见张智辉主编:《检察理论课题成果荟萃》,中国法制出版社 2011 年版,第 310 页。

我国互联网金融创新中诈骗犯罪问题研究

宫宇光[*]　丛树德[**]

［摘　要］　网络金融创新历史短，但其蓄积能量大、影响广，也鱼龙混杂，问题多，各种网络金融犯罪报道时常见诸报端。频发的网络犯罪严重扰乱了网络金融秩序，严重危害网络金融安全，其中发案率最高、影响最大的就是各类网络金融诈骗犯罪。但是互联网金融领域的法律研究还远远不够，对网络金融诈骗犯罪问题也缺乏系统研究。相较于传统领域，互联网金融诈骗犯罪也有其自身的特点，传统立法面对虚拟世界里的互联网金融往往力不从心，某些领域还存在一些法律空白。而刑法是经济活动的最后一道防线，对于保护和规制互联网金融创新，促进网络金融的健康发展有着重要意义。所以，有必要对互联网金融创新中的诈骗犯罪问题进行系统研究，分析其存在的问题，提出相应对策。

［关键词］　金融创新　诈骗犯罪　立法　完善

近年来，作为新的金融创新形式——互联网金融创新逐渐发展起来，网络银行、第三方支付、网络炒股，特别是2013年至今，网络基金、P2P网络借贷、网络众筹等网络金融创新工具迅猛发展，引发各界的广泛关注，甚至在年初国务院政府工作报告中也有所提及。网络金融创新历史短，但其蓄积能量大、影响广，也鱼龙混杂，问题多，各种网络金融犯罪报道时常见诸报端。频发的网络犯罪严重扰乱了网络金融秩序，严重危害网络金融安全，其中发案率最高、影响最大就是各类网络金融诈骗犯罪，但是互联网金融领域的法律研究还远远不够，对网络金融诈骗犯罪问题也缺乏系统研究。

---

* 宫宇光，法学硕士，天津市红桥区人民检察院办公室副主任。

** 丛树德，法律硕士，天津市红桥区人民检察院法律政策研究室科员。

一、研究意义

根据中国互联网信息中心发布的第36次《中国互联网络发展状况统计报告》,截至2015年6月底,我国互联网普及率已经达到47.9%,网民人数6.68亿,互联网普及率为48.8%。随着互联网与电子商务在全球范围的不断发展和普及,金融创新也有了新的阵地和机遇。互联网无空间、时间限制,而且具有完美的交互性,可以有效的整合巨大且零散的市场,互联网金融充分利用了网络的这些优势,以全新姿态在金融市场中异军突起,盘活了金融市场,给国民经济发展注入了新的活力。

不过,互联网在给金融创新提供了广阔舞台同时,也为各种金融诈骗犯罪提供了温床。这些犯罪植根于互联网,而互联网作为平台和媒介有其特殊性,因而网络金融有许多有别于传统金融的特别之处。相较于传统领域,互联网金融诈骗犯罪也有其自身的特点,传统立法面对虚拟世界里的互联网金融往往力不从心,某些领域还存在一些法律空白。而刑法是经济活动的最后一道防线,对于保护和规制互联网金融创新,促进网络金融的健康发展有着重要意义。所以,有必要对互联网金融创新中的诈骗犯罪问题进行系统研究,分析其存在的问题,提出相应对策。

本论文的粗浅研究一方面可以抛砖引玉,促进学界对于互联网金融创新中的诈骗犯罪问题做进一步系统深入研究。另一方面,也期望引起刑事立法、司法实践领域对于网络金融犯罪的重视,为网络金融诈骗犯罪的刑事立法完善,在司法活动中正确定罪量刑提供些微借鉴,从而促进对互联网金融诈骗的打击,维护互联网金融安全。

二、互联网金融创新的诈骗犯罪现状及特点

(一)互联网金融创新诈骗犯罪的现状

现阶段,互联网金融仍存在较多的违规违法操作,甚至有些涉嫌妨碍金融秩序犯罪或者金融诈骗类犯罪。由于网络金融创新具有隐蔽性强、成本低、取证困难等特点,仅2013年至2014年6月,卷款逃走的P2P网贷平台就多达130家,2014年6月,公安部部署全国公安机关开展打击网络投资诈骗犯罪专项专项行动,打掉诈骗公司133个,抓获嫌疑人2000余名,[1]网络金融诈骗犯罪的猖獗可见一斑。

(二)互联网金融创新诈骗犯罪的犯罪学特点

1.技术性较强

与传统的诈骗犯罪相比较,网络金融诈骗犯罪具有更强的技术性,行为人往往

---

〔1〕 徐晓:《公安部组织开展打击网络诈骗犯罪取得重大成果》,载《中国防伪报道》2015年第6期。

利用网络银行、第三方支付系统等的技术漏洞。诈骗时经常涉及网络攻击、数据窃取、木马病毒制作传播等技术手段运用。

2. 犯罪成本低

网络金融诈骗犯罪以互联网为平台,充分发挥互联网无国界、无地域差异、传播面广、受众多的特点。以互联网为依托的金融诈骗犯罪活动可以为更广泛范围的受害人所接触,利用即时通讯工具、电子邮件、微信等传播途径往往可以实现低成本、大批量的诈骗信息发送,现代通讯技术、信息技术和网络技术等的充分利用,大大降低了网络金融诈骗犯罪的经济成本。另外,网络金融诈骗犯罪的法律成本也很低,相较于传统的诈骗犯罪,网络金融诈骗犯罪具有高技术,低破案率的特点,绝大多数网络诈骗犯罪得不到有效的法律制裁。

3. 犯罪隐蔽性强侦查取证难度大

网络金融诈骗犯罪大部分过程甚至全部过程都发生在联网这一虚拟空间里,一般不会留下传统犯罪经常会具有的纸面的单据、文书、证人、犯罪人、指纹、毛发、影像资料等犯罪痕迹和犯罪证据。虽然网络金融犯罪也会在互联网上留下系统数据、IP 地址、呼叫电话、即时通讯工具账号、银行账号等痕迹,但是这些痕迹证据都是数字化的,多数很容易被篡改和毁灭,这些电子证据的取证需要计算机和网络的专业知识,传统的刑侦人员很难胜任。另外,网络金融诈骗犯罪以互联网为平台,不受时间和空间限制,被害人可能遍布全国各地,甚至世界各地。被害人在被诈骗过程中使用的也往往是虚拟身份,这就为找寻被害人,收集犯罪证据造成了很大的阻碍。司法实践中,屡屡发生刑侦人员历经千辛万苦终于锁定犯罪嫌疑人,但是由于缺少被害人的有效信息,不能找寻到足够的被害人,从而不能获得证明诈骗数额的证据。由于只能确定较小的犯罪数额,造成犯罪人被轻判,不能罚当其罪,甚至因额诈骗数额达不到相应罪名构罪标准而无法处刑。

4. 涉及人数多、地域广、社会影响大

如前所述,网络金融诈骗往往涉及众多处于不同地域的被害人,如涉及理财融资类的网络金融诈骗人的数量往往从几十人到数百人,在个别案件里受害人的数量可达到几千甚至上万人。对很多金融诈骗犯罪案件还可能造成大面积的恶劣的社会影响,不但造成众多受害人的大量财产损失,同时也严重影响网络金融的市场秩序,破坏互联网金融的声誉,阻碍网络金融创新的进步与发展。

5. 主体高智商

网络金融诈骗犯罪的主体往往为高智商型,即具有一定金融专业知识,也具有互联网方面的专业知识和技术。犯罪人利用其专业知识对网络金融活动进行充分的研究,发现其漏洞,加以利用并制作成各种骗局,诱使网络金融参加者上当受骗。网络金融诈骗还往往具有团伙作案,分工协作共同骗取被害人的信任,进而诈骗钱财的特点 。[1]

(三)互联网金融诈骗犯罪的构成特征

1. 犯罪客体是复杂客体。网络金融诈骗犯罪侵犯的客体有多方面,除了公私财产权以外,还涉及相应领域的金融秩序,如盗刷网银的行为还侵犯了信用卡的管理秩序、利用网络保险进行骗保行为还侵犯了保险领域的正常市场秩序等。另外,由于网络金融诈骗犯罪也常采用非法手段,如给被害人电脑植入木马病毒或者用其他手段非法侵入或控制被害人的计算机信息系统,获取被害人的金融信息等数据。所以,网络金融诈骗犯罪往往还侵犯了计算机信息系统的安全秩序和互联网的正常经营秩序。其中,金融秩序是主要客体,公私财产权是次要客体,计算机信息系统安全和网络经营秩序则往往是随机客体。

2. 网络金融诈骗犯罪客观方面表现为行为人使用捏造事实或者是隐瞒真相等欺诈性手段骗取公私财物。在诈骗的过程中,一般都涉及使用互联网中的某种金融工具,如使用伪造的信用卡,骗取小额贷款,冒充基金销售、债券销售等。另外,网络金融诈骗通过网络平台或者其他网络通讯工具来完成犯罪,方法手段往往可能涉及非法控制计算机信息系统、非法获取计算机信息系统数据等行为。

3. 犯罪主体方面为年满 16 周岁的一般主体,自然人主体。

4. 主观方面罪过形式是故意,即希望通过金融诈骗的手段非法获取公私财物。网络金融诈骗犯罪主观方面通常要有非法占有公私财物的目的,如果行为人在网络金融业务过程中虽然也使用了一些欺诈性的手段,其目的是通过网络金融业务获得盈利而不是直接非法占客户资金的,则不能构成网络金融诈骗犯罪。如果行为人没有非法占有的目的,挪用客户资金进行其他非法活动也不构成网络金融诈骗。

(四)网络金融诈骗法律规制的不足

通过互联网实施诈骗犯罪有区别于传统金融诈骗犯罪的特殊之处,因而传统关于金融诈骗犯罪的立法在打击网络金融犯罪时也往往力不从心,现行网络金融诈骗犯罪的相关法律规范主要有以下几方面不足:

1. 刑法立法方面的不足

网络金融骗犯罪的处罚原则上和传统金融诈骗犯罪适用的是同等的量刑原

---

[1] 李俊莉:《网络金融诈骗罪及预防对策》,载《河南财政税务高等专科学校学报》2008 年第 3 期。

则，网络犯罪网络金融诈骗犯罪却有着隐蔽性强、侦破困难、破案率低等特点，网络金融犯罪多发，危害结果严重、影响面广，与传统金融犯罪适用同样的处罚原则并不适当，面对网络金融诈骗犯罪严峻的形势，有必要加强对其刑法处罚。

网络金融诈骗犯罪的罪名体系混乱，行为定性缺乏法律的明确规定。而根据现有立法很勉强地将网络金融犯罪中的一些行为定性的结果是：一方面做不到罪责刑相适应，另一方面也容易造成性质类似的行为，由于适用罪名不同，因而受到的刑罚差异较大，造成刑罚的不均衡。

对于强行突破网络银行或者是第三方支付平台的防御系统和身份识别系统，对于用户网上银行和第三方支付账号里面的资金进行非法转账、使用，或者以其他方式非法占为己有的行为。该行为按照现行刑法根据具体情况，涉嫌非法控制获取计算机信息系统数据罪，非法破坏计算机信息系统罪以及信用卡诈骗罪，诈骗罪，盗窃罪，还是抢劫罪？目前还缺乏立法来明确。

非法吸收公众存款罪、非法集资罪犯罪构成设置不合理，打击面过宽，不具有针对性，没有给 P2P 网贷、众筹等网络融资理财活动留下合理空间。

2. 配套立法方面存在的不足

随着网络技术和其他信息技术的发展，市场需求的不断涌现，互联网金融还会不断有新的创新模式出现。立法的滞后和空白，将会成为互联网金融领域的一大问题。

(1)缺乏高层次的网络金融创新的专门立法。

如前所述关于网络金融创新方面全面性立法是十部委的《指导意见》，立法位阶偏低，而且内容过于偏向原则化、政策化，缺乏足够的法律性，比较粗糙，未能成功搭建互联网金融的基本法框架。

(2)各类网络金融创新的交易规则需进一步明确。

实践中网络金融创新具体交易规则的立法相继出台，但其并不能给互联网金融提供一个可以长治久安的成熟、安全的法律环境。事实上，面对的几乎是全新的互联网金融实践，立法不可能一步到位，漏洞、空白、不当之处必不可免，已经出台的制度也需要在应用中不断进行磨合、修改。另外，现有的网络金融创新模式还远未成熟，即使是应用时间最长的网络银行和第三方支付也还有很多不足之处，仍然处于不断发展完善的过程中，如二维码支付因为存在严重的安全漏洞曾一度被叫停，而手机等无线移动支付的安全性也堪忧，第三方支付平台的法律地位不够明确，与网络银行之间的关系不够合理。

(3)互联网金融创新安全保障和风险防范机制不足。

虽然互联网金融市场的体量在我国整体金融市场的占比还很有限,网络金融的危机还是可能危及国家的整体的金融安全。2015年6月到7月的二级市场的震荡就显示了互联网金融对于传统金融体系的有效影响。缺乏对于P2P网贷、股权众筹等投融资制度风险防范和保障的有效制度。对于其他类的网络理财融资,如非股权类的网络众筹这法律地位和法律规制还有待法律规范的进一步明确。

(4)缺乏从业人员资质要求,缺乏成熟的行业标准。

缺乏既懂互联网技术又懂金融业务的互联网金融的专业人才,专业人才的匮乏不但制约着互联网金融规模的扩大,也影响着互联网金融的发展水平,缺乏专业的人才,在技术发展和交易模式创新方面的能力方面往往不足,简单照搬国外的互联网金融的创新模式,很可能造成水土不服等现实问题。国内的人才培养体制,对于综合性专业人才,人才的创新能力以及人才流失等方面的不足,某种程度上成为我国互联网金融发展的制约因素之一。

缺乏成熟的行业标准。产品标准化、风控标准化、服务标准化、行业自律标准化等方面的标准化仍然任重道远,是网络金融创新必须解决的问题。建立全行业,各环节的标准化才能有效地控制网络金融行业的风险,进一步提高效率,开拓市场,促进网络金融业的健康发展。

(5)缺乏个人网络金融信息保护方面的针对性立法。

如前所述,互联网金融需要具有很强的信息依赖性,在网络金融活动进行风险评估所使用的大数据中有一部分属于个人信息,这些信息除非是金融机构直接处理的部分可以受《刑法修正案(七)》的保护外,其他个人信息得不到有力的法律保护。实践存在网络金融网站大量非法获取、贩卖或者非法共享个人信息的情况,一方面,使信息主体面临频繁的垃圾短信、垃圾电子邮件、网络金融产品推销电话的骚扰;另一方面,这些信息也可能被犯罪分子所获取和利用,用于网络金融诈骗犯罪,严重扰乱网络金融秩序。

(6)缺少互联网身份识别和验证体系。

互联网自身的虚拟性、身份不确定性等特征给互联网金融活动带来了很多不确定性,所以急需一套完备的身份识别体系来减少互联网金融活动过程中的道德风险,从而降低企业在网络金融业务过程中欺诈性手段思维使用,减少企业在经营不善、濒临破产情况下转为使用诈骗手段,骗取钱财后逃之夭夭,促进企业和个人规范经营,净化网络金融的竞争环境。另外,也可以防止真正的骗子浑水摸鱼,利用互联网金融进行网络诈骗。

3. 司法方面存在的不足

由于通过互联网实施金融诈骗犯罪与传统意义上的诈骗犯罪存在较大差异，因此在司法实践中，以规制传统诈骗犯罪为主的刑事司法和刑事程序法规定在此犯罪领域就暴露出诸多不足：

（1）互联网金融诈骗犯罪案件的管辖权认定问题。我国《刑事诉讼法》第24条规定"刑事案件由犯罪地的人民法院管辖"。关于犯罪地的定义，最高人民法院《关于执行〈中华人民共和国刑事诉讼法〉若干问题的解释》（已失效）予以了明确："犯罪地是指犯罪行为发生地。以非法占有为目的的财产犯罪，犯罪地包括犯罪行为发生地和犯罪分子实际取得财产的犯罪结果发生地。"但在互联网金融诈骗犯罪案件中，在判定管辖权时可能面临许多问题。界定管辖权最重要的是如何确定犯罪地。犯罪地有犯罪行为发生地、犯罪结果地之分，我国采用的是行为结果择一主义。但是，即使严格按照解释认定犯罪地，也有可能产生管辖权冲突。有的案件涉及面广，被害人众多，但是单个被害人被骗金额较小，往往达不到立案标准，这就出现了被害人向司法机关报案无法立案的情况。

（2）电子证据的效力认定问题。同传统证据相比，电子证据并不像人证或者物证那样直观形象，无论是在保存、传播还是感知方式上，这种证据都同传统证据有所不同，而且极易受到篡改或破坏。因此在网络金融诈骗犯罪的侦查中，公安机关收集的电子证据能否作为法庭证据或到底其证明力能否达到定罪标准一直是一个现实的争议焦点。虽然2013年修订的刑事诉讼法明确将电子证据作为证据的重要形式加以规定，但由于规范电子证据收集的相关法规不健全，给警方查处、检方举证、法院量刑等造成诸多困难。而在网络金融诈骗犯罪案件中，电子证据是必须甚至唯一的定罪量刑依据。因此，如何认定电子证据的证明力也将成为查处网络金融诈骗犯罪的关键。

4. 执法方面存在不足

现阶段网络金融诈骗仍然非常猖獗，这与网络金融执法不力有相当关系。网络金融诈骗犯罪在全部网络犯罪数量中占有重要比例，如前所述，网络金融诈骗犯罪不但发案率高，而且隐蔽性强，不易被发现，甚至在有些案例中被害人自始至终都已经是自己经营不善或者市场不好造成投资亏损，根本不知道自己被诈骗。网络金融这些特点都给网络金融执法造成很大的挑战。我国网络金融执法还处于起步阶段，缺乏资金、技术以及具有网络金融知识的专业执法人员，也缺乏适应网络金融特点的执法机制和制度安排。

三、完善相关法律的对策

如前所述,网络金融的相关立法特别是刑事立法有较多不足空白之处,所以有必要进行相关的立法完善。

(一)刑法的完善

修改和完善现行刑法、填补刑法的相关空白,合理设置罪名,从而可以对按照现行刑法无法适当追究刑事责任的严重侵害网络金融创新的诈骗行为定罪量刑。

1. 简化关于网络金融诈骗犯罪的罪名体系,明确网络金融诈骗犯罪与洗钱罪、组织传销罪、非法吸收公众存款罪等罪名的关系,考虑设立独立的网络诈骗罪罪名。[1]

2. 修改网络金融犯罪的主体构成要件。

扩大诈骗罪、金融诈骗类罪名等的主体范围,将单位也规定为犯罪主体,单位进行金融诈骗犯罪的刑罚除了规定传统罚金刑外,还应规定禁止令,应禁止犯金融诈骗类犯罪的自然人、单位以及单位的主管人员和其他直接责任人员一定期限内从事网络金融经营活动。

3. 修改关于网络金融诈骗犯罪的量刑原则

建议修改《"两高"关于办理诈骗刑事案件具体应用法律问题的解释》,将该解释适用范围进一步扩大,使之可以适用到其他金融诈骗类罪名,即对所有的网络金融诈骗罪都可以酌定从严处罚。

4. 修改侵犯公民个人信息的相关罪名

应对《刑法修正案(九)》修改后的侵犯公民个人信息罪做进一步的修改和完善。对于政府、金融机构及其从业人员买卖或非法提供侵犯公民个人信息的,或非金融机构以及从业人员买卖、非法提供公民金融个人信息等敏感个人信息的,应规定更高档次的法定刑,加重处罚。而对于利用各种手段非法获取公民个人金融信息等敏感个人信息的,应从重处罚。从而加大对网络金融用户的公民个人信息的保护力度,更好地打击和预防网络金融诈骗犯罪,维护网络金融秩序。

(二)配套立法的完善

1. 进行高层次的网络金融创新方面的立法

立法要考虑互联网和电子商务立法的基本原则,给新技术的发展带来的新金融创新留下发展空间,是最小程度原则,尽量少立法,避免过多过细的立法成为互联网金融创新的障碍。因此,就有必要在十部委的通知的基础上,进行更高层次的

---

[1] 李赞、张莉:《网络金融诈骗犯罪的刑事分析》,载《北京政法职业学院学报》2014年第3期。

网络金融创新方面的单行法律或者是单行行政法规立法。因为全国人大常委会制定的法律,可以更大程度上摆脱部门利益的羁绊,从整个金融体系、金融市场全局发展和规划入手,促进和保障互联网和电子商务的高效健康发展,在此基础上,对于网络金融创新制度和体系进行高屋建瓴的规划。

2. 明确各类网络金融创新的交易规则。

明确和重新定位第三方支付平台的法律地位,有相应的主管部门制定针对非股权网络众筹等专门的管理制度,加强互联网金融风险防范立法。

3. 进行个人信息保护方面的专门立法,保护网络金融活动中个人信息

在个人信息保护方面我国正在建立以《个人信息保护法》为核心,特别领域以单行立法为补充的个人信息立法体系。目前,《个人信息保护法》进入立法程序已经将近十年,各种原因还没有正式出台,所以应加快个人信息保护法的立法进程,在个人信息保护法中增加关于网络个人信息保护的专门规定。明确在网络金融活动中受保护的个人信息的范围,保护的原则,以及网络服务提供商收集、采集、利用、储存、交易普通个人信息和个人金融信息的基本制度。

4. 完善网络金融的信用体系立法

完善网络金融的信用体系立法。完善征信体系,将企业和个人的互联网金融活动纳入征信范畴。网络金融的征信体系的建立,还需要注意两方面的问题,应该明确网络金融征信体系应覆盖企业和个人,是依据《征信管理条例》的传统企业征信制度和个人征信制度的网络延伸。但须认识到,建立互联网金融征信体系,不能将传统征信体系做简单的网络移植,还需要进行符合网络金融实践的技术创新和制度的创新,从而建立一套低成本、高效率,且具有较强可靠性的网络金融征信体系。

5. 建立互联网身份识别和验证体系的专门立法

身份识别和验证体系也是构建网络金融征信体系的基础,只有对于网上金融活动主体进行有效识别,才能对网络金融活动所包含的信用信息进行收集,进而进行信用分析评价,并给出相应的信用报告。建立完备的身份识别和验证体系,涉及技术和制度两方面。互联网金融活动涉及面广,是一种普惠制的金融,其参与主体众多,就要求这一体系所使用的技术成本低廉,便于推广,还要具有相当的可靠性。为了增加身份识别和验证体系的可靠性,可建立多层次的识别和验证制度,如电子签名技术、金融网站的身份备案体系、工商局以及行业主管部门如证监会、银监会、保监会等通过网站免费提供身份验证、从业许可网络查询。

(三)司法对策

1. 统一管辖权认定标准。通过司法解释或是出台司法协作文件,给予互联网金融诈骗案件的管辖权问题统一的认定标准。对于已立案的互联网金融诈骗案件,被害人遍布国内其他省份地区的,被害人所在地的侦察机关应配合取证,并尽快在法律规定时限内将相关证据及时移送立案地侦察机关。这对解决侦查取证、被告人应诉、判决执行、诉讼成本的相应减少等方面问题具有积极意义。

2. 尽快出台相关制度规范电子证据的收集,以适应互联网金融诈骗犯罪现状。一是明确电子证据的收集主体。电子证据的收集主体应该是具有国家司法机关认可的专业技术人员,而非大部分人理解的办案人员。确定电子证据收集的主体,是确保司法取证合法性的第一步。二是明确电子证据的取证权力。由于电子证据有别于传统证据,因此,侦查部门对传统证据实行检查、复制和调取与案件有关的资料等司法取证权力,已经不完全适用于电子证据。电子证据收集应有更严格的授权和许可规定,层层把关确保电子证据的合法性。同时,应规范网络现场勘查规则,包括网络勘验人员的资格认定、勘验程序、勘验要求等都要有明确的规定。

(四)执法对策

建立符合互联网金融特点的高效、方便、快捷、低成本的执法体系,这一方面需要专业的技术开发,建立专门的网络金融执法平台,给网络金融执法提供一个统一的路径。另一方面也需要培训专业执法人员,建立专业的网络金融执法队伍,可以通过专业金融执法平台发布政策文件、分类处理各类举报线索、信息反馈、处理各类网络金融纠纷,实现对于网络金融活动的有限监督,提高各种网络金融执法活动的质量和相率。

结　语

互联网金融创新方兴未艾,其迅猛发展,不但带动了电子商务的发展,也是“互联网 +”战略在金融领域的践行。互联网融资和理财的不断发展也给缺乏融资渠道的广大中小企业,特别是小微企业注入了新鲜血液,为中小企业的发展创造了新的契机,长远看来,网络金融也会成为促进我国国民经济总体稳健、可持续发展的因素之一。而在互联网金融创新的实践中,除去网络银行、第三方支付、网络保险之外的网络融资和理财的使用率为网络用户的 10% 左右,这与互联网金融服务中小微企业,服务广大网民个人用户的市场定位还相去甚远,所以应建立完备、相对宽松的金融法律体系,为互联网金融创新的发展保驾护航,促进其健康生长,同时也对其进行规范约束,抑制其草根出身所带来的野蛮性。

参考文献

[1]赵紫剑、高洁云:《第三方支付网络金融创新与金融监管要点分析》,载《金融理论与实践》2014 年第 1 期。

[2]陈海强:《互联网金融时代商业银行的创新发展》,载《宁波大学学报》(人文科学版)2014 年第 1 期。

[3]商登珲:《我国网络银行监管法律制度研究》,载《南方金融》2014 年第 1 期。

[4]胡雁云:《论网络金融欺诈犯罪的刑事规制研究》,载《金融理论与实践》2011 年第 5 期。

[5]于小洋、高雪林:《基于第三方支付视角的互联网金融创新探究》,载《电子测试》2013 年第 13 期。

[6]杨乐:《网络金融违法犯罪行为的特点与防范》,载《时代金融》2013 年第 27 期。

[7]袁林:《金融防范视野下的我国金融刑法创新研究》,载《西北政法大学学报》2013 年第 9 期。

[8]郭畅:《互联网金融发展现状、趋势与展望》,载《产业与科技论坛》2013 年第 19 期。

[9]安晨、洪翀:《浅谈网络银行的反洗钱监管》,载《中国证券期货》2013 年第 1 期。

[10]张军:《我国网络银行的安全隐患与防范》,载《东北财经大学学报》2012 年第 S1 期。

[11]彭涵祺等:《互联网金融模式创新研究以新兴网络金融公司为例》,载《湖南社会科学》2014 年第 1 期。

[12]刘源:《金融创新语境下的刑法应对》,载《犯罪研究》2011 年第 3 期。

[13]徐晓:《公安部组织开展打击网络诈骗犯罪取得重大成果》,载《中国防伪报道》2015 年第 6 期。

[14]李俊莉:《网络金融诈骗罪及预防对策》,载《河南财政税务高等专科学校学报》2008 年第 3 期。

[15]李赞、张莉:《网络金融诈骗犯罪的刑事分析》,载《北京政法职业学院学报》2014 年第 3 期。

行政程序违法下行政诉讼判决形式的反思与完善

宋洪磊*

[摘　要]　如今,制定《行政程序法》的呼声日益高涨,对《行政诉讼法》的修改也已提上重要议事日程。在具体行政行为程序违法的诉讼判决问题上,依据现有规定,存在不少司法困境和理论难题,集中体现在:违反法定行政程序的具体行政行为是否一律都应当撤销?如果被撤销,是否都一律允许无限制地重作?如果不一律撤销,针对不撤销的程序违法行为,将采取何种判决类型更为妥帖?文章在分析的基础上,提出三大改进主张,具体而言,要做到:严格控制“撤销判决”的适用范围;正确对待程序独立价值在行政法中的地位,对撤销以后的重作加以必要限制;恢复和完善行政程序违法补正的相关规定。文章以期通过这些合理化建议为我国未来《行政诉讼法》在此问题上的修改完善抛砖引玉。

[关键词]　程序违法　行政诉讼判决类型　撤销　确认违法　无效　补正

一、问题的提出——一项有待与实践结合的课题

近年来,随着依法行政目标和进程的着力推进,全国地方政府法治建设取得了明显进步,各地行政机关的行政败诉率总体上呈现逐年下降的态势。以浙江省为例,近二十年来,浙江省在一审行政案件中政府的败诉率平均为13.18%。2012年行政机关一审败诉392件,败诉率为9.54%,同比下降近2个百分点,与全国平均水平(9.56%)基本持平,而10年前,败诉率超过了15%。当前,在行政诉讼审判实践

---

* 宋洪磊,法学硕士,天津市静海区人民检察院检察员。

中，行政机关败诉的主要原因主要存在于以下几个方面：适用法律错误、违反法定程序、超越或滥用职权、行政处罚显失公正、没有依法履行法定职责和行政行为证据不足、事实认定不清等。据有关部门负责人介绍，行政诉讼败诉的原因正发生变化。其中，因超越或滥用职权而引发的案件在逐年减少，因违反法定程序而引发并败诉的案件却在逐年增多。又如，以山东省济宁市为例，2013 年该市中级人民法院共收到行政诉讼案件 611 件，受理 565 件，截至目前，已经审结 442 件，结案率为 89%。其中撤销 78 件，责令履行 40 件，确认违法 173 件，以调解和解方式结案 34 件。其中确认违法案件有 40% 以上属于程序违法。通过"中国法院网"对其收录的全国近 20 年来的行政判决进行了检索，发现因政府机关行政程序操作不当而引发的行政诉讼案件高达 11000 余件。由此可见，具体行政行为程序违法依然是当前地方政府法治建设过程中亟待解决的重要问题。

既如此，如何面对不同程序违法行为且作出合理行政判决成为法院在司法实践中不得不考虑的问题。其实，具体行政行为因程序违法如何判决的问题比较特殊和复杂，其特殊与复杂性源于行政程序本身的特质及其表现形式的多样性。〔1〕行政程序违法的诉讼后果不同于行政实体违法的诉讼后果，后者多因欠缺实体要件而致某一项行政行为的作出具有明显违法性而导致其最终不成立或者无效，因此判断起来较为容易。但是，由于行政程序本身的复杂性，以及长期以来对程序本身地位和价值的不同定位，导致了当程序出现违法时的不同态度和不同判决方案。现代行政法治理论成熟的标志之一，正是人们对行政程序的法律价值有了充分的了解，认识到"公正的程序规则不仅是实体法权利义务落实的方式和手段，同时也反映着法治体制法律正义观基本价值的核心"。〔2〕在当代行政法学领域，越来越多的人开始关注程序在行政决定做出过程中的重要作用。在谋求行政法治现代化的今天，我国已然领悟到了正当程序的重要性，并兴起了法律程序革新的浪潮。《行政诉讼法》第一次注入了"行政行为的作出也要遵守行政程序"的观念。但是，在如何判决这一问题上，理论与司法实务界存在许多分歧。通观世界各国，这在程序法

---

〔1〕 需要指出的是，当前，学界在对行政程序违法的主体界定上并没有形成统一的观点。一种观点认为，行政程序违法就是行政主体的活动，相对人不是其主体。但学界也有学者认为程序违法的主体是行政法律关系的主体，应当包括行政主体和相对人，但主要的还是行政主体。这两种观点都是受其理论背景的影响，前者主要是受"控权论"思想的影响，而后者受"平衡论"的影响。笔者认为，行政程序违法的主体是指行政主体，因为现行的行政程序法的产生是因为公权力的过度膨胀，制定的目的是限制行政机关滥用权力，而相对人则是我国行政程序法所需要保护的对象。因此笔者在下文中主要讨论的程序违法的主体是行政主体而不是相对人。

〔2〕 章剑生：《论行政程序违法及其司法审查》，载《行政法学研究》1996 年第 1 期。

理论丰厚的英美法系国家也常常存在理论与实践难以协调的困惑,因此,研究具体行政行为程序违法的诉讼判决问题,将不仅仅是一个理论问题,更是一个极富实践意义的理论与实践结合的课题。

二、该课题研究的现实困境与司法难题

(一)现实困境——对"违反法定程序"之界定的再思考

《行政诉讼法》对于"违反法定程序"的规定,是公认的法律将具体行政行为所遵循的法律程序纳入法院司法审查范围的标志。然而到目前为止,由于立法的不足,至今未见有与"违反法定程序"有关的具体的司法解释或规定,加之理论界对法定程序的研究尚待深入且存在分歧,使理论界对"违反法定程序"这一基础性问题尚存争议。笔者认为,什么是"违反法定程序",一切休戚相关的问题都是从该问题出发,且"对于程序违法的界定不仅是准确分析程序违法的法律后果的理论需要,更是判断程序违法的标准和进行救济的需要"。[1]

1."违反法定程序"中"违法"的内涵

(1)违反行政规章规定的程序设置是否构成"违反法定程序"?

以前,我国的多数行政法学著作认为:所谓"违反法定程序"指的是行政主体违反法律、法规规定的步骤、方法和时限。[2]也即违反法定程序的"法"的范围仅仅包括:全国人民代表大会及其常务委员会制定的法律;国务院制定的行政法规;以及省级及较大的市的人民代表大会及其常务委员会制定的地方性法规。但是,随着行政法治理论的不断发展,越来越多的学者开始把"行政规章"纳入违反法定程序中"法"的范围之内,笔者亦赞成此观点。理由大体如下:首先,从实际来看,有关行政程序的规定大多是通过行政规章加以明细并作出具体规定的,否定行政规章作为"违反法定程序"中"法"的外延,是必会得出这些规章所规定的程序没有法律拘束力的结论,从而使这些规定流于形式,无法真正控制行政主体依行政程序办事。其次,从法理上看,目前,几乎所有的行政法学理论都无一例外的将"规章"作为行政法的重要的法律渊源,由行政规章规范行政程序控制行政权的行使,既能自圆其说,也在情理之中。最后,《行政诉讼法》虽然将"法律、法规"作为法院合法性审查的依据,把"规章"仅仅作为参照,但却并不能得出"行政规章不是法"的推论。笔者认为,认定某一规范性法律文件能不能称为广义上的"法",重点不再于它的形式,而要看它本身的实际效力。在我国,由于行政规章的大量存在,且在发挥保障和控

[1] 石佑启:《行政程序违法的法律责任》,载《法学》2002年第9期。

[2] 应松年主编:《行政诉讼法学》,中国政法大学出版社1999年版,第52页。

制行政主体依法行使职权的作用方面具有举足轻重的地位，尽管在规章之间可能存在诸多矛盾，但并不能就此否认行政规章作为广义上的“法”的客观存在。

（2）违反规章以下的“其他规范性法律文件”是否构成“违反法定程序”？

有关该问题的讨论，目前学术界一直存在着两种不同的声音。反对者认为，至少存在两种理由可供支撑：其一，规章以下的“其他规范性法律文件”多是行政主体为了行使行政职权，履行行政职责，自己为自己设定行政程序，从性质上，属于“自主行政程序”，是行政主体自由裁量权行使的具体表现，因其欠缺对其审查的必要性从而不要将其纳入法院合法性审查的范围；其二，由于这些行政规范性文件法律位阶过低，因而主体混乱，形式欠缺统一性，内容也多庞杂且欠缺科学性与协调性，因而也没有必要将其纳入法院审查的范围。支持者认为，由于这些具体的行政规范性文件多与行政主体在作出行政决定时紧密相关，且规范众多，因而，将其纳入“违反法定程序”中“法”的范围，有其合理和必要性。笔者认为，从“其他规范性法律文件”的地位和作用来看，不亦将其作为广义上的“法”来对待。对此，法院不用进行相关的合法性审查。

（3）违反行政法的基本原则是否构成“违反法定程序”？

法律原则在弥补立法之漏洞“拾遗补阙”的意义上价值巨大。一方面行政法的一些基本原则能够很好地克服法自身存在的某些局限性；另一方面又是约束行政主体自由裁量权的需要。行政程序违反行政法的基本原则时，应像违反普通的法律法规一样，让其承担对其不利的法律后果。

2. “违反法定程序”中“程序”的界定

从司法审查的角度来看，对“违反法定程序”中“程序”的界定实则是解决法院在因程序违法而引起的纠纷中的司法审查的范围问题。这个范围的大小，不仅取决于一国法律的具体规定，同时也取决于行政主体自觉接受法院合法性司法审查的自觉性和主动性。笔者认为，从我国的现有法律和现实国情来看，“违反法定程序”中的“程序”应是这样的：

（1）外部行政程序。

在我国，由于行政主体的内部行政行为并未纳入法院司法审查的范围，同样，进入法院合法性审查范围的行政程序也只能是外部行政程序。

（2）外部具体行政程序。

具体行政程序是与抽象行政程序相对的概念，虽然同属外部行政程序，但是《行政诉讼法》仅仅将具体行政行为纳入法院合法性审查的范围，因而，对于外部的抽象行政程序并不在我们所要研究和讨论的“违反法定程序”的范围之内。

(3)外部法定具体行政程序。

所谓“法定具体行政程序”,指的是由法律、法规以及规章明确规定的行政程序,该程序体现行政相对人参与的程序权利。〔1〕旨在为了保护行政相对人的合法权益和提高行政主体的行政效率,体现了程序的权利保障和保证效率两方面的价值。通说认为,行政实体法多是以赋予行政主体行政自由裁量权力为主要内容的规范,单纯地依靠行政主体的自律很难保证行政权力不被滥用,从而伤害行政相对人的合法权益。现代行政法的理念认为,行政法不仅是赋权的法,更是控权的法,因而有必要通过必要的手段加以实现。行政程序立法就能很好地完成这一“任务”。通过在行政过程中的预先设置,从而“防止专横、任性的行政决定的产生,同时保障行政机关办事公平而又有效率”。〔2〕

(二)理论与司法难题

如前所述,行政程序第一次被纳入司法审查的范围,是出现在1990年颁布施行的《行政诉讼法》中,该法第54条第2项明确规定:“具体行政行为有下列情形之一的,判决撤销或者部分撤销,并可以判决被告重新作出具体行政行为:1. 主要证据不足的;2. 适用法律、法规错误的;3. 违反法定程序的;4. 超越职权的;5. 滥用职权的。”据此,立法的规范和我国的司法实践均以《行政诉讼法》第54条的规定为基准,形成了“违反法定行政程序应予撤销”的基本处理模式和基调。尽管该法的规定凸显了行政程序的价值,但笔者认为,至少存在以下问题值得我们重新思考:

1. 违反法定行政程序的具体行政行为是否一律都应当撤销?

这是根据立法规定引出的一个最直接的问题。最高人民法院《关于执行〈中华人民共和国行政诉讼法〉若干问题的解释》(以下简称《行政诉讼法解释》)以及《中华人民共和国行政处罚法》(以下简称《行政处罚法》)等法律规范的规定似乎对《行政诉讼法》下形成的“程序违法被撤销”这一单一处理进路进行了丰富和完善,表面上已经回答了这一问题。但是,笔者需要强调的是,尽管其他规范性法律文件对此进行了修正和补充,但是,在当前的司法实务界,仍然将撤销看作程序违法以后的基本和主要处理模式。“法院以违反法定程序为由,判定撤销具体行政行为,行政机关经过相应的法定程序后仍可以以同一事实和理由作出与原具体行政行为相同或基本相同的具体的行政行为。”〔3〕笔者通过查阅大量的行政判决文书发现,

〔1〕 段逸超:《“违反法定程序”刍议》,载《行政法学研究》2003年第4期。

〔2〕 王名扬:《美国行政法》,中国法治出版社1995年版,第66页。

〔3〕 参见最高人民法院中国应用法学研究所编:《人民法院案例选》(行政卷上)中国法制出版社2002年版,第87页。

除被告胜诉外，只要因行政程序违法为由败诉的案件，法院多是以“撤销判决”结案，很少有确认违法的案例。

2. 具体行政行为因违反法定程序被撤销以后是否一律允许无限制重作？

此问题是在“撤销与否”问题之下依据现有立法进一步追问后的问题。根据《行政诉讼法》第 54 条第 2 款的规定，具体行政行为因违法被撤销以后，法院是可以判决被告重新作出具体行政行为的。而且根据行政司法实践及理论均认为，即使法院撤销违法具体行政行为没有判决让其重作，行政机关基于自身职权仍然可以重新作出具体行政行为。有关行政行为被撤销以后是否允许无限制重作的问题，《行政诉讼法》第 55 条给出了一个较为明确的答复，该条规定，人民法院判决被告重新作出具体行政行为的，被告不得以同一的事实和理由作出与原具体行政行为基本相同的具体行政行为。该条规定对被告重作具体行政行为进行了限制。但是，《行政诉讼法解释》第 54 条第 2 款对因程序违法被撤销的具体行政行为在重作中作出了例外规定，该款明确规定：“人民法院以违反法定程序为由，判决撤销被诉具体行政行为的，行政机关重新作出具体行政行为不受行政诉讼法第五十五条的规定的限制”，从而在实质上确定了被诉具体行政行为因程序违法被撤销以后，其重作是无限制的结论。

3. 如果不一律撤销，针对不撤销的程序违法行为，现有的诉讼处理模式是否妥帖和完善？

目前，针对法定行政程序违法问题，我们所熟知的几种行政司法审判实践中的行政判决模式包括确认无效判决、撤销判决、确认违法判决等。并且针对各种判决方式，《行政诉讼法》及《行政诉讼法解释》、《行政处罚法》等规范性法律文件在其适用范围上都作出了明确的法律规定。似乎在这一问题上，鉴于规范性条文的明确规定，已经为我们指明了具体解决方案。然而，这些解决方案完善吗？除此之外，还有无其他解决方案值得借鉴和运用？另外，各种具体的解决方案背后，其界分的理论标准到底怎样？这些具体问题也是我们在研究有关因程序违法的具体行政行为时，法律该如何处理而不得不要去思考的理论难题。

三、当前我国处理具体行政行为程序违法问题的学理论争

（一）具体行政行为程序违法下“一律撤销”制度的存废之争

1. 学界相关争议的介绍

先来看一个司法实践中法院判决“撤销”的案例：

2004 年 2 月 6 日，第三人威海运光装饰工程有限公司（以下简称运光公司）从原告山东达润建材有限公司（以下简称达润公司）购入一批铝合金型材，用于文登

整骨医院玻璃外墙装饰使用。2004年10月13日,被告威海市工商行政管理局接到群众举报,称运光公司处有一批铝型材不合格。经鉴定,此批建材确系不合格产品。威海市工商行政管理局遂对运光公司进行了处罚,并将《处罚决定书》送达当事人。原告大润公司对于该处罚决定并无异议,但对被告的行政处罚程序提出异议。原告认为,被告在《处罚决定书》中认定该批建材系由原告提供,原告即为案件的利害关系人,被告应当履行告知义务,告知原告,并听取原告的陈述和申辩,还应当根据原告的要求组织听证,被告未履行上述程序,属程序违法。被告在法律规定的时间内提交了答辩状,并且辩称,被告查处质量违法案件,对于违法产品来源何处并不重要,重要的是产品质量是否合格。对于产品来源于原告的表述并不能作为另案的定案依据,且对原告并不产生拘束力,因此被告的处罚程序合法,请求依法予以维持。山东省威海市环翠区人民法院经审理查明认为,被告对第三人的行政处罚程序合法有效。但是《处罚决定书》中对"该批建材系由大润公司提供"的表述因证据不足,不能成立,其认定该批建材由原告提供的行政程序违法。最后,法院依法判决维持被告对第三人的行政处罚决定,并撤销被告在《处罚决定书》中认定铝型材料由原告供应的具体行政行为。[1]

如果说厘清"行政程序违法"的界限问题是本论题的基础性前置问题,那么,有关行政程序违法以后该如何判决的问题,则是我们进一步需要思考和探索的问题。在这个问题上,"撤销"作为一种被普遍采纳的处理方案,长久以来,一直被广为运用。这样的做法是否妥当,学者中不乏异议之辞。目前,在对待此问题的处理上,主要存在以下两种观点:

一种观点认为,因具体行政行为程序违法应一律作撤销的判决。因为程序是实现实体内容所不可缺少的一些手段方法的集合,任何一项法律程序的设计或多或少都会影响到国家、社会乃至公民的个人利益,因此应该通过撤销或者确认无效的法律手段使其承担败诉的风险从而教育行政主体要严格依程序法办事。持这种观点的人同时还认为:"行政行为不因程序违法而致撤销是行政程序法律责任不独立的表现。"[2] 另一种观点认为,行政主体的程序违法行为不应"一刀切"致使都作撤销的处理,尽管这种处理手段为目前所应用最广泛的模式,但却在某些领域未免实质过窄。特别是在程序违法但实体正确的情况下,一味地作撤销处理,既不科学,也降低了行政效率。

[1] 参见山东省威海市环翠区人民法院(2005)威环行初字第40号行政判决书。

[2] 罗豪才、应松年主编:《行政程序法研究》,中国政法大学出版社1992年版,第526页。

2. 笔者的观点与态度

比较以上观点，总体而言，两种观点均存在合理之处，前者更多地侧重了对程序独立价值的重视，后者则较为灵活地处理不同情况下的程序违法行为，在保证行政效率方面有其优越性。笔者认为，违反行政程序的具体行政行为，不见得都一律作撤销的诉讼判决。假设按照第一种观点机械处理的话，虽然凸显了对程序独立价值的重视，但是，一味地侧重推崇程序的独立价值而忽视程序固有的工具价值，往往会从一种极端走向另外一种极端。况且推崇程序独立价值的做法也并不见得仅有"撤销"这一种表现方式。除此之外，这种人为增加行政成本的做法，是否符合执法和诉讼的经济原则？具有何种实际价值？尤其是对那些仅仅程序违法但实体正确的情况下，这种单一的撤销处理模式，即便对于原告而言，又有什么实际意义呢？违反行政程序，并不见得一律导致撤销，如果这种看法是有道理的。那么，在何种情况下具体行政行为程序违法需要撤销，在何种情况下不需要撤销？影响行政程序违法导致撤与不撤的因素有哪些？笔者认为，以下几方面因素值得加以考量：

(1)价值衡量因素。

美国著名学者罗伯特·萨默斯的程序价值理论认为，任何一种法律程序本身其实都具有双重的价值。[1]一种价值来源于其对法律实施效能的体现，通过程序的执行，法律的运作让人们得到诸如安全、正义等好的结果效能，称为程序的工具价值。同时，程序不仅因能合理的实现实体法所追求的结果而存在，其自身在通过程序的运行而得到好的结果效能的过程本身也有其独立的价值，如参与的价值、民主的价值、程序理性等，我们把这些价值称作程序的独立价值。行政程序本身是为实体服务的，其应当首先具有服务于实体的工具价值属性，但是一旦程序已经存在或者运行，那么其自身也就有了一种脱离于实体而单独存在的"独立价值"。"在对一种至少会使一部分人的权益受到影响的活动或决定做出评价时，不仅要关注其结果的正当性，而且还应该关注产生该结果的过程或程序本身的正当性。只有行政程序本身是正当的程序具有'善'的品质，才能更好地实现社会正义。"[2]

程序的工具价值更多地侧重于对行政效率的维护，而其独立价值则更多地考虑到如何更好地实现社会的公平正义，说到底，实则是如何处理公正与效率的关系问题，而问题的根源恰恰就在于如何摆正两种价值之间的关系。目前法学界对于程序的独立价值日益推崇，并且针对该价值做了大量深入的研究，笔者认为，一味

---

〔1〕 张千帆：《司法审查的标准与方法——以美国行政法为视角》，载《法学家》2006年第6期。

〔2〕 张丽、何玉洁：《质疑违反法定程序之行政行为的撤销》，载《理论学刊》2007年第3期。

地侧重推崇程序的独立价值而忽视程序固有的工具价值,往往会从一种极端走向另外一种极端,并因此陷入形式或者机械主义而不去关注行政执法的效率追求。

(2)相对人合法权益保护因素

通过对以上价值衡量因素的综合考量,我们明晰法院对行政主体实施行政行为的司法审查实际遵循了双重价值取向。从监督和督促行政机关依程序法办事的角度看,体现的是法的效率价值,从保护行政相对人的合法权益的角度出发,则体现了法对公平价值的追求。效率和公平是统一的,但当二者发生矛盾时,法院应首选公平,这是法院本身司法审查的性质使然。但是,坚持公平优先的价值取向,绝不意味着凡是遇到行政程序违法的问题,都一概撤销,这其实是两个层面的问题。从保护相对人合法权益这一因素进行考量,保障其权利不受侵害才是关键,法律被赋予了保护相对人权利的理念,维护公民、法人或其他组织的合法权利和权益是法律的目的之一,现代程序法的原则以及程序法本身都包含有人权的精神,从其设定的目的来看也是要以保障人权为主要目的。[1]为此,有必要考虑以下两大标准:首先,是否损害了行政相对人的合法权益?如果因行政程序违法而导致行政相对人合法权益被损害,则法院应予以撤销。反之,则可以通过驳回原告诉讼请求的判决方式替代之,并通过提出司法建议的方式提请有关行政主体注意即可。其次,是否产生了有利于行政相对人的法律后果?如果行政机关因程序违法产生了有利于行政相对人的后果,且行政机关保留这一法律后果并不违反法律、法规规定且不侵害其他行政相关人的利益,如复议机关逾期对显失公正的行政处罚作出减轻处罚的变更决定,原告仍旧不服提起行政诉讼,则法院也应依法判决驳回原告诉讼请求,并可以通过提出司法建议的方式提示复议机关注意;反之,则应当依法判决撤销。

(3)公共利益衡量因素

作为一个不确定性法律概念,有关“公共利益”的界限问题始终为法学界所津津乐道的话题,但却不是此处探讨的重点。至少不可否认的是,法律是公共利益的体现,反映了其对公共利益的维护和价值追求。尽管法律的最终目的在于保护公民个人的合法权利,但个人权利的实现离不开对整体社会公共利益的维护。行政程序违法该不该撤销,很大程度上取决于其被撤销以后违反公共利益的程度。现有的立法和理论均认为,只有在不对公共利益产生重大损害时才得撤销,如果撤销将会给公共利益产生重大损失时,则不应撤销。《行政诉讼法解释》第 58 条正是基于对这一衡量因素的考虑而设计规定的,该条明确规定:“被诉具体行政行为违法,

---

〔1〕 孙笑侠:《程序的法理》,商务印书馆 2005 年版,第 227 页。

但撤销该具体行政行为将会给国家利益或者公共利益造成重大损失的,人民法院应当作出确认被诉具体行政行为违法的判决,并责令被诉行政机关采取相应的补救措施;造成损害的,依法判决承担赔偿责任。”本条中的“被诉具体行政行为违法”,显然是包含行政程序违法这种情形在内的,据此规定,实际上拓宽了当行政程序违法时的判决类型渠道,是对《行政诉讼法》第 54 条的有益补充,与英国在处理此问题时所考虑的“撤销行政行为会不会导致公众的极大不便”有着某种程度的重合,这对于进一步扩大有关行政程序违法判决类型的因素考量技术,构建完整的可撤销理论具有十分重要的意义。

(4)程序瑕疵衡量因素

就行政程序本身而言,世界各国一般按照程序违法的程度,采取不同的判决种类模式。大体上讲,程序违法的程度等级越高,对行政主体所作的否定性评价程度也就越高。通常而言,在程序构成违法的情形下,重大明显违法一般认定为该具体行政行为无效;一般性程序违法行为,则要根据不同情况分别作撤销或者补正的处理模式。考虑程序的瑕疵程度,对于正确处理某一项具体的行政程序违法行为具有非常重要的意义。瑕疵的客观差异导致了法律规范中对其不同的处理规定,从而有利于实现不同情况下针对程序违法行为做出合理处理之效果。

除以上提到的四点需要考虑的因素外,现有的立法和理论中仍包括其他一些亦需我们关注和加以考量的要素。例如,被诉具体行政行为违法,但已经不具可撤销之内容的情况下,可以不再作撤销处理,而是依据《行政诉讼法》第 57 条第 2 款第 2 项之规定作判决确认违法的处理;又如,从行政行为效力之拘束力以及行政相对人的信赖利益保护角度出发,一味地撤销亦是对前者的漠视和违背;还如,某些特定程序本身具有较高的法律保护价值,违反它与违反一般的法律程序应当作有区别的对待,而不宜等同视之。

(二)对撤销以后能否无限制重作的再思考

1. 学界相关观点的介绍

违反法定具体行政程序的行为并不一定都要撤销,这是基于上述的分析讨论所得出的一个基本结论。问题在于,在适用撤销判决的场合,具体行政行为因程序违法被撤销以后,能否无限制重新作出一个与原行为基本相同或相似的行为呢?提出这样一个问题,实质上源于《行政诉讼法》第 55 条以及《行政诉讼法解释》第 54 条规范而来的法律依据,对此,笔者在前文已作了明确列举和解析。其实,不仅从法律规定上如此,具体行政行为因程序违法被撤销以后的无限制重作即便在理论上似乎亦有一定的理论根据。当前,学术界支持这种无限制重作的基本理由有三:

(1)这是行政主体自主行使行政职权的表现。从撤销的法律后果来看,一旦行政行为被撤销,意味着原先作出的具体行政行为自始或者向后不存在。行政主体作为执法者,在法定授权范内管理社会公共事务不仅是其职权主动行使的要求,更是其职责履行的表现。因而,具体行政行为因程序违法被撤销以后,行政主体重新作出便显得理所当然。(2)这是行政主体知错与纠错的表现。承接上文,行政行为一旦被撤销,意味着法院对其作出了一个否定性的评价,行政主体理应及时纠正错误。另外,撤销的理由仅仅是因为程序违法,法院其实并没有对该行为的其他方面作出否定判断,因而,行政主体按照法律规范之规定,重新依法定程序作出有一个正确的行政行为,我们当然没有理由拒绝这样一个纠错以后合法的行政行为。(3)这是利益平衡的要求。行政主体作为公权力主体,其职责旨在实现和维护社会公共利益,如果撤销以后就不管了,往往会因为行政主体没有"一抓到底"而放纵违法行为,危害公共利益。

2. 笔者的质疑

事实上,现有的制度设计和理论依据真的完全没有问题吗?笔者持否定意见,认为这样一种制度设计背后实际上存在一定的缺陷。

(1)它降低了程序的独立价值,于行政相对人无益

《行诉法》将行政程序违法纳入司法审查的范围,并赋予同实体违法一样的法律评价——撤销,旨在提高对程序的认识和其独立价值的重视,但是在制度设计上,因程序违法被撤销的行政行为却没有像其他撤销情形一样在重作方面规定同等的限制。在我们现实生活中,就像萨默斯所说的:程序的价值不仅仅被忽视,甚至还经常被故意无视。[1]如果具体行政行为实体正确,仅仅因程序违法被撤销以后,行政主体只要重新按照法定程序重走一遍便可,其他情况下的撤销以后的重作却不会像它如此不受任何限制。这在事实上表明了法律对待行政程序的独立价值仅仅表现在法院的司法审查层面,之后的重作根本不再考虑。这样做的结果,无疑是使得行政相对人因程序违法而打的行政官司失去应有的价值和意义,从而仅仅变成一种形式,于行政相对人而言,徒费精力和时间、金钱。

这样的例子其实在司法实践中有很多,近年来,高校学生与母校对簿公堂的案件屡屡发生,其发生的原因多是因高等教育主管部门不规范的行政程序所致,高校一方面作为教书育人的"师者",另一方面又频频成为被告,着实令其尴尬。据河北省石家庄市中级人民法院政策研究室的一名法官介绍,学生因作弊、学籍、学位问

〔1〕 Robert S. Summers, "Evaluation and Improving Legal Process": A Plea for "Process Value".

题起诉学校的情形,从20个世纪90年代便初见端倪。从轰动全国的“田永诉北京科技大学”案开始,到近年来发生的同类案件中,多起案件均因程序违法而被法院判定校方败诉。

2006年年底,哈尔滨某高校三名大学生因在学校组织的黑龙江省计算机等级考试过程中舞弊,被学校开除学籍。次年,三人以学校处罚过重、处罚程序违法为由,将学校告上法庭。法院审理认为,学校对三名学生作出的处理意见书并未听取当事人的陈述与申辩,且未送达两名原告,属程序违法,遂撤销了该处理意见。[1]

2008年6月,陕西省一所高等院校15名考生被学校认定为考试作弊,学校作出开除该15名学生学籍的决定,并限令他们在两天之内离开学校。随后,4名学生向陕西省教委提出申诉请求。次月,陕西省教委以程序不当为由,要求学校撤销开除学生的决定。

2009年12月,武汉市一名女大学生,因连续两次考试作弊,被学校作出开除学籍处分。但因学校行政行为程序违反行政诉讼法相关规定,被法院判撤销处分决定。

上面的案例,从判决结果上看,的确都因高校程序违法而在最后败诉,从诉讼后果的意义上说,体现了法院对待程序本身价值的重视。但是,法院撤销之后的校方后续性处理却少有人关注和知晓。由于按照现有的立法规范来看,法院撤销行政行为以后,行政主体是有权力重新作出具体行政行为的,而且新作出的具体行政行为不会受到“不得与原具体行政行为基本相同”的条件限制,这就很难保证学生的受教育权利不被受到第二次侵犯。北京大学法学院湛中乐教授曾明确地指出,事实上,在诸多教育行政诉讼案件中,一旦学校因行政程序违法而败诉,一般也都是简单地弥补其先前程序上的不足,然后依旧对违纪学生作出应有的处分。

(2)它增加了行政成本,降低了行政效率,不符合执法经济的要求

承接上文,撤销以后的重作无限制,没有在提高行政效率作出任何贡献。结果恰恰相反,试想一个具体行政行为因程序违法被撤销以后,行政主体通过重走行政程序,作出了一个原具体行政行为基本相同的决定,这样不但降低了行政效率,因重走程序势必带来行政执法成本的上升,这与法律所倡导的执法与诉讼经济原则与精神背道而驰。

(3)这种无限制重作的制度设计和理论往往使行政执法陷入机械主义

行政主体作出任何一个具体行政行为,都是在一定的法律和事实背景下作出

---

〔1〕 载 http://www.chinacourt.org/public/detail.php?id=193659,最后访问日期:2014年3月26日。

的,离开特定的时限和背景,具体行政行为不会也不可能正确作出。现有的具体行政行为因程序违法被撤销以后的无限制重作,此种立法设计恰恰是建立在这样一种假设基础之上的,即只存在一个孤立的具体行政行为,它的结果是正确的,唯有程序违法,纠正了违法的程序,该行政行为的过程和结果就是合法有效的了。笔者认为,这样的假设或许只在理论层面说得通,事实上未必如此。诚如上面所言的那样,具体行政行为是在一个特定的时间、特定的场合以及依据当时的法律作出的,任何一个前提性因素发生变化,撤销以后的重新作出都势必不再相同。因而,无限制重作的制度设计和理论,存在着孤立看行政行为的缺陷,容易使行政主体的执法行为陷入简单的机械主义。

(三)不予撤销下的诉讼判决——对"撤销"以外其他处理模式的探讨

1. 目前我国对待具体行政行为程序违法的处理方法及不足

《行政诉讼法》第54条第2项之规定提高了法律对待行政程序的重视程度,事实上确立了"具体行政行为因程序违法便被撤销"的基本处理模式。然而,不管在理论上还是客观上,确立单一的判决模式,不足以应对各种不同形态的程序违法行为。

目前,由于我国没有一部统一的行政程序法典,使得在对待具体的程序违法时所要援引的法律文件不同,以致得出的判决也不尽相同。尽管《行政处罚法》以及《行政诉讼法解释》在《行政诉讼法》的基础上增加了两种额外的处理模式,但仍存在许多问题。以《行政处罚法》结合《行政诉讼法解释》第57条第2款第2项所确立的"无效判决"为例,表面上是增加了一种新的处理模型,但问题非但不会减少,反而变得更加复杂。比如,该"无效判决"的具体适用范围如何,立法并无给出明确的界分;行政处罚领域以外的其他具体行政行为因程序违法会不会也导致该行为无效或者不成立,从而被法院判决确认无效?就目前既有的立法现状看,答案是否定的。当然,通过对这些问题的发散式思维,必将为今后在有关具体行政行为程序违法的判决方面做一些有益的铺垫和准备,笔者认为,这是有益的,更是必要的。

2. 补正——具体行政行为程序违法之行政判决新模式的介绍

(1)"补正"的含义。

有关"补正"的含义是多样的,一方面,它指的是行政相对人因违反法律、法规规定而漏交相关材料时,行政机关告知时候补交材料的行为。如《行政许可法》第32条第1款第4项规定:"申请材料不齐全或者不符合法定形式的,应当当场或者在五日内一次告知申请人需要补正的全部内容,逾期不告知的,自收到申请材料之日起即为受理。"另一方面,它系指法院对其判决书中笔误的更正。如《民事诉讼法》第140条第1款第7项规定:“裁定适用于下列范围:……(七)补正判决书中的笔误。”尽管上述两个法律条文中均采用“补正”这一法律用语,本文所言的“补正”并非上述两种意义上的。“补正”作为舶来品,最早出现于我国的法律规范是1990年的《中华人民共和国行政复议条例》(以下简称《复议条例》),然而,1999年制定颁行的《中华人民共和国行政复议法》(以下简称《复议法》)却将“补正”这一制度废除。有关本文所言意义上的“补正”的概念,立法文件中并没有明确作出界定,因而,我们只能通过立法条文的具体规定加以解读。《复议条例》第42条规定:“具体行政行为有程序上不足的,决定被申请人补正。”该规定至少向我们明示了补正主体属于谁,因而不同于上文所言的行政相对人补正和法院补正。笔者认为,这里所言的补正判决,与许多学者给出的定义大体相同,指的是“对存在程序违法的行政行为,进行事后补救,将其视为合法行政行为处理并维持其效力”。[1]通过补正,使得之前被违反的法定程序得以弥补,从而使原来作出的具体行政行为成为合法的行政行为,行政行为的效力得以维持,并溯及既往至刚作出时便具有法律效力。这种判决方法打破了传统意义上的形式主义,不再行政程序一旦违法,便予以撤销,尽量设法维护行政行为的效力。[2]

(2)“补正”制度的理论依据。

首先,补正为实现程序的工具价值与独立价值提供了解决的可能与适用空间。行政程序法作为关于行政程序的法律规范的总称,一直以来,传统的法解释学认为行政程序是保障行政实体作出的手段和工具。这种看法后被边沁的“功利主义法学”所进一步论证和发挥。于是行政程序多以体现其“工具价值”而存在,理论上称为“程序工具主义”。殊不知,程序既是手段,同时也是目的。这种目的体现了行政程序本身的内在价值要求,即行政程序不仅仅具有实现行政实体法的外在工具价值,自身更有其内在独立价值或者本位价值,这在理论上被称作“程序的独立价值”或者“程序本位主义”。程序工具主义下认为行政程序仅仅是实现行政实体的手段和附庸,因而在实体正确、程序违法的情况下,不存在对该种违法行为的诉讼后果行为。但是,程序本位主义则认为,行政程序的真正价值不在于保证行政实体法的实现,判断行政程序的价值在于它是否保证了程序过程的公正性,体现出一种对行政相对人的尊重。笔者前文也提到,两种不同的价值定位往往会将行政程序的违法处理问题引入两个极端,是不可取的。现在人们在反思两种观点的基础上一般

---

〔1〕 应松年:《行政程序法立法研究》,中国法制出版社2001年版,第362页。

〔2〕 罗传贤:《行政程序法基础理论》,台北,五南图书出版股份有限公司1993年版,第261页。

认为程序既具有外在价值又具有内在价值,既是手段又是目的,两者不可偏废。既是如此,二者往往容易产生冲突,“补正作为行政程序违法责任的实现形式之一在一定条件下既能达到保障行政法律关系主体程序权利的目的,又能充分体现行政程序的手段属性和目的属性二者博弈的价值衡平”,〔1〕因而有其存在的必要和可能性。其次,补正符合法安定性之需要,并有利于实现对社会公共利益以及行政相对人信赖利益保护的平衡。行政行为的公定力与拘束力,使得行政行为一经作出并被行政相对人知晓便产生了实际法律效力。如果因行政程序违法就一概予以撤销,将会对行政相对人的信赖利益产生不利影响,并对社会公共利益产生较大影响。除此之外,也将不利于合乎法的安定性的要求。现代行政法面对这一问题,通常采取较为宽松和灵活的处理方式,在保障公平的前提下,尽量提高行政执法效率,补正判决的运用,便是一种很好的折中方案。日本行政法学者盐野宏指出:“行政行为有瑕疵,与其予以撤销而作出同样的处分,倒不如维持当初的行政行为的效力,从法的稳定性的观点来看也是理想的,并且在防止行政浪费的意义上,也有助于行政经济。”〔2〕

据此,“补正”作为实现具体行政行为程序违法的一种判决类型,有利于缓解行政执法中效率与公平这一矛盾的紧张状态,并有利于促进实现法的安定性以及实现社会公共利益与行政相对人信赖利益的平衡与保护,是一种可值得借鉴的处理方式。从世界范围看,目前,日本、德国、葡萄牙以及我国台湾与澳门地区等地都对该制度做了规定,虽然名称有所区别,或称为“纠正”,或称为“治愈”,不论如何,都与这里所言的“补正”制度无异。

四、走出理论与现实的困境——对完善我国行政程序违法之判决形式的思考

(一)严格控制“撤销判决”的适用范围

在我国,行政程序违法大多以“撤销”的方式对其进行处理,这是立法现状造成的实然结果。尽管除“撤销”以外,法律上还规定了“确认违法”以及“无效判决”等方式,但后者往往因其适用范围太过狭窄而常常遭受“冷遇”。而且,根据现有的立法显示,在适用“撤销判决”的情形下,法律并未对违反法律规定的“法定程序”本身作出任何区别性对待,司法解释亦未做明确界分,从而容易导致出现法院滥用该“撤销判决”的局面。这种处理,尽管提高了行政程序的地位,但因未区分不同情形,特别容易使法律陷入机械主义,因而是不可取的。结合笔者前文所言的几大衡

〔1〕 李元起、郭庆珠:《论行政程序违法的补正》,载《杭州商学院学报》2003 年第 2 期。

〔2〕 [日]盐野宏:《行政法》,杨建顺译,法律出版社 1999 年版,第 230 页。

量因素，以及对域外代表性国家处理相关问题上的介绍，笔者认为，有必要进行必要的区分对待，以确立真正适用该"撤销判决"的法律标准。

1."撤销判决"仅该违法程序对行政相对人以及公共利益产生重大影响时适用

法律之所以规定行政程序，一方面是为了提高行政主体的行政效率，另一方面也是控制和制约行政主体，以此来达到保护行政相对人合法权益的目的。[1]行政主体一旦违反了法律对于行政程序的规定，必将对行政相对人乃至社会公共利益产生影响。在行政程序中，行政程序的违法严重程度亦将直接影响到对其诉讼处理的后果。比如，根据行政法的基本原则，程序的正当性要求是依法行政的题中应有之义，该原则下衍生出的行政主体的告知和说明理由程序、听取当事人的陈述与申辩的程序、行政相对人参与听证以及行政主体将有关信息予以公开的程序等对行政相对人而言都属于具有重要意义的程序，违反此程序的结果，将是对行政相对人合法权益的严重侵害，故而应当做撤销之处理[2]；相反，对于一些相对宽泛的程序规定，比如行政机关发放许可证的期限规定，行政机关晚一天才发放的，此时不应过多地苛责于行政机关，应仍然认定为该行政行为有效。

2."撤销判决"仅程序违法对行政决定的作出产生实质影响时适用

由于行政程序的主体恒定的体现在行政主体身上，因而其违法将直接关系到行政主体所作行政决定的合理程度。比如，行政处罚坚持"先取证后处罚"的执法原则，目的旨在保证该处罚决定有理有据，有说服力。实践中，经常出现的那种"先处罚后取证"的现象使行政机关往往先入为主，欲加之罪，何患无辞？这对于保证行政的公平性具有非常不利的影响，故该种程序违法严重影响到了行政决定的质量，应当作出撤销的处理决定。但是，在立法与实践中，还存在着大量的行政程序，其实施过程中的瑕疵并不会给行政机关的行政决定带来影响，故而此种程序违法仍不必撤销，只是追究相关执法人员的行政责任即可。比如《道路交通安全事故处理程序规定》第20条规定，对于因检验、鉴定等方面的需要，交管部门暂扣车辆、牌照的期限为二十日，需要延长的，可以经上一级交管部门批准，延长二十日。笔者认为，此种情况下，如果交管部门违反了二十日的期限规定，对行政决定的作出并无大碍，因此，此种情况下不必将违反该期限下的行政决定作撤销处理。

---

〔1〕 王锡梓：《行政程序法理念与制度研究》，中国民主法制出版社2007年版，第144页。

〔2〕 张坤世、罗树志：《行政程序违法及其法律后果——一个比较的分析》，载《中南工业大学学报》（社会科学版）2002年第2期。

3."撤销判决"均对羁束与自由裁量程序违法行为适用

羁束行政程序与自由裁量行政程序是法定行政程序的两种具体分类,因而与自主行政程序不同。所谓羁束行政行为,指的是法律事先已经就权力主体、行为方式、时限等作出明确之规定,行政主体只能严格依法行事,而无任何自由选择的空间。裁量行政行为则赋予行政主体以广阔的自由裁量权。两种分类不仅对于行政实体行为具有典型意义,在研究行政程序违法问题上,也具有非常重大的意义。

对于羁束行政程序,行政主体只要违反法律的规定即构成程序违法并予以撤销,这一点毋庸置疑,也容易接受和理解。但在自由裁量行政程序中,是否同样存在程序违法的司法判决问题,却是一个值得讨论的话题。正如美国著名行政法学家伯纳德·施瓦茨所说的那样:"如果我们说某当局在其自由裁量之内做某事的时候,自由裁量权意味着根据合理和公正的原则做某事,而不是根据个人意见做某事,根据法律做某事而不是根据个人好恶做某事。自由裁量权不应是专断的、含糊不清的,捉摸不定的权力,而是法定的,有一定之规的权力。"可见,行政法治要求下的行政行为(包括程序性行政行为),不仅要符合合法性的要求,合理行政同样重要。对于自由裁量行政行为中,只要超越裁量权的行使范围,行政程序即构成违法,因而同样存在应否撤销的问题。

4."撤销判决"仅侵益行政行为程序违法时适用

依据行政行为对行政相对人权益的影响不同,理论上将行政行为划分为授益性行政行为和侵益性行政行为。两种行政行为的程序违法虽然从根本上讲,都会造成对行政相对人利益的侵害,但是二者的违法处理却不可作平行对待。由于侵益性行政行为本身包含一种对行政相对人权益的剥夺或者限制,因而相对行政相对人而言,其权益本身就处在一种随时被剥夺的风险之中,于是,此时从程序上更加严格对行政相对人的保护,《处罚法》第 3 条的规定便体现了这一点。而对于授益性的行政行为,由于最终结果是对行政相对人权益的赋予,且"撤销判决"将直接损害其信赖保护利益,也不利于维护法的安定性。因此从客观上讲,应做低于侵益性程序违法处理的要求,不宜做撤销处理。进一步讲,因受侵益行政行为固有的对行政相对人权益的限制或剥夺属性的影响,在此类行为中的程序违法,如果明显且重大,应直接确认其无效;如果一般的违法,则可将其作撤销之处理。而对于授益性的行政行为,即便程序存在违法之瑕疵,即使重作,势必得出与原行政决定相同的行为,故可以通过"补正"的方式维持该行政行为原有之效力,以此节省行政成本,提高行政效率。

（二）正确树立程序独立价值在行政法中的地位，对撤销以后的重作加以必要限制

对撤销以后的无限制重作的立法，很大程度上源于没有正确树立程序的独立价值在行政法中的地位。由于在实质上我国法律赋予了行政主体无限制重作具体行政行为的自由，那么也就表明，行政主体的“依法定程序”行政并不能在本质上去约束行政主体，而仅仅作为一句口号存在。如果这样的制度长期实施下去，必将打击行政相对人的依法维权的信心和勇气，试想有谁会肯花时间、精力和金钱去打一场表面冠冕堂皇而实质上对自己没有任何帮助和意义的官司呢？程序的独立价值观念一天不树立，行政主体严格依程序法办事的口号便一天得不到落实，法律本身形同虚设的尴尬境况也便一天得不到改观。所以，行政程序应与其他违法要素一样，当出现违法被撤销以后，在重新作出具体行政行为上均要受制于“不得作出与原具体行政行为基本相同的行为”规定之限制。为此，笔者认为，受以下任何一点因素的影响，具体行政行为的重新作出都要受到限制。

1. 事实的限制

比如在行政处罚中，行政机关的取证调查程序一旦出现违法情况，事后想去弥补往往不再可能。又如对抽样物的检测取证环节，一旦检测完毕，销毁该抽样物品，事后因当事人不在场等重新对样品进行检测，却因样品的销毁而无法重新作出，如果允许重作，那也只能认定为主要证据不足或者事实认定错误。当然，如果该违法事实在事后仍然延续或者存在且不妨碍行政主体重新调查取证时，其重作行为是不应受到限制的。

2. 权力的限制

我们知道，无论作出还是重新作出行政行为，都是建立在行政主体享有一定的行政管理权限之基础上的，如果重作时行政主体的权力受到限制，则显然无法再重新作出与原行为相同或基本相同的行为了。这种限制主要表现在，一是由于受到法律规范的变化或者机构改革的调整等因素，使得重作时原机关职责权限发生变化，此时若再重作，很有可能就构成越权违法行为；二是尽管行政主体的权限没有发生变化，但法律赋予其的手段处理权限发生变化，如原来享有的处罚、处理的手段权，现在已经不再具有。在这种情况下，行政主体也便不可能再用旧有的手段去重新作出不受限制的行政行为了。

综上所述，现有的立法所体现出的不受限制的重作制度缺乏必要的科学性和合理性，势必为未来立法所变革，尽管笔者并不否认重作制度的合理性，但没有限制的重作显然是不合理的，应该受到诸多因素的考虑，从而真正维护法治的尊严和

司法的权威。

(三)完善行政程序违法补正的相关规定

为了完善我国未来行政程序立法中对该制度的规定,我们有必要对“补正”做以下更详细的分析,即通过对“补正”的适用条件与限制的分析,为未来我国建构合理的行政程序违法的补正制度铺垫良好的基础。根据杨登峰教授的理解,他将“补正”定义为:“补正,系指当具体行政行为程序轻微违法而不影响行政决定内容的作出时,得于行政诉讼终结前通过采取一定的补救措施予以矫正,从而继续维持原具体行政行为效力的判决方式。”[1]可知,“补正”实际上是在不改变原行政决定的基础上,通过采取一定的补救措施,继续维持原行政行为效力的一种判决方式。如果对之不做任何法律上的限制的话,极容易造成行政主体借事后补正之理由而不认真依法办事的事实。这既不利于保护行政相对人的合法权益,也是对法治的破坏。从世界范围看,凡采取该“补正”判决方式的国家,都在一定程度上对其做出了条件限制,我国亦应予以考虑,并且从现实国情出发,甚至做出比其他国家更为严格的限制规定。笔者认为,关于“补正”的适用范围,应符合以下条件的限制:

1. 行政程序的违法须是轻微的

这里包含两点要求,一是补正只能出现在仅仅程序违法的情况下,如果程序违法的同时实体也违法,则不能适用补正。毕竟实体违法以后,哪怕它是违法的,但也具有天然的公定力、拘束力,对相对人的权益产生了影响,如果允许行政主体补正的话,无疑等于允许行政主体又作出了一项新的决定,于相对人而言是不公平的;二是程序违法的程度必须是轻微的。由于“轻微”本身就属于一个不确定的法律概念,那么在认定“轻微”的标准上也不尽相同,易使补正制度缺乏可操作性,程序本身的价值也将大打折扣。从比较法的角度观察,目前,许多国家都是采取列举的方式对“补正”的适用范围加以明确规定,我国未来的立法也应借鉴之。具体而言,应当包含以下几点:第一,依申请的行政行为,行政相对人于事后提出的;第二,下级决定上级批准的行政行为,上级机关事后补充批准的;第三,行政决定须以其他机关的决定为前提作出的,其他机关事后作出该决定的;第四,法律法规规定的其他情形。这里,笔者特别需要强调的是,对于何为“轻微”的理解,不宜做过粗或者过细的理解,比如,像德国行政程序法典中所界定的那样,对于明显技术性错误的行为,适用“补正”实质过宽,而仅需依法予以更正即可,可见,“补正”与“更正”是不同的范畴,需要明确区分开来。

---

[1] 杨登峰:《程序违法行政行为的补正》,载《法学研究》2009 年第 6 期。

2. 必须以程序违法不影响行政决定的作出为限

也许有人会将“行政程序违法不影响行政相对人的合法权益为限”作为适用该制度的限制条件,表面上似乎与标题的说法无异。但是,这会因此陷入悖论。尽管笔者在前文中论述恢复补正制度时也提到了如何保持社会公共利益与相对人之信赖保护利益的平衡,但这并不代表我们支持这样一种所谓以行政相对人合法权益不受影响为参考要素的限制条件。因为,“补正”的意义在于通过事后的补救措施修复行政相对人已受损害的程序利益,从而继续维持原行政行为的效力。既然行政相对人的合法权益(程序权益)已经受到侵害,怎可能还以“行政程序违法不影响行政相对人的合法权益”作为限制“补正判决”之限制条件呢?笔者认为,“只有在重新履行程序对处分内容完全不可能带来任何变更时,也就是说,程序的再履行没有任何实际意义时,方可以承认治愈和转换。”

3. 补正需在行政复议或诉讼终结前作出

补正是由行政主体作出的,体现了一种“纠错”的态度,从保护行政相对人合法权益的角度出发,需要给补正施以严格的时间限制。我国台湾地区“行政程序法”第 114 条规定:补正行为“仅得于诉愿程序终结前为之;得不经诉愿程序者,仅得于向行政法院起诉前为之”。这里的“诉愿程序”,即相当于我国的行政复议。在笔者看来,对补正施加必要的时间限制,一方面,有利于促使行政主体尽快纠正违法的行政程序;另一方面,也有利于保证行政权力的正当行使。

以上讨论了补正制度适用的条件问题,然而,这并不足以实现该制度在行政程序违法行政判决体系中的准确定位。欲达成这一目标,必须同时从外部出发,厘清其与其他概念之间的区别与联系。比如,补正与无效、撤销、更正等概念之间是如何界分的,由于我国的立法对于概念的界定并不十分明晰,笔者在这里并不就这些概念之间的区分作详细比较,只是通过前文的铺垫与介绍就补正制度与其他制度的区分作一直观界分:第一,由于无效针对的重大且明显的程序违法行为,故此种情形下没有补正适用的空间和余地;第二,补正需要建立在法律明文规定的前提之下,因此对于一般的程序违法行为需要撤销的,如果规定可以补正的,则作补正处理,否则,一律作撤销处理,因而补正实际上是撤销制度的灵活补充;第三,要严格区分补正与更正(改正)的区别,对于补正的适用范围,前面已经给出明确的列举,“更正”则适用于一般的纯技术性瑕疵错误,如文字记载笔误、计算错误等。

浅析实施网络著作权战略的法治研究

孙 鹏*

［摘 要］ 近年来随着互联网的迅猛发展，给人们的生活带来了极大的便利，方便了人们之间的交流，同时互联网也给人们提供了一个更加快捷的全新的作品创作方法和传播途径，把人们带入了一个新的作品创作空间之中。但是，随着互联网的迅猛发展，在给人们带来巨大便利和效益的同时，也产生了许多法律问题，这些问题不仅对著作权法带来了影响，甚至对当今的法律体系产生了挑战。作为在网络环境中产生的新生的权利，网络著作权渐渐地成为国际社会共同关注的焦点，因此为了更好地保护网络著作权，维护利害关系人的合法权益，我们需要更好地去界定网络著作权的法律性质。

［关键词］ 网络 著作权 法律保护

一、网络著作权的概述

我国《著作权实施条例》第 2 条对作品的概念进行了界定，通过这个定义我们可以得出只要作品具备了“独创性”和“可复制性”这两个实质性的要件，就可以成为著作权法保护的客体。其实从本质上讲网络著作权的客体与传统著作权的客体区别不大，唯一的不同点仅仅是他们通过不同的载体来体现。

因此，根据我国相关的法律规定，只要数字化的作品具备了相关的实质性要件，就会受到著作权法的保护。毕竟网络著作权与传统著作权之间还是有差别的，网络著作权作为在网络环境下产生的新型权利，有传统著作权没有的特点，二者之间的差别主要有以下两个方面。

* 孙鹏，天津市武清区人民检察院助理检察员。

（一）网络著作权保护范围的特殊性

1. 著作权客体的特殊性

传统著作权对作品的界定在我国《著作权法实施条例》中已经有明确的规定，《著作权法实施条例》第 2 条："著作权法所称作品，是指文学、艺术和科学领域内具有独创性并能以某种有形形式复制的智力成果。"传统著作权的客体是包含了网络著作权的客体，但是网络著作权的客体体现出了其自身的特殊性，那就是需要通过数字化才能过在网络环境中传播和利用，进而成为网络著作权的客体。

2. 著作权主体的特殊性

根据我国《著作权法》第 9 条规定："著作权人包括：（一）作者；（二）其他依照本法享有著作权的公民、法人或者其他组织。"网络著作权相对于传统的著作权主体有了新的发展，从我国《著作权法》对著作权人的类型规定来看，网络著作权的主体也应该有两类，一类是作者，另一类就是网络的管理者。网络著作权与传统著作权主体之间相比较之所以会有特殊性，其特殊性表现就在于新出现的主体网络管理者上。网络管理者作为整个网络系统的服务人，对整个网页享有着自己的著作权并且对网络的内容同样享有著作权，网络著作权的主体正是因为网络服务者这一主体的出现才显示出与众不同。

3. 著作权权利的特殊性

我国著作权法对于网络著作权的内容即权利有所增加。从我国当前的法律体系现状来看，我国对著作权法体系进行的多次修改，增加了"信息网络传播权"的规定，我国《信息网络传播权保护条例》第 26 条规定："信息网络传播权，是指以有线或者无线方式向公众提供作品、表演或者录音录像制品，使公众可以在其个人选定的时间和地点获得作品、表演或者录音录像制品的权利。"作为一种新生的权利，对于信息网络传播权我们可以认为这是一种新型的演绎权。

（二）网络著作权的特征呈现多样性

1. 网络出版使著作权的内容有所拓展

在网络环境下进行创作，与传统创作途径相比更加方便快捷，网络作品与传统的作品之间在表现形式上有着本质上的差别，在网络环境下进行作品的创作其内容更加复杂，在很多情况下很容易引起权利的纠纷。因为网络作品与传统作品之间很容易产生冲突，并且处理起来也很困难。网络的发展，促使了作品形式的多样化，同时也拓展了著作权的内容，这主要体现在网络管理者这一主体上。

2. 作品类型的集成化

在网络环境下，各种创作的作品会被融合在一起，形成一个整体，在这种情况下,网络作品就完全有可能包含了所有不同类型的网络作品。对于网络作品就像是各种作品集合成一个整体,很难确定各种作品的划分标准,形成各种类型作品的集成化形式,比如多媒体作品就是一种集文字、科学、美术和影视作品于一身的集成化创作。

3. 著作权归属的复杂化

在网络环境下创作的大量的作品,特别是在利用多媒体技术创作的作品,在大多情况下是对已经存在的作品的整理或者改编,并且这些作品又会被不断地汇编成新的作品。在这种情况下会产生一个问题,那就是这样已被暂时被固化的作品到底归谁创作的,这样对于归属权的确定起来就会变得十分困难和复杂。

二、网络著作权侵权分析

(一)网络著作权侵权特征

在网络环境下,网络侵权行为的对象是无形的,网络侵权行为人对于利害关系法益的侵害,并不是直接体现在其所持有的软件等具有物理形态的作品上,因此在这种情况下,行为人往往对自己的侵权行为并没有深刻的犯罪感,公众也很少对其进行舆论的谴责,同时法律对这种行为的处罚也不像对待刑事犯罪行为那样严苛。在这种背景下导致了盗版现象风行全球,给相关利害群体造成了无法准确统计的损失。

1. 侵权主体的集体性

对于一般意义上的侵犯财产的行为,实际上涉及面是十分有限的,当用法律的手段惩戒起来并不困难。然而网络侵权行为却不一样,网络侵权行为更是一种集体性的无约定行为。

2. 侵权目的的非营利性

从我国当前的法律规定来看,我国对于侵权行为的认定主要有两个因素:一是主观上是否是故意,二是有没有把营利作为目的,这两个条件是缺一不可的。对于在网络环境下实施的侵权行为并不都是以营利为目的,有的行为人也许只是出于好奇、兴趣或卖弄技术等目的,但这些行为在网络环境下凭借着网络传递的及时性迅速蔓延,造成的后果与以营利为目的的行为造成的后果并没有什么差别,有时候甚至更为严重。然而我国现在的法律对这种以非营利的方式进行侵权的行为却没有明确的规定,因此这就是导致追究难的后果。

3. 侵权证据的隐匿性

我国立法中对电子证据有明确的界定,主要是指存储在计算机等信息系统内的一些证据。对于这些记录物并不像其他物证那样具有很强的物理属性,它们是附着于计算机系统中，一般都十分的隐蔽，很难被发现。如果侵权行为人精通计算机技术，行为人完全可以直接把自己访问计算机的痕迹给消除掉或修改电子证据，使其消失。在这种情况下，就会使取证变得十分的困难，即使收集一些侵权证据，也很难对侵权行为的认定上有多大的帮助。〔1〕

从这可以看出，在网络环境中，网络著作权的独有的特征以及网络侵权行为的难以追究性对著作权的保护工作提出了严峻的挑战。

（二）网络著作权侵权类型

从当今的国内和国外的侵权现状来看，在网络环境中出现的侵权现象主要有以下两种情形：

1. 侵害网络著作权人财产权的行为：将他人在互联网上发表的作品下载并复制成光盘，谋取利益；擅自超越著作权人的授权范围使用共享软件，使用期限已经届满不依法进行注销而继续使用等。

2. 侵害网络著作权人人身权的行为：擅自在作品上盗用或者冒用作者的署名；扭曲著作权人对作品本来的释义；侵害作者发表其作品的权利。

随着互联网技术的迅猛发展，网络侵权行为的形式必定会日益增多，对于这种情况，为了更好地防患于未然，各国应当注重法律的保护作用，及时地制定有效的对策，对侵权行为进行预防和制止。

三、网络著作权保护面临的法律问题

随着互联网技术的高速发展，在网络环境下产生的著作权保护日益引起世界各国的重视，我国 2001 年《著作权法》修正案正是考虑到网络环境下的著作权保护的重要性，专门增加了作者的信息网络传播权，当然我国法律并没完善对网络著作权的保护问题，比如对于网络侵权的司法管辖原则并没有能够明确，这需要我国更全面地认真研究和进一步解决。

（一）关于网络服务商的法律责任问题

著作权人在网络环境中创作作品，他的许多信息都是受到法律的保护，不管是谁只要没有得到权利人的同意或者是许可，只要是实施了我国法律规定的构成侵权要件的行为就要承担相应的法律责任，其行为就会被认定为侵权行为。在网络环境中网络的管理者也同样承担着相应的责任和义务，但是不能一概地认为在任何情况下，网络的管理者都应当承担相应的法律责任，我们必须具体问题具体

〔1〕 郑志海、薛荣久主编：《入世与知识产权保护》，中国对外经济贸易出版社 2003 年版，第 125 ~ 127 页。

分析。

有些网络管理者只提供内容服务,对于这类的网络主体,只要他提供了内容服务,就有义务在受害人请求时及时采取相关措施的义务。否则他们的不作为就会变成侵权行为,承担法律责任。根据我国2006年实施的《信息网络传播权保护条例》中第22条规定:"网络服务提供者为服务对象提供信息存储空间,供服务对象通过信息网络向公众提供作品、表演、录音录像制品,并具备下列条件的,不承担赔偿责任:明确标示该信息存储空间是为服务对象所提供,并公开网络服务提供者的名称、联系人、网络地址;未改变服务对象所提供的作品、表演、录音录像制品;不知道也没有合理的理由应当知道服务对象提供的作品、表演、录音录像制品侵权;未从服务对象提供作品、表演、录音录像制品中直接获得经济利益;在接到权利人的通知书后,根据本条例规定删除权利人认为侵权的作品、表演、录音录像制品。"因此只要网络的管理者在管理网络的过程中没有尽到应尽的义务,违反了法律的相关规定的,就会被认定为侵权行为人。

有些网络服务商只是提供了连线服务,这一类的网络服务商在网络管理过程中,只是为网络作品的传输提供了信息渠道,并不直接或者间接地参与使用著作权人的作品,因此就没有侵犯著作权人权利的行为。根据我国《信息网络传播权保护条例》第20条规定:"网络服务提供者根据服务对象的指令提供网络自动接入服务,或者对服务对象提供的作品、表演、录音录像制品提供自动传输服务,并具备下列条件的,不承担赔偿责任:未选择并且未改变所传输的作品、表演、录音录像制品;向指定的服务对象提供该作品、表演、录音录像制品,并防止指定的服务对象以外的其他人获得。"从这条法律规定可以看出只要提供联系服务的网络服务商没有违反以上的法律规定的行为,被侵权的法律责任就应当由使用者本人承担。

(二)网络侵权的管辖问题

1.网络侵权案件的地域管辖

从一般意义上讲,在网络侵权案件中,我们通过侵权行为地就可以准确地确定侵权行为人使用的网络服务器所在地。但是如果以原告发现侵权内容的服务器终端等设施作为行为地是不妥当的,因为互联网是一个相互连接的世界,原告可以在任何一个与互联网相同的城市发现自己的著作权权利受到了行为人的侵害,因此可以看出以原告发现自己的权利被侵害地作为侵权行为实施地是不合理的,与管辖制度的本意不符。而且互联网是一个虚拟的世界,对于无法确定真实身份和住址的侵权行为人我们很难查找的到。所以最高人民法院应当进一步出台相关司法解释,明确如何去界定网络侵权行为人的真实身份和住所地。

各国学术界也有人提出，网络侵权后果的波及地也可以作为侵权结果发生地。这种观点也是不妥当的，互联网最大的特点之一就是传播速度快，网络侵权可以在很短的时间内传播到任何地方，如果适用该观点，这些被传播到的地方的法院都会有管辖权。被侵权人可以选择任何一个法院起诉，[1]实际上这与侵权结果发生地的真实概念是完全不相符的，因为从某种程度上讲，网络作为一种新的媒体如同广播、电视一样，并不能因为全世界都可以看到和听到，世界各地就都有管辖权了。

对于网络侵权案件的管辖，有时候由原告住所地或者经常居住地的人民法院管辖更为适宜，因为原告作为侵权案件的受害人，我们应当从如何更好地去保护原告利益的角度出发，以其住所地作为案件的管辖地可以更好地保护原告的合法权益同时可以方便原告起诉。对于侵权案件一般上对于原告住所地影响最为严重，并且互联网是一种虚拟的世界，波及的范围很大，有时候与国外相关，这时候确定以原告住所地作为案件的管辖地，可以方便原告起诉，并且可以消除地域保护的影响，更好地保护原告的权利，这样有利于维护国家的主权。[2]虽然这个建议很有建设性，并且也很有利于保护受害方的法益，但是根据我国民事诉讼法规定"对公民、法人和其他组织提起的民事诉讼，由被告住所地人民法院管辖"来看，这一建议至少目前还很难在我国确立。

2. 网络侵权案件的级别管辖

笔者认为，互联网作为一种虚拟的社会，具有自己独特的开放性和独创性，网络侵权在很多情况下会出现跨国际的情况，在这种情况下，我们不妨借鉴国际私法中的法律冲突规则，以便更好地处理法律冲突问题，为解决网络侵权问题找到合适的途径。另外，鉴于在网络环境中产生的侵权案件对于相关的专业知识要求颇高，我国将这类侵权案件的管辖权划定到中级人民法院是比较合适的，网络侵权案件一般比较复杂，基层人民法院处理起来可能会比较吃力，并且基层人民法院工作业务量比较大，提高级别管辖会更有利于执法的统一和法律的准确适用。

四、我国网络著作权保护的立法探讨

随着互联网的迅速发展，在网络环境中新的法律问题的出现势必会引出新的法律的产生，因此"网络著作权立法+"是势在必行，只是时间问题。从我国当前的立法国情来看，我们需要分步走来完成网络著作权法的制定工作。

（一）扩展我国现行《著作权法》的深度和广度

我国在2001年修改了著作权法，首次将网络作品传播权纳入到了这一次的修

---

〔1〕 唐广良主编：《知识产权研究》，中国方正出版社2003年版，第45~46页。

〔2〕 郭卫华：《网络中的法律问题及其对策》，法律出版社2000年版，第14~15页。

改范围,填补了我国法律在这方面的空缺,也为我国保护网络作品提供了法律基础,但是,在这次修改中并没有能够达到完善的程度,在司法实践中也缺少了很好的操作时效性。

1. 对复制的概念予以发展

我国《著作权法》第 10 条第(五)项规定:“复制权,是指以印刷、复印、录音、录像、翻录、翻拍等方式将作品制作成一份或多份的权利。”我国《著作权法》中规定的“复制”在修改以前是一种狭义的复制,在修订以后,《著作权法》删去了原第 52 条的第 2 款,使复制的概念变为了一种广义的复制,从而涵盖了从平面到平面、平面到立体、立体到立体等情形。我国《著作权法》对复制的概念虽然已经作了很宽的界定,但是由于当时的条件或者认识的限制对于“暂时复制”这个层面并没有考虑到,所谓“暂时复制”主要是指当网络使用者在网页上浏览的时候,RAM 中储存的信息始终处于在不稳定的状态,当在浏览信息时,计算机会自动产生复制或者发行所浏览的信息等使用作品的行为,当计算机意外关机的时候,所浏览的信息就会消失的现象。从我国当前的对复制的概念的界定来看,我国对复制概念的规范只有两种方式:一是通过司法解释将复制的概念纳入到法律之中;二是将暂时复制的概念界定在传统著作权法中关于复制的概念中。

我国立法需要重新的去审视复制权,我们需要更好地处理好复制权的限制和例外情况与复制权保护之间的关系,它们在一定程度上是密切联系的。对复制权进行广义上的界定更有利于保护著作权人的合法权利,同时对复制权采取适当的限制规定更加有利于创作作品的合理使用,有利于实现各方面利益的均衡,因此只有将广义的复制权和适当的权利限制相结合才能更好地健全著作权的法律体系。对于复制权的限制和例外,从我国目前的立法来看还不完善,缺少法律依据,因此我国需要加快这方面的立法。

2. 加强对破解技术保护措施的制裁

在网络环境中侵权现象多种多样,著作权人为了更好地维护自身的权益,对自己创作的作品采取加密保护措施,这促进了我国对技术措施和权利管理电子信息的法律保护的重视。我国《信息网络传播权保护条例》中规定,故意制造、进口或者向他人提供主要用于避开、破坏技术措施的装置或者部件,或者故意为他人避开或者破坏技术措施提供技术服务的,由著作权行政管理部门予以警告,没收违法所得,没收主要用于避开、破坏技术措施的装置或者部件;情节严重的,可以没收主要用于提供网络服务的计算机等设备;非法经营额 5 万元以上的,可处非法经营额 1 倍以上 5 倍以下的罚款;没有非法经营额或者非法经营额 5 万元以下的,根据情节轻重，可处25万元以下的罚款；构成犯罪的，依法追究刑事责任。”

从这条规定可以看出我国对于为了保护著作权而采取的技术措施同样给予法律保护，这将更加有利于保护著作权人的法益。

3. 修订合理使用的范围

我国通过重新出台法律，明确规定了“信息网络传播权”，这也从一定意义上填补了我国关于网络著作权立法的空白，我国在《信息网络传播权保护条例》中的第6条至第9条对网络著作权的合理使用进行了具体的规定：我国《信息网络传播权保护条例》第6条明确规定了使用者可以不经过著作权人许可并不用向著作权人支付报酬的情况下使用其作品；第7条到第9条规定了公共藏馆、国家教育方面以及扶贫助困三类可以合理使用的情形。

从我国的国情出发，我们应当在综合考虑各方利益的前提下去建立网络著作权的合理使用制度。

4. 在著作权领域中明确适用严格责任

从我国当前对网络著作权的保护来看，对于侵权行为的归责，适用的是过错责任原则，更加注重考虑到行为人主观方面，这在一定程度上起到了保护著作权人的作用。但是笔者认为过错责任原则在一定程度上也减轻行为人的责任，不利于真正对著作权人进行保护，严格责任原则更加有利于对著作权人进行保护，这是我国网络著作权侵权责任归责应有的选择。对于侵权案件的处理，世界上其他国家都更加倾向于适用严格责任原则来处理侵权问题。我国网络著作权的发展还不成熟，使用严格责任原则比较困难，但是在使用严格责任原则情况下，我们可以适用严格责任原则来判定侵权，通过适用过错责任原则来判定承担民事责任。

（二）制定一部有效的《网络著作权法》

随着经济技术的快速发展，网络著作权会更加的成熟，制定网络著作权法只是时间的问题，因此对于未来网络著作权法的制定笔者大胆的给出一些建议：

在互联网技术高速发展的今天，网络侵权问题亟待解决，对于这类案件处理起来有一定的难度，因为我国当前的法律制度在这方面还不够完善，简单实用《著作权法》无法很好地解决这些法律问题，因此制定一部适合当前网络环境下的侵权案件处理的法律势在必行。

首先，根据网络的发展特点制定一部与网络环境相符的《信息网络法》。其次，对于知识产权的专有性进行适当的弱化，以便解决专有性与合理使用之间的矛盾。最后，适当地借鉴过去关于知识产权保护的经验，以便更好地为制定《网络著作权法》打下坚实的基础。同时为完善相关法律汲取外国关于知识产权的精华部分。

比如在知识产权尤其是著作权领域中全面适用严格责任。其中弱化只是知识产权的专有性和在著作权领域中全面使用严格责任这两点,能够更好地实现著作权人的权益和社会公共利益之间的平衡。这更加有利于实现网络著作权法的完善。

对网络环境中的法律问题,我们只有通过出台相关的法律才能够更好地解决社会问题,从而稳定社会各方面的利益冲突。只有通过制定一部适应社会发展的新的法律,在处理法律问题的时候我们才能够有法可循,这样才可以弥补我们法律上的空白,从而为及时解决法律问题提供更好的基础。从我国当今的国情来看,虽然我国现在去制定一部新的网络著作权法有一些不够成熟,但是制定网络著作权法已然成为必然的趋势,只是时间的问题,所以我们需要为以后能够更快速地制定好这部网络著作权法,保证立法的质量和立法的水平,需要从现在做好准备工作,这样做好了前期的准备工作,我们在后期的制定过程中才能够游刃有余,才能够做到精细,更好地保证这次立法的高效性,从而更好地去为及时地适应社会的发展,避免无法可循状态的过分迟延打下基础,所以制定一部适合网络著作权的法律,不仅有利于解决相应的法律关系,还可以规范网络适用者的行为,从而更好地维护网络著作权人的合法权益,制定一部有效的《网络著作权法》将会完善我国的著作权法体系。

参考文献

[1]高华峰、丁乐超:《论网络作品著作权的法律保护》,载《山东省农业管理干部学院学报》2005年第6期。

[2]郑成思:《知识产权论》,法律出版社1998年版,第34~37页。

[3]闫春光:《网页版式设计能否受到著作权法保护》,载《电子知识产权》2003年第2期。

[4]田文英、孟娟:《网络环境下的版权保护》,载《当代法学》2000年第6期。

[5]王迁:《对技术措施立法保护的比较研究》,载《知识产权》2003年第2期。

[6]夏业良、姜建强:《论信息技术革命条件下的网络经济》,载《经济要参》2001年第35期。

[7]高卢麟:《互联网发展与知识产权保护》,载《中国信息导报》2001年第11期。

京津冀大气污染公益诉讼及司法协作研究

——以若干典型案件为样本

范　懿*

[摘　要]　大气污染日益成为京津冀都市圈的重要污染源之一，不分地域地侵害着区域范围内所有人的健康。因大气污染的流动性、污染范围的区域性，大气污染治理亟需京津冀区域内法院的司法协作，尤其在大气污染公益诉讼方面的协同应对。笔者选取若干典型案件，总结有益经验，以问题为导向，提出区域内法院在大气污染公益诉讼下的协作建议。

[关键词]　京津冀　大气污染　公益诉讼　司法协作

一、大气污染侵权诉讼的问题

表1　案件汇总表〔1〕

编号	时间	地区	案件名称
A	2006年	江苏	厉夫金诉徐州铜利铸造有限公司大气污染侵权案
B	2009年	河南	李全海诉郑州轻金属研究院、中国铝业股份有限公司郑州研究院大气污染侵权案
C	2010年	河南	楚喜莉诉洛阳市涧西超然涂料厂大气污染侵权案
D	2012年	广西	李国登诉广西盛鸿混凝土有限公司大气污染侵权案

* 范懿，天津市河西区人民法院二级法官。

〔1〕 表中案件均来通过“北大法意——中国裁判文书库”查询，载 http://www.lawyee.net/Case/Case.asp，最后访问日期：2014年7月15日。

表 1 中的典型案件,涵盖了我国东、中、西部地区,具有较强的代表性和普适性,也呈现了大气污染侵权诉讼所暴露出的问题:一是原告主体单一,如案例 A ~ D,仅限于普通公民,举证能力有限。二是诉讼标的简单,如案例 A 的桃园减产、案例 C 的身体不适,难以有效遏制大气污染,预防再次污染。三是被告均为企事业单位,举证能力、诉讼外的协调能力远远强于原告。

二、环境公益诉讼的优势

(一)环境公益诉讼典型案件汇总

本文特甄选出 21 件典型案件,涵盖了我国东、中、西部地区,也涉及了全国南北不同省份,具有较强的代表性和普适性。囿于篇幅所限,此 21 件典型案件的具体情况参见表 2。

表 2 案件汇总表[1]

编号	地区	案件名称
1	山东	乐陵市检察院诉乐陵市金鑫化工厂环境污染案(2003 年)
2	四川	阆中市检察院诉阆中市群发骨粉厂环境污染案(2003 年)
3	贵州	贵阳市两湖一库管理局诉贵阳天峰公司水域污染案(2007 年)
4	贵州	贵阳市检察院诉熊金志等三人环境污染案(2008 年)
5	江西	新余市渝水区检察院诉李某、曾某水域污染案(2008 年)
6	广东	广州市珠海区检察院诉陈忠明水域污染案(2008 年)
7	江苏	无锡市锡山区检察院诉李华荣、刘士密破坏高速公路公共环境案(2009 年)
8	江苏	中华环保联合会诉江阴港集装箱有限公司环境污染案(2009 年)
9	贵州	中华环保联合会、贵阳公众环境教育中心诉贵阳定扒造纸厂水域污染侵权纠纷案(2010 年)
10	广东	广州市番禺区检察院诉番禺博朗五金厂水域污染侵权纠纷案(2010 年)
11	云南	昆明市环保局起诉、昆明市检察院支持起诉昆明市三农公司、羊甫公司环境污染侵权纠纷案(2010 年)
12	广东	深圳市宝安区检察院诉深圳市深燃石油气有限公司环境污染责任纠纷案(2011 年)
13	云南	安宁市国土局起诉、安宁市检察院支持起诉被告戴望相等六人环境污染责任纠纷案(2011 年)

〔1〕 表中案件均来源于网络公开资料,均可利用百度搜索工具查询到,故不单独列明出处。

续表

编号	地区	案件名称
14	云南	自然之友、重庆绿联诉曲靖市陆良化工水域铬渣污染侵权纠纷案(2011年)
15	山东	沂水县住建局诉李林等水域污染侵权纠纷案(2011年)
16	陕西	韩城市环保局诉韩城市白矾矿业有限责任公司环境污染责任纠纷案(2012年)
17	云南	宜良县国土局起诉、县检察院支持起诉赵潮龙非法采矿环境污染责任纠纷案(2012年)
18	海南	海南东寨港自然保护区管理局起诉、海口市美兰区检察院支持起诉李江等20户咸水鸭养殖户环境污染责任纠纷案(2012年)
19	福建	泉州市东平镇经济社会事务服务中心诉李某佑环境污染公益诉讼案(2013年)
20	江苏	中华环保联合会诉无锡市蠡湖惠山景区管理委员会生态环境侵权案(2013年)
21	广东	深圳市宝安区光明新区城建局起诉、宝安区检察院支持起诉楼村水库垃圾倾倒环境污染公益诉讼案(2014年)

(二)环境公益诉讼积累的优势

1. 原告主体多元化

原告逐渐从案件1的检察机关一元主体,以及案件3的检察机关和行政机关的二元主体,发展到检察机关(案件4)、行政机关起诉并由检察机关支持起诉(案件11)、行政机关单独起诉(案件15)、环保组织一家或多家共同起诉(案件8)等多元化主体。

2. 诉讼请求生态化

诉讼请求从仅限于"停止侵害"等即时性诉求,发展到主张"赔偿公共环境治污损失"的经济性诉求,再到"恢复生态原样"的生态性诉求。例如,从案件1"立即拆除污染设施、停止对公共利益的侵害、消除危险[1]";到案件11"向'昆明市环境公益诉讼救济专项资金'支付环境治理费及评估费[2]";到案件20"原地补植绿地[3]"。

〔1〕 袁定波、周斌:《环境污染受害者受援机制尚需完善》,载《法制日报》2009年3月11日,第5版。

〔2〕 罗薇:《环保部门作原告正合时宜——看大龙潭水污染环境民事公益诉讼案中环保力量》,载《环境保护》2011年第Z1期合刊。

〔3〕 赵卫民:《无锡:创新司法,保护环境》,载《中国审判》2013年第6期。

3. 胜诉执行长效化

随着新《民事诉讼法》和《环境保护法》的实施,让环境破坏者承担更加符合环境特点的、切实可行的法律责任,成为环境公益诉讼的有益趋势。例如,案件20,原告诉求为“原地补植”。在考虑到已经不能原地补植且异地补植也具有相似功能的情况下,法院虽判决原告胜诉,但未完全支持其“原地补植”的诉求,而是策略性地判令被告采取更具有执行可能的“异地补植”,并开创性地判令被告在法院监督下,进行一年缺陷期的树木养护责任以恢复生态。[1]

三、开展大气污染公益诉讼及京津冀法院协作的建议

环境公益诉讼所具有的上述优势,正可以对应解决大气污染侵权诉讼的问题。但大气污染的流动性,更需要区域内法院的协作应对。

(一)横向构建——诉讼一体化协作

1. 立案管辖一体化

一是对大气污染公益诉讼,京津冀各地方法院均准予立案。二是对大气污染公益诉讼,京津冀各地方法院均秉持同一立案标准,不能选择性立案。三是对污染源、侵害对象、损害后果等因素之一,存在跨区域现象的,则所涉及区域内的法院均有权管辖且管辖权互不冲突,公益诉讼不同原告之间可以同时在不同地方法院立案。

2. 审理调查一体化

一是集中审理一体化。即在各地方法院分别立案受理案件模式之外,探索建立京津冀地区巡回法庭。党的十八届四中全会明确提出要建立巡回法庭和跨区域人民法院。在此司法改革背景下,根据大气污染所危害的相邻地区范围及范围大小,探索建立区域环境法院和环境巡回法庭,可以大大提高审理调查的一体化水平。二是审理标准一体化。审理适用的法律依据,对于统一颁布的法律、行政法规和部门规章,适用同样的理解,不能随意解释或选择适用;为防止地方利益立法化,应优先适用法律、行政法规。三是调查协助一体化。大气污染涉及范围较广,可能污染源在甲地而因空气流动导致污染结果在乙地,由此会涉及较多的司法协助,主要是调查取证、查封、扣押、先予执行等方面。

3. 胜诉执行一体化

胜诉执行是大气污染公益诉讼的生命力所在,其效果意义远大于立案管辖和调查取证的象征性意义。鉴于上述分析的大气污染的特点和地方政府的干扰,胜诉执行一体化构建最为关键。首先,协助执行是基础。京津冀法院应当签署协助执

---

〔1〕 杨波、朱加嘉:《补偿性生态恢复在环境侵权裁判中的运用》,载《人民司法》2013年第14期。

行合作协议,全力协助区域间不同法院的执行申请,确保大气污染公益诉讼的判决能够执行且执行到位。其次,委托执行是提高。委托执行可以有效减少外地法院遭受本地势力干扰的可能,执行效率和执行效果均会大大提高。京津冀各地方法院应当以上述合作协议为基础,大力开展委托执行。最后,承认判决是目标。在诉讼一体化协议下,京津冀各地方法院对于区域内其他法院就同一污染源所作出的公益诉讼判决应当予以承认,进而受理公益诉讼原告提出的执行申请,并准予非原告的利益相关人就该判决提出执行其索赔的请求。

(二)纵向构建——诉讼配套化机制

1. 立案环节

大气污染公益诉讼的标的额巨大,取证时常常关联高科技知识和技术性较高的方法,其所耗费用更为庞大。这对于普通原告来说往往难以承受。况且,原告提起诉讼的初衷,更多只是出于维护空气质量的公益心理,并没有直接的个人利益诉求。因此,诉讼费用承担上的设计稍微不慎就会极大地挫伤普通原告提起公益诉讼的积极性,而应以鼓励诉讼的发生为最终目的,从而推进公共利益的实现。根据案例 11 的经验[1],笔者建议,各级法院可以协调当地政府和财政部门,在辖区内成立"专项司法救助资金"。原告可以申请将先行缴纳的受理费、已经支付的调查取证的费用以及申请鉴定的费用由专项司法救助资金先行垫付。该"专项司法救助资金"的来源,一是胜诉后由法院判决被告向其缴纳的赔偿款,二是地方政府的财政拨款,三是环境行政管理机关对侵害大气环境行为的罚款,四是接受的社会各界的捐款。目前,中国法律援助基金会成立了"生态环境保护法律援助专项基金",这必定是一个良好的开端以及值得提倡弘扬的。[2]

2. 审理阶段

新《民事诉讼法》第 15 条规定:"机关、社会团体、企业事业单位对损害国家、集体或者个人民事权益的行为,可以支持受损害的单位或者个人向人民法院起诉。"

---

〔1〕 案例 11 中,昆明设立了"昆明市环境公益诉讼救济资金"。根据《昆明市环境公益诉讼救济专项资金管理暂行办法》第 9 条规定:"对环境公益诉讼案件救济资金的申请额度在鉴定费、调查取证费等实际支出的限额内确定,每案不超过 20 万元;对环境侵权案件执行救济资金的申请额度根据实际情况确定,给予一次性救助,每案每人不超过 2 万元;对修复因涉及环境公益诉讼案件遭到破坏的环境所需费用,以法院生效判决并执行到位的赔偿金额为限。"资料来源:《昆明市环境公益诉讼救济专项资金管理暂行办法》,载百度文库:http://wenku.baidu.com/view/dde89424dd36a32d73758159.html,最后访问日期:2014 年 7 月 15 日。

〔2〕 王德新:《构建我国环境公民诉讼制度的基本思路》,载《工会论坛》(山东省工会管理干部学院学报)2011 年第 3 期。

由于大气污染的受众广泛,受损害的单位和个人范围极广,因而,新《民事诉讼法》实则赋予了环境管理机关支持其他原告提起大气污染公益诉讼的权力。更何况环境行政管理机关负有大气质量日常监控、污染发生后的控制污染源、鉴别污染物、清理污染区域等行政管理职责以及相应的技术能力。引入环境行政管理机关作为共同原告,可以降低在大气污染公益诉讼过程中由于证据不足而败诉的风险,不失为破解大气污染特性问题的一条捷径。

具体建议:一方面,法院可以与环境行政管理机关协商,联合出台对于大气污染公益诉讼的援助支持办法,对于非环境行政管理机关提起的诉讼,由其支持起诉。另一方面,鉴于实践中已经存在检察机关直接向环保机关发出检察督促书,要求其作为原告提起诉讼而由检察机关支持起诉的案件,如案件 17、18 和 21。法院亦可依职权发出《参加诉讼通知书》,追加环境行政管理机关为第三人参加诉讼,或者通知原告申请环境行政管理机关提供诉讼支持,以共同原告或第三人的方式参加诉讼。

3. 执行环节

(1)损害赔偿的专领机制。

针对损害赔偿的受领问题,结合上述司法救助机制,由"专项司法救助资金"代替公众受领损害赔偿。该赔偿款用于大气环境的恢复、支付大气污染公益诉讼的费用、分配给原告一定鼓励经费。赔偿金额的分配应由法院在判决中直接予以明确判定,并说明理由。此外,大气污染的直接受害人的,也可向"专项司法救助资金"申请适当的救助款,该救助款不影响直接受害人对侵权者提出大气污染侵权之诉。

(2)大气环境责任的有限承担机制。

若让企业一次性承担过重的大气环境责任,不仅会使其濒临破产,也无法使其承担尽最大可能恢复大气质量的责任,与大气污染公益诉讼初衷不符,也与地方政府的税收政绩发生严重冲突。环境问题涉及生态与经济的平衡、公平与效率的权衡,如果将这个"衡量权"完全交由法院,也会给司法实践带来极大的困扰和压力。[1]"海事赔偿责任限制制度"[2]在一定程度上解决了这种困扰。我们可以借鉴该制

---

[1] 李艳芳:《论环境权及其与生存权和发展权的关系》,载《中国人民大学学报》2000 年第 5 期。

[2] 海事赔偿责任限制制度是指当损失非常巨大时,将船舶所有者等主体的赔偿责任限制在一定的限度之内的损害赔偿制度。该制度一方面明确了责任主体应当承担的责任范围,减少了权利主体对于所获赔偿少于其损失的抵触情绪;另一方面也使责任主体可以预期赔偿金额在一定的限度内,而且也保证了裁判内容的执行力。参见自蔡守秋、何卫东:《当代海洋环境资源法》,煤炭工业出版社 2001 年版,第 366 页。

度，在大气污染公益诉讼中设置一定的一次性大气环境责任有限承担限度，明确本次赔偿的范围，允许被告对于间接的污染和长期恢复生态的责任分批次履行。大气环境责任的有限承担机制，既明确了侵权者本次应承担的赔偿范围，确保法院判决的执行力；又一定程度上化解被告无力一次性赔偿全部诉求的问题，确保其环境责任能够最大化得到履行；也不会因一次判决的赔偿责任而压垮一家企业，避免地方政府或企业的抵触。

(3)大气环境恢复的针对性执行机制。

如何实现要求被告负担真正能够恢复环境的裁判义务，对于切实保护大气环境、发挥大气污染公益诉讼价值具有重要意义。大气环境恢复的针对性执行机制主要包括：一是判决被告自己履行恢复大气质量的针对性义务；二是被告不能履行或怠于履行恢复生态的针对性义务时，根据《民事诉讼法》第252条规定的代执行制度，由人民法院指定专业环境保护机构代替被告完成，被告向被指定的专业环境保护机构支付相应的代理和治理费用，或由法院向被告执行该代理和治理费用。这对于大气污染公益诉讼被告真正恢复大气质量、切实履行好裁判义务具有重要作用。例如案件20，法院判决被告异地恢复植被，并对植被持续一年半进行缺陷期养护。

结　语

党的十八届四中全会《决定》指出："实现经济发展、政治清明、文化昌盛、社会公正、生态良好，实现我国和平发展的战略目标，必须更好发挥法治的引领和规范作用。"〔1〕环境公益诉讼的正式入法，不仅有利于完善民事诉讼制度体系，促进大气环境保护的有效维护，同时还有助于调动公民厉行生态法治建设的积极性和主动性。随着最高人民法院《关于全面加强环境资源审判工作为推进生态文明建设提供有力司法保障的意见》的发布，积极总结十几年的环境公益诉讼司法探索的经验，使大气污染等各类公益诉讼制度真正落地，必将成为法院工作的重要内容。笔者的相关建议亦符合上述《意见》的相关要求。希望本文能够为京津冀一体化下，法院之间工作的开展提供若干参考，使京津冀法院成为大气污染公益诉讼制度的开拓者，为公益诉讼制度的完善提供有益的实践经验。

---

〔1〕《中共中央关于全面推进依法治国若干重大问题的决定》第一部分，载新华网：http://news.xinhuanet.com/2014-10/28/c_1113015330.htm，最后访问日期：2014年10月30日。

合作与阻抗:民事庭审当事人话语权表达的现实研判与司法回应

王忠诚[*] 孙 伟[**]

庭审是法庭查明事实的主要场所,也是当事人唇枪舌战的法定场所。[1]伴随审判模式从职权主义向当事人主义的转变,当事人的话语权经历了由弱到强的过程,"我要说"已成为当事人庭审中的普遍心态。话语表达实质是对权利的诉求,公众法律意识的提升给既有的庭审程式带来了新的挑战。随着司法公开三大平台的建设,庭审录像在网络上大规模公开,其逐渐形成一个庞大的样本库。本文以此为基础,展开对民事庭审中当事人话语权的分析。

一、面相和表征:庭审话语权力关系分布考察

当事人对案件结果的重视毋庸置疑,对案件是否以公正的方式审理他们同样关注。现行庭审模式中法庭话语权由法官主导,一旦法官对话语权的分配失衡,当事人话语权即可能受到削弱和侵害,影响当事人对审判是否公正的整体认知。

(一)文本解读:法庭规则中蕴藏的话语权

所有的庭审参与者是通过话语来参与庭审,包括陈述事实、阐明理由、主张利益、反驳攻击。在职权主义审判模式下,法官为查明事实、解决纠纷,法官将严格依照庭审程序和规则分配当事人话语权。2016 年修订的《人民法院法庭规则》(以下简称《法庭规则》)第 17 条规定诉讼参加人"发言、陈述和辩论,须经审判长或者独任审判员许可",据此,法官牢牢地把握着所有诉讼参加人的发言权,诉讼参加人处于消极、被动地位。审判实践中,法官常常会在法庭调查前向当事人强调"不许对话""不经许可不许发言""不得超出问话范围回答"等,借以强化法官在庭审中的话

* 王忠诚,天津法官学院副教授,中南财经政法大学知识产权法博士研究生。

** 孙伟,中南财经政法大学民商法学硕士,现任河东区人民法院研究室助理审判员。

〔1〕 本文以民事庭审为探讨对象,文中如无特别说明,庭审一词特指民事庭审。

语权地位。诉讼参与人是否能够在庭审中达到目的,一定程度上取决于法官的“许可”,即法官的发言权分配。发言权分配得当,当事人可能因能够参加程序的所有场面、自己的发言由法官直接听取等而获得满足感,这种感觉与自己的案件得到了公正处理的感觉紧密相关。〔1〕 与此相应,话语权分配不均,当事人易产生对抗心理,审判实践中,“法官不让说话、打断发言”是当事人经常投诉的内容。〔2〕

(二)初步审视:基层法院庭审话语权现状

为调查当事人的话语权在司法实践中的现状,根据法律语言学的常规分析方法,笔者随机旁听了T市H区法院十个传统民事案件〔3〕的庭审,统计每个庭审中法官话轮、法官引起的相邻语对、打断的次数〔4〕,区分法庭调查、法庭辩论阶段进行语言分析。具体结果如图1所示:

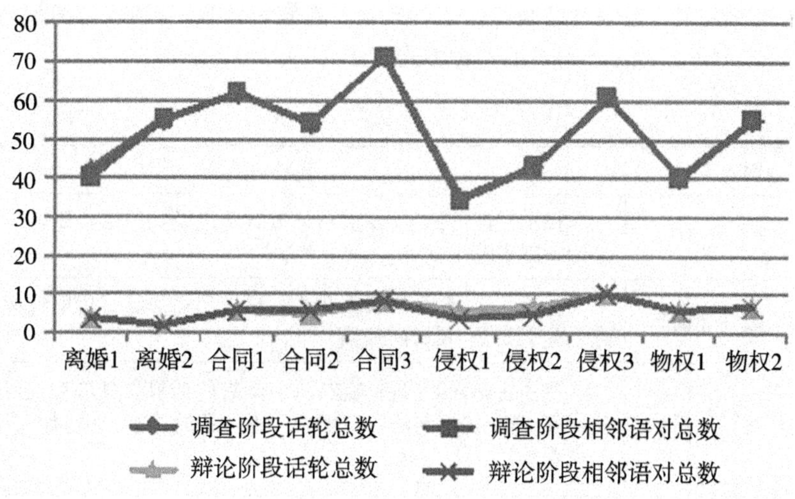

图1

分析上述审判语料,笔者发现:

1. 法官的主控地位凸显。上述各类案件中,法官话轮占总话轮的比例一般都超

---

〔1〕 [日]谷口安平:《程序的正义与诉讼》,王亚新、刘荣军译,中国政法大学出版社2002年版,第100页。

〔2〕 张振华:《如何应对当事人的冗长陈述》,载《人民法院报》2015年2月27日,第7版。

〔3〕 其中包括两个离婚纠纷、三个合同纠纷、三个侵权纠纷和两个物权纠纷案件,均有完整的诉讼过程,没有撤诉、中止等导致诉讼过程不完整的情况。

〔4〕 根据廖美珍等学者的著述,可总结出如下庭审资料分析因素:1. 话轮是指在语言对话中,发话者连续说的话语,以发话者和受话者的角色互换或各方的沉默等放弃话轮信号为标志。2. 相邻语对是指成双成对出现的会话,法庭中一次问答包括(一问一答和一问多答)等形式构成一个相邻语对。

过了 40%,在侵权纠纷中甚至高达 50% 以上。法官启动的相邻语对占总相邻语对接近 100% 的比例,只有在离婚案件中,法官在法庭调查阶段给予了当事人偶尔的对话。这说明,职权主义的审理模式仍旧在基层法院占据主导地位。法官是法庭对话的“启动者”。

2.法官打断、插话现象频繁。上述各个庭审中,打断的现象频繁出现在诉讼各个阶段,平均每个案件打断的次数都超过 10 次。法官为了让当事人按照其审判思路回答问题,常打断当事人的话语进行修正,并通过程序解释将其打断合理化。当事人的所有其他主张和请求必须为此让路。

3.部分当事人话语权主张强烈。虽然法官掌控着法庭的话语权分配,当事人多数时间处于被动应答的地位,但他们并非毫无作为,一些当事人为了扩大话语权表述机会,通过各种语言技巧将自己意见尽量多地表达出来,抵制法官的控制。上述话语资料显示出当事人对抗的各种方式方法,如表 1 所示:

表 1

切入点	表现方式
庭审笔录	提示书记员记录、要求书记员着重记录某段话。要求某段话必须记入庭审笔录
法官限制性询问	超量回答(部分当事人在法官要求简短回答后仍旧继续长篇大论);超长辩论;长时间停顿
与法官意见不合	在法官问话时提出抗议;打断法官问话提出自己意见;抢话;闪避回答,重复提出与法官审理方向不一致的请求(如追加当事人、申请调查等)
法官打断	不理会法官打断,继续会话

(三)深度调查:各级法院庭审话语权探究

为更深入了解法院整体情况,笔者随机抽取中国庭审直播网上的 10 个民事庭审的图文直播〔1〕和 10 个民事庭审的庭审录像〔2〕为样本做进一步调查。通过对样本的观察,笔者发现:

---

〔1〕 图文直播简要地记录了庭审中各方的陈述内容,与庭审笔录的内容基本相同,对图文直播的分析几乎等同于对庭审笔录的分析。

〔2〕 基于深入考察庭审程序情况,笔者选取了庭审时间超过 1 小时的 10 个中基层法院的民事庭审作为样本,其中东部中级法院 1 个、基层法院 3 个,中部中级法院 1 个、基层法院 2 个,西部中级法院 1 个、基层法院 2 个。

1. 法官话语权分配随意性大。大部分法官采用的语言模式和语调不会随着案情或审判阶段的不同而调整。对于“多说什么少说什么”缺乏掌握，一些法官过分省略程序性语言（如对回避、当事人权利，法庭各阶段的注意事项的释明十分简略，用“大家听清了吗”结束语言），却过多参与法律关系方面的辩论，法官和一方当事人“较劲”的状况时有发生。同时存在法官让一方当事人大段陈述，却对另一方发言多次打断的情况。由于当事人能力参差不齐，一些当事人法律知识缺乏，对于法庭问答采用宁滥勿缺、冗长无序并且前后重复的陈述。此时，法官的应对方式各有不同，有的会耐心听完，有的会边听边提醒当事人“说过的不要重复”，也有的会在当事人重复时敲击法槌制止当事人继续发言。[1] 而在当事人在提醒后继续陈述时，一些法官继续强势打断，让庭审沿其思路进行。一些法官则放弃打断，导致庭审冗长，“多点开花”，效率低下。一些法官自身思路不清晰，语言重复、不规范、“东一榔头西一棒子”，常常法庭辩论结束后又恢复调查，既无法理清自身思路，也让当事人摸不着头脑。

2. 庭审各阶段话轮分布不均。法庭调查阶段的话轮数倍于法庭辩论阶段的话轮，宣布开庭期间的主要是法官宣讲相关规定的程序性话语，一般固定维持在5～6个话轮，在最后陈述部分，常被一笔带过。庭审的重点明显置于法庭调查阶段，其他阶段的话语数量和内容则存在较大差距。对上述30个庭审样本的时间分类和统计，具体各阶段时间比重如图2所示，进一步验证了我国庭审以调查为主的实际情况。

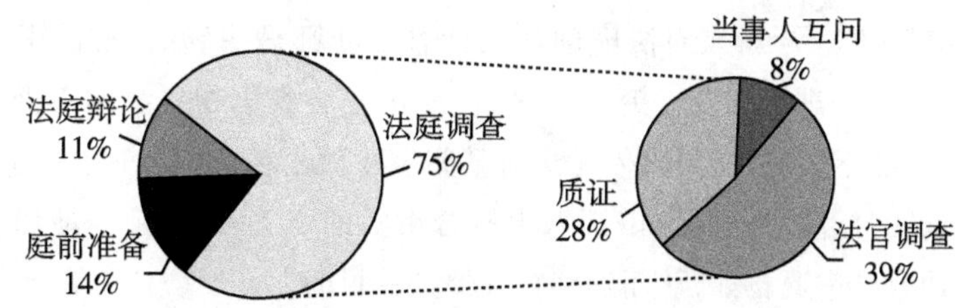

图2　庭审各阶段平均时间分布情况

3. 庭审流程限制当事人话语权表达。43%的庭审中未归纳争议焦点和总结无争议事实。庭审各程序的“以不变应万变”的组织方式给了法官审理思路，却并不利于当事人辩论思路的整理。调查和辩论的截然分立导致庭审内容虚化的情况尤

〔1〕 张振华：《如何应对当事人的冗长陈述》，载《人民法院报》2015年2月27日，第7版。

其严重。江苏沛县和新沂市等南方地区法院的庭审程序一般按照“原、被告陈述诉请答辩—归纳争议焦点—质证—法庭询问—法庭辩论—最后意见—询问调解”的思路,并根据情况予以调整。北京、天津等北方地区法院的庭审程序则是“原、被告陈述诉请答辩—法庭询问—归纳争议焦点—质证—法庭辩论—询问调解—最后意见”,顺序基本相似。庭审程序不同导致当事人话语权表达程度的差异。

4. 庭审记录效率低影响当事人话语权表达。庭审中5% ~10%的打断是为了便于书记员记录,如“某某,你说的慢一点,书记员便于记录”,或在当事人大段陈述后,法官打断对当事人陈述做简要归纳,要求书记员记录,影响了当事人的话语权表达。法官用于指导书记员记录和当事人为了便于书记员记录而特意降低速度等因素,一定程度上影响了庭审效率。

二、合作与阻抗:当事人对庭审话语权的应对

“把事实讲清楚”是当事人话语表达的目的。在司法公信受到质疑的大背景下,法官如果没有把握好当事人话语权的分配尺度,当事人则会采取各种方式予以应对,甚至导致当事人话语权表达的异化。

(一)当事人的庭审话语应对

1. 冗长型策略。冗长回答一般在法官采取开放性问话时出现,当事人为了将尽量多的信息传递给法官,通过冗长的细节描述来完成回答。现在出现了另一种形式,即在法官进行封闭性问话时,为了传递更多信息,正常回答法官问话后,通过增量回答来达到多说的目的。

2. 模糊型策略。当事人对法庭问话的回答并非都是明确的,常使用“可能、大概、也许”等对答话进行限定。究其原因,一是由于客观事物自身的模糊性和人对客观事物认识的不确定性,当事人无法对某些事物做出精确的描述,但为了尽量合作,在回答询问时,使用模糊语以期做出符合事实的回答;二是由于使用了某一模糊语,可以让自己进退自如,从而达到自我保护的目的。[1]

3. 修正策略。修正包括自我修正和他人修正,自我修正是修正之前自己的不利话语,他人修正是对庭审强势者(法官、对方律师、公诉人)在法庭问话中所陈述的案件事实进行他人修正,进而试图纠正强势者对案件事实进行描述时所产生的一些不利于己方的错误印象或含义。[2]但当事人一般不会用明显的否定用语如“不”

---

〔1〕 张丹、邱天河:《法庭语言策略的意向含意分析》,载《重庆科技学院院报》(社会科学版)2008年第5期。

〔2〕 赵洪芳:《法庭话语、权力与策略研究》,中国政法大学2009年博士学位论文。

“不是”来进行修正,而是用通过直接陈述来提供出不同的信息。

4. 打断策略。法庭上的打断行为主要由法官实施,但当事人在庭审中打断法官问话的行为也时有发生,大多发生在法官和当事人对抗氛围较重时。答话人听到与自身利益不符合、自己不认同的观点要马上做出反应,或者答话人意识到必须抓住机会说出有利于自己的观点否则会错过最佳辩解机会,因此通过打断方式强行获得说话机会。也有当事人不满法官打断,以“请让我讲完”等话语进行“反打断”。

(二)当事人话语权的表达异化

当事人庭审话语权事实受到限制或被认为受到限制的后果,除了在庭审中通过一定的语言策略来达到诉讼目的,还从时间、空间上来扩展话语权表达,更有甚之,以不理性的方式予以表达,期望通过种种不当途径对法院裁判产生影响。(见图3)

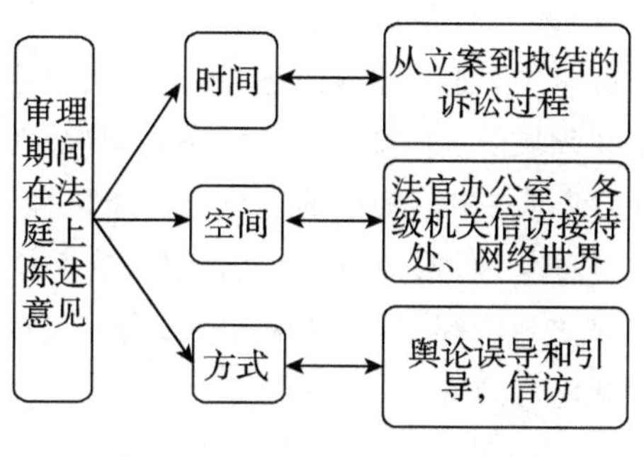

图3

1. 表达空间延伸。法庭是表达意见的主要场所,没有特殊情况,法官不应当私下接触当事人,但在庭审中未能充分表达的当事人,将话语表达的空间扩展到网络上,希望引起舆论关注,增强其话语权的表达。

2. 表达时间扩展。话语权表达时间一般都有明确的规定,如答辩时间、举证时间、庭后笔录补正的时间以及上诉的时间,每个话语权表达形态都有规定的时间范围。而一旦当事人话语权受到限制或者可能受到限制,话语权表达的时间将扩展到诉讼全过程。自电话传唤这个诉讼环节开始,到最终案件执行完毕。很多基层法院法官每天接打电话时间超出正常预期,处在刚刚立案、即将开庭、等待判决和调解以及即将执行等阶段的当事人不断与法官联系,希望将自己的意见完整地传达给法官。

3. 表达方式异化。当事人话语权表达方式一般以在法庭上通过言语陈述和开庭后通过交纳书面材料为主。但随着各种舆论事件对司法公信力的影响,当事人在正常表达话语权的同时,为了进一步表达话语权,采取其他种种方式来达到诉讼目的,其中主要表现为通过网络夸大宣传、向各级党政机关信访反映问题、以自身的过激行为向法院施加压力等。

(三)由果导因的剖析

笔者认为,出现上述当事人既有合作又有阻抗现象,以下三个因素起到了至关重要的作用:

1. 庭审规范缺失。法官在庭审中给予当事人话语权的分配是否合理,缺乏相应的庭审规则和语言规范,同时过于注重案件客观事实和裁判实质正义的司法文化传统,使法官对当事人的地位未给予足够尊重,程序职权主义的色彩仍然较为浓厚。

2. 当事人法律意识觉醒。民事诉讼中当事人开始呈现两极分化趋势,一部分当事人缺乏法律知识,庭审中只追求事实陈述,不进行法律论证。另一部分则精通某一类法律,在某些法律领域的法律知识比法官还要渊博,庭审中开始显露强势地位。笔者以"律师"为关键词在中国知网的案例库中予以搜索。[1] 结果显示近五年当事人聘请律师比例逐年递增,但占比仍旧较低,在20%～30%徘徊。(见图4)。法律意识的提升,加之律师等专业人员的介入,当事人对庭审话语权的渴望势必上升,庭审应对多元化随之到来。

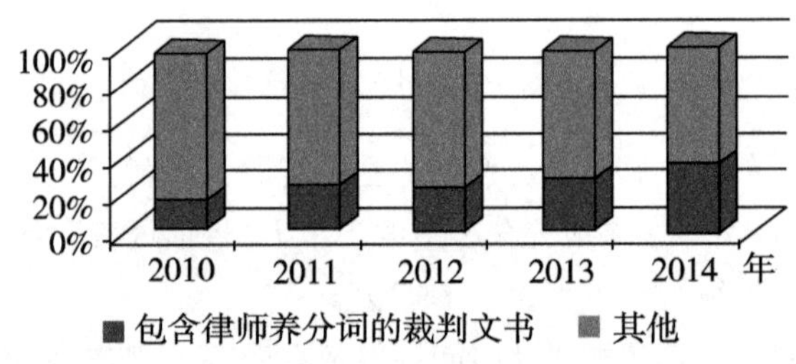

图4

3. 法官兼顾效率和公正的现实要求。基层法院长期面临案多人少的局面,案件的大量积累和严格的审限制度,加之配套人员和硬件设施的短缺等种种因素,都促使法官期望尽量减少开庭次数、缩短庭审时间,而在基层法院当事人普遍法律素养

[1] 笔者考虑涉及人身关系的案件不像合同纠纷和侵权纠纷案件具有较强的专业性,当事人聘请律师的比例一向不高,因此笔者将调查对象限定为婚姻家庭继承类案件。

不高,律师参与较少的情况下,法官尽量压缩当事人的话语表达机会,将庭审中心放在事实调查上,从而根据庭审情况自行选择法律适用方向并作出裁判。诸如机动车交通事故责任纠纷的审理中,受害人往往提出比实际损失高出很多的诉讼请求,而侵权人则常常对原告诉讼请求和证据一概不认可而不说明任何理由,法官需要仔细衡量并做出精确计算。

三、有典有则:庭审当事人话语权规则的初步归纳

庭审话语权的实现,不仅影响法庭认定事实,也涉及当事人对法庭的程序公正的印象,更涉及当事人的切身利益。总结庭审中法官语言的不足,要求我们用语言学理论确立庭审话语权规则,规范其运用。

(一)根据案件特征,法官遵循法庭言词原则

1. 保持程序语言完整。程序问话涉及程序公正,必须向每个当事人完整地传达清楚,不能为效率或者图省事而不履行程序责任。避免"问话不完整,跳过一些问话"等"偷工减料"现象的发生。

2. 坚持中立避免情绪化。法官语言应避免偏向,保证公正,避免先入为主的问话,不能带着法律上的判断进行提问。[1]法官应当心态平和,不能带着个人情绪组织庭审,避免语言情绪化。

3. 话语权分配得当。法官需要不同视角的发问和回答才能对案情作出全面的了解,从而作出公正的判决结果。根据案情需要给予当事人发言机会,平等对待,没有特殊情况应避免只对一方过多打断和训斥。

4. 符合一般对话规则。为了保证庭审问答的顺畅,语言必须符合基本的语言规则,法官的问话必须规范、明确、得体,清楚,将自己意思表达清楚的同时,也要便于当事人确立思路作出回答。因此法官问话不得带有多个跳跃性较大的问句,不宜一边问一边就当事人的回答进行评论而打断当事人思路。

(二)根据庭审实情,法官确定庭审语言风格

1. 专业化与大众化的选择

在英国和美国,"明白简单英语运动"一直是法律改革的一个重要内容。[2] 我国虽一般要求庭审语言用"法言法语",但现实中一些地区和阶层的当事人法律水平偏低是不争的事实,法官用专业化术语主持庭审,当事人不易理解,往往出现先

---

〔1〕 [德]阿克塞尔·文德勒、赫尔穆特·霍夫曼:《审判中询问的技巧和策略》,丁强、高莉译,中国政法大学出版社2012年版,第77页。

〔2〕 廖美珍:《法庭问答及其互动研究》,法律出版社2003年版,第327页。

用法律专业语言表述,随后用通俗语言再表述一次的情况。面对此类群众,法律语言应该尽量通俗化。可依据当事人相应法律素质选择语言风格。具体可依照以下三个步骤:

(1)询问当事人工作、学历、对基本法律知识的掌握程度(通过当事人情况询问,庭前沟通时的侧面打听等获取),初步确定当事人法律素质;

(2)对当事人请求权基础予以询问(弄清当事人是否有清晰的诉讼基础),再次确定当事人在具体案件上的相关法律素养;

(3)根据当事人的庭审言语(观察其语言组织和表达能力、法律语言的理解和运用等)和提交的书面材料(起诉状、答辩词、辩论意见),最终确定当事人是否具备了解具体案件的法言法语,选择语言风格。

2. 开放性与封闭性的选择

法官问话给予答话人(当事人)的回答余地不同,问话的开放程度随之不同,因此分为开放性问话和封闭性问话[1],其中开放型问话包括宽式特指问话及窄式特指问话;而封闭型问话包括选择问话、一般肯定是非问话、一般否定是非问话、陈述式是非问话以及附加问话。两种风格的语言在获得信息数量和对法庭控制力的控制力上存在冲突。(见图5)

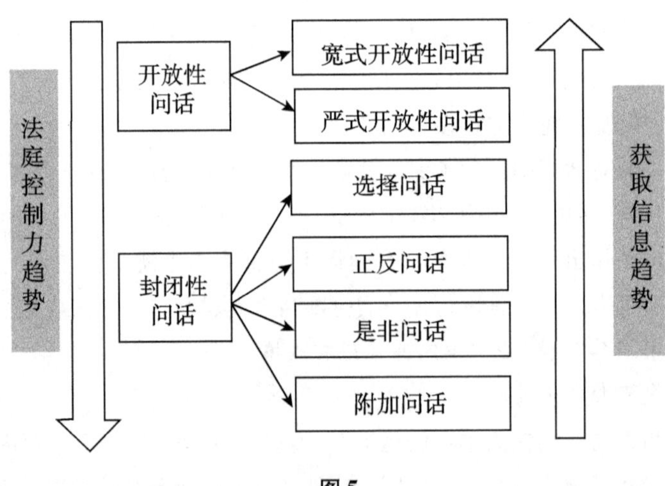

图5

在民事庭审中,一般程序性询问应多采用封闭性问话,实体性询问应多采用开放性问话,但考虑当事人法律素养和案件特征,应根据实际情况确定语言风格。笔

[1] 崔阳阳、陈建平:《法庭话语中问话的认知机制解读》,载《现代语文》(语言研究版)2012年第6期。

者总结认为,运用开放性问话包括以下情形:法官审理思路不清晰时;审理新类型案件的法律适用存疑;审理历史久远、事实查明较复杂时;审理与个人意见关联较大的人身家庭类案件时;一方和各方当事人法律思路与法官思路基本一致等情况。运用封闭性问话包括以下情形:当事人法律意识不清;当事人法律思路与法官有较大差异;当事人语言表达能力不强;法官对案件审理重点有较全面把握时等情况。

(三)根据当事人应答,法官总结庭审语言策略

1. 合理打断策略

打断策略在法官组织庭审时尤为常见,合理的打断能够维持庭审秩序,提高庭审效率,维护司法权威。不恰当的打断则引起当事人的逆反心理,打扰当事人和律师的辩论思路。实体性问答中的频繁打断还会给当事人"庭审走过场""结论已定"等公正性怀疑。笔者根据"会话合作原则"[1]的相应规则和庭审需要,依据以下规则(见表2)确定打断的时机,不得随意打断。同时寻找打断的替代性解决策略:一是提前阐明法庭会话的准则,释明阶段的程序要求,如条件容许应当做好提前说明、事后解释;二是制定打断效果不佳时的措施,如适时中止庭审、明示不予记录。

表2

准则	要求	破坏准则示例
量的准则	足以满足问话要求的语言量,不要提供比需要的信息更多的信息	超量回答,增量回答,解释原因
相关性准则	回答与问话相关	答非所问
方式准则	语言表达方式便于问话方理解,要求简洁不冗长、言语有条理	表达含混不清、模棱两可

2. 适时总结重述策略

总结重述在庭审中运用较多,特别是在当事人陈述逻辑混乱,法官通过重述其陈述中的关键语句予以强调,要求当事人确认后固定在庭审笔录中。通过总结,对当事人回答进行精练和重组,提取关键含义告知当事人,要求当事人予以确认;通过翻译,将当事人陈述的片段、难以理解的答话,结合庭审事情予以重述。总结陈述广义上需要以打断为切入点,但若切入的痕迹与庭审契合,当事人不仅不会反感,反而会感激法官帮助其整理思路。

---

〔1〕 美国语言哲学家格莱斯1975年在《会话和逻辑》一书中提出此原则。转引自廖美珍:《法庭问答及其互动研究》,法律出版社2003年版,第279页。

3. 适时代入策略

庭审中法官要多听少说,在实体性调查阶段应当充分给予当事人陈述的机会。从前文的调查显示,很多地方法院给予了当事人充分的话语权。庭审的有序进行需要法官和当事人的充分合作,根据当事人的诉讼能力、法律判断和合作程度(可根据当事人的回答情况判定,见图 6),法官应当控制法庭话语权分配,一旦认为当事人的相关对话不足以查明案件事实时,应当立即转换庭审模式,有效地行使庭审指挥权。

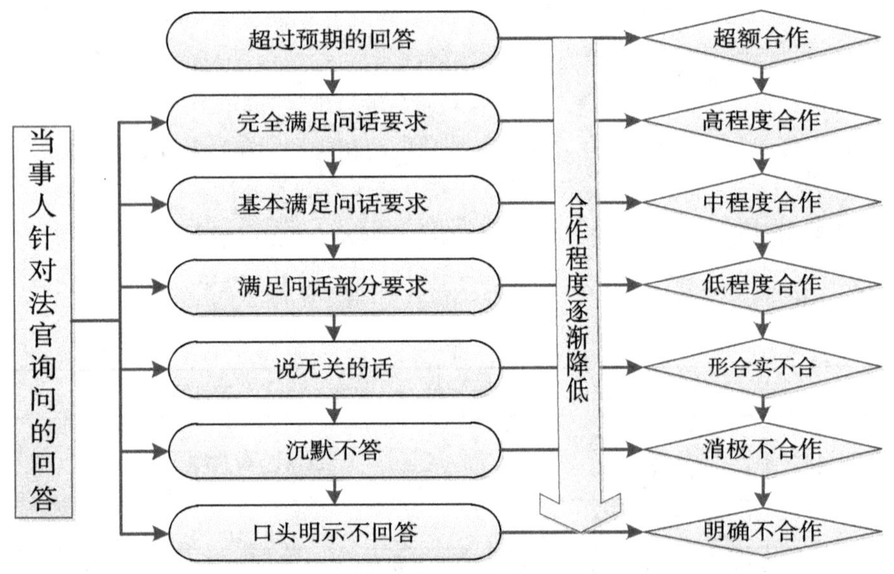

图 6

四、程序优化：当事人话语权的制度保障

程序公正是保障实体公正的基础。当事人必须被给予充分机会向法院陈述各自的案情以保护自身利益。[1]法庭语言的规范给予当事人更多表达机会,但根本上要保护当事人话语权,必须完善庭审程序,细化庭审规则,加强庭审合理性。

(一)庭审程序的语言学优化

机械的按照“庭审准备—庭审调查(诉辩主张陈述—询问—质证)—辩论”的程

〔1〕 日本法学家谷口安平就“程序公正”所作演讲,载宋冰编:《程序、正义与现代化——外国法学家在华演讲录》,中国政法大学出版社 1998 年版,第 373 页。

序可能影响庭审效率,不利于庭审参与者整理思路,做出最合理的诉辩意见。正是认识到此缺陷,新的民事诉讼法司法解释对诉讼程序进行了部分调整,规定人民法院根据案件具体情况并征得当事人同意时可以将法庭调查和法庭辩论合并。针对查明事实阶段、质证阶段以及辩论阶段的跨界和混同的现状,以一般的法庭顺序为例,笔者认为参照以下四个要素组织庭审:

1. 当事人是否具备法律思维

诉讼初期的当事人提出诉辩主张时,应当询问当事人的请求权和抗辩权基础,了解当事人参与庭审的法律基础和基本素质,如果当事人思路清晰,可先进入质证环节,给予当事人充分话语权。否则,应当通过法律规范阐明,提示性询问等庭审行为,促使当事人明确自身诉请和抗辩依据的实体法规范。[1]

2. 法官的审理思路是否清晰

法官审理思路不清晰时,如审理新类型案件的法律适用存疑;审理历史久远事实查明较复杂时;审理与个人意见关联较大的人身家庭类案件时;一方和各方当事人法律思路与法官思路基本一致等情况,应避免过多的实体询问,尽快进入质证环节,待各方当事人陈述后,总结争议焦点再行询问。

3. 当事人合作程度

当事人合作程度与否决定着法庭询问获得信息的程度。当事人合作程度低,法庭询问阶段应及时延后,待法庭质证结束后,再归纳审理思路,斟酌问话;当事人合作程度较高时,可通过询问全面了解情况后再行质证,避免过多不相关证据的加入。

4. 案件审理中查明事实与法律适用的偏重程度

大部分案件以查明事实为庭审重点,如机动车交通事故责任纠纷中,法庭审理主要围绕各项赔偿费用的质证,常常在质证过程中当事人已将辩论意见陈述完毕,法庭辩论意见只是质证意见的大段重复,此时宜将调查和辩论合并。而一些案件事实简单或者案件事实的查明后在法律适用上,则尽量安排单独的法庭辩论过程。(具体过程见图7)

---

〔1〕 参见邹碧华:《要件审判九步法》,法律出版社2014年版,第252页。

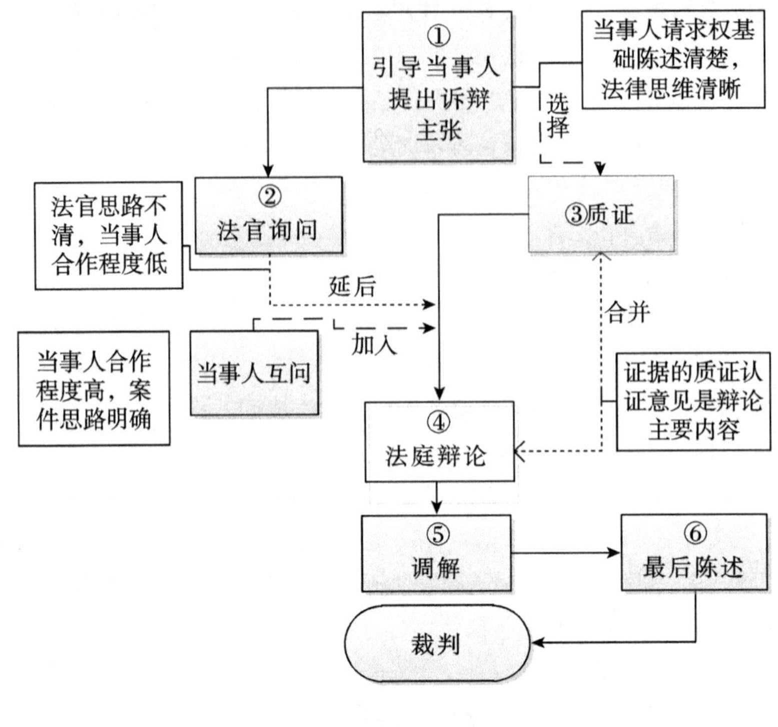

图7

(二)庭审细节改良——夯实当事人话语权的认知基础

1. 利用信息技术拓展庭审话语权表达

审判实践中庭审中未经许可禁止录音录像,该规定与当事人庭审话语权的完整表达有冲突之处。[1] 近年来司法公开的大力推动,一些法院开始在网络上大范围直播庭审,但庭审录音录像资料大多是供内部使用,外部利用率并不高。笔者主张,应规定庭审结束之后,法官明确告知当事人可在一定期间之内,向法院提出查询、复制庭审录音录像的请求(涉及国家秘密、商业秘密、个人隐私的不许复制),并可以庭审录音录像为依据向法庭提出补正庭审笔录的请求。

2. 推进庭审记录信息化

语言会话中,理解各会话方的意图,参考的因素包括语言内容、语气、会话方式

〔1〕 笔者多次听到当事人反映:庭审结束时,法官都会说"双方当事人如有补充意见,请在三天内,用书面形式交给法庭",如果不允许录音,又不提供庭审笔录复印件,完全记不住哪些是在庭审中提及过或者未提及的。

等内容,但现今的法庭记录中总结偏多,直接记录较少,记录内容易受影响。因此,及时推进庭审记录由传统书面记录转为录音录像记录的改革[1],同时加强书记员的培训,使庭审记录的忠实性,保证庭审笔录的"原汁原味"。

3. 加强庭前质证和庭前会议的组织

庭前会议的组织已正式纳入法律规定,该项制度要求法官在庭审中总结争议焦点,以达到更好地组织庭审活动的目的。复杂案件开庭前,应当及时召开庭审会议,通过抽象案件,及时归纳争议焦点,总结庭审思路,"倒逼"法官加强庭前准备工作,避免庭审的"试错"。

(三)庭审科学评定——当事人话语权的制度保障

针对当事人的话语权主张,一些法院出台了相关措施对此进行了规范,如有的法院发布规定:法官应当认真、耐心地听取各方当事人及其他诉讼参与人的发言,发言与本案无关的,法官应当予以提醒。法官不得随意打断、制止当事人及其他诉讼参与人的发言。[2]这些规定都表明了部分法院及时吸纳社会意见,通过制度保障了当事人的诉权,但是这些规定目前尚无相应具体配套办法。对此借助各地庭审观摩评分的经验,基于庭审大面积公开的现状,有必要在庭审评分中将"法庭审判语言是否得当、法庭指挥权是否运用得当"作为庭审考核指标,既可以考核法官的业绩评价,也可以用于员额制法官的选拔参考。

结　语

随着司法改革的逐步深化,社会对法官的要求将不断提高。法官不仅要具备专业知识和职业道德,更要通晓语言规律,科学指挥庭审,保障当事人话语权,维护司法公正。通过对庭审样本的研究,笔者感叹大量公开的庭审录像和裁判文书必将形成庞大的数据库,研究庭审语言和程序只是对它的一次蜻蜓点水般的考察,其中蕴藏的知识和问题有待我们进一步去考察,从更多视角、运用更多手段去探究、发掘这个宝库,加快司法规则的完善和升华。

---

[1] 2014年浙江省高级人民法院将此作为一项重点工作。

[2] 详见《河南省人民法院司法礼仪规范(试行)》第30条。北京市第二中级人民法院制定的《关于在审判中保障当事人平等行使诉权的意见(试行)》也对打断话语和辩论的平等性进行了规范。

诉讼服务中心机制完善之探究

李鹤贤*

[摘　要]　诉讼服务理念可以溯及抗战时期司法工作的群众路线原则和作为代表性意义的马锡五审判方式。天津市建立了覆盖全市的诉讼服务网络标志着标准化诉讼服务体系的形成。

当前的诉讼服务工作还存在很多值得进一步完善的地方,问题主要表现在以下几个方面:1.思想认识方面,存在两种极端的倾向;2.职能定位方面,部分法院诉讼服务职能范围狭窄;3.信息化应用上,一些法院跟不上时代发展潮流;4.组织管理方面,管理滞后,有待加强。

做好诉讼服务工作需要处理好诉讼与服务的关系、对外服务与对内服务的关系,需要不断探索诉讼服务的新职能。

完善诉讼服务机制需要做好以下几方面的工作:1.进一步提升服务意识,既要服务好当事人,也要服务好审判庭。2.推进诉讼服务中心的信息化建设。第一,完善网上诉讼服务中心的功能;第二,构建网上诉讼服务中心互动平台;第三,做好网上司法信息公开工作。3.完善诉讼服务中心的心理疏导职能。4.促进诉讼服务社会化,重点做好两方面的工作,一是搭建诉前纠纷化解平台,二是搭建信访化解平台。5.构建诉讼服务中心管理新模式。构建独立的诉讼服务管理机构,把在审判、执行过程可能要对诉讼群众提供的诉讼服务职能尽可能集中整合到诉讼服务大厅,通过二级引导机制,由诉讼服务中心给广大群众提供真正集约化、精细化、全方位的“一站式”便民诉讼服务。

诉讼服务中心是近年来各地法院为落实司法为民、践行群众路线、提升司法公

---

* 李鹤贤,南开大学法律硕士,天津市和平区人民法院院长。

信力而推出的一项司法改革新举措。几年来,已经取得了显著的综合成效,现已进入了一个今后如何适应司法改革新形势及更好地满足广大群众日益增长的司法新需求的发展阶段。当前,需要"完善诉讼服务机制,最大限度地满足人民群众对司法的新期待、新要求"。[1]笔者根据多年工作实践,结合诉讼服务中心的发展现状,分析了诉讼服务中心发展遇到的问题,提出了完善诉讼服务中心工作机制的对策建议。

一、诉讼服务发展历程

诉讼服务理念可以溯及至抗战时期司法工作的群众路线原则和作为代表性意义的马锡五审判方式。抗战期间,以陕甘宁边区为代表的各抗日民主政权的法制化建设在工农民主政权的基础上有很大的发展,司法的制度性建构以及因此而积累的经验都是相当令人瞩目的,不仅为巩固和促进抗日民族团结从而最终取得抗战胜利起到积极作用,也为新中国的法制和司法工作奠定了坚实的基础。[2]

马锡五审判方式是在继承中央苏区时期人民司法工作的优良传统的基础上,结合抗日实际情况创造出来的一种特殊审判方式。这种审判方式具有实事求是、依靠群众、审判与调解相结合、便民利民等鲜明特点,诉讼服务制度秉承了马锡五审判方式的核心理念,与便民利民的设计思路一脉相承,甚至在具体做法上有着很多共同之处。

基于解决群众诉讼难、方便群众诉讼的出发点,全国各地逐渐开始对诉讼服务制度进行初步探索。

(一)早期的便民利民措施探索

2003 年起,广东省启动新举措在全省规范五项工作制度,创立立案、信访两个文明窗口,推行十项便民利民措施。2005 年 1 月,北京市海淀区法院为了解决当事人在诉讼过程中信息不对称及办理相关手续不便问题,设立了"当事人服务大厅",为当事人提供诉讼引导、案件信息查询等服务。后又成立了专门的诉讼服务、审判服务工作机构——审判管理办公室,既对外给当事人服务,也对内给审判、执行等业务部门服务。2006 年 3 月,江苏省常州市新北区法院成立了首家"诉讼服务中心",探索积累了大量建设工作经验。2007 年 7 月,山东省胶州市法院探索建立了多功能的"诉讼服务中心",设立了立案大厅、庭前调解室、诉讼指导室等六个服务

---

〔1〕 李少平:《对人民法院诉讼服务机制的理性思考》,载《人民司法》2009 年第 5 期。

〔2〕 张晋藩主编:《中国司法制度史》,人民法院出版社 2004 年版,第 579 页。

窗口,为诉讼群众提供快捷、细致的便民服务。[1]2007年12月3日,上海市第一中级人民法院正式揭牌启用诉讼事务中心,为相关当事人提供方便、快捷、规范的一站式服务。

(二)标准化诉讼服务体系的形成

2008年8月,天津法院率先在全国创立专门的诉讼服务机构——诉讼服务中心,为诉讼群众提供诉讼引导、立案审查、诉前调解、司法救助、联系法官、收转材料、案件查询、法律咨询、信访接待和判后答疑等"一站式"全方位服务。天津诉讼服务中心是以原立案庭内的信访部门为基础,抽调各审判业务部门骨干组成的独立编制的审判业务机构,对内称立案二庭,对外称诉讼服务中心。诉讼服务中心的人员主要是从审判业务部门抽调的业务精通、年富力强的骨干,有的法院建立了轮岗机制,将准备提拔的中层领导干部、新选任的审判长、审判员和年青业务骨干派往诉讼服务中心工作,[2]使之经受锻炼,增长才干。从而彻底改变了以往立案信访队伍老、弱、病的状况,大大促进了诉讼服务水平的提高。

2009年,诉讼服务中心在天津市三级法院全部建设到位,全市23个法院都成立了诉讼服务中心,形成了覆盖全市的诉讼服务网络。此后,为了及时总结诉讼服务工作经验,推动诉讼服务工作的规范化,天津市高院先后制定、印发了《天津市高级人民法院诉讼材料收转工作规范》等一系列规范性文件,各中级、基层人民法院也相应出台了体现本法院特点的工作规范。天津法院的诉讼服务工作日益成熟,诉讼服务理念日益深入,诉讼服务与传统审判工作的对接日益顺畅。天津市三级法院的司法为民工作真正做到了具体化、制度化、常态化,天津诉讼服务网络的建设标志着标准化诉讼服务体系的形成。此后,天津诉讼服务工作便沿着标准化之路继续前进。

天津诉讼服务工作顺应了新形势下司法改革的潮流,为落实社会主义法治理念提供了具体、生动的经验。天津法院诉讼服务中心得到了周强院长的高度肯定,得到了人民群众的充分认可。

(三)诉讼服务在全国范围内的推广

鉴于天津诉讼服务工作在实践中取得的成绩和显现的良好效果,最高人民法院决定将这一工作在全国范围内予以推广。2009年3月,最高人民法院出台了《关

---

〔1〕 华峰:《诉讼服务中心建设发展问题探究》,载景汉朝主编、最高人民法院立案庭编:《立案工作指导》,人民法院出版社2015年版,第66页。

〔2〕 李少平:《诉讼服务——天津经验铿锵前行》,人民法院出版社2011年版,第17页。

于进一步加强司法便民工作的若干意见》，要求各级法院设立专门的诉讼服务部门，配备必要的工作人员，做好信访接待、诉讼引导、案件查询等工作并配置必需的服务设施。2009 年 3 月，最高人民法院出台的《人民法院第三个五年改革纲要(2009－2013)》中提出要建立健全司法为民长效机制，健全诉讼服务机构，加强诉讼引导等工作，切实方便人民群众诉讼。在此基础上，江苏、辽宁、福建等地法院普遍推进实施服务中心建设工作。2013 年，最高人民法院先后出台《关于切实践行司法为民大力加强公正司法不断提高司法公信力的若干意见》《关于推进司法公开三大平台建设的若干意见》，均对加强法院诉讼服务中心建设从不同角度提出了建设要求。2014 年 11 月，最高人民法院发布《关于进一步做好司法便民利民工作的意见》，再次提出要“建设好、管理好、运用好诉讼服务平台，深入推进诉讼服务中心的标准化、规范化建设，全面整合诉讼服务功能，优化诉讼服务窗口建设”。到 2015 年下半年，全国绝大多数法院都不同程度地建立了诉讼服务平台。一些法院积极推动建立诉讼服务大厅、诉讼服务网和 12368 诉讼服务热线“三位一体”的综合性诉讼服务平台，开展远程立案、网上立案、预约立案；有的法院还创办“网上司法社区”、探索智能 Wi－Fi 诉讼引导、开通支付宝在线支付诉讼费，采取信息化手段提升诉讼服务水平，受到当事人和社会各界普遍欢迎。

(四)诉讼服务工作的新探索

诉讼服务的新探索主要体现在两个方面：一是探索在纠纷源头地及时提供诉讼服务；二是探索第三方参与信访接待。

探索在纠纷源头地及时提供诉讼服务方面，天津市和平区人民法院的做法较为成熟。2015 年 3 月，该院在认真调研的基础上，决定根据纠纷的不同类型在纠纷较为集中的源头地分别建立司法确认服务工作站。工作站成立后，为让稀缺的司法资源被优化配置到纠纷解决的“刀刃”上，探索出了“当事人说事、群众说理、法官说法”便民联动化解矛盾纠纷机制。该机制把居民自治与法治思维、法治手段结合起来，让当事人讲事实、说问题；让人大代表、政协委员、社区民警、法援律师、检察院干警、居民代表讲政策、说道理；让法官讲法律、说是非，形成“三方联动”，促进纠纷多元化解。这种解决纠纷的新方式注重在司法引导下充分发挥社会资源优势，减少了当事人的诉累，避免了当事人之间的矛盾激化，提升了法治宣传效果。

由于涉诉非正常上访问题已经成为影响诉讼服务中心健康发展的重大挑战，

近年来,涉诉信访总量持续高位运行。[1]为破解此难题,许多法院积极进行了第三方参与信访探索。有的创设诉调对接中心,推行人大代表、律师、专家和法律志愿者值班制;有的开设心理咨询窗口,对当事人进行心理疏导;[2] 人大代表、专家在人民群众中具有较高的声望,由他们参与信访接待,效果应该很好,但是由于他们的工作一般很忙,很难保证经常性地参与信访接待,所以实际效果就不甚理想。志愿者一般不固定,水平也参差不齐,所以效果也不明显。做好信访接待工作需要久久为功,不可能一蹴而就。因此,参与信访接待的主要人员应当符合以下条件:对人民法院及群众工作较为熟悉、有时间、便于人民法院统一管理,同时具备以上条件的就是人民陪审员。近年来,随着人民陪审员倍增计划的完成,人民陪审员参与信访接待的可行性更为充分。

2015年4月1日,天津市和平区人民法院在调研的基础上首次全面规范了人民陪审员参与信访接待工作,明确了管理部门、制定了工作流程、规定了工作准则、量化了考评标准,形成了标准化的接访制度。

人民陪审员参与接访,突破了由法院单方面接访、信访人被动接受的传统接访模式,一方面满足了人民群众多元司法需求,另一方面缓解信访人对立情绪,该制度施行以来,取得了明显效果,截至2016年7月1日,天津市和平区人民法院99位人民陪审员共接待来访236人次,有效化解信访纠纷100余件。

二、诉讼服务中心运行中存在的问题

由于诉讼服务作为一项独立工作在我国司法工作中出现的时间较晚,历史沿革较短,对实践经验的积累提炼也不成熟。因此,当前的诉讼服务工作还存在很多值得进一步完善的地方,问题主要表现在以下几个方面。

(一)思想认识方面

首先,要防止两种极端的倾向。一种是一些法院仍以旧的思维看待诉讼服务中心,认为诉讼服务与司法权威是天然对立的,诉讼服务搞好了,会把矛盾吸引到法院,对建设诉讼服务中心产生抵触、厌烦情绪。其中一种是过于注重诉讼服务中心的物质建设,而忽视服务功能的发挥。诉讼服务大厅的建设过于奢华,诉讼服务功能较为单一。其次,要避免将诉讼服务中心异化为“事务批发中心”或者“指挥中心”。实践中,有人提出“谁的孩子谁抱”的怪论,对于人民群众的多元诉讼服务需

---

〔1〕 陈宝军、宋万忠:《诉讼当事人司法公正获得感提升途径探析》,载贺荣主编:《尊重司法规律与刑事法律适用研究》,人民法院出版社2016年版,第12页。

〔2〕 卫建萍、吴艳燕:《司法服务在路上——上海徐汇法院诉讼服务中心工作见闻》,载《人民法院报》2015年2月18日,第1版。

求，不是积极提供诉讼服务，而是转手推给相关审判庭。将诉讼服务中心当做中转站，既不能便利群众，也不能减轻审判人员的负担。这种现象，必须避免。笔者认为，诉讼服务中心不是一个独立的机构，而应是一个平台，绝不能将其异化为“指挥中心”或者“批发中心”，它就是一个为人民群众提供高效、多元、便利的诉讼服务的平台。诉讼服务中心的建设应避免华而不实，要跳出人民法院办公场所的地域限制。诉讼服务中心对外的服务主要包括两类：一类是诉讼过程中的服务，另一类是诉讼结束后的信访服务。诉讼服务对象办事的成分多一些，信访服务对象“闹事”的成分多一些，因此，对这两类服务对象应在不同的场所进行，未来的诉讼服务中心应是一个能够辐射人民法庭、社区等基层组织的全覆盖、网格式的诉讼服务体系，而不是一个矛盾纠纷的集中解决地，其服务场所可以很小，但是其服务功能必须丰富。

（二）职能定位方面

职能定位决定发展方向。虽然最高人民法院已经通过文件形式列举了诉讼服务的若干职能，并要求各级法院按照文件要求推进工作，但未对人民法院诉讼服务工作的职能范围进行统一规定。实践中各地诉讼服务中心的职能存在差异，但部分法院诉讼服务职能范围狭窄，诉讼服务中心建设发展停滞不前，无法充分发挥其应有的功能作用，诉讼服务中心的发展方向是“大服务、大平台、大辐射”，即全方位、多功能、畅通无阻的诉讼服务。

当前，很多法院诉讼服务功能单一，尤其是心理疏导功亟需完善。理由是：参与诉讼的群众会存在一定的对抗心理。这种心理上的对抗源于双方需求、动机的冲突，也源于双方认识、情感和行为的冲突，归根结底是当事人之间的权益冲突。但是原、被告双方为了在诉讼过程中最大程度实现自己的利益，不可避免地掺杂一定的夸张、掩饰、逃避等成分，诉讼中恶意刺激地相互反诘也往往使诉讼双方的对抗心理不断加剧，严重时，这种对抗性攻击甚至会转移到法院或法官身上。同时，由于部分群众缺少法律常识和诉讼经验，面对一无所知的诉讼程序会感到茫然、焦虑甚至恐惧，这种由于知识、经验的缺少所产生的不自信心理，是人类面对陌生环境时心理保护机制的正常反应，也难免由此对司法公正产生怀疑，担心法官收受贿赂或徇私枉法，不信任的心理并不罕见。[1]

事实证明，通过诉讼服务中心进行直接交流，可以对群众焦虑等心理形成有益

---

〔1〕 余姚市人民法院课题组：《关于余姚法院诉讼服务热线运行情况的调研报告》，载景汉朝主编、最高人民法院立案庭编：《立案工作指导》（总第41辑），人民法院出版社2015年版，第82页。

的疏导。但由于工作人员有限、工作机制尚待完善,对群众的心理疏导职能亟需完善。

(三)信息化应用上

一些法官跟不上时代发展潮流,仍拘泥于传统的实体诉讼服务模式,未能按照最高人民法院要求开展诉讼服务网和12368热线建设。在开通诉讼服务网和12368热线的地区中,不少法院虽建有网络、热线,但功能较为单一。诉讼服务网仅有宣传作用,没有办理诉讼事务功能;一些法院对服务网和热线宣传不足,配套措施不齐,导致使用率低,没有真正发挥作用。[1]很多法院创新意识不足,在诉讼引导、法治宣传方面局限于传统的图表上墙、制度上墙等做法,没有采取视频、动漫、网络等群众喜闻乐见的方式,缺乏亲和力和感染力。

(四)组织管理方面

实践中,大多数法院的诉讼服务中心都是从立案大厅发展而来,在组织管理上与立案庭是"两块牌子,一套人马",或者只是立案庭的一部分,其负责人多由立案庭庭长或副庭长兼任。实践中,由于工作内容不同,立案庭不能完全代替诉讼服务中心开展诉讼服务工作,诉讼服务中心也不能取代立案庭的立案审判工作,立案庭庭长或副庭长还有其他工作要做,诉讼服务中心工作好坏并不代表其工作的全部,因而部门负责人责任感不强,进取心也难以得到充分发挥。

诉讼服务运行机制中存在的问题是由多方面的原因造成的,既有思想上不够重视等主观方面的原因,也有历史因素、制度不完善等客观方面的原因。但归根结底,还是重视不够。

三、诉讼服务相关问题的再思考

(一)诉讼与服务的关系

诉讼服务是法院工作的一种探索和创新,它突破了西方和我国传统的司法观念,将诉讼与服务联系在一起。现在还有一些法院对此存在困惑,无法理解诉讼与服务怎么能联系在一起,担心诉讼服务有损司法权威,甚至认为,诉讼服务搞好了,会把矛盾纠纷吸引到法院。

我国国体和宪法赋予的司法人民性特征构成诉讼与服务连接的合法性基础。新中国成立后的一段时间,我国一直重视法的专政价值,忽视法的民主价值。然而,随着社会的发展,法律调整的社会关系主体,是愈来愈多的作为人民范畴的社会成

---

〔1〕 最高人民法院立案庭:《全国法院诉讼服务中心建设情况分析报告》,载《立案工作指导》(总第44辑),人民法院出版社2016年版,第117页。

员。[1]司法重新回归人民性已成必然。而且,"全心全意为人民服务"历来是党的根本宗旨,特别是党的十八大以来,司法为民更成为司法工作的根本宗旨。因此,法院开展诉讼服务,不仅符合我国国体和宪法要求,而且也是法院实践司法为民,落实党的方针政策的具体要求。事实上,各地法院的实践表明,诉讼服务不仅没有出现人们担心的现象,反而已经成为输送公平正义的重要途径、提升司法公信力的重要制度、节约司法资源的重要方式、提升法官职业素养的重要平台。

(二)对外服务与对内服务

诉讼服务工作体系应是一个开放、科学、系统、务实、合时宜的工作体系。法院作为诉讼服务的提供部门,应建立对内和对外两个系列服务体系,将两个服务体系的控制中心收归于诉讼服务中心来统一管理,实现服务工作体系化、专业化、便捷化,初步实现审判权和诉讼服务工作的相对剥离。对外服务对象是诉讼群众,服务手段可以采取以下方式:一是设立一体化对外诉讼服务平台。二是整合现有诉讼服务职能。三是加强信息化建设。对外服务的延伸对象是国家和社会。对内服务的主要对象是法官。主要的服务手段包括:一是逐步完成非审判性业务剥离。二是设立一体化对内工作服务平台。三是在工作细节上查漏补缺。对内服务的延伸对象是法院。服务手段主要是提供管理考核依据、提供工作信息提示、提供工作优化建议。

(三)诉讼服务职能的新探索

最高人民法院在相关文件中明确列举的诉讼服务中心工作职能共有14项。基于社会不同时期发展变化的要求,社会会对司法供给提出新的要求。因此,诉讼服务职能必须具备巨大的张力,通过不断调适与探索,适时扩张或者限缩其职能以达至同社会要求的紧密契合。笔者认为,诉讼服务中心可以从以下方面探索职能拓展:一是信息采集职能。诉讼服务中心可以通过在其网站设置意见留言版块收集社会公众对于法院诉讼服务工作以及其他工作的意见,也可以设置论坛专区引导公众对法院的工作提出改进建议。二是社会调研职能。诉讼服务中心可借助接触当事人、律师等的广泛性与便利性优势,定期或不定期地以当事人、律师等为调研对象组织基础调研。这样既可以解决法院社会调研成本高、普遍性难以得到保障的问题,又可以实现诉讼服务窗口社会资源的充分利用。三是信息预警职能。实践中,许多诉讼服务工作人员已经自觉或不自觉地开展了类似工作,但就此尚未形成一项规范性的制度。因此,需要在将来诉讼服务工作的职能构建中明确规定这一

---

〔1〕 卓泽渊:《法的价值论》,法律出版社1999年版,第52页。

工作环节,打通信息传递通道,发挥第一时间所获取信息的预警功能。

四、进一步完善诉讼服务中心工作机制的建议

随着社会的发展,诉讼服务工作也需要通过不断地调适与探索达致同社会要求的紧密契合。当前,完善诉讼服务机制需要做好以下几方面的工作:

(一)进一步强化服务意识

诉讼服务的基本功能定位体现在:最大限度地满足人民群众多元化的诉讼服务需求,提高审判工作效率与司法资源利用效益,促进司法公正、高效和文明。诉讼服务立足于服务,对外服务于当事人,对内服务于审判庭。实践中必须进一步提升服务意识,既要为当事人提供齐备的诉讼服务功能、人性化的服务设施,让人民群众感受司法的人文关怀,也要认真做好开庭排期、送达传票、审限管理、调卷阅卷等各项审判流程管理工作。为当事人提供诉讼服务方面,要强化民生服务意识、市场服务意识、规范服务意识、精准服务意识。从群众、当事人的具体需求项目入手,提升服务的针对性,实现服务的精准性,提升服务水平。服务审判庭方面,要在立案阶段减少占用审限时间,尽一切可能为审判庭提供方便,立案时向案件承办人提供“立案信息提示单”,[1]提示内容包括以下方面:(1)案件保全方面的信息提示。有无诉前保全、诉讼保全是否即将到期等,防止保全过期影响当事人的合法权益。(2)案件诉讼费方面的提示。是否存在减、免、缓等情况,特别对缓交诉讼费的案件予以提示。(3)刑事被告人刑期即将期满的提示。防止发生超期羁押现象。(4)案件存在不稳定因素情况的提示。方便承办人提前做好稳控工作。(5)当事人有急于解决的特殊要求提示。便于承办人提前做好相应工作。(6)其他需提示的内容。

(二)推进诉讼服务中心的信息化建设

服务手段的变化不仅关系到服务质量的改进也往往影响着服务的内容与服务的范围。在信息化社会的大背景下,借助信息化手段提升诉讼服务水平、拓展诉讼服务职能更能便利当事人,也是诉讼服务未来发展的必然选择。诉讼服务的信息化将由时间和空间两个方面的突破深刻改造实施服务的工作模式,并大大提高工作效能。目前,我国已有多个地方法院积极实践搭建了在线诉讼服务平台,通过专门网站为当事人提供立案、法律法规检索、预约阅卷、庭审信息查询等多项服务。在信息化建设方面应重点做好网上诉讼服务中心的建设工作,具体来讲,应当重点做好以下工作:

1. 完善网上诉讼服务中心的功能。网上诉讼服务中心应当具备在线立案、在线

[1] 2010 年天津高级人民法院开始推行“立案信息提示单”做法,此项做法受到审判人员的欢迎。

调解、在线审理、在线送达、在线执行、在线信访等功能。[1] 网上诉讼服务中心应当提供诉讼指引、文书样式、风险提示、办事指南等资料的电子文本。另外,网上诉讼服务中心应当具备审判流程节点信息推送功能,将立案、分案、排期、开庭、送达等节点信息实时向当事人推送通知和提醒短信。

2. 构建网上诉讼服务中心互动平台。构建在线咨询、投诉、建议、院长信箱、接访预约、旁听预约、心理咨询等互动平台。同时建立健全工作制度,明确专人负责互动平台事务办理工作,对互动事项办理情况进行预警提醒和定期督办,并与个人考评挂钩,确保工作落实到位。

3. 做好网上司法信息公开工作。网上诉讼服务中心重点公开审务、政务信息,公开审判委员会、审判员、书记员、人民陪审员、监察员基本信息及联系方式,公开司法鉴定机构等服务信息。

(三)完善诉讼服务中心的心理疏导机制

社会心理学认为,在自我心中,自身比其他任何事物更加重要。这种现象的结果是"人类往往会把自己作为一切的中心,并且直觉地高估别人对我们的注意度"。[2] 诉讼中的当事人表现尤甚,当事人的这种反应往往会引起自我的抵触及防抗。因此,诉讼服务中心很有必要完善其心理疏导机制。各法院的诉讼服务中心可与心理咨询机构或高校开展长期合作,聘请心理专家,将心理辅导作为新的诉讼服务项目,由诉讼服务中心开展当事人心理测评、访谈、辅导工作。[3] 在诉讼服务中心设置一名值班心理咨询师,随时为需要的当事人进行心理辅导;设置导诉员的法院,可由导诉员对立案阶段情绪激动,已表现出一定心理障碍的当事人提出心理辅导建议,并引导其到诉服办接受免费心理辅导;有条件的法院可在诉讼服务中心配备专业心理测评系统,对前来心理辅导的当事人进行心理测评;同时,为缓解当事人心理压力,诉讼服务中心另设一间心理咨询室,营造一个温馨的谈话环境,方便心理咨询师与当事人进行单独面对面的心理疏导。另外,要注重心理辅导与信访工作相结合。因信访中的那些重复上访、老上访人易偏执、多疑、敏感,对法官不信任、固执己见,甚至缠访并提出无理要求,应尽快将心理辅导引入信访接待工作中。强化诉讼服务中心法官心理知识培训;在诉讼服务中心设置至少一名心理咨询师

〔1〕 陈群安、蔡蕾、汪新元、王冠:《孝昌:信息化让司法更公开更便民》,载《人民法院报》2016 年 6 月 14 日,第 8 版。

〔2〕 [美]戴维·迈尔斯:《社会心理学》,侯玉波等译,人民邮电出版社 2006 年版,第 28 页。

〔3〕 卢红:《疏川导滞:论当事人心理辅导机制的构建——以当事人的诉讼心理为研究视角》,载贺荣主编:《司法体制改革与民商事法律适用问题研究》,人民法院出版社 2015 年版,第 513 页。

法官或专业心理咨询师;根据信访人的行为和心理活动作出正确判断,运用共情、倾听、面质、阻抗等心理咨询技术,对存在心理障碍的信访人进行心理辅导、咨询和治疗,化解信访人心结;通过提高信访人认知,纠正其不正确心态,使其辩证看待和处理自己的上访问题,从而彻底息诉罢访。对明显属于偏执性格、反复信访的当事人也可规定心理辅导为必经程序,如规定重复信访当事人应根据法院指定接受心理辅导,否则对其信访不予处理。

(四)促进诉讼服务社会化

要突破单一由法院工作人员服务群众的思维定式,引进多元服务,激发多方参与诉讼服务热情,整合诉讼服务资源,形成工作合力。[1]深化多元化纠纷解决机制改革,搭建诉前纠纷化解平台、案件速裁平台、智库服务平台、信访化解平台,为法律专家、律师、爱国宗教人士、社会志愿者等参与司法服务提供有效途径。促进诉讼服务社会化,要重点做好两方面的工作,一是搭建诉前纠纷化解平台,二是搭建信访化解平台。

搭建诉前纠纷化解平台,要建立以司法确认为核心的诉前纠纷解决服务中心,构建贯穿于诉前的全方位、多层次、开放、高效、便民的司法服务平台,最大限度地满足人民群众多元化司法需求。通过司法确认工作赋予人民调解协议强制执行力;通过法律咨询、普法宣传等工作,减少社会矛盾纠纷的形成;通过指导调解、协助调解等工作,化解社会矛盾纠纷。在现行的诉讼法框架内,达到将大量矛盾纠纷化解在诉前,方便人民群众、减少人民法院案件压力的目的。

搭建信访化解平台,要重点做好以下几方面的工作:构建以人民法院法官、律师、人民陪审员常态化参与信访接待为主,人大代表、政协委员、专家、志愿者等不定期参与信访接待为辅的涉诉信访矛盾化解新机制,充分发挥社会力量在化解涉诉信访方面的积极作用。

(五)构建诉讼服务中心管理新模式

诉讼服务中心建设发展到现阶段,已经不再是单纯满足于立案信访工作需要了,开始向"大服务、大平台、大辐射"方向迈进。新的形势对诉讼服务中心建设提出了新标准、新要求,即不仅要建好已有的诉讼服务大厅,还要建好网络诉讼服务平台。不仅要加强对群众的立案、信访服务,还要给广大群众提供真正集约化、精细

---

[1] 《景汉朝在全国法院诉讼服务中心建设推进会上强调:强化服务意识,创新工作模式,大力推动诉讼服务中心建设跨越式发展》,载最高人民法院网:http://www.court.gov.cn/zixun-xiangqing-16089.html,最后访问日期:2016 年 6 月 26 日。

化、全方位的“一站式”便民诉讼服务。为此，需要在诉讼服务中心设立引导员，进行二级引导。二级引导是指在当事人来到诉讼服务大厅后，诉讼服务人员根据当事人的具体需求，分门别类，引导当事人到对应的法庭、窗口或者区域。开庭谈话的，负责联系法官；案件查询的，指导当事人查询；信访、咨询的，引导当事人到相关部门；对于立案等相对复杂的事项，及时给当事人提供相应指导和释明。

同时，还应切实加强对立案、审判、执行中办案法官的多种审判服务，把各业务庭的裁判文书送达、上诉办理、当事人阅卷、卷宗调退等一系列辅助性审判事务都尽可能集中整合到诉讼服务中心，将办案法官、法官助理从繁杂的辅助性审判事务中解脱出来，能够集中时间和精力审理裁判案件，提高审判效率。当前的新形势、新需求客观上要求探索建立起一种新型管理模式，即能够实现最高效率的行政管理模式。〔1〕笔者认为，今后一个时期，在三大诉讼服务平台都在诉讼服务中心建设，并把从立案到审判，到执行所有可能给诉讼群众和办案法官提供的服务项目都集中整合到诉讼服务中心的新形势下，建立独立的诉讼服务管理机构。

结　语

诉讼服务中心的建设不会一蹴而就，完善诉讼服务中心工作机制任重而道远。本文关于诉讼服务中心发展问题的探究只是一些基本的阐述和论证。各地法院情况不一，在建设中应结合本地情况和实际需求谋划创新，不可一概而论。需要说明的是，各级法院领导应深刻认识完善诉讼服务机制的重要意义。只有深刻认识，高度重视，并坚持因地制宜、需求导向，才能建设一个高效便民与服务审判双赢的现代化诉讼服务中心。

---

〔1〕 参见[美]罗伯特·B. 登哈特：《公共组织理论》，扶松茂、丁力译，中国人民大学出版社 2003 年版，第 33 页。

明显不当行政行为司法审查模式构建及司法解释初探

——基于全国119件生效判决的实证分析

芦一峰* 王存强**

[摘 要] 2015年《行政诉讼法》所规定的行政行为"明显不当"是针对行政裁量的评判标准。实践中各法院对于"明显不当"的裁判尺度、判断方法掌握不一,目前研究多存在于"明显不当"条款的功能定位以及抽象的评判标准等方面,可操作性有待提升,未见以案例为依托的司法审查模式研究,不利于行政诉讼法"善施"和行政主体"善治",因此亟待规范《行政诉讼法》中"明显不当"条款的评判标准和适用方法。

本文以裁判文书网2015年5月1日至2016年7月1日全国法院适用"明显不当"条款作出的生效判决(共119件)为实证分析对象,首先归纳实践中存在"明显不当"条款适用场域与立法原意相矛盾、裁判论理与适用法条相矛盾、误把"明显不当"作为兜底条款适用等混同性问题。其次运用文义解释、法意解释和体系解释,对"明显不当"的含义深入解读,指出"明显不当"是显著、重大的不合理;其本质属性是实质违法性;"明显不当"与其他撤销标准的既有界分又有重叠。再次尝试构造包含三个维度的司法审查模式:一是在价值维度寻求司法裁量与行政裁量的价值平衡;二是在原则维度规整对行政法若干基本原则;三是在技术维度,通过普遍理性、合目的性、合比例性、程序正当四个基本要素的提炼对"明显不当"予以具体化,为司法实践提供技术参考。最后在

* 芦一峰,中国政法大学宪法与行政法学硕士,天津市第一中级人民法院行政审判庭助理审判员。

** 王存强,山东大学宪法与行政法学硕士,天津市第一中级人民法院审判管理办公室助理审判员。

结语部分对《行政诉讼法》第70条第(六)项作出司法解释(建议),并就具体条文的主旨、理解以及审判实践中应当注意的问题形成附件,以期对行政诉讼法解释的出台产生微末价值。

主要创新观点:

本文立足案例素材,在翔实的实证分析基础上,查找问题、正名定性、构造模式、回归实践并作出司法解释,是在数据、概念、理论基础、实务操作上的一次闭环式论证过程,对实践有技术指导意义,主要创新在于以下三点:

一是综合运用三种法律解释方法,深入解读"明显不当"含义。"明显不当"条款的准确适用,首先应当正其名、定其性,综合运用文义解释、法意解释、体系解释等方法,应当明确以下四方面内容:明显不当的评判对象是行政过程中的裁量环节,明显不当是指显著、重大的不合理,其本质属性是实质违法性,明显不当与其他撤销标准既有界分又有重叠。

二是提出包含三个维度的审查模式。从价值维度、原则维度和技术维度三个方面出发,构建起一个在司法实践中能共同遵循、共同信赖的兼具理论性和操作性的司法审查模式。在价值维度,应寻求司法裁量与行政裁量的价值平衡,注重审查强度的有限性、审查方式的区分性和裁判方式的可选性。在原则维度,行政法基本原则可以成为法官寻求并适用"明显不当"审查标准的证立理由。在技术维度,提炼普遍理性、合目的性、合比例性、程序正当四个要素作为操作准则,有助于司法实践中对"明显不当"的精准判断。

三是对《行政诉讼法》第70条第(六)项提出司法解释(建议)。从司法解释功能角度出发,考虑对"明显不当"作出司法解释的必要性和迫切性,参照民事诉讼法司法解释理解与适用中对司法解释作出说明的体例,在结语部分作出司法解释,并形成附件,期望为有权机关对该项解释的出台提供些许助益。

随着经济社会转型发展,现代政府在法律授权下的行政裁量疆域不断拓展,法院对其进行审查和监督力度随之加大,司法审查标准与技术的成熟在通往裁量正义之路上发挥着愈加重要的作用。

通过立法例考察我国法院审查行政裁量的技术和方法,主要是1990年《行政诉讼法》中的"滥用职权"标准和2015年《行政诉讼法》中"滥用职权"与"明显不当"并行的标准。"滥用职权"标准存在二十余年来,由于其抽象性和语义习惯等原因[1],司法适用率极低,遂在新法中的加入"明显不当"条款[2],旨在指引法院通过对行政行为合理性的适度审查,把严重不合理的行政行为纳入"不合法"范畴,为行政裁量的司法审查提供一条客观化路径,实现行政诉讼法"监督行政机关依法行使职权,解决行政争议"的立法意旨。

本文通过中国裁判文书网检索[3],对新法实施一年多来全国 119 份适用"明显不当"所作判决进行实证分析,以期构建司法审查模式,并为《行政诉讼法》第 70 条第(六)项提出司法解释(建议)。

一、现实观照:"明显不当"条款适用现状与问题

2015 年 5 月 1 日至 2016 年 7 月 1 日,全国法院适用"明显不当"条款作出生效判决 119 件,占同期全部行政案件判决的 0.26%,使用率仍较低。其中撤销判决 115 件,变更判决 4 件。分析发现,各地法院对"明显不当"条款的适用呈混同性与能动性并存的态势。

(一)混同性:与其他标准界分不清,未准确适用

1.适用场域与立法原意相矛盾:16 件

行政行为明显不当,指行政行为严重违反行政合理性原则而不合适、不妥当或者不具有合理性。[4]从立法原意看,"明显不当"是以行政裁量为审查对象和适用场域的。"行政裁量"意为行政主体在法的授权范围内针对多种可行性行为进行审慎地判断、选择、酌处。一些法院判决误把"明显不当"标准适用于行政机关本无裁量空间的行为,与立法原意相矛盾,"名为明显不当,实为明显违法"。[5]

---

[1] 江必新:《贯彻〈中华人民共和国行政诉讼法〉专题讲座》,人民法院出版社 2015 年版,第 291 页。

[2] "明显不当"条款是指 2015 年《行政诉讼法》第 70 条第(六)项和第 77 条第 1 款中的"明显不当"。

[3] 检索的裁判日期为 2015 年 5 月 1 日至 2016 年 7 月 1 日,检索操作截止时点为 2016 年 7 月 23 日上午 10:00。

[4] 江必新、邵长茂:《新行政诉讼法修改条文理解与适用》,中国法制出版社 2015 年版,第 265 页。

[5] 黄锴:《论行政行为"明显不当"之定位——源于"唐慧案"的思考》,载《云南大学学报》(法学版)2013 年第 5 期。

表1 “明显不当”条款适用场域与立法原意相矛盾的情形

<table>
<tr><th>案号</th><th>裁判理由</th><th>与立法原意矛盾之处</th><th>应适用条款</th></tr>
<tr><td>(2014)北行初字第67号</td><td>被告认定的用人单位与生效民事判相矛盾,所作认定工伤决定明显不当</td><td>行政机关对生效民事判决认定的事实并无裁量适用空间,认定用人单位应以此为证据</td><td rowspan="7">主要证据不足</td></tr>
<tr><td>(2015)黔县行初字第5号</td><td>承包土地确权给已死亡公民,明显不当</td><td>确权行为中权利主体未查明,属主要证据不足</td></tr>
<tr><td>(2015)纳溪行初字第10号</td><td>被告在原告已有合法权属的土地上同意第三人建房,明显不当</td><td>未查明申请土地权属,属主要证据不足</td></tr>
<tr><td>(2012)涧行初字第6号</td><td>被告在核准公司注册资本变更登记中未尽到审慎审查职责,核准行为存在重大瑕疵,明显不当</td><td>未查明注册资本变更事实属主要证据不足</td></tr>
<tr><td>(2015)荔行初字第17号</td><td>被告一次性抚恤金计算基数错误,明显不当</td><td>计算基数无裁量空间,属主要证据不足</td></tr>
<tr><td>(2015)宁行初字第46号</td><td>被告在房屋权属不清情况下与相对人签订拆迁安置补偿协议明显不当</td><td>拆迁安置必须查清房屋权属,属主要证据不足</td></tr>
<tr><td>(2015)浙杭行初373号</td><td>认定未登记建筑为非法建筑明显不当</td><td>拆违时未查明建筑性质属主要证据不足</td></tr>
<tr><td>(2015)浙丽行终字第93号</td><td>被诉街道办未责令改正村委会违法决议,明显不当</td><td>被诉街道办违反《村委会组织法》第27、28条明文规定,非裁量行为</td><td rowspan="4">适用法律错误</td></tr>
<tr><td>(2016)新22行终2号</td><td>以超过法定退休年龄不存在劳动关系为由不予受理工伤认定申请明显不当</td><td>最高人民法院已有明确答复,本案中行政机关无裁量空间</td></tr>
<tr><td>(2015)秦行终字第77号</td><td>以申请人未能提供与用人单位存在劳动关系证据为由对工伤认定申请不予受理明显不当</td><td>本案属违法转包,最高人民法院司法解释已有明文规定,无裁量空间</td></tr>
<tr><td>(2016)豫01行终378号</td><td>房管机关已有房屋买卖合同情况下仍为涉案房屋办理抵押登记,明显不当</td><td>《城市房地产抵押管理办法》第8条有明文规定,行政机关无裁量空间</td></tr>
</table>

续表

<table>
<tr><th>案号</th><th>裁判理由</th><th>与立法原意矛盾之处</th><th>应适用条款</th></tr>
<tr><td>(2015)临行初字第 198 号</td><td>不予受理要求审计申请明显不当</td><td>不属于裁量范围,《山东省农村集体经济审计条例》第 3 条有明文规定</td><td rowspan="4">适用法律错误</td></tr>
<tr><td>(2015)温东行初字第 70 号</td><td>被告就同一宗地作出两次登记行为,属于重复登记,明显不当</td><td>不属于裁量范围,应执行《土地登记管理办法》相关规定</td></tr>
<tr><td>(2015)朝天行初字第 9 号</td><td>被告以同一事实和理由作出与原行政行为基本相同的行政行为</td><td>违反法律禁止性规定,无裁量空间</td></tr>
<tr><td>(2015)安中行初字第 6 号</td><td>宗地安置补偿没有落实到位,明显不当</td><td>应按《闲置土地供应办法》中供应土地条件执行,无裁量空间</td></tr>
<tr><td>(2015)台椒行初 74 号</td><td>处罚中未听取陈述申辩,明显不当</td><td>违反《行政处罚法》明文规定属违反法定程序</td><td>违反法定程序</td></tr>
</table>

表 1 小结:“明显不当”条款适用场域与立法原意相矛盾的情况主要表现在:

(1)法律已明文规定,无裁量空间,行政机关不予适用或适用错误,不应定性为明显不当,而是适用法律错误;

(2)作出行政行为时缺乏主要证据,不应定性为明显不当,而是主要证据不足;

(3)行政机关未履行法律明文规定的程序,不应定性为明显不当,而是违反法定程序。

2. 裁判论理与适用法条相矛盾:6 件

表 2 裁判论理与适用“明显不当”条款相矛盾的情形

<table>
<tr><th>案号</th><th>裁判论理</th><th>适用条款</th><th>应适用条款</th></tr>
<tr><td>(2013)太行初字第 18 号</td><td>房屋买卖协议无效,被诉房屋登记认定基本事实错误</td><td>明显不当</td><td rowspan="2">主要证据不足</td></tr>
<tr><td>(2015)梅中法行终字第 50 号</td><td>集体林地颁证行为缺乏事实根据</td><td>明显不当</td></tr>
</table>

续表

<table>
<tr><th>案号</th><th>裁判论理</th><th>适用条款</th><th>应适用条款</th></tr>
<tr><td>(2016)豫16行终24号</td><td>被告不予先行支付工伤待遇的答复不符合法律规定</td><td>明显不当</td><td rowspan="2">适用法律错误</td></tr>
<tr><td>(2015)林行初字第27号</td><td>被告工商机关作出驳回登记行为没有法律依据</td><td>明显不当</td></tr>
<tr><td>(2015)灞行初字第0030号</td><td>被诉行政处罚认定事实不清,处罚与引用法条不符</td><td>明显不当</td><td rowspan="2">主要证据不足
适用法律错误</td></tr>
<tr><td>(2015)雨行初字第13号</td><td>对举报作出的回复认定事实错误,违反食品安全法关于标准的规定</td><td>明显不当</td></tr>
</table>

表2小结:法院在“本院认为”部分阐明的裁判理由是被诉行政行为存在主要证据不足、适用法律错误等问题,应当适用相应的《行政诉讼法》第70条第(一)项、第(二)项作出撤销判决,却误以“明显不当”为撤销被诉行为的理由,裁判论理与适用法条自相矛盾。

3.误把“明显不当”作为兜底条款适用:3件

表3 误把明显不当作为兜底条款使用的情形

<table>
<tr><th>案号</th><th>裁判理由</th><th>适用条款</th></tr>
<tr><td>(2015)温江行初字第33号</td><td>未针对原告申请公开的信息进行答复</td><td rowspan="3">明显不当</td></tr>
<tr><td>(2015)海行初字第107号</td><td>复议机关未围绕申请人复议请求进行审理作出维持决定明显不当</td></tr>
<tr><td>(2015)南行初字第22号</td><td>作出不属于政府信息范畴的答复没有充足的法律和事实依据</td></tr>
</table>

表3小结:上述裁判理由论理不明确,语焉不详,未能全面评判行政行为在合法性方面存在的问题,也未具体指明是认定事实、适用法律、履行程序还是结果裁量中存在问题,就适用“明显不当”条款作出撤销判决,误把“明显不当”作为撤销理由的兜底条款,掩盖了被诉行政行为中存在的合法性问题。

(二)能动性:对“明显不当”审查标准的有益探索

1.评判范围拓展:从处理结果到行政过程

在119件案例中,除上述适用不准确的25件外,剩余94件均是针对行政裁量的场域适用。其中认定事实裁量明显不当的有18件,占19.2%;认定行政程序裁量明显不当的有7件,占7.4%,认定处理结果裁量明显不当的有69件,占73.4%。由此可见,传统司法实践中评价行政裁量是否合理的结果标准[1]仍占主要地位,但司法审查能动适用“明显不当”这一新条款的范围已呈现向行政过程延展趋势,全面评判到行政行为认定事实、履行程序等各个节点,这也是行政过程论[2]和程序正义理念下对行政裁量合理规制的鲜活实践。

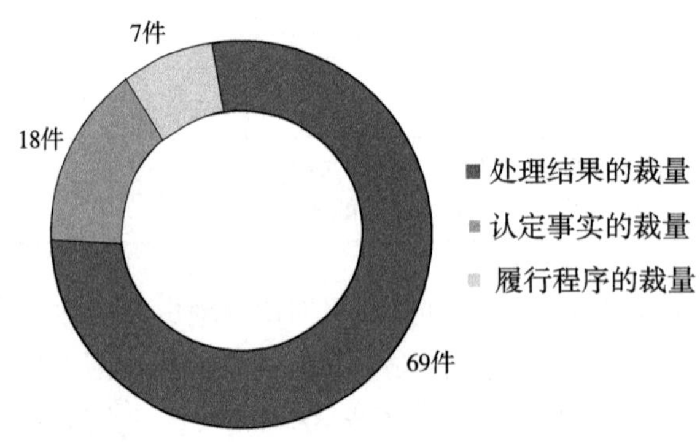

图1 “明显不当”的审查范围

2.评判标准延伸:从法律规则到法律原则

表4 运用法律原则评判行政裁量明显不当的判决

案号	裁判理由	适用条款	运用法律原则
(2015)日行终字第74号	1.拆除违建不必要地增加了上诉人的损失,给上诉人权益造成过度损害,违反了比例原则 2.按照信赖保护原则,应减轻被上诉人主观过错责任	明显不当	比例原则 信赖保护原则
(2015)东中法行终字第277号	交通违法行为中双方同等责任的情况下只处罚一方,违反平等原则,明显不当		平等原则
(2015)浙丽行终字第32号	被诉注销林权证行为不利于实际解决纠纷和相对人后续权利救济,缺乏必要性		比例原则

---

〔1〕 以德国为代表的大陆法系传统主流观点也认为“裁量的客体是法律后果”,参见[德]哈特穆特·毛雷尔:《行政法学总论》,高家伟译,法律出版社2000年版,第132页。

〔2〕 朱维究:《再谈行政过程论》,载中国法学会行政法学研究会编:《行政管理体制改革的法律问题》,中国政法大学出版社2007年版,第66页。

续表

案号	裁判理由	适用条款	运用法律原则
(2015)葫行终字第111号	被诉不予受理工伤认定申请决定在原告职业病加重情况下使原告承担不利后果,显失公平	明显不当	公平原则
(2015)豫法行终字第245号	复议程序中未给有利害关系第三人提供证据和听取其意见的机会,违反正当程序	明显不当	正当程序原则
(2015)豫法行终字第194号	被诉回收国有建设用地使用权决定未听取利害关系人陈述申辩,程序明显不当		
(2015)德中行终字第54号	未给当事人预留合理举证期限,事实上剥夺其举证权利,程序明显不当		
(2015)宁行初字第19号	未给原告预留合理举证期间,侵犯原告程序权利,程序明显不当		
(2015)佛三法行初字第68号	股份合作社收益分配的行政处理决定未告知相对人,事实上剥夺了相对人陈述申辩权,明显不当		

表4小结:在94件认定行政裁量明显不当的判决中,有9件在裁判理由部分明确运用行政法基本原则对行政裁量的合理性进行评价,占比9.6%,这些判决体现了较高的论理水平,也为实践中明晰"明显不当"的评判标准提供了技术路径。

二、正名定性:"明显不当"含义的深入解读

法律语言精确性并不否认其开放性,"经常包含一些本身欠缺明确界限的因素"[1],法条中的"明显"与"不当"均是开放的、具体的、相对的,这正是法律解释应当发挥作用的空间。

(一)明确前提:明显不当的评判对象是行政过程中的裁量环节

明显不当的评判对象是行政过程中那些存在裁量空间的环节及行为选择。行政裁量贯穿全面、动态的行政过程中,因为"运用裁量可以是认定事实和适用法律的一部分,而认定事实也可以是运用裁量的一部分"[2],不能割裂开来;并且"裁量的运用不仅存在于案件或问题的最终处置方面,而且存在于每个中间步骤当中,裁

〔1〕[德]卡尔·拉伦茨:《法学方法论》,陈爱娥译,商务印书馆2003年版,第193页。

〔2〕[美]肯尼斯·卡尔普·戴维斯:《裁量正义》,毕洪海译,商务印书馆2009年版,第3页。

量并不限于实体性的选择,而且还扩展到程序、方法、形式、时限以及其他许多附属性因素”[1],故不能用裁量结果正当性否定和掩盖认定事实、解释法律、履行程序中的裁量明显不当。

司法审查中,应将“明显不当”评判时点从行政行为实体处理结果延伸至整个行政过程[2],全面考察行政主体在事实认定、解释法律、履行程序、作出处理结果等环节是否存在明显不当的情形。

(二)文义解释:明显不当是显著、重大的不合理

解释以字义为起点。[3]“明显”是清楚地显露出来,容易让人看出或感觉到[4],“不当”是不妥当、不适当。

在司法审查语境中,“明显不当”兼含“明显性”与“重大性”两个标准,“明显”是显而易见,“重大”是侵及相对人重要权益。“不当”在行政法上指合法但是不合理的行为。不当行为与违法行为相对应,但如果不当行为达到“明显”的展露程度和严重程度,就应被定性为违法而予以撤销。

(三)法意解释:明显不当的本质属性是实质违法性

法意解释是探求立法者于制定法律时所作价值判断及其所欲实践的目的解释方法。[5]从立法机关全国人大公开的报告来看,2014 年《行政诉讼法》修改时增加“明显不当”条款的原因是修法前“对于行政机关明显不合理的行政行为,没有规定人民法院可以撤销,不利于解决行政争议”[6],由此推知,立法原意是赋予法院对明显不合理的行政行为予以撤销的权力,申言之,立法机关的价值判断是——明显不合理的行政行为具有实质违法性[7],因此法院应当运用司法权的评判,确认行政的违法性,实现行政诉讼法“监督行政机关依法行使职权,解决行政争议”的立法意旨。

法律对行政行为的授权与控制机能,经历了由形式法治向实质法治转变过程,形式法治强调规则的约束与落实,实质法治强调法价值的整合与实现。因此,行政

---

〔1〕 [美]肯尼斯·卡尔普·戴维斯:《裁量正义》,毕洪海译,商务印书馆 2009 年版,第 2 页。

〔2〕 参见王振宇:《行政裁量及其司法审查》,载《人民司法》2009 年第 19 期。

〔3〕 王振宇:《行政审判中解释法律的五种基本方法》,载《人民司法》2011 年第 3 期。

〔4〕 《现代汉语词典》,商务印书馆 2002 年版,第 890 页。

〔5〕 杨仁寿:《法学方法论》,中国政法大学出版社 2013 年版,第 162 页。

〔6〕 全国人民代表大会法律委员会:《关于〈中华人民共和国行政诉讼法修正案(草案)〉修改情况的报告》(2014 年 8 月 25 日)。

〔7〕 行政行为不合理与“实质违法”的边界,参见余凌云:《行政法讲义》,清华大学出版社 2010 年版,第 86 页;何海波:《行政诉讼法》,法律出版社 2011 年版,第 293 页。

行为的“违法”与“不当”也在形式法治与实质法治之间呈光谱状演变，当行政行为中的裁量因素达到明显不当的程度时，虽然在形式上还具备合法的外观，但实质上已经构成违法，即在实质法治理念下有碍于法价值的实现。因此明显不当的本质属性是实质违法性，而不是拟制〔1〕违法性。

（四）体系解释：明显不当其他撤销标准的界分与重叠

体系解释方法是以相关法条之法意，阐明特定规范的意旨。〔2〕通过明确《行政诉讼法》第70条规定的六项判决撤销行政行为情形的各自含义界分，方可确切厘定“明显不当”的适用范围。主要证据是否充足、适用法律法规是否正确、是否符合法定程序、是否超越职权评价的是行政行为合法性，而滥用职权与明显不当评价的是行政行为合理性。

1. 认定事实明显不当与主要证据不足的区分

“主要证据”的评判，是针对证明法定要件事实的证据是否确实充分，既是对证据量的要求，也是对证据质的要求。如果行政机关未能通过依法调查收集法定要件事实的证据，行政行为的支撑性事实缺乏证据证明，则应认定主要证据不足。如果行政机关依法定职权、程序收集证据，在主要证据合法有效齐备情况下，其运用裁量认定的事实仍存在明显不符合客观实际的情形，则属于明显不当。

2. 解释法律明显不当与适用法律法规错误的区分

“适用法律法规错误”一般指在法律规则有明文规定情况下行政机关未予适用或适用错误的行政行为，而“明显不当”用于行政机关在法律规则语义模糊或需适用下位阶规范性文件情况下，运用裁量进行选择、解释后的适用结果明显不符合立法目的、法律原则或者法律解释逻辑的情形。

3. 履行程序明显不当与违反法定程序的区分

“违反法定程序”是指行政行为违反法律、法规、规章以及合法有效的规范性文件明文规定的程序，而“明显不当”则用于行政机关履行法定程序中存在裁量空间时未能按照正当程序原则的要求恰当选择方式、顺序、时间等，以致侵害相对人重要程序权利的情形。

4. 明显不当与滥用职权的区分

“滥用职权”与“明显不当”均为针对行政裁量的审查标准，滥用职权包含主观

---

〔1〕 有观点认为明显不当行政行为的违法性来源于法律拟制，本质上仍属于适当性问题。参见张峰振：《论不当行政行为的司法救济——从我国〈行政诉讼法〉中的“明显不当行政行为”谈起》，载《政治与法律》2016年第1期。

〔2〕 杨仁寿：《法学方法论》，中国政法大学出版社2013年版，第143页。

上故意或过失,包括不正当目的、不善良动机、不相关考虑等。[1] 明显不当则采用客观上、结果上的判断标准,主要从行政行为外观上判断。

与"滥用职权"相比,"明显不当"更具有包容性,它并不追问行政主体作出行为时主观上的过错,而仅以客观认知为衡量标准,"明显不当"的包容性体现在它可以涵盖行政主体"因认知偏差、疏忽或者失误而作出的与立法目的和精神、基本法治原则、一般公平正义观念或常理明显相背离的裁量决定"[2]。同时,淡化法院对行政机关动机和意图的审查,将论证的难度降低,更具有可操作性,评判结果也更具说服力。

5. 存在重叠情况的处理

行政过程中事实问题、法律问题、程序问题与裁量问题存在交织,不能截然区分。因此,被诉行为可能同时存在"违反法律明白指令"和"裁量明显不当"的情形,尽管裁判结果均是确认其违法性,但法院应全面判断、分别表述、逐项引用相应款项,防止合法性问题掩盖合理性问题,或者用"明显不当"掩盖其他违法情节。

三、回归实践:"明显不当"审查模式的多维探讨

(一)价值维度:司法裁量与行政裁量的价值平衡

法院审查行政行为是否明显不当,实质是运用司法裁量评判行政裁量的过程。在法的实施体系中,行政裁量和司法裁量同时具有价值整合功能,以求法价值实现优化平衡。司法裁量应遵循价值平衡基准,既尊重行政裁量的判断空间,确保正当行政目的(如公共利益、行政效率等)得以实现,又充分发挥行政审判的监督功能,对明显不当的行政裁量予以纠正。具体表现为:

1. 审查强度的有限性

行政合理性既是行政裁量的基本遵循,也是司法裁量的实质边界。现代"裁量一元论"[3]理念下,法律问题与裁量问题并非是各自独立的"二元"存在,法院有权对行政裁量的合理性进行审查,并遵循审查强度的有限性,不是任何合理性问题都要处理[4],而是要判断行政裁量是否达到明显、重大不合理的程度,在这个程度上,才需要通过裁判确认其违法性。

---

[1] 梁凤云:《新行政诉讼法讲义》,人民法院出版社 2015 年版,第 423 页。

[2] 沈岿:《行政诉讼确立"裁量明显不当"标准之议》,载《法商研究》2004 年第 4 期。

[3] 王天华:《从裁量二元论到裁量一元论》,载《行政法学研究》2006 年第 1 期。

[4] 江必新:《贯彻〈中华人民共和国行政诉讼法〉专题讲座》,人民法院出版社 2015 年版,第 290 页。

2. 审查方式的区分性

法院一般依照“主体资格和职权—事实认定—适用法律—履行程序”四个步骤对被诉行政行为进行审查，审查方式应该因“有无裁量空间”有所区分，针对没有裁量空间的因素，进行合法性审查；针对存在裁量空间的因素，进行合理性审查，防止司法裁量干涉行政裁量的判断空间，或者用“明显不当”掩盖“明显违法”。因而不能仅因其具备了违法事由而径行认定其明显不当，或进行反推后的消极验证。

3. 裁判方式的可选性

法院对于明显不当的行政行为如何裁判，视情况进行价值平衡，如果侧重考量尊重行政判断的司法谦抑价值，可选择撤销判决并责令重作，如果侧重考量实质解决争议、实现权利救济的司法能动价值，则选择变更判决，径行变更明显不当的行政处罚决定。但变更判决囿于《行政诉讼法》第 77 条规定的情形，实践中使用率低。

（二）原则维度：行政法基本原则的规整

法律原则虽不是被直接援引的法条，却有着解释、补充法律规则的作用，可成为“法官在司法推理过程中据以适用的法规范的证立理由”。〔1〕因此，行政法基本原则可以成为法官寻求并适用“明显不当”审查标准的证立理由。

1. 平等原则：作出行政行为时不偏私，不歧视，同样情形同等处理。

2. 比例原则：行政机关采取的措施和手段必要、适当，可以采用多种方式实现行政目的的，尽力避免或者减少对当事人权益的损害。

3. 正当程序原则：行政程序中尽到恰当告知、听取意见、守时高效的义务，保障相对人和利害关系人的知情权、参与权、救济权。

4. 信赖保护原则：行政行为应当以诚实守信的方式作出、保护相对人正当合理的信赖利益，禁止随意变更和反复。

（三）技术维度：不确定法律概念的具体化

“明显不当”属于法律规范中的不确定法律概念，“恒需由审判者于个案中斟酌一切情事始克确定，亦即需由审判官予以价值判断，始克具体化”。〔2〕

不确定法律概念具体化的方法，并非形成一套“构成要件”式封闭体系，而是应当“case by case”〔3〕，经由个案提炼和充实具体标准。因此可以通过对前文案例素

〔1〕 庄世同：《论法律原则的地位》，载《辅仁法学》2000 年第 19 期。转引自张文显主编：《法理学》，高等教育出版社、北京大学出版社 2007 年版，第 121 页。

〔2〕 杨仁寿：《法学方法论》，中国政法大学出版社 2013 年版，第 185 页。

〔3〕 杨仁寿：《法学方法论》，中国政法大学出版社 2013 年版，第 186 页。

材的研判归纳,强化对于“明显不当”的经验掌握,将这一不确定法律概念“除规范化”[1],尝试总结“明显不当”审查标准的四个要素,便于实务操作,亦是开放性体系,有赖于新的案例实践不断提炼补充。

1. 普遍理性要素

“明显不当”审查标准中的明显性和重大性是一种普遍理性判断——既不是相对人的主观想象,也不是受过训练的法学家的认知能力,而是一个典型的、理智的公民的认识。[2]因此普遍理性是“明显不当”审查标准中最具包容性的考量要素。例如,美国法上将行政裁量的司法审查表述为 rational basis review(理性基础的审查), 并确立 reasoned decision - making standard[3],把“合乎逻辑”作为审查标准。

普遍理性是基准要素,兼具抽象性和开放性,在其项下还有经由个案发展得出的若干具体标准,包含但不限于以下几类:在未充分说明理由的情况下不遵守先例和诺言、未考虑相关因素、未能更加谨慎详细的调查、侵及信赖利益、同等情况不同处理等。

例如,(2015)攀行终字第 33 号行政判决中,被诉国土资源部门未全面考虑地质灾害成因报告中列明的三方面因素,仅将成因之一的行为主体翁某某认定为治理责任主体,而未对地质灾害其他人为因素主体的责任予以认定,作出的《责任认定书》明显不当。本案中被诉行政行为未全面考虑相关因素,导致没有认定同样应该承担责任的其他主体,也违反同等情况同等处理的平等原则。

2. 合目的性要素

耶林指出“目的乃系一切法律的创造者”,行政机关对法律的解释和执行,必须符合立法目的和行政目的。评判行政裁量是否明显不当,应考虑合目的性要素。

一是行政机关解释法律明显违背立法目的,可认定明显不当。例如,(2015)遂行初字第 6 号行政判决中,职工脑死亡无可逆转的情况下应家属要求继续抢救,被诉社保部门认定职工死亡的时间超过“48 小时”界限,不予认定工伤,法院认为目前死亡标准是脑死亡还是心跳停止存在争议,按工伤保险条例立法目的,应作有利于劳动者的解释,被诉不予认定工伤决定明显不当。

二是行政机关行为选择明显不符合行政管理目标,可认定明显不当。例如,

---

[1] 参见[德]英格博格·普珀:《法学思维小学堂》,蔡圣伟译,北京大学出版社 2011 年版,第 57 页。

[2] [德]哈特穆特·毛雷尔:《行政法学总论》,高家伟译,法律出版社 2000 年版,第 251 页。

[3] [美]恩斯特·盖尔霍恩、罗纳德·M. 莱文:《行政法》(英文影印本),法律出版社 2001 年版,第 93、96 页。

(2015)牡行初字第7号行政判决中,公安机关履责应当符合加强治安管理、维护社会秩序的目标,却对"家庭内部矛盾引起的不法侵害"作出《不予调查处理告知书》,明显不符合行政目的,属于明显不当。

3. 合比例性要素

明显不当涉及行政行为是否逾越不合理"度"的问题,因此目的与手段的比例、实现法益与侵及法益的比例,都是法院审查要素。关于手段与目的的关系前项已述,此处主要考量行政手段的必要性和均衡性。必要性指在多种行为方式可选情况下,应采用对相对人权益损害最小的方式;均衡性指行为方式所达成的行政目标与侵及的相对人权益之间"损"与"益"合比例、不悬殊,达到均衡。例如,(2015)日行终字第74号行政判决中,被诉拆除违章建筑行为,不必要地增加上诉人损失,对其权益造成过度损害,因此属于明显不当。

4. 程序正当要素

行政过程中程序合法是底线要求,程序正当则是实质法治理念下的更高要求。针对程序中的裁量事项,评判其是否明显不当,要考虑程序正当要素,用正当程序原则去衡量。

如果行政机关完整履行了法定程序,但在时限、方式、顺序的选择上未能全面考虑案件事实和行政相对人权益保护的实际需求,侵犯了行政相对人重要的程序权利,则构成明显不当。例如,(2015)德中行终字第54号行政判决中,被诉社保部门于7月3日向用工单位送达限期举证通知书,限其在7月4日前提交证据,预留的举证时间明显不足,事实上剥夺用人单位在行政程序中的举证权利,属于程序裁量明显不当。

结语:对《行政诉讼法》第70条第(六)项的司法解释(建议)

随着国家治理体系和治理能力的现代化,法治政府的实践也会获得强大的现实支撑。[1]此时对"明显不当"款项的精准适用意义尤其彰显,概因法治政府场域下尖锐矛盾聚焦之处多为行政行为是否恰当而非是否违法,故需着力解决合理性审查障碍。笔者对"明显不当"提出司法解释(建议),具体条文如下,并就解释条文主旨、理解以及适用中需注意的问题形成附件,以期产生微末价值。

具体条文:《行政诉讼法》第70条第(六)项规定的"明显不当"是指行政机关在法律、法规、规章授权范围内行使裁量权时存在以下情形:

(一)明显不符合客观实际或者生活经验法则;

〔1〕 杨海坤、樊响:《法治政府:一个概念的简明史》,载《法律科学》(西北政法大学学报)2016年第1期。

(二)明显不符合立法目的或者行政管理目标;

(三)给行政相对人权益造成不必要的过度损害;

(四)虽未违反法定程序,但是损害行政相对人重要的程序权利;

(五)其他明显不合理的情形。

附件

司法解释(建议)条文主旨、理解以及审判实践中应当注意的问题

【解释条文】

《行政诉讼法》第70条第(六)项规定的“明显不当”是指行政机关在法律、法规、规章授权范围内行使裁量权时存在以下情形:

(一)明显不符合客观实际或者生活经验法则;

(二)明显不符合立法目的或者行政管理目标;

(三)给行政相对人权益造成不必要的过度损害;

(四)虽未违反法定程序,但是损害行政相对人重要的程序权利;

(五)其他明显不合理的情形。

【条文主旨】

本条是对《行政诉讼法》第70条第(六)项规定的“明显不当”的解释。

【条文理解】

本条主要从明显不当的存在领域、具体情形、重要特征和必要结果等方面作出开放性列举的解释。规定本条的主要目的是进一步明晰“明显不当”的评判标准。尽管行政诉讼法修改时明确了对于明显不当行政行为,人民法院可以作出撤销判决、确认违法判决、变更判决,但司法实践中,“明显不当”的认定标准不清,尤其是与《行政诉讼法》第70条前五项规定情形的认定标准相混淆,导致对行政裁量行为尚无实质性审查标准,或仅作为兜底条款,不能有效保证该项规定在司法实践中充分适用,又因为行政诉讼法合法性审查原则之规定,导致“明显不当”这种只有通过合理性审查才能发现的情形不能被有效甄别,从而导致人民法院对于明显不合理的行政行为监督乏力,不利于行政争议的实质解决。

关于明显不当的存在领域。明显不当情形主要存在于行政过程中的裁量领域。人民法院进行审查时尤其需要注意的是,行政主体裁量的运用不仅存在于案

件或问题的最终处置方面,而且存在于行政过程的各个环节。司法审查中,应将“明显不当”评判时点从行政行为实体处理结果延伸至整个行政过程,全面考察行政主体在事实认定、解释法律、履行程序、作出处理结果等环节是否存在明显不当的情形。

《行政诉讼法》第70条第(六)项规定的作为撤销理由的“明显不当”与同法第77条规定的行政处罚“明显不当”的审查范围不同,后者主要针对行政处罚的实体处理结果,而前者范围更广,覆盖了行政行为作出的全过程。

关于明显不当的具体情形。本条解释将《行政诉讼法》第70条第(六)项中规定的“明显不当”情形列举为:“1.明显不符合客观实际或者生活经验法则;2.明显不符合立法目的或者行政管理目标;3.给行政相对人权益造成不必要的过度损害;4.虽未违反法定程序,但是损害行政相对人重要的程序权利;5.其他明显不合理的情形”这五项内容紧扣“明显不当”的客观理性判断标准,抽象性和具体想相结合,便于司法实务操作,也是对比例原则、正当程序原则等司法适用频率和熟练程度较高的行政法基本原则的具体体现。同时,如此规定与目前行政行为合理的主要表现和行政相对人的主要质疑之处相吻合。例如,近日河南某地为治理大气污染强制关闭城区大多数中小饭店的行政行为,并未出现《行政诉讼法》第70条前五项规定的情形,但因其采取的方式与行政目的极其不相称,且其未充分考虑影响涉事经营者的合法权益,可以援引《行政诉讼法》第70条第(六)项的规定认定为明显不当。同时鉴于“明显不当”的包容性、开放性和发展性,司法解释无法穷尽列举,因此本条为开放式列举,设置“其他明显不合理情形”的兜底条款,便于人民法院因情势灵活行使司法裁量权,为“明显不当”评判标准适应法治政府水平和公民法治意识提升、社会经济发展等情势变化预留空间。

关于明显不当的重要特征。明显不当的重要特征主要存在于“明显”而非“不当”,区别是否明显是行政行为能否接受法院审查认定的关键所在,归根结底就是显而易见性。所谓显而易见,是指一个通常意义上的理智的人毫无争议一眼就能看出的情形。这个通常意义上的理智的人首先需要是一个了解相关情况的人,这就排除了因受干扰、煽动、欺骗而作出的意志不自由的偏差判断,其次还需要是一个通情达理的人,不偏激、不妄言,客观、中立,这就排除了因个人主观意志对普遍价值判断带来的对抗与挑战。从而得出有些事情如此荒谬以致具有一般理智的人都不认为行政机关在正当地行使权力的结论,以认定明显不当。

关于明显不当的必要结果。给行政相对人的合法权益造成损害应成为法院认定行政行为明显不当并对相对人予以救济的必然要求。若行政相对人合法权益无损害,相应的行政诉讼程序难以进入,相应的司法审查和救济无必要。故法院在审查认定行政行为明显不当时应将其对行政相对人带来的权益损害作为认定基础,无损害则无审查,无审查则无认定,无认定则无救济。

【审判实践中应当注意的问题】

首先,审查行政行为是否合理后,对可能存在明显不当的情形依据司法解释规定进行精准评判,对于不当但非明显情形应充分尊重行政主体裁量权的行使,因为行政主体在其领域内作出行政行为具有更专业的判断能力。

其次,在审查认定行政行为明显不当后的裁判文书论理部分,应避免出现将《行政诉讼法》第 70 条前五项内容作为明显不当原因的说明,若行政行为既存在前五项中的某个或多个情形,又存在明显不当情形,应分别说明理由,逐项引用相应款项。

再次,在审查认定明显不当行政行为后的司法救济角度,除《行政诉讼法》第 70 条规定的撤销、部分撤销和重作之外,如果符合《行政诉讼法》第 77 条,可适用变更判决,如果符合《行政诉讼法》第 74 条,可适用确认违法判决。针对司法审查中发现的行政行为合理性问题,人民法院应用足用好司法建议制度,促进行政主体依法行政、合理行政。总之,人民法院对"明显不当"行政行为的处理选择应当符合行政诉讼法"监督行政机关依法行使职权,解决行政争议"的立法目的。

最后,"明显不当"的评判标准具有较强经验性,是通过案例解释并发展法律的良好平台和空间,需要各级法院通过个案的精准裁判、详细论理,并由最高人民法院适时发布指导性案例,不断提炼总结,逐步规范该条款的适用。

虚假诉讼罪的解读与适用

——以《刑法修正案(九)》为切入点

纪长胜*

[摘　要]《刑法修正案(九)》将虚假诉讼罪入刑,不仅可以有效地规制虚假诉讼行为,遏制虚假诉讼增多的势头,维护司法的权威性与公正性,也可以间接地维护他人的合法权益,保护他人的合法财产不受侵犯,其重要作用不言而喻。故笔者在此对该罪展开解读与理解适用,首先从犯罪构成的四要件方面展开条文解读,接着从完成形态与共同犯罪形态方面对犯罪形态进行分析,之后从罪与非罪、此罪与彼罪、一罪与数罪等三个方面对该罪罪刑展开探讨,以期对该罪有一个整体、全面、贴近司法实践的理解与适用。

我国《刑法修正案(九)》于 2015 年 8 月 29 日在全国人大常委会通过,该修正案历经三稿最终定稿,修正案中亮点颇多,其中之一便是“虚假诉讼”入刑。

“虚假诉讼”的入刑是在当前虚假诉讼呈增多之势、法律对其规制乏力的背景下,采取的较为严厉的刑法规制手段,这不仅是维护司法权威、净化裁判环境的必要手段,亦是维护他人合法财产权益的必要之举(虚假诉讼往往伴随对他人合法权益的侵害)。故笔者接下来对虚假诉讼罪展开研究与探讨。

一、条文解读

我国《刑法修正案(九)》对于虚假诉讼罪做出了规定,以捏造的事实提起民事诉讼,妨害司法秩序或者严重侵害他人合法权益的,处三年以下有期徒刑、拘役或者管制,并处或者单处罚金;情节严重的,处三年以上七年以下有期徒刑,并处罚金。

---

* 纪长胜,法学硕士,天津市河北区人民法院助审员。

单位犯前款罪的,对单位判处罚金,并对其直接负责的主管人员和其他直接责任人员,依照前款的规定处罚。

有第一款行为,非法占有他人财产或者逃避合法债务,又构成其他犯罪的,依照处罚较重的规定定罪从重处罚。

司法工作人员利用职权,与他人共同实施前三款行为的,从重处罚;同时构成其他犯罪的,依照处罚较重的规定定罪从重处罚。[1]

笔者接下来从犯罪主体、主观方面、客观方面、犯罪客体四个方面对虚假诉讼罪的法律条文进行解读。

(一)犯罪主体

虚假诉讼罪的犯罪主体是一般主体,即任何单位和个人均有可能构成虚假诉讼罪。

根据该罪的犯罪主体在民事诉讼中所处的地位、参与方式及所起作用不同可以划分为诉讼参加人、司法工作人员和案外人三类。上述三类人员均可能构成虚假诉讼罪的犯罪主体,笔者将在本文第二部分中的"共同犯罪"章节详细介绍各类犯罪主体所包含的人员及在犯罪中所起的作用。

(二)主观方面

虚假诉讼罪的主观构成要件是故意,而且是直接故意,不包括过失。

"以捏造的事实提起民事诉讼"[2]显然表明犯罪主体在主观上是明知的,而且是故意为之,积极追求犯罪结果,所以该罪在主观方面是直接故意。另外"捏造的事实"也显示出犯罪主体主观恶性的严重性。

如果行为人主观是过失,不存在故意,不明知是捏造的事实,对于支持事实的主要证据并不知情系捏造,则此种情况不符合该罪的主观构成要件,也就不构成该罪。

(三)客观方面

虚假诉讼罪的客观构成要件是捏造案件事实、提起民事诉讼的行为。虚假诉讼在本质上要求民事诉讼本身是虚假的。而民事诉讼的虚假性在此则面临两个问题:其一,捏造的事实是指全部事实虚假、主要事实虚假,抑或是部分事实虚假;其二,捏造事实是否包括隐瞒事实,抑或是仅仅只包含虚构的事实。笔者接下来将从内涵与外延两部分对此展开分析。

---

〔1〕《刑法修正案(九)》第 35 条。

〔2〕《刑法修正案(九)》第 35 条。

1. 内涵

对于捏造的事实，是指全部事实、主要事实还是部分事实虚假，笔者认为虚假诉讼罪的本质在于诉讼本身的虚假性，同时结合该罪的特征及刑法的严肃性、严厉性，故对于捏造事实的认定以主要事实虚假为宜。

如果要求捏造的事实达到全部事实虚假，则显然不太可能，这是因为民事诉讼中全部事实均系捏造的可能性极小，绝大部分是存在部分事实真实。故以全部事实虚假为认定标准，既不可能，也容易放纵该类犯罪行为，使得法律条文形同虚设。

如果部分事实虚假均认定达到该罪所要求的“捏造事实”，则显然与刑法规制所要求的严重性、严厉性相悖，也与法律条文本义不符，故轻微的捏造事实不能认定为系本罪所要求的“捏造事实”。在民事诉讼中，不少案件当事人均或多或少存在为了己方利益而虚构、隐瞒事实的行为，但因其系部分轻微事实的捏造，对案件主要事实的认定不产生影响，对案件裁判结果亦不产生实质影响，故如果将其也认定为“捏造事实”，则不仅打击面过宽，也无必要，更不符合法律条文的意思。

对虚构主要案件事实的行为，可以认定为本罪的“捏造事实”。因为该捏造行为不仅对于案件主要事实的认定产生了实质影响，而且对案件的最终裁判结果也会产生实质影响，故该认定标准既符合刑法的严肃性、严厉性，也不至于打击面过宽，同时又可以发挥出对该类犯罪的规制作用。

2. 外延

“捏造事实”的外延不仅应包含积极虚构事实的行为，也应包含消极隐瞒主要事实的行为。虽然“捏造”从字面意义上理解应是积极的虚构，但消极的隐瞒主要事实亦可以理解为广义上的对案件事实的“捏造”。

隐瞒案件主要事实，在主观上仍然是犯罪的故意，在客观上的隐瞒主要事实的行为也是对案件事实的消极虚构，在后果亦是对法庭秩序的妨害或侵犯他人的合法权益，损害后果同样严重，故隐瞒主要事实与虚构事实均是对事实的“捏造”，均系不属实的“事实”，故隐瞒主要事实同样也是虚假诉讼罪的客观表现。

以民事诉讼中的民间借贷案件为例，债权人在明知债务人已经还钱而没有收回借条的情况下，仍然持借条隐瞒债务人已还钱的事实而到法院提起民事诉讼，该行为不仅妨害了法庭秩序，也严重侵害了债务人的合法权益，故该行为亦应认定为虚假诉讼罪。

(四)犯罪客体

本罪侵犯的客体是复杂客体，不仅侵犯了司法机关的正常诉讼活动，也侵犯了他人的财产权。

对于侵犯司法机关正常诉讼活动与侵犯他人财产权而言,从保护法益的角度来看,因两者均是刑法上保护的重要法益,且两者保护的性质与重点不同,故对于两者保护的法益来说,难以分出孰重孰轻。

然而具体到本罪中,则可以认定侵犯司法机关正常诉讼活动是该罪侵犯的主要客体,侵犯他人财产权是次要客体。这是因为:其一,司法是维护社会公正的最后一道防线,虚假诉讼行为侵犯了司法机关的严肃性、权威性,不仅是对国家公权力的轻视,亦是对维护社会公正底线的裁判行为权威性的蔑视;其二,虚假诉讼一旦成立首先侵害的便是司法机关的正常诉讼活动,扰乱司法机关的正常审判行为,而该罪却并不一定侵犯他人的财产权,故侵犯司法机关正常诉讼活动是该罪的共同客体,而侵犯他人财产则并非系该罪的共同客体;其三,《刑法修改案(九)》将本罪置于《刑法》第六章下的"第二节 妨害司法罪"章节中的第 307 条后,而该节重点保护的就是司法机关的正常诉讼活动,故此亦可以视为对侵犯司法机关正常诉讼活动这一法益的保护更为重要的认可。

二、形态分析

笔者在此处对虚假诉讼罪的既遂、未遂标准及共同犯罪等犯罪形态做一简要分析。

(一)完成形态

大部分犯罪可以区分为行为犯与结果犯。而按此划分,虚假诉讼罪则属于行为犯。

1. 理论探讨

虽然在条文上规定了"妨害司法秩序或者严重侵害他人合法权益的"[1]的法律后果要求,但只要以捏造的事实提起了民事诉讼,因该诉讼本质的虚假性,其便已经对正常的司法审判活动产生了妨害,符合了"妨害司法秩序"的要求。因此该行为一旦实施,以捏造的事实提起了民事诉讼行为,法院受理了该诉讼行为,那么便符合了该罪所要求的犯罪构成四要件,就可以认定为构成虚假诉讼罪,故该罪属于行为犯。

因该罪系行为犯,故该罪的认定不以是否取得预期结果或目的(骗取法院裁判文书)为前提,也就是说只要实施了该行为,即构成犯罪的既遂,而无论其是否已经骗取了法院的裁判文书。

2. 司法实践

虽然在理论上该罪是行为犯,但司法实践中,应用起来则较为困难,尤其是在

〔1〕《刑法修正案(九)》第35条。

当事人以捏造事实提起了诉讼，在法院尚未对该民事诉讼进行开庭前，针对该罪的认定在操作上较为困难，在证据固定及主客观认定方面亦面临诸多困难。

在民事诉讼开庭审理前，或出具裁判文书前，对于是否系捏造的事实不仅难以察觉，而且也较难固定证据，当事人在开庭前极有可能不提交或撤回自己提交的捏造证据或否认所陈述的事实。如果已经开庭审理，或已经出具裁判文书，则不仅对于捏造事实的证据较为容易固定，捏造的事实也较易查明，对其主客观犯罪要件的认定也不会因当事人的否认而产生变化，定罪则较为容易，也会避免因当事人否认陈述的捏造事实或不提交捏造的证据导致难以定罪的尴尬。

3. 撤诉行为

对于当事人以捏造的事实提起民事诉讼，后又在诉讼中自行撤诉的行为，如何认定问题，值得探讨。有种观点认为，只要当事人撤诉，便构成犯罪中止，[1]笔者认为，此种情况下并不应认定为犯罪中止。

犯罪中止主要针对结果犯而言，已经完成了犯罪行为，但尚未产生犯罪结果，行为人自动放弃犯罪，此时可以构成犯罪中止。但是对于行为犯而言，因行为人已经以捏造的事实提起了民事行为，其已符合了虚假诉讼罪的四要件，故不管犯罪结果的发生与否，也不管当事人撤诉与否，均已构成本罪的既遂，不再符合犯罪中止。

然而在司法实践中，一般情况下，法院在发现存在虚假诉讼的嫌疑后，会将犯罪线索移送公安机关侦查。当事人在起诉后自行撤诉可能面临两种情况：一种情况是法院尚未发现犯罪嫌疑；另一种情况是法院已经发现了犯罪嫌疑，因为当事人在知错的情况下自动撤诉，自动撤销继续犯罪行为。无论何种情况，均尚未发生较严重的损害结果，也未对司法机关的公信力产生较大负面影响，可以认定是情节轻微，危害不大，且有时当事人也有明显悔意。故在以上两种情况下，法院一般也不再移送公安机关。

（二）共同犯罪形态

根据犯罪主体在犯罪行为中的分工及行为方式不同，共同犯罪可以分为实行犯、组织犯、教唆犯、帮助犯。根据犯罪主体在犯罪行为中所起的作用不同，共同犯罪可以分为主犯、从犯、胁从犯。在不少情况下，虚假诉讼罪会牵涉共同犯罪，并非一人完成，因此除实行犯外，还可能有组织犯、教唆犯或帮助犯。故笔者以共同犯罪为视角对各类犯罪主体进行分析。

---

〔1〕 杨勇、缪慧琴、李正荣：《虚假诉讼刑法规制的现实困境与立法构想》，载《人民检察》2013 年第 7 期。

1. 诉讼参加人

根据民事诉讼参加人的分类,笔者从当事人、诉讼代理人、其他民事诉讼参加人等三方面展开探讨。

其一,民事诉讼当事人以实行犯居多。因案件系民事诉讼当事人(原告)提起,同时参与通谋的被告、第三人根据分工及行为形态不同,则可能构成实行犯、组织犯、教唆犯或帮助犯。

其二,诉讼代理人以实行犯、帮助犯居多,但也不排除组织犯、教唆犯。诉讼代理人可以分为法定代理人和委托代理人两种。法定代理是基于当事人无诉讼行为能力而产生的代理行为,故民事诉讼行为实际上是由法定代理人完成的,因而法定代理人以实行犯为多。对于以授权委托参加诉讼的委托代理人而言,因其主要系辅助当事人进行诉讼,故参与通谋的诉讼代理人,以帮助犯居多。

其三,其他诉讼参加人以帮助犯居多。这里的民事诉讼其他诉讼参加人主要包括证人、鉴定人、翻译人员、勘验人、专家辅助人等,[1]该类人员因其在诉讼中的辅助地位,其对犯罪较多起帮助作用,故以帮助犯居多。

2. 司法工作人员

本罪涉及的司法工作人员可以分为两类:一类是对案件审判有直接影响的审判人员;另一类是对案件审判可以产生间接影响的其他司法工作人员。对于司法工作人员参与此类犯罪,法律做出了从重处罚的规定。

其一,审判长、审判员、人民陪审员、法官助理[2]等案件审判人员可能构成该罪的实行犯或帮助犯,这是基于《刑法修正案(九)》第35条将该类人员直接纳入犯罪主体的规定。

其二,对案件审判可以产生间接影响的院长、审判委员会委员、庭长、书记员等其他司法工作人员以构成该罪的帮助犯居多,这是基于其对于案件的影响及在犯罪中所发挥的作用所决定的。

3. 案外人

案外人一般不构成该罪的实行犯,但可能构成该罪的组织犯、教唆犯或帮助犯。如果案外人组织、教唆、帮助当事人捏造事实、虚假诉讼,那么不仅可能构成该罪的组织犯、教唆犯、帮助犯,而且如果其发挥主要作用还可能构成该罪的主犯。

---

〔1〕 胡安琪:《虚假诉讼刑法规制及其完善——以〈刑法修正案(九)草案〉为视角》,载《山西农业大学学报》(社会科学版)2015年第7期。

〔2〕 法官助理是司法改革的产物,法官助理辅助法官展开工作,不仅起草裁判文书,也参与审判活动、参与调解工作,故其对案件审判可以产生实质影响。

三、罪刑分析

笔者从是否构成犯罪、是否构成该罪、构成一罪还是数罪等三个方面对该罪的罪刑展开分析。

(一)罪与非罪

1. 是否构成犯罪

判定是否构成虚假诉讼罪主要依据于本文第一部分“条文解读”中对于虚假诉讼罪犯罪四要件的分析,只要符合该罪的犯罪四要件即可构成犯罪,反之,不符合该罪犯罪四要件则不构成此罪。

2. 是否构成妨害民事诉讼强制措施

虽然不构成犯罪,但虚假诉讼行为可能构成妨害民事诉讼强制措施对其的规制要求,进而承担民事、行政责任。这是因为我国新的《民事诉讼法》及其司法解释对虚假诉讼行为做出妨害民事诉讼强制措施的规制要求。笔者接下来对妨害民事诉讼强制措施与虚假诉讼罪做一对比分析。

(1)行为范围不同

虚假诉讼罪的客观行为方面既包括当事人一方的单方捏造事实虚假诉讼行为,也包括当事人双方串通的捏造事实虚假诉讼行为。

妨害民事诉讼强制措施规制的虚假行为主要针对于当事人双方的恶意串通,〔1〕不包括当事人一方单方捏造事实进行虚假诉讼的行为。

(2)条件要求不同

构成虚假诉讼罪需要达到捏造事实的条件要求,至少是对案件主要事实进行捏造。

妨害民事诉讼强制措施规制的虚假诉讼行为并不要求必须达到捏造事实的严重程度,只要当事人之间恶意串通即可。

(3)后果要求不同

妨害民事诉讼强制措施规制的虚假诉讼行为的后果仅要求侵害他人合法权益,或者逃避履行法律文书确定的义务即可。

虚假诉讼罪要求达到“妨害司法秩序或者严重侵害他人合法权益”〔2〕的法律

---

〔1〕《中华人民共和国民事诉讼法》第112条:“当事人之间恶意串通,企图通过诉讼、调解等方式侵害他人合法权益的,人民法院应当驳回其请求,并根据情节轻重予以罚款、拘留;构成犯罪的,依法追究刑事责任。”第113条:“被执行人与他人恶意串通,通过诉讼、仲裁、调解等方式逃避履行法律文书确定的义务的,人民法院应当根据情节轻重予以罚款、拘留;构成犯罪的,依法追究刑事责任。”

〔2〕《刑法修正案(九)》第35条。

后果,在侵犯他人合法权益方面要求的法律后果更为严重。

(二)此罪与彼罪

虚假诉讼罪与伪证罪,妨害作证罪,帮助毁灭、伪造证据罪,诈骗罪等有一些相似之处,当然也有不少不同之处。

1.伪证罪

虚假诉讼罪与伪证罪的最大区别在于两者的范围不同,伪证罪针对于刑事诉讼,而虚假诉讼罪针对于民事诉讼。

同时两者对于犯罪主体的要求也不同,伪证罪要求的犯罪主体是刑事诉讼中的证人、鉴定人、记录人、翻译人,而虚假诉讼罪则是一般主体,包括诉讼参加人、司法工作人员、案外人等,其范围较伪证罪要宽得多。

2.妨害作证罪,帮助毁灭、伪造证据罪

虚假诉讼罪与妨害作证罪,帮助毁灭、伪造证据罪最大的区别在于犯罪的客观方面不同。虚假诉讼罪要求捏造事实提起民事诉讼。而妨害作证罪要求"以暴力、威胁、贿买等方法阻止证人作证或者指使他人作伪证的"[1],帮助毁灭、伪造证据罪则要求"帮助当事人毁灭、伪造证据"[2]。

另外,两者规制的重点也不同。虚假诉讼罪的捏造事实包括证据的伪造、毁灭,也包括指使证人作伪证,还包括其他方面事实的捏造,其范围要宽,也更全面。而妨害作证罪重点针对于证人,帮助毁灭、伪造证据罪重点侧重于书证、物证、视听资料、电子数据等证据。

3.诈骗罪

《刑法修正案(九)》出台前,部分学者认为对于虚假诉讼行为可以以诈骗罪定罪,在《刑法修正案(九)》出台后,虚假诉讼罪与诈骗罪之间的差异也就较为明显了。虽然两者主观上都是故意,都是以非法占有为目的,犯罪主体都是一般主体,但仍然区别较大。

(1)犯罪客体不同。

诈骗罪侵犯的客体是他人的财产权,并不涉及司法机关的正常诉讼活动。虚假诉讼罪侵犯的是复杂客体,其侵犯的主要客体是司法机关的正常诉讼活动,次要客体是他人的财产权。

(2)客观方面不同。

虚假诉讼罪的客观方面要求捏造事实提起民事诉讼,故其以提起民事诉讼活

---

〔1〕《中华人民共和国刑法》第307条。

〔2〕《中华人民共和国刑法》第307条。

动为前提。而诈骗罪并不要求必须有民事诉讼活动,只需有诈骗行为即可。

(3)完成形态差异。

虚假诉讼罪是行为犯,只要以捏造的事实提起民事诉讼即可构成该罪。而诈骗罪是结果犯,以诈骗结果的发生为犯罪的既遂。

(三)一罪与数罪

1. 牵连犯

虚假诉讼罪因犯罪主体涉及捏造、伪造案件主要证据或逃避合法债务,可能会涉及伪造公司、企业、事业单位、人民团体印章罪,妨害作证罪,帮助毁灭、伪造证据罪,拒不执行判决、裁定罪等其他犯罪,而对于涉及其他犯罪,则面临一罪还是数罪问题。如为了骗取公司利益,伪造公司印章,制作虚假合同书,进而提起虚假民事诉讼的行为,该行为是应认定为虚假诉讼罪,还是伪造公司印章罪,抑或是虚假诉讼罪与伪造公司印章罪数罪并罚?

虚假诉讼罪与涉及的其他犯罪符合牵连犯的特征,属于牵连犯范畴。这是因为虚假诉讼罪与涉及的其他犯罪是出于同一犯罪目的(大部分是谋求非法利益),进而在同一目的下实施了数个犯罪行为,触犯了数个罪名,并且数个犯罪行为之间还有牵连关系,故该行为属于牵连犯。

2. 处断

对于牵连犯,刑法理论上认为属于裁判上的一罪,采用吸收原则,从一重罪处罚。对于该罪从一重罪处罚的应用,不仅是我国刑法理论的观点,也是该罪法条条文的规定,"同时构成其他犯罪的,依照处罚较重的规定定罪从重处罚"〔1〕。

故对于虚假诉讼罪与涉及的其他犯罪,属于牵连犯范畴,可以择一重罪处罚,而不进行数罪并罚。

结　语

虚假诉讼罪入刑对于规制虚假诉讼行为、净化司法裁判环境、维护司法权威有着极其重要的作用,这不仅是刑事立法的一大进步,也是我国维护司法公正、建设法治社会的一大进步。

虚假诉讼罪入刑后,对于该罪的理解与适用,还有一个不断探索与完善的过程。笔者亦希望通过此罪的确立与适用,打击虚假诉讼行为,抑制虚假诉讼增多的势头,进而为构建一个"零虚假"的诉讼环境提供强有力的刑法保障。

---

〔1〕《刑法修正案(九)》第35条。

行业协会行政公益诉讼的原告主体资格研究

——以特殊普遍利益的保护为视角

庞　昊*

[摘　要]　第十二届全国人大常委会第十五次会议通过《关于授权最高人民检察院在部分地区开展公益诉讼试点工作的决定》(以下简称《决定》),《决定》授权检察机关在环境资源保护、国有资产保护、国有土地使用权出让、食品药品安全等领域提起公益诉讼的权力。《决定》弥补了《行政诉讼法》对行政公益诉讼的立法空白,明确了提起行政公益诉讼的主体及受案范围。

然而,《决定》对公益诉讼的受案范围仅限定在了普通公共利益,缺少对特殊公共利益的保护。随着行政权力在经济领域的不断扩展,行政机关过多参与微观经济会影响市场中某个行业内所有企业的共同利益,这就需要行业协会这样一个在市民社会与政治国家之间扮演桥梁角色的组织参与行政公益诉讼。行业协会作为市民社会的基础力量,其目的恰好是维护特殊普遍利益。行业协会的本质实质上是一系列不完备的关系契约组成的契约束。这一系列的关系契约产生的原因是行业企业放弃了行业治理成本,转而选择了代理成本,行业内企业通过这一系列关系契约将自己的部分权利让渡给了行业协会。

一、行业协会及行政公益诉讼的概述

(一)行业协会的概述

1. 行业协会的概念

行业协会是出于维护一个行业存在竞争关系的商事主体共同利益的非营利性

* 庞昊,现任天津市滨海新区人民法院大港审判区管委会书记员。

组织，其目的是维护特殊普遍利益。黑格尔在《法哲学原理》一书中明确指出："同业公会的普遍目的是完全具体的，其所具有的范围不超过产业和它独特的业务和利益所含有的目的。"[1]维护行业内企业的共同利益是大多数行业协会章程中明确提出的，如《广东省美容美发化妆品行业协会章程》中的第3条就强调"该协会为提高本行业企事业单位和从业人员的社会地位而不断奋斗"。

2. 行业协会的契约属性

科斯《企业的性质》这篇论文为笔者探究行业协会本质提供了较为科学的思维路径，在这篇文章中，科斯提出了市场的不完备性造就了交易成本，如信息成本、交易费用等，这些交易成本使得单一的个人在进行交易中大大减损了其所获得的利润。基于此，单个的交易主体索性把自己的交易事项委托给了具有专门管理才能的人来进行，这样公司的股东与公司的管理者就形成了委托代理关系，股东用一个长期的不完备契约代替了一系列完备的短期合同。公司的存在是因为股东的代理成本低于交易成本，某种意义来说公司的存在其实是股东成本的选择。

行业协会作为一个非营利性组织，其成员要支付一定的会费来维持这个组织的运转。企业要发展需要一个良好的市场环境，需要与国家行政权进行交涉，规范行标准，以维护企业自身的利益，这些不仅是企业的个人利益，也是整个行业内所有市场主体的共同利益诉求。而这些诉求要求行业内市场主体承担一系列行业治理成本，包括监督行业内企业其他市场主体不法行为的成本、制定行业标准的成本、维护该行业特殊普遍利益的成本，在这个过程中，其他市场主体很可能搭便车，自己不付出成本，让其他主体付出。

基于行业治理成本的存在，行业内的市场主体通过一个不完备的契约将行业治理权让渡给了更为专业、中立的组织，并交纳会费，在这个过程中，行业内的市场主体用代理成本取代了行业治理成本。行业内的市场主体与行业协会的管理人员就形成了代理型委托关系。

所以，行业协会的本质是一系列"不完备的关系契约"所组成的契约束。

行业内的单个市场主体如果维护自身利益与整个行业的利益一致时，就很容易陷入集体行动逻辑的困境。"在集体行动中，毫无疑问，每个成员都对行动的收益，也就是公共产品感兴趣，但是对于投入成本却并不感兴趣。因为集体行动的目的是特定团体的特殊公共利益，这种公共利益会被每个成员享有。"[2]

---

〔1〕［德］黑格尔：《法哲学原理》，范扬、张企泰译，商务印书馆2009年版，第248页。

〔2〕庞昊：《论行业协会惩罚权运行程序的完善》，河北经贸大学2015年硕士学位论文。

（二）行政公益诉讼原告资格的概述

1. 行政公益诉讼概念

“行政公益诉讼是公民为了公益，就自己权利和法律上与其没有利害关系的事项，就行政行为的违法性问题提起的诉讼。”[1]法将诉讼划分为公诉与私诉，前者是为了维护公共利益，公民在获得普遍授权的前提下提起的诉讼，也称罚金诉讼，在此种诉讼中获得罚金归国库所有，也可根据大法官的谕令，将罚金赏赐给起诉者。现代社会的行政公益诉讼制度的建立是宪政发展的产物，行政公益诉讼体现了公民对行政机关行政行为的监督。传统行政诉讼要求原告应为行政行为相对人，这仅能体现行政相对人对行政主体行政违法行为的救济，是出于自身利益的考量，并不是出于公民对行政行为的监督。而行政公益诉讼的产生标志着公民权利意识的觉醒。

2. 我国行政公益诉讼原告资格的立法及司法现状

（1）立法现状

行政公益诉讼制度并未在新修订的行政诉讼法中体现。第十二届全国人大常委会第十五次会议通过《关于授权最高人民检察院在部分地区开展公益诉讼试点工作的决定》，该《决定》授权检察机关在环境资源保护、国有资产保护、国有土地使用权出让、食品药品安全等领域提起行政公益诉讼的权力，该《决定》弥补了《行政诉讼法》对行政公益诉讼的立法空白，明确了提起行政公益诉讼的主体及受案范围。

（2）司法现状

贵州省仁怀市人民法院于 2015 年 4 月 22 日做出了贵州省黔西县人民检察院诉贵州省黔西县林业局、第三人黔西县协和镇爱国村砂石场不履行行政职权一案行政诉讼判决书，该判决书中行政公益诉讼原告为贵州省黔西县人民检察院，这也是我国第一份行政公益诉讼判决书。而该判决有以下几点需要思考：

首先，该判决做出的时间是 2015 年 4 月 22 日，而全国人大常委会是在 2015 年 7 月 1 日才通过《关于授权最高人民检察院在部分地区开展公益诉讼试点工作的决定》，而黔西县人民检察院的起诉依据是《中共中央关于全面推进依法治国若干重大问题的决定》，其提供的第一组证据中也包含该份文件，但是此文件为党中央政策性文件，能否直接作为法律意义上的依据，尚有可讨论的余地，而且，该判决在说理部分仅仅以“黔西县人民检察院负担监督法律运行的职责”[2]为理由确定了黔

---

[1] 马怀德：《行政诉讼法原理》，法律出版社 2003 年版，第 151 页。

[2] （案例）详见贵州省仁怀市人民法院（2015）仁环保行初字第 1 号判决书。

西县检察院为行政公益诉讼原告。而其他主体提起的行政公益诉讼法院都以原告主体不适格为由驳回了起诉,如 2014 年 6 月 25 日,江苏省海安县人民法院作出的盛建华与海安县文化广电新闻出版局行政许可一案的裁定书〔1〕,该裁定书就以"原告提起的公益行政诉讼,无法律、法规规定"为由驳回了原告起诉。

其次,该案中检察机关的身份与刑事诉讼明显不同,该判决书中检察机关具有明显的"当事人"特征,不仅黔西县检察院的身份是原告,出庭人员的身份为委托代理人,而且法定代表人、地址、组织机构代码均在判决书中列明,与一般的法人组织无异。而在 2016 年 2 月 18 日安徽省蚌埠市淮上区人民法院作出的蚌埠市国土资源局不履行法定职责一审行政裁定书中将检察机关列明为公益诉讼人〔2〕,此裁定是在《关于授权最高人民检察院在部分地区开展公益诉讼试点工作的决定》通过后作出的,安徽省作为试点,检察机关有了公益诉讼人资格。

二、行业协会作为行政公益诉讼主体的必要性

(一)基于公共信托理论的支撑

"公共信托理论"历史渊源可以追溯到罗马法,依罗马法物被分为财产物和非财产物,其中后者又可以分为神法物和人法物,人法物中的共有物和公有物构成了公共信托的源头。〔3〕该理论在英国得到了极大地发展,由于英国有较为古老的议会传统,国王与议会之间存在权力制约的关系,议会利用该理论强调对国王滥用国家财产的限制。约翰·洛克在《政府论》一书中提到"在英国以及其他受其统治的国家,他们既有金钱又从事商业,但对于共有土地的任何部分,没有取得全部共有人的同意,任何人不得划拨或归为私用;因为这是契约、法律留给公共的财产"。〔4〕此时,公民将公共财产委托给国家进行监管,公民为委托人,国家为受托人。当政府作为受托人未能充分履行其职能时,公民有权利通过诉讼途径来实现救济,而行业协会作为市民社会的基础力量理应拥有该项诉权。

政府对公共财产的滥用同样也会影响各个行业的利益,"当行业协会所代表的行业利益受到侵害时,行业协会应当享有基于行业利益之维护而产生的诉讼权。"

(二)基于行业协会契约属性的分析

上文提到行业协会的本质是一系列契约,是行业内的市场主体以一个不完备的、开放的关系契约代理了一系列完备的封闭式交易合同;在成本的选择上,行业

〔1〕(案例)详见江苏省海安县人民法院(2014)安行初字第 00026 号行政裁定书。

〔2〕(案例)详见安徽省蚌埠市淮上区人民法院(2016)皖 0311 行初 2 号行政裁定书。

〔3〕吴真:《试论公共信托原则》,载《社会科学战线》2008 年第 7 期。

〔4〕[英]约翰·洛克:《政府论》(下篇),叶启芳、瞿菊农译,商务印书馆 1962 年版,第 34 页。

内市场主体选择了代理成本,规避了维护行业共同利益所要支付的成本,而这里就包括诉讼成本。

当政府不当的使用公权力造成某个行业利益受损时,单个的市场主体如果以自己名义提起行政诉讼,需要消耗掉企业大量的人力、物力、财力。而且,在这个过程中,难免出现集体行动逻辑的困境,当一项成本的投入既有利于维护企业自身利益又有利于维护整个行业的特殊普遍利益时,行业内的每个市场主体很容易产生搭便车的心态,即渴望其他的诉讼主体支付诉讼成本,而自己仅享受诉讼带来的成果,最终导致行业内的企业谁都不愿意去提起诉讼。行业内的企业投入成本建立行业协会就是因为投入到行业协会的代理成本低于行业协会特殊普遍利益的维护成本,行业协会得以存在的原因。行政公益诉讼的存在价值正为了维护普遍利益,突破传统的当事人概念,维护社会利益。行业协会的契约属性决定了行业协会成为行政公益诉讼的原告不仅是权利,更是契约关系下的义务。

(三)基于政策导向的考量

2013年党的十八届三中全会通过的《关于全面深化改革若干重大问题的决定》中提到要激发社会组织活力,充分发挥社会组织功能,让行业协会与政府机关实现真正脱钩。从政策上看,未来行业协会有更强的独立性,并且国家政策的导向也是鼓励行业协会在经济社会中发挥应有的作用。衡量行业协会与政府机关是否脱钩的重要标准就是在政府行为侵犯到行业内企业的共同利益时,行业协会能否与政府进行对抗,能否通过司法途径实现对行业内市场主体权利的救济。

随着我国改革的深化市场经济的进一步发展,行政行为与个体利益、集团利益与国家利益、公共利益的矛盾冲突正逐步凸显。在权利配置上,我国行业协会仍然没有制衡公权力的能力。另外,随着行业协会的发展,行业协会的权利意识越来越觉醒,运用诉讼的方式来维护行业内企业成员的利益,为一个行业的从业人员谋求更高的社会地位也是社会进步的表现。

(四)行政公益诉讼范围的扩展趋势

检察机关作为国家法律机关对行政机关的执法行为进行监督,理应为维护公共利益享有公益诉讼诉讼主体资格。当前,我国行政公益诉讼的范围仅限于环境资源保护、国有资产保护、国有土地使用权出让、食品药品安全等普遍公共利益领域。然而,有一种普遍利益为特殊普遍利益,是某个特定群体的共同利益,最典型的就是一个行业内企业的共同利益。在现实中,行政机关很容易以维护普遍公共利益的名义从事行政违法行为,对一个行业内的企业级从业人员的利益造成伤害,比如地方政府的滥设许可行为、行政垄断行为等。

涉及行业内企业级从业人员共同利益时，行业协会提起行政公益诉讼与检察机关相比有以下几个优势：(1)行业协会提起行政公益诉讼有明显的专业性优势，可以大大减少信息成本，而信息成本是交易成本中很重要的一种成本。俗话说“隔行如隔山”，每个行业都有其封闭性、不可替代性，这样在涉及具体行业的诉讼中，原告必须具有相关领域的知识、信息，检察机关作为法律监督机关并不能有效地把控所有行业的内在规律，而行业协会不同，行业协会的理事会作为行业协会的执行机构，其成员是经过由行业协会成员组成的会员委员会投票选举产生的，在行业内有一定的威望，对该行业的规律更为了解。(2)与检察机关相比，行业协会在涉及行业利益的诉讼中更符合“利益关系相关原则”，尽管行业协会本身对行政机关影响行业利益的行政行为没有直接利害关系，但问题在于，行业协会的管理者也就是理事会是由会员委员会投票产生的，其对会员委员会负责。而会员委员会是由该行业的企业或者其他从业人员组成的。行业协会对行业发展的关注程度本来就高于检察机关，所以行业协会提起这类涉及特殊普遍利益的诉讼更有动力。

早在2010年9月4日，广东省珠海市香洲区人民法院审理了原告广东省经纪人行业协会诉被告珠海市工商局滥设行政许可，侵犯经纪人行业利益一案。该案起因是珠海市工商局于2010年3月19日发布的通知，要求珠海市经纪人必须到工商局指定授权的机构交费培训，并获得该机构授予的资格证书之后才能够从业，这就意味着没有参加培训的房地产经纪人今后将不能上岗。这条规定一出，立刻引起了珠海市房地产经纪人的不满，他们向广东省经纪人行业协会进行投诉，认为珠海市工商局出台的规定存在重复培训、收费高的问题。广东省经纪人行业协会方面也认为，珠海市工商局发布的通知违反了《行政许可法》中的规定，是滥设行政许可的违法行政行为，并向珠海市香洲区人民法院提起诉讼，最终法院以原告不具有主体资格为由驳回了广东省经纪人行业的起诉。[1]

三、行业协会可以提起行政公益诉讼的范围

上文提到，行业协会提起行政公益诉讼的目的是维护行业特殊普遍利益，其提起行政公益诉讼应当主要针对政府违法行政行为对市场经济秩序的影响。

(一)政府采购公益诉讼

政府采购行为所使用的资金源于公共财富，其目的是维护公共利益、协调市场经济。由于政府采购中的违法行为一般不影响特定私人利益，所以有必要将其纳入行政公益诉讼受案范畴。

---

〔1〕 陈巧艳：《经纪人行业协会诉珠海工商局》，载《新快报》2010年9月8日，第Z08版。

政府违法的采购行为会导致公共利益的减损,早在 1999 年 1 月 4 日重庆市綦江虹桥突然垮塌,造成 54 人伤亡的重大事故。经有关部门查明:该起事故产生的原因是政府采购代理人为了一己私欲,权力寻租。綦江县原县副书记林某在主管虹桥工程项目业务时,收受没有建筑资质的承包方 10 万元贿赂,在虹桥修建的全部过程中,将工程立项、承包人资质审查、工程质量验收等重要的步骤一一省略。[1]

同时,政府违法的采购行为也会破坏市场经济的公平性,比如,政府采购招投标中的暗箱操作行为,会导致招标过程不公平,从而扰乱相关行业的市场秩序。而行业协会的一个重要职能就是行业治理:一方面,通过利用行业协会的社团惩罚权对行业成员的违法行为进行惩罚性措施;另一方面,对政府在招标过程中的暗箱操作行为,也应当赋予行业协会提起行政公益诉讼的权利。

(二)对政府行政垄断行为的公益诉讼

根据行政机关实施行政垄断的方式的不同,我国行政垄断公益诉讼的受案范围大致有以下两类:

1. 具体行政垄断行为

行政垄断行为既包括具体行政行为也包括抽象行政行为。具体行政行政垄断行为也包括政府利用行政处罚手段将特定企业进行市场禁入,从而使其竞争企业在行业中获得垄断地位,该种具体行政行为受害者是特定的,可以由行政行为相对人直接提起行政诉讼,该种具体行政行为不属于行政垄断公益诉讼范畴。

该种行政垄断行为表现为一种收益性垄断行为,通过不当的许可行为或者低价变卖公共资源,使行政相对人获得垄断地位。这种行政垄断行为在实务中有三种:(1)地方政府违法的行政行为。例如,一些地方政府为了扶持本地企业,为本地企业单独降低准入门槛,让不具备资质的企业参与相关行业的竞争。(2)违法减免税务的行为。地方政府为扶植本地企业的发展,违法给予本地企业减免税收的政策,这不但影响了市场经济的公平竞争,同时减少了国家财政收入,损害公共利益。(3)违法处分国有资产。行政机关在批准建设用地、批准开发矿山、草原、林地、滩涂等土地资源时,违法将土地以不合理的低价出让给私人。获得低价国有资产的企业会在相关市场中获得巨大优势,从而获得垄断地位。

2. 抽象行政垄断行为

由于我国宪法并没有赋予法院违宪审查的权利,所以,我国法院至今不具有评价立法行为合法性的权力。2015 年新修订的《行政诉讼法》第 2 条将行政诉讼受案

---

[1] 重庆市纪委、监察局:《我们是如何查办虹桥垮塌案的》,载《中国监察》2001 年第 17 期。

范围定个在“行政行为”，而并非1989年行政诉讼规定的具体行政行为。这个改动是基于新的行政诉讼法对客诉范围作了明确列举，不需要“具体行政行为”这样的概念限制受案范围，但实际上新法的受案范围依然针对具体行政行为。而且，新法第53条也规定，法院可对国务院部门及地方政府机及其规范性文件进行“附带审查”。附带审查说明法院依然不能单独对抽象行政行为进行审查。如果法院认为该规范性文件不合法，也不能宣布其无效，仅仅是不能作为具体行政行为的依据。

正因为抽象行为相对人的不特定性，其影响范围更大，更应当纳入行政公益诉讼的范畴。学界一直呼吁授予法院对规章以下规范性文件进行审查的权力，该类文件制定主体过于繁杂、程序过于简单。

上文也提到，行业协会提起行政公益诉讼具有专业性强的优势。鉴定行政垄断的状态和所造成的破坏是一个较为专业、较为复杂的工作，需要大量的市场信息及相关知识。特别是鉴定垄断状态这个环节，首先要对先关市场进行鉴定，传统的SSNIP法（假定垄断者测试法）[1]已经不能应对复杂且不完备的市场，这就更需要综合考虑相关产品或者服务是否具有不可替代性，是否可以认定为反垄断法规定的相关市场。

（三）宏观调控公益诉讼

早在2001年4月，律师乔占祥以铁道部关于春运火车票涨价的通知，以铁道部为被告，北京铁路局、上海铁路局、广州铁路（集团）公司为第三人。由于原告乔占祥并没有行政诉讼原告资格，且该行为也不是具体行政行为，最终结果可想而知，一审、二审原告均败诉。但这个起诉行为产生的公众效应确实显著的，自2002年起，铁路客运价格变化均组织实施了听证程序。

政府的宏观经济调控是指国家从经济运行的全局出发，运用各种宏观经济手段，对国民的总体供求关系进行调节和控制。[2]对宏观调控的司法审查在国外都有先例，例如，美国罗斯福时代的《国家工业复兴法》因加剧社会矛盾且实施效果不理想而被最高法院宣布违宪。[3]

宏观调控以中央为调控为主，省级政府调控为辅，有很强的政策性，针对不特

---

〔1〕 1982年美国颁布《并购指南》规定了该种鉴定相关市场的方法，具体为就爱那个特定产品价格在一个地区提升5%～10%，如果销售该种产品的利润没有减少，那么就说明该种产品在这个区域内有不可替代性，可以认定为相关市场。

〔2〕 李昌麒主编：《经济法学》，法律出版社2007年版，第377页。

〔3〕 叶秋华、宋凯利、郝刚：《西方宏观调控法与市场规制法研究》，中国人民大学出版社2005年版，第49页。

定人群,是典型的抽象行政行为。然而,笔者相信,随着公民权利意识的逐渐觉醒,对宏观调控行为的监督早晚会纳入司法审查的范畴。而宏观调控行为对行业的影响是十分明显的,尤其是对价格的调控,行业协会理应在这类诉诉讼中发挥应有作用。

结　语

行政公益诉讼所保护的普遍利益应当包含特殊普遍利益即行业内企业及从业人员的共同利益。行业协会,其本质是由一系列不完备的关系契约形成的契约集合,有义务为了行业特殊普遍利益对抗来自公权力的违法行政行为。

在涉及特殊普遍利益的行政公益诉讼中,行业协会与检察机关相比有诉讼成本低、专业性强、利益关联性强的优点。笔者相信,随着行业协会与行政机关逐步实现真正脱钩,在市场经济中发挥的作用会越来越重要,赋予行业协会行政公益诉讼原告资格是不可逆转的趋势。

指导性案例中事实证明的规则

——兼论案例指导制度的功能建构

裴大明*　李丹蕊**

［摘　要］　指导性案例的批量生产对于满足事实证明规则的规模需求更具制度优势。本文通过对指导性案例的参与式考察,发掘事实证明的规则,开凿案例指导的制度性功能。文章第一部分,在对案例文本纵向梳理的过程中,提炼的认证规则充实了认证说理的工具箱。指导性案例具有举证指引的功能,为落实民事诉讼的当事人主义提供实践样本。指导性案例提供的具体语境,为自由心证的制度性规制提供智力支持。

文章第二部分,通过对指导性案例的抽丝剥茧,推敲证明责任分配的五步走方案,即完成初步举证、运用表见证明、判断举证困难、调整证明度标准和分配证明责任。五步走方案的实践贡献在于确定证明责任分配的操作规程,理论贡献在于在证明度标准和证明责任之间建立勾连。上述贡献彰显指导性案例为理论竞争和知识整合提供现实场域、为法规范的具体化提供实例演练,二者合力为中国法学的理论创新提供本土资源。

文章第三部分,继续对指导性案例深度解读,归纳事实推理中大前提萃取的类型观察法和经验法则。类型观察法的技术要领是发现类型性概念的核心特征和权衡多个特征的各自权重,甄别核心特征是否存在赘述的标识为各项特征是否享有一票否决权。案例指导可以为法律解释和空隙立法提供制度平台,其辐射的子功能更具深远意义,即为初审法官的独立判断提供权威文本和为审判辅助人员的职责分工提供备选方案。

---

* 裴大明,天津海事法院海事审判庭助理审判员。

** 李丹蕊,天津法官学院讲师。

每个判决都有一种生殖力,按照自己的面目再生产。[1]

——卡多佐

引 言

选取指导性案例作为研习事实证明规则的文本资源,主要理据有三:其一,指导性案例提供的具体语境与事实证明规则的语境合理性相契合,指导性案例的批量生产更容易满足事实证明规则的规模化需求;其二,与其一相关,对指导性案例的参与式考察,可以发掘兼具实践价值和学术价值的事实证明规则,在指导审判的同时助推理论的升级换代;其三,指导性案例作为丰富的制度资源,适用现状差强人意,与其说因为欠缺案例适用技术[2],不如说因为缺乏对指导性案例的系统研究,开启指导性案例中的事实证明规则可以为指导性案例的普遍适用和案例指导制度的有效运行提供范例。

本文所述的事实证明规则大致涵盖三方面内容:其一,事实证明的常规性规则,即认证规则,将重点置于对于单一证据证明力有无和证明力大小的判断;其二,事实证明的制度性规则,诸如证明对象的界分、举证责任的分配、证明程度的厘定和自由心证的规制;其三,事实证明的技艺性规则,比如事实的剪除和评价、事实推定、事实证明的三段论。本文引用的指导性案例均摘自最高人民法院公报。为了减少脚注,在引述时直接在正文标出案例编号,不再注明出处。我们从指导性案例52号裁判要点的选摘切入题域:

在被保险人不存在故意或者过失的情况下,由于相关保险合同中除责任条款所列明情形之外的其他原因,造成被保险货物损失的,可以认定属于导致被保险货物损失的"外来原因",保险人应当承担运输途中由该外来原因所致的一切损失。

本案涵摄三段论的大前提可以简述为:在不存在除外责任的情形下,如果货损由外来原因所致,保险人应当支付保险赔款。小前提则需证明两项事实:其一,是否存在除外责任条款所列明的免责情形,本案重点在于证明被保险人是否存在故意行为或者过失;其二,货损原因是否属于外来原因。通过对上述事实证明过程的多维度解读,展开本课题。

---

[1] [美]本杰明·卡多佐:《司法过程的性质》,苏力译,商务印书馆1998年版,第9页。

[2] 关于我国案例指导制度的适用现状和案例适用的基础技术,参见耿协阳:《指导性案例适用方法探析——以指导性案例适用现状为出发点》,载贺荣主编:《尊重司法规律与刑事法律适用研究(上)》,人民法院出版社2016年版,第121页。

一、指导性案例中的认证规则

关于被保险人是否存在故意行为或过失，指导性案例 52 号的裁判理由记载了两步走的证明过程：第一步，查明造成货损的直接原因，“保险标的的损失是由于‘哈卡’轮船东 BBS 公司与期租船人之间的租金纠纷，将船载货物运走销售和走私行为造成的”，基本案情披露了证明上述事实的证据，广州市人民检察院制作了免于起诉决定书；第二步，将证明责任分配给保险人，“亦无证据证明被保险人丰海公司存在故意或过失”，进而认定被保险人不存在故意行为或过失。第一步的指导意义，免予起诉决定书作为检察院制作的书证，证明力较高，即使是单一证据亦可以作为认定案件事实的依据。指导性案例中蕴含着大量关于认证规则驳杂且精细的记述。

（一）否定单一证据证明力的规则

就否定单一证据证明力的认证规则而言，现行法规定了妥协规则、违法规则、补强规则和陈述规则。指导性案例则嵌入了引申过度规则、射程不及规则和伪造便利规则。

引申过度规则，某单一证据的证明力不足以证明其意欲证明的评价事实；“劳动者在用人单位等级考核中居于末位等次，不等同于‘不能胜任工作’”（指导性案例 18 号裁判要点）；射程不及规则，某单一证据可以证明某事实，但是该证据射程不足以达到其意欲证明的推认事实，“拓恒公司在其他案件中因无财产可供执行被中止执行的情况，只能证明人民法院在执行中未查找到拓恒公司的财产，不能证明拓恒公司的财产在被吊销营业执照前已全部灭失”（指导性案例 9 号裁判理由）；伪造便利规则，基于某单一证据存在事后伪造的极度便利而否定其证明力，“验收单，因系合力华通公司单方保存，且备注一栏内容由该公司不同人员书写，加之张莉对此不予认可，该验收单不足以证明张莉对车辆以前维修过有所了解”（指导性案例 17 号裁判理由）。

（二）肯定单一证据证明力的规则

就肯定单一证据证明力的认证规则而言，一方面，指导性案例丰富了自认规则的意涵，单一证据可以作为证明对证据提供者不利事实的依据，“之所以产生中国人民保险公司向主管机关请示一切险的责任范围，主管机关对此作出答复，恰恰说明对于一切险的理解存在争议”（指导性案例 52 号裁判理由）。

另一方面，指导性案例记录了许多肯定单一证据证明力的情形，其中的参酌因素颇有意趣。其一，优先保护生育权和生命健康权，“夫妻关系存续期间，双方一致同意利用他人的精子进行人工授精并使对方受孕后，男方反悔，而女方坚持生出该子女的,无论该子女是否在夫妻关系存续期间出生,都应视为夫妻双方的婚生子女”(指导性案例50号裁判要点1);其二,督促行政机关改善行政行为,“公民、法人或者其他组织通过政府公众网络系统向行政机关提交政府信息公开申请的,如该网络系统未作例外说明,则系统确认申请提交成功的日期应当视为行政机关收到政府信息公开申请之日”(指导性案例26号裁判要点);其三,赋予事实行为合理的法律效果,“被告于1996年9月为原告补办学生证并注册的事实行为,应视为被告改变了对原告所作的按退学处理的决定,恢复了原告的学籍”(指导性案例38号裁判理由)。

(三)案例指导的功能建构之一:举证指引和认证规制

截至2016年6月30日,最高人民法院已公布十三批64个指导性案例。通过对指导性案例的实证研究,提炼描述性成果,开凿制度性功能,是为“充分发挥指导性案例对审判工作的指导作用”[1]的可行方案。

通过前文并不全面的概述可以窥见指导性案例在认证规则方面的独特贡献。演绎推理三段论不过是把预先放进去的东西拿出来[2],错误裁判通常“不是由于错误地理解了法律,而是由于错误地理解了事实”[3],统一法律适用标准离不开事实证明的规范化。指导性案例中的认证规则,可以为法官认证说理提供备选项,这暗合了四五改革纲要提出的“当事人双方争议较大的重要证据都必须在裁判文书中阐明采纳与否的理由”[4]。指导性案例应加强事实证明方面的指导,这不仅可以提供裁判规则,而且可以提供行为规范,此为案例指导制度的母功能一:为当事人举证质证和法官认证提供具体指引。

指导性案例15号是举证指引的典范,基本案情选摘如下,“三个公司的管理人员存在交叉任职的情形……三个公司在工商行政管理部门登记的经营范围均涉及工程机械且部分重合……通过因特网查询,川交工贸公司、瑞路公司在相关网站上共同招聘员工,所留电话号码、传真号码等联系方式相同……在公司财务方面,三个公司共用结算账户……资金的来源包括三个公司的款项,对外支付的依据仅为王永礼的签字”,几乎是细心传授了证明公司人格混同的大部分技艺。举证指引颇

[1] 《〈最高人民法院关于案例指导工作的规定〉实施细则》第1条。

[2] “当我们把苏格拉底拿出箱子时,我们就知道他是会死的,因为箱子里唯一有的东西都是会死的。因此,我拿出来的不过是我们预先放进去的东西”。[美]理查德·A.波斯纳:《法理学问题》,苏力译,中国政法大学出版社2002年版,第49页。

[3] [美]本杰明·卡多佐:《司法过程的性质》,苏力译,商务印书馆1998年版,第49页。

[4] 除非特别声明,本文关于四五改革纲要的引述,均出自《最高人民法院关于全面深化人民法院改革的意见——人民法院第四个五年改革纲要》第14条。

具制度价值,可以作为落实四五改革纲要提出的“强化民事诉讼证明中当事人的主导地位”的重要举措,此为案例指导制度的子功能一:为落实民事诉讼的当事人主义提供实践样本。

事实认定和法律适用相互回馈的过程〔1〕要求事实证明融入价值判断。回顾否定单一证据证明力的规则,“末位等级不等于不能胜任工作”,优先保护劳动者合法权益;“中止执行不能证明财产灭失”,惩戒逃避债务的资产隐蔽;“验收单不能证明买方知晓车辆曾经维修过”,防止有违诉讼诚信行为的滋生。法官个人的经历、经验、气质、体悟、对背景事实的了解程度等先验因素制约着法官的自由心证,正所谓“先验因素可能支配着后验概率”〔2〕。指导性案例提供了具体情境,无论是事实证明的价值判断,还是认证规则的参照适用,都更具象、更便利、更具事后审查的可能性,更具规制自由心证的制度性价值,此为案例指导制度的子功能二:为自由心证的制度性规制提供智力支持。

认证规则仅是事实证明的入门篇,接下来打开事实证明进阶篇的相关链接。

二、指导性案例中证明责任的分配规程

回到指导性案例52号证明被保险人是否存在故意行为或过失的第二步。将证明责任分配给保险人的因由大抵有二:其一,被保险人的故意行为或过失造成货损构成保险条款的除外责任,上述主观事实属于权利排除事实,根据特别要件说〔3〕,主张权利不存在的人应就权利排除事实承担证明责任;其二,更为重要的是,第一步已然查明造成货损的直接原因是船东将船载货物运走销售,该事实可以形成被保险人不存在故意行为或过失的盖然心证,虽然此盖然心证尚未达到高度可能性,但已足以据此裁判由保险人承担证明责任。简言之,第一步的事实查明是第二步证明责任分配的重要设置。作为托底条款和紧急出口〔4〕,证明责任的分配应当遵循一定的规程。

(一)证明责任分配的五步走方案

指导性案例49号记录了证明责任分配的五步走方案。第一步,完成初步证明,

---

〔1〕“取向于法律规定,取舍生活事实之特征,以评价一个生活事实在规范上是否有意义;趋向于生活事实,解释法律,以发现妥当的规范内容。”参见黄茂荣:《法学方法与现代民法》,法律出版社2007年版,第291页。

〔2〕[美]理查德·A.波斯纳:《波斯纳法官司法反思录》,苏力译,北京大学出版社2014年版,第149页。

〔3〕关于证明责任分配的学说,有待证事实分类说、法律要件分类说和利益衡量说,其中法律要件分类说中的特别要件说渐成通说。王福华:《民事诉讼法学》,清华大学出版社2012年版,第217页。

〔4〕裴大明、李丹燕:《关于事实解释的规则——从自发秩序到规范系统》,载《法律适用》2016年第1期。

“通过运行原、被告软件，发现二者存在如下相同的缺陷情况”；第二步，运用表见证明，“根据计算机软件设计的一般性原理，在独立完成设计的情况下，不同软件之间出现相同的软件缺陷概率极小，而如果软件之间存在共同的软件缺陷，则软件之间的源程序相同的概率较大”；第三步，判断是否存在举证困难，“由于该芯片属于加密芯片，无法从芯片中读出 HR - Z 软件的目标程序，并进而反向编译出源程序”；第四步，根据事证开示义务和诚信原则调整证明度，“一般而言，石鸿林就此须举证证明两计算机软件的源程序或目标程序之间构成相同或实质性相同……本案中在华仁公司无正当理由拒绝提供软件源程序以供直接比对，石鸿林确因客观困难无法直接举证证明其诉讼主张的情形下，应从公平和诚实信用原则出发，合理把握证明标准的尺度”；第五步，分配证明责任，“华仁公司未能提供相反证据证明其诉讼主张，应当承担举证不能的不利后果”。

（二）五步走方案的实践贡献和理论贡献

在证明责任分配的诸多学说中，“最大公约数，乃举证责任之分配必须力求当事人之公平及实质公平正义之实现”〔1〕。毋庸讳言，证明责任在审判工作中并未获得应有的重视。一方面，证明责任经常伴随法官思考的懒惰和行为的懈怠；另一方面，与前述相关，证明责任因此缺乏实践的正当性。五步走方案的实践贡献显而易见：其一，极强的实践操作性便于后来者按图索骥；其二，通过表见证明、事证开示义务、诚信原则和降低证明度等环节，赋予证明责任分配正当性；其三，展示了在证明责任分配的过程中，法官不是可以做得很少，而是应当做得更多。

五步走方案的理论贡献首先是在证明度标准和证明责任分配之间建立勾连。一方面，通过调整证明度标准实现证明责任的动态转换〔2〕，这种调整不仅体现在对于确实存在举证困难的一方降低证明度标准，更体现在对于“证据偏在”的一方提高证明度标准，“华仁公司虽提供了……计算机软件著作权登记证书，但其既未证明该软件与被控侵权的 HR - Z 软件属于同一软件，又未证明……”另一方面，证明责任的分配实质上构成对未达证明度标准之自由心证的制度性补强，证明责任的分配为降低证明度标准提供理据，“如果原、被告软件在设计缺陷方面基本相同，而被告又无正当理由拒绝提供……可以判定原、被告计算机软件构成实质性

〔1〕 黄国昌：《阶段的举证责任论》，载黄国昌：《民事诉讼理论之新开展》，北京大学出版社2008年版，第115页。

〔2〕 学术界将证明责任分为主观证明责任和客观证明责任，认为主观证明责任是一种动态责任，在证明过程中根据当事人的举证情况发生转换；客观证明责任是一种终局责任，不能发生转换。本文认为主、客观证明责任的区分缺乏实意，在行文中对证明责任做一体化理解。

相同”。

五步走方案更具理论贡献的是以“证明度的降低”整合了法学各学科的理论命题。实体法意义上的初步证明理论〔1〕和事实上的推定,程序法意义上的表见证明〔2〕和事证开示义务,其理论内核都是通过降低证明度标准以实现理论的行动力,或者说都是在为降低证明度标准的正当化提供学理解说。

(三)案例指导的功能建构之二:理论创新和知识整合

本文描述性意旨在于为指导性案例的类型化研究提供范例。“如果缺乏本土案例研究,我们的工作就只是在搬运。有本土案例研究,原创意义才会以这一点为源头迸发出来。”〔3〕中国法学已经相当学术化了,导致学术法律人与法律从业者的分化和隔离,指导性案例则为学术法律人更接地气的学术研究提供了宝贵的本土资源,当然这仍然需要研究者具备一定的想象力、移情力和洞察力,此为案例指导制度的母功能二:为中国法学的理论创新提供本土资源。

正如题记所言,每个判决都有一种生殖力,按照自己的面目再生产。判决的生殖力很大程度上体现于它的理论蕴涵,或者对现有理论的生动诠释,或者对理论框架的创新性建构;判决的再生产体现于它开启了理论竞争的竞技场,所有法学理论都要在解决或解说一个个真实问题的过程中证成其真确性,并经受时间检验标准的考验。理论竞争同时也是理论交换和知识整合的过程,此为案例指导制度的子功能三:为理论竞争和知识整合提供现实场域。

四五改革纲要对于完善民事诉讼证明规则的具体要求,包括“依法确定当事人证明责任……严格高度盖然性原则的适用标准”。五步走方案对于确定证明责任的贡献自不待言。民事诉讼的证明标准,现行法律以高度可能性为原则,以排除合理怀疑为例外。〔4〕恶意串通的证明标准,就是排除合理怀疑,如何达致排除合理怀疑?指导性案例33号表述如下,“债务人将主要财产以明显不合理低价转让给其关联公司,关联公司在明知债务人欠债的情况下,未实际支付对价的,可以认定债

〔1〕“初步证明理论,是指赔偿权利人提出证据,虽非直接证明待证事实,然依通常事理进展之过程,有该证据所证明的事实,即有待证事实的存在。”曾世雄:《损害赔偿法原理》,中国政法大学出版社2001年版,第284页。

〔2〕“表见证明的应用前提是存在典型的发生过程,也就是指由生活经验验证的类似过程,可以对某个过去事件的实际情况进行验证。”[德]汉斯·普维庭:《现代证明责任问题》,吴越译,法律出版社2000年版,第141页。

〔3〕于飞:《经由案例研究,形成“中国”民法学》,载赵万一、郑佳宁主编:《〈月旦法学〉民事法判例研究汇编》,北京大学出版社2016年版,第47页。

〔4〕《最高人民法院关于适用〈中华人民共和国民事诉讼法〉的解释》第108条和第109条。

务人与其关联公司恶意串通”,此为案例指导制度的子功能四:为法规范的具体化提供实例演练。

好事还需做好。三点建议:其一,邀请专家学者撰写指导性案例的理解和参照,专家学者因此获得符号资本,指导性案例因此获得勃勃生机,逐渐形成指导性案例的学术竞争;其二,组建指导性案例法学会,推动指导性案例成为新的学术增长点,渲染指导性案例研讨的学术氛围;其三,创办指导性案例专刊,刊登指导性案例、指导性案例的理解和参照,以及关于指导性案例的学术论文。

工具箱已配备了丰富的认证规则和调整证明度的各种理论,接下来点击进入事实证明的提高篇。

三、指导性案例中事实证明的三段论

再次回到指导性案例 52 号。前文预留的一个问题必须要予以澄清了,“货损原因是否属于外来原因”,这究竟是事实问题,还是法律问题?

有观点认为,“所谓事实问题,系指关于事实上发生了什么之问题;而法律问题指该发生之事件,以规范上之标准,具有如何之法律意义的问题”[1]。此观点有失偏颇,其一,我们已然深深嵌入这个充斥着规范的世界,事实问题的提出无法避免关涉法律判断,加之事实认定和法律适用的回馈性,事实问题和法律问题早已处于剪不断、理还乱的纠缠之中。其二,通常认为三段论的小前提由事实问题填充,一个司法裁判的过程需要经历多阶段的三段论推理,前阶段三段论推理的结果构成后阶段三段论推理开始的事实基础。从这个意义上讲,在判断保险人是否应当支付保险赔款的三段论项下,“货损原因是否属于外来原因”着实是一个事实问题。其三,“我们需要考虑的是事物而不是语言”[2],无论将其定义为事实问题还是法律问题,“货损原因是否属于外来原因”都是必须要证明的事项。

(一)萃取大前提的类型观察法

生活事实纳入法律适用的三段论之前,须经剪除、评价和陈述的技术处理。事实证明同样离不开涵摄三段论,有学者甚至将事实证明的过程称为事实推理[3]。三段论只是表明某个推理过程无误,却不能确保得出的结论为真,结论是否真实主要取决于大小前提是否真实。事实证明的三段论,大前提由法律解释、生活经验、自

---

〔1〕 黄茂荣:《法学方法与现代民法》,法律出版社 2007 年版,第 296 页。

〔2〕 [美]霍姆斯:《法律与法院》,载[美]小奥利弗·温德尔·霍姆斯:《霍姆斯读本——论文与公共演讲选集》,刘思达译,上海三联书店 2009 年版,第 185 页。

〔3〕 “事实推理为审判推理建立裁判小前提,为法官作出司法判决准备事实上的理由。”王洪:《司法判决与法律推理》,时事出版社 2002 年版,第 11 页。

然法则推认,小前提由认证规则和前阶段的三段论结果确定,大前提的萃取对于事实证明尤为重要。

关于"货损原因是否属于外来原因"的判定,指导性案例52号萃取的大前提表述如下,一切险条款中外来原因是"不能确定的、意外的、无法列举的承保风险"。其一,外来原因属于非列明风险,不能通过列举穷尽;其二,外来原因具有意外性,"对于那些预期的、确定的、正常的危险,则不属于外来原因的责任范围";其三,外来原因具有在途性,"外来原因应当限于运输途中发生的"。

上述大前提的萃取,属于典型的类型观察法,其技术要领大致有二。第一项技艺:发现类型性概念的核心特征,且表述要简明凝练。核心特征数量一定要少——最好一个。核心特征越多,各特征之间就会产生竞争、重叠、掣肘和权衡,就越难做出归类判断,就越容易形成漏洞。比如工作场所,核心特征就是"与职工工作职责相关的场所"(指导性案例40号裁判要点2)。又如"跳单",核心特征就是"看买方是否利用了该中介公司提供的房源信息、机会等条件"(指导性案例1号裁判理由)。大前提中核心特征是否存在赘述,简明标识是审视各项特征是否享有一票否决权。以上述外来原因为例,核心特征为非列明性、意外性和在途性,任何一个特征不符都可以直接排除外来原因,三个特征缺一不可。

核心特征的发现过程必然是一个动态的过程,是与现实一次次短兵相接后不断试错渐进完成的过程,类型观察法的大前提萃取离不开第二项技艺,权衡多个特征的各自权重。比如消费者,"只要在市场交易中购买、使用商品或者接受服务是为了个人、家庭生活需要,而不是为了生产经营活动或者职业活动需要的,就应当认定为'为生活消费需要'的消费者"(指导性案例23号裁判理由)。上述定义的消费者特征有二,在市场交易中消费和为了个人及家庭生活需要。又如通用名称,"判断具有地域性特点的商品通用名称,应当注意从以下方面综合分析……"(指导性案例46号裁判要点)。各特征是否各自享有一票否决权,在综合分析时各自的权重几何,这都需要后来参照者审慎思考。

(二)萃取大前提的经验法则

"构成法律事实之原始事实的法律上意义,有时必须依社会经验始能探知该法律社会中之人对它可能有的共通看法"[1]。未经立法形式化的经验法则经常遭遇合法性质疑,并因此影响经验法则的运用。指导性案例赋予了其记录的经验法则合法性,进而消除经验法则的适用壁垒。

---

〔1〕 黄茂荣:《法学方法与现代民法》,法律出版社2007年版,第250页。

试举两例:其一,通过经验法则解说人的行为,而不是基于行为人的一厢情愿,“即使是航空公司在打折机票上注明‘不得退票、不得转签’,只是限制购买打折机票的旅客由于自身原因而不得退票和转签……并不能剥夺旅客在支付了票款后享有的乘坐航班按时抵达目的地的权利”(指导性案例51号裁判理由);其二,通过经验法则界定自然事实,而不是求助于词典[1],“‘有价值、有特性的配料’……通常理解,此种配料的市场价格或者营养成分应高于其他配料”(指导性案例60号裁判理由)。

(三)案例指导的功能建构之三:赋予权威和激励自主

上述大前提的萃取,无论是类型观察法的发现核心特征,还是经验法则的探知共通看法,或者是在运用法律解释,或者是在践行空隙立法[2],此为案例指导制度的母功能三:为法律解释和空隙立法提供制度平台。

面对二审发改[3]的潜在风险和关于案件发改的否定性评价,初审法官倾向于揣摩上诉审,或与上诉审法官保持良好的个人关系。“社会并不很相信高层法官就有高等智慧,因此社会也就不希望下层法官放弃一切独立的判断”[4]。在既定的司法生态中,如何激励初审法官保持独立判断?上诉审法官喜欢付诸权威,通过权威证明裁判的正当性,通过权威给初审法官一个体面的交代。上诉审付诸的权威,有时属于非正式权威,比如更高层级法官的讲话、授课笔记、会议综述、私下交流的回复、最高人民法院编撰的书籍等。指导性案例更具制度性权威,在实现法官自我保护的同时,为初审法官的独立判断提供权威文本,此为案例指导制度的子功能五。

最高人民法院公布的指导性案例正在呈倍增趋势。在不远的未来,对于在办案件相关指导性案例的收集、整理和归纳,有可能成为法官办案的必经环节。这将是繁杂、专业、重大的审判辅助工作,这也构成了案例指导制度更具深远意义的子功能六:为审判辅助人员的职责分工提供备选方案。

制度性功能的实现,离不开制度细节的完善。笔者有三点建议:其一,以附件形式公布指导性案例的生效判决书全文,便于公众形成对指导性案例的全景式审视,规则的适用在于涵摄、原则的适用在于权衡、案例的适用在于类比,类比则可简约为以先前判决的一切信息为基础做出决定;其二,与其一相关,明确指导性案例的

---

[1] 正如汉德所言,“法学成熟和发达的罪确定指标之一就是不指望词典能顶事”。转引自[美]理查德·A.波斯纳:《波斯纳法官司法反思录》,苏力译,北京大学出版社2014年版,第208页。

[2] 对于霍姆斯“法官即空隙立法者”的观点,波斯纳并不认同,“将法官视为空隙立法者,这既没有启发作用,而且从现实的立法过程来看,也易令人误解”。参见[美]理查德·A.波斯纳:《法理学问题》,苏力译,中国政法大学出版社2002年版,第166页。

[3] 二审发改,指案件被上诉审发回重审或改判。

[4] [美]理查德·A.波斯纳:《法理学问题》,苏力译,中国政法大学出版社2002年版,第101页。

参照范围不仅限于裁判要点[1],参照强度可作等级化处理,比如“应当参照裁判要点,可以参照基本案情和裁判理由”,别让裁判要点沦为破坏指导性案例生殖力的工具;其三,通过绩效考评鼓励法官在撰写裁判文书时参照指导性案例,通过审判管理定期汇总参照指导性案例的裁判文书,启动指导性案例的自我调适机能和自动纠错机制,逐步建成以指导性案例为轴心的案例集束大数据。

结 语

文章贯穿两条主线,明线探寻事实证明的规则和暗线开凿案例指导的功能。将二者交织在一起作出以下三方面贡献:其一,挖掘指导性案例中事实证明的规则,指导性案例蕴含的认证规则充实认证说理的工具箱,五步走方案为证明责任的分配确定操作规程,发现核心特征和探知共通看法引领事实推理中大前提的萃取;其二,通过事实证明将案例指导的功能琢磨定型,提炼出案例指导制度的三大母功能和六大子功能,其中落实民事诉讼的当事人主义、对自由心证的制度性规制和激励初审法官独立判断颇具实践价值;其三,以事实证明为理论框架整合指导性案例的文本资源,构建理论竞争的竞技场和知识交换的集散地,进而实现视野的融合。

---

〔1〕《最高人民法院关于案例指导工作的规定》第7条确立了指导性案例的强制参照制度。该规定的实施细则第9条重申了应当参照裁判要点,可对该条款做扩大解释,应当参照裁判要点并未排除对指导性案例其他内容的参照。

后　记

繁荣发展法学理论研究，创新司法实践研究，为建设社会主义法治国家、加快推进法治天津建设提供理论支持，是天津市广大法学、法律工作者肩负的重大职责使命。优秀的法学理论和司法实践研究成果，既能为有关部门起到服务决策和参政议政的作用，又能有力推动地方法学理论、法律制度体系和司法制度的完善与发展。

根据每年结集出版优秀法学理论和司法实践研究成果文库的制度设计，沿袭2015年的做法，天津市法学会通过组织发动、审核筛选等流程，将《天津市优秀法学理论和司法实践研究成果文库（2016年卷）》编纂成册。本年度共收录论文30篇、约35万字，都是从天津市法学会各级研究组织和天津市政法各部门推荐的2016年度研究成果中择优选取汇编而成的。这些入选的研究成果，有的是在国家级法学法律期刊公开发表或在国际国内法治论坛交流并获奖的文章，有的是在全国人大、全国政协和市人大、市政协提案中予以采纳的文章，有的是在国务院和市政府形成的政策法规文件中予以采纳的研究成果，值得各有关单位和广大读者阅读、研究、应用。

这些成果的收集离不开各级法学研究组织、政法实务部门的大力支持和研究人员的辛苦劳动，在此表示衷心感谢。相信在我们共同努力下，《天津市优秀法学理论和司法实践研究成果文库》系列丛书越办越好，不断为广大读者呈现更加优秀的研究成果。

图书在版编目(CIP)数据

天津市优秀法学理论和司法实践研究文库 : 2016年卷 / 天津市法学会主编. -- 北京 : 法律出版社, 2018
ISBN 978 - 7 - 5197 - 2426 - 9

Ⅰ. ①天… Ⅱ. ①天… Ⅲ. ①法学 - 文集 Ⅳ. ①D90 - 53

中国版本图书馆CIP数据核字(2018)第152009号

天津市优秀法学理论和司法实践研究文库
(2016年卷)
TIANJINSHI YOUXIU FAXUE LILUN HE
SIFA SHIJIAN YANJIU WENKU(2016 NIAN JUAN)

天津市法学会 主编

策划编辑 魏康利　金　羽
责任编辑 金　羽
装帧设计 李　瞻

出版 法律出版社
总发行 中国法律图书有限公司
经销 新华书店
印刷 北京虎彩文化传播有限公司
责任校对 王晓萍
责任印制 胡晓雅

编辑统筹 法律应用·大众读物出版第一分社
开本 720毫米×960毫米　1/16
印张 18.5
字数 357千
版本 2018年7月第1版
印次 2018年7月第1次印刷

法律出版社/北京市丰台区莲花池西里7号(100073)
网址/www.lawpress.com.cn
投稿邮箱/info@lawpress.com.cn
举报维权邮箱/jbwq@lawpress.com.cn
销售热线/010 - 63939792
咨询电话/010 - 63939796

中国法律图书有限公司/北京市丰台区莲花池西里7号(100073)
全国各地中法图分、子公司销售电话:
统一销售客服/400 - 660 - 6393
第一法律书店/010 - 63939781/9782　西安分公司/029 - 85330678　重庆分公司/023 - 67453036
上海分公司/021 - 62071639/1636　深圳分公司/0755 - 83072995

书号:ISBN 978 - 7 - 5197 - 2426 - 9　**定价**:58.00元
(如有缺页或倒装,中国法律图书有限公司负责退换)